Das große
Fahrrad
Buch

Bei allen Fragen, die den Straßenverkehr und die korrekte Ausstattung des Fahrrads betreffen, halten Sie sich bitte an die entsprechenden Vorschriften der Straßenverkehrsordnung (StVO) und der Straßenverkehrszulassungsordnung (StVZO).

ISBN 978-3-8094-3438-2

© 1. Auflage 2015 by Bassermann Verlag, einem Unternehmen der Verlagsgruppe Random House GmbH, 81673 München
© der englischen Originalausgabe: Text und Design Copyright © Carlton Books Limited 2006
Originaltitel: The Complete Bike Book

Jegliche Verwertung der Texte und Bilder, auch auszugsweise, ist ohne Zustimmung des Verlags urheberrechtswidrig und strafbar.

Layout-Fotograf: Karl Adamson
Autoren-Fotografin: Julia Parry
Layout und Gestaltung: Darren Jordan
Bildredaktion: Tom Wright
Projektkoordination dieser Ausgabe: Martha Sprenger
Umschlaggestaltung: Atelier Versen, Bad Aibling
Übersetzung: SAW Communications, Mainz, Christa Trautner-Suder
Gesamtproducing: SAW Communications, Mainz, Sabine A. Werner
Satz: SAW Communications, Mainz, Katrin Pfeil

Die Informationen in diesem Buch sind von der Autorin und dem Verlag sorgfältig geprüft, dennoch kann eine Garantie nicht übernommen werden. Eine Haftung der Autorin bzw. des Verlags und seiner Beauftragten für Personen-, Sach- und Vermögensschäden ist ausgeschlossen.

Das für dieses Buch verwendete FSC®-zertifizierte Papier *Profimatt* liefert Sappi, Ehingen.

Druck und Bindung: Tesinska tiskarna, Cesky Tesin
Printed in the Czech Republic

MEL ALLWOOD

Das große
Fahrrad
Buch

Anschaffung und Pflege • Ausstattung • Sicherheitstipps

Bassermann

Inhalt

Einleitung. 6
Radfahren und Technik. 8
Regelmäßig mit dem Fahrrad
   zur Arbeit 9

1 – Die Ausrüstung .10
Die Wahl des Fahrrads: Hybridfahrräder 12
Die Wahl des Fahrrads: Klappräder. 13
Die Wahl des Fahrrads: Rennräder 14
Die Wahl des Fahrrads: Mountainbikes. 15
Die Bekleidung: Jacken. 16
Die Bekleidung: Für den Unterkörper 18
Die Bekleidung: Schuhe 20
Die Bekleidung: Überschuhe und Handschuhe. 21
Die Bekleidung: Thermowäsche
   in Zwiebelschichten 22
Sicherheitsausrüstung: Helme 24
Sicherheitsausrüstung: Mehr Sicherheit durch gute
   Sichtbarkeit 25
Die besten Sicherheitstipps 26
Fitness und Gesundheit 27

2 – Für die Bequemlichkeit 28
Die Wahl des Sattels 30
Die Satteleinstellung 31
Die Wahl der Pedale 32
Pedale: Mit Klickpedalen fahren lernen 33
Der Lenker 34
Veränderung der Lenkereinstellung 35
Der Lenker: Die Höhe des Vorbaus 36
Die Griffe 37

3 – Auf Tour 38
Sicherheit: Das Fahrradschloss 40
Die verschiedenen Arten von
   Schlössern 41
Wo und wie Sie Ihr Fahrrad sicher
   abschließen 42
Anstandsregeln für Radfahrer. 43
Das Gepäck: Gepäcktaschen 44
Gepäckträger 45
Umhängetaschen und Rucksäcke 46
Anhänger. 47
Fahrradkörbe, Werkzeugtaschen und Lenkertaschen 48
Vorderradgepäckträger 49
Frontbeleuchtung 50
Lampen und Fahrradcomputer 51
Dynamos 52
Schutzbleche 53
Fahrradunterbringung unter
   Dach und Fach 54
Fahrradunterbringung im Freien. 55

4 – Werkzeug und Ausstattung 57
Das Vokabular der Fahrradteile 58
Werkzeug. 60
Die wichtigsten Werkzeugteile 61
Werkzeug: Die Ersatzteilbox 62
Pannenausrüstung für unterwegs 63
Ein gut sortierter Werkzeugsatz 64
Schmiermittel und Fett 66
Ihre Werkstatt 68
Drehmoment 69
Zwölf Routine-Sicherheits-Checks
   vor der Fahrt 70
Das regelmäßige Putzen 72

5 – Reifenpannen 75
Reifenpannen 76
Das Abmontieren des Hinterrads 77
Das Ab- und Aufmontieren von Reifen 78
Das Montieren des Hinterrads 80
Pannenausrüstung 81
So verhindern Sie Reifenpannen 82
Reifenpannen: Ein Loch im Reifen flicken 83

6 – Die Bremsen 84
Die Bremsen: Funktionsweise 86
Die Bremsen: Vergleich von Felgen- und Scheibenbremsen . 87
V-Bremsen: So heißen die
   einzelnen Teile 88
V-Bremsen: Quick-Release-Verschluss 90
V-Bremsen: Die wirksamste
   Einstellung 91
V-Bremsen: Das Einstellen der
   Bremskabel 92
V-Bremsen: Die Position der Bremsklötze 93
Einstellhülsen und Verschlussringe 94
V-Bremsen: Ausgleichschrauben 95
V-Bremsen: Ein Kabel einziehen. 96
Bremsklötze montieren 98
V-Bremsen: Wartung 100
Die Behandlung quietschender Bremsen 102
Die Felgen auf Verschleiß kontrollieren 103
Calliper-Bremsen: Die Einstellung. 104
Calliper-Bremsen: Bremsklötze montieren 105
Calliper-Bremsen: Kabel einziehen. 106
Neue Kabelhülle und Lenkerband 107
Die Wartung von Calliper-Bremsen 108
Die Wartung der Calliper-Bremseinheiten 109
Cantilever-Bremsen 110
Cantilever-Bremsen: Die Bremsklötze 111
Cantilever-Bremsen: Bremszüge auswechseln. 112
Die Funktion von Scheibenbremsen 114
Die Bremskabel mechanischer Scheibenbremsen 115
Die Montage von Bremsbelägen bei mechanischen
   Scheibenbremsen. 116

Inhalt

Die Montage von Bremsbelägen bei hydraulischen
   Scheibenbremsen. 117
Das Entlüften hydraulischer Bremsen. 118
Shimano-Deore-Bremsen entlüften. 119

7 – Der Antrieb **120**
Der Antrieb: So heißen die einzelnen Teile 122
Das Schaltwerk: Ein Überblick 124
Das Schaltwerk im Einzelnen 125
Das Schaltwerk: Das Justieren der Kabelspannung 126
Das Schaltwerk: Die hohe Kunst des Kabelauswechselns. . . 128
Triggershifter 129
Kabelmontage an Rennrad-Schalthebeln 130
Kabel an Drehgriffschaltern montieren. 131
Das Schaltwerk: Das Einstellen der Einstellschraube H 132
Das Schaltwerk: Das Einstellen der Einstellschraube L 133
Das Schaltwerk: Das Ausfluchten der
   Schaltwerkaufhängung. 134
Die Wartung des Schaltwerks. 135
Die Montage eines neuen Schaltwerks 136
So verbessern Sie die Schaltleistung 137
Der Umwerfer: Das Justieren der Kabelspannung. 138
Der Umwerfer: Die Endanschlagschrauben 139
Neue Kabel für Rapid-Fire-Schalthebel. 140
Neue Kabel für Rennrad-Schalthebel 141
Neue Kabel für Drehgriffschalter 142
Das Ausfluchten des Umwerfers 143
Die Wartung des Umwerfers 144
Kabelpflege 145
Das Zerlegen der Kette. 146
Das Zusammenfügen der Kette 147
Shimano-Ketten. 148
Die Kettenlänge 149
Die Kassette: Ein Überblick. 150
Demontage und Montage der Kassette 151
Demontage der Kurbelgarnitur. 152
Kettenradgarnitur und Kurbel wieder montieren 153
Verschleiß von Kette und Kettenblättern 154
Kettenblätter erneuern. 155
Die Montage von Rapid-Fire-Schalthebeln. 156
Die Montage von Drehgriffschaltern 157
Die Nabenschaltung. 158
Das Justieren der Nabenschaltung 159
Das Demontieren eines Rads mit Nabenschaltung 160
Das Montieren des Hinterrads 161
Das Erneuern des Nabenritzels 162
Das Austauschen des Nabenritzels. 163
Singlespeed-Räder (Ein-Gang-Räder) 164
Starrer Antrieb (Fixed Wheel) 165

8 – Die Räder. **166**
Die Räder. 168
Kugellager 169
Das Justieren der vorderen Radnabenlager 170
Das Justieren der hinteren Radnabenlager 171
Die Wartung der Vorderradnabe 172
Die Wartung der Hinterradnabe 174
Die passenden Reifen für den Stadtverkehr 176
Felgen und Felgenband 177

Das Zentrieren der Räder 178
Räder zentrieren: Die Fachbegriffe – Speichen spannen
   und Räder zentrieren 179
Die Speichen spannen 180
Warum Speichen brechen und was in diesem Fall
   zu tun ist 181

9 – Die Federung **182**
Die Federung 184
Die Einstellung des Negativfederwegs der Gabel. 185
Pflege der Gabel 186
Die Wartung der Gabel: das Putzen und Schmieren der
   Standrohre 187
Hinterradfederung 188
Hinterradfederung: Federweg und Negativfederweg. 189
Gefederte Sattelstützen 190
Die Pflege gefederter Sattelstützen 191

10 – Tretlager und Steuersatz. **193**
Tretlager. 194
Verschiedene Tretlagertypen 195
Die Kurbeln entfernen 196
Die Kurbelgarnitur wieder montieren. 197
Das Tretlager entfernen 198
Das Tretlager montieren 199
Tretlager: Knarrgeräusche. 200
Tretlager: Auf seitliches Spiel kontrollieren. 201
Steuersatz 202
Steuersatzlager auf Spiel kontrollieren. 203
Aheadset (Steuersatz ohne Gewinde): Die Lager
   nachstellen, um Spiel zu beseitigen. 204
Aheadset: Die Einstellung der Vorbauhöhe 205
Die Wartung eines Aheadsets 206
Gewindesteuersatz: Die Vorbauhöhe 208
Gewindesteuersatz: Die Lager 209
Die Wartung eines Gewindesteuersatzes 210
Steuersatzlager: Die verschiedenen Typen. 211

11 – Einzelteile **212**
Die Montage eines Gepäckträgers 214
Das Befestigen von Gepäcktaschen 215
Austausch der Sattelstütze 216
Die Montage eines neuen Aheadset-Vorbaus. 217
Die Montage eines neuen Lenkers 218
Die Montage eines Dynamos 220
Die Wartung von Klickpedalen 221
Fehlersuche/-behebung Felgenbremsen 222
Fehlersuche/-behebung Scheibenbremse 223
Fehlersuche/-behebung Antrieb 224
Fehlersuche/-behebung Antrieb 225
Fehlersuche/-behebung Räder 226
Fehlersuche/-behebung Tretlager 227
Fehlersuche/-behebung Steuersatz 227

Glossar: Die Fahrrad-Fachsprache **228**

Index **236**

Einleitung

Es gibt eine Menge guter Gründe, sich zur Fortbewegung für ein Fahrrad zu entscheiden. Es tut gut, hält die Luft sauber und nützt unserem Planeten. Jedes einzelne Motiv ist ehrenwert und liefert vielen Menschen den Anstoß, vier gegen zwei Räder einzutauschen. Aber ich bin sicher, dass viele Menschen so wie ich insgeheim eine ganz andere Motivation haben: Wir fahren nicht mit dem Rad, weil wir rechtschaffen sind. Wir tun es, weil es uns Spaß macht!

Ursprünglich wurde ich Radfahrer, weil ich in einer überfüllten Großstadt lebe und ungeduldig bin. Mit dem Fahrrad komme ich am schnellsten voran und kann das Tempo selbst bestimmen. Ich halte es einfach nicht aus, in einer Blechbüchse im Stau festzusitzen oder eine kleine Ewigkeit auf ein öffentliches Verkehrsmittel zu warten. Ich bin gerne auf Achse, möchte nach Lust und Laune anhalten oder weiterfahren und liebe es, die jahreszeitlichen Veränderungen der Stadt hautnah zu erleben.

Es lohnt sich für mich auch bei schlechtem Wetter, denn zum Ausgleich gibt es dann wieder dieses wundervolle Gefühl bei den ersten Fahrten im Frühling oder einen herrlichen Rückenwind, der mich im Herbst auf dem Heimweg nach einem langen Arbeitstag anschiebt. Im Auto bei laufender Heizung und geschlossenen Fenstern ist man vom Wetter abgeschnitten und ein Tag ist wie der andere.

Sind Sie erst einmal stolzer Besitzer eines Fahrrads, werden Sie bald merken, dass es Ihnen noch mehr Freude bereitet, wenn Sie eine Ahnung von seiner Funktion haben. Mit etwas Fachwissen sind Sie unabhängiger und können sich selbst helfen, wenn Sie unterwegs eine Panne haben oder zu einer größeren Tour aufbrechen möchten. Dabei geht es nicht nur um die Selbsthilfe bei einer Panne: Mit einer Grundausrüstung an Werkzeug und etwas Zeit zum Basteln können Sie selbst einiges dafür tun, dass Ihr Fahrrad optimal auf Sie persönlich abgestimmt ist. Vorausgesetzt, Sie sorgen immer für einen sauberen und funktionstüchtigen Zustand Ihres Fahrrads, werden die Teile länger halten und Ihnen Zeit und Geld sparen. Dabei ist regelmäßige leichte Pflege und Aufmerksamkeit wirksamer und preiswerter als ein gelegentliches Übermaß an Wartung aus schlechtem Gewissen.

Keine der im praktischen Teil dieses Buches beschriebenen Arbeiten ist schwierig, was aber auch nicht bedeutet, dass sie kinderleicht sind, wenn Sie bisher nichts dergleichen gemacht haben. Beim ersten Mal werden Sie mehr Zeit brauchen, auch wenn Sie die Anleitung sorgfältig befolgen. Jedes Mal, wenn Sie die gleiche Arbeit wieder in Angriff nehmen – und einige davon werden Ihnen in Fleisch und Blut übergehen, da die Straßen in der Stadt reichlich Reifenpannen bescheren –, wird sie Ihnen schneller und leichter von der Hand gehen. Anfangs werden Sie relativ häufig neues Werkzeug anschaffen müssen; für jede neue Arbeit ein oder zwei Teile. Lassen Sie sich davon nicht abschrecken. Nach einer gewissen Zeit geht die Häufigkeit der Anschaffungen zurück, und Sie werden feststellen, dass Sie für die meisten Eventualitäten bereits mit einem relativ kleinen Werkzeugsatz gerüstet sind.

Ein Grund, warum ich Fahrräder liebe, ist ihre Einfachheit. Fahrräder sind auf die Energie des Fahrers angewiesen, um in Bewegung zu bleiben, daher besteht ein großer Anreiz, sie möglichst leichtgängig zu machen. Das führt schnell zu null Toleranz gegenüber allem, was zum Fahren nicht wirklich wichtig ist – ein Fahrrad ist kein Transportmittel, auf dem Sie Ihren halben Hausrat mitnehmen. Unter ästhetischen Gesichtspunkten ist dies zwar ansprechend, hat aber auch Nachteile. Wenn jedes Teil wirklich wichtig ist, führt jede Panne unterwegs zwangsläufig dazu, dass Sie Ihr Ziel nicht wie geplant erreichen. Daher sollten Sie lernen, notfalls mit Problemen selbst fertig zu werden. Kennen Sie sich mit Ihrem eigenen Stahlross gut aus, können Sie sich zudem nützlich machen, wenn jemand anderes ein Problem hat, da die meisten Fahrräder ähnlich funktionieren.

Mir ist im Lauf der Zeit klar geworden, dass es hauptsächlich darum geht, Teile auseinanderzunehmen und wieder zusammenzubauen, damit ein Fahrrad zuverlässig funktioniert und sich angenehm fahren lässt. Fahrräder brauchen nur selten kompliziertes oder teures Werkzeug, sie reagieren hingegen wie durch ein Wunder auf etwas Pflege und Aufmerksamkeit – ein umhegtes Fahrrad fühlt sich besser an als ein vernachlässigtes, das vielleicht doppelt so viel gekostet hat. Ich hatte das Glück, einen Arbeitsplatz zu haben, den ich wirklich liebte. 18 Jahre lang habe ich im Süden Londons in einem Fahrradgeschäft gearbeitet. Alles, was ich in diesem Buch schreibe, entstammt meinen Erfahrungen aus dieser Zeit, in der ich versucht habe, ein erstaunlich breit gefächertes Angebot verschiedener Fahrräder zu vernünftigen Preisen bereitzuhalten.

Das vorliegende Buch ist besonders für Fahrradneulinge nützlich oder für alle, die das Fahrrad erstmals im Stadtverkehr nutzen möchten. Sie finden viele praktische Tipps, nicht nur für das Flicken eines Lochs im Reifen, sondern auch Empfehlungen für die Pflege des wichtigsten Teils Ihres Fahrrads – und das sind Sie selbst. Ihr Körper ist sozusagen der Motor und sollte möglichst effizient arbeiten, damit Sie mit einem Minimum an Anstrengung vorankommen. Daher sollten Sie es warm, trocken und bequem haben – niemand kann durchnässt und frierend eine Bestleistung erbringen. Ich hoffe, dass auch solche Leser nützliche Tipps finden werden, die bereits Erfahrung in der Fahrradwartung haben und sich nun an anspruchsvollere Aufgaben wagen möchten. In jedem Fall möchte ich Ihnen dabei helfen, Ihr Fahrrad besser zu verstehen und mit mehr Selbstvertrauen daran zu arbeiten.

Ob Sie nun ein völliger Neuling sind oder bereits seit vielen Jahren mit dem Rad fahren und sich einige Tipps für Reparatur und Wartung erhoffen – das vorliegende Buch soll Ihnen helfen, sich mit Freude auf Ihr Rad zu schwingen. Mir gefällt, dass man beim Radfahren einen anderen Blick auf die Welt hat. Es geht vielleicht nicht alles ganz so schnell, aber man sieht vieles klarer.

Einleitung

Mel Allwood

Radfahren und Technik

Ein Großteil des vorliegenden Buches beschäftigt sich mit dem rein praktischen Radfahren, das Sie ohne viel Aufhebens von A nach B bringt. Deswegen müssen Sie sich aber kein spezielles Fahrrad für die Stadt kaufen. Lassen Sie sich nicht von der Vielzahl der Kategorien einschüchtern, in denen die Hersteller ihre Modelle präsentieren und dabei jeder Fahrradart ihre spezielle Aufgabe zuweisen. Das liegt natürlich im Interesse der Hersteller, aber Sie als Radfahrer müssen sich schon sehr stark spezialisiert haben, um tatsächlich mehrere unterschiedliche Fahrräder zu brauchen.

Die Unterschiede können Sie deutlich beobachten, wenn Sie sich einmal die Fahrräder etwas genauer anschauen, neben denen Sie an einer roten Ampel warten. Da sehen Sie ein Tribike, ausgestattet mit allerlei technischem Schnickschnack, ein Klapprad, das zum Einkaufen genutzt wird und dann wieder einen voll gefederten Freerider, der sich wohl am besten für die Abfahrt von einem Alpengipfel eignen würde. Das Beste daran aber ist, dass alle Modelle letztlich denselben Zweck erfüllen.

Wenn es um Reparaturen geht, hat man es mit Fahrrädern leichter als mit den meisten anderen Fahrzeugen. Sie werden zerlegt und wieder zusammengebaut, wobei die Ersatzteile in Geschäften oder im Internet jederzeit erhältlich sind, was für unsere heutige Wegwerfgesellschaft eine große Entlastung darstellt. Fahrräder sind leicht, daher kann man sie umdrehen, um auf der Unterseite etwas genauer anzuschauen, oder aufhängen, wenn die Räder den Boden nicht berühren sollen. Die Mechanik ist gut sichtbar, man braucht nicht mit Verkleidungen zu kämpfen oder muss nicht mit einer Lampe in enge Zwischenräume leuchten. Fahrräder weisen zudem ein erstaunliches Maß an Kompatibilität auf, sodass man ein wichtiges Teil aus einem Fahrrad ausbauen und in das Fahrrad eines völlig anderen Herstellers einbauen kann. Sollten Sie schließlich wirklich einmal mit Ihrem Latein am Ende sein und es nicht schaffen, die Teile in der richtigen Reihenfolge wieder einzubauen, können Sie das Ganze einpacken und mit einem öffentlichen Verkehrsmittel oder mit dem Auto zum nächsten Fahrradgeschäft fahren, um sich helfen zu lassen. Sollte Ihnen das peinlich sein, können Sie immer noch zu einer kleinen Notlüge greifen und behaupten, irgendjemand anders habe das Fahrrad zerlegt.

Anleitungen, die Sie in Büchern wie diesem und in den Gebrauchsanleitungen neuer Teile finden, erwecken immer den Anschein, es gebe nur eine einzige richtige Vorgehensweise. Haben Sie erst einmal einige Reparaturen an Ihrem Fahrrad hinter sich, werden Sie erkennen, dass dies nicht stimmt. Jede Reparatur ist anders, die Anleitungen können Ihnen nur Anhaltspunkte liefern, damit Sie einen Weg finden, das Problem zu erkennen und eine Lösung zu finden. Ich versuche Ihnen, wo das möglich ist, auch die Ursachen der jeweiligen Probleme zu nennen. Das soll Sie in die Lage versetzen, selbst alle Möglichkeiten auszuloten, wenn Sie es einmal mit einer ungewöhnlichen Situation zu tun haben.

Der beste Rat, den ich Ihnen für den Fall einer Fahrradreparatur geben kann ist: Sorgen Sie dafür, ausreichend Zeit zur Verfügung zu haben, um sie in aller Ruhe zu erledigen. Wenn Sie sich zum ersten Mal an einer Sache versuchen, wählen Sie hierfür am besten eine Zeit, in der das Fahrradgeschäft geöffnet hat. Es könnte sein, dass Sie mittendrin merken, dass Ihnen ein Teil fehlt. Nehmen Sie sich auch die Zeit, das Fahrrad vor einer Reparatur zu putzen. Das geht letztlich wesentlich schneller, als wenn Sie sich alle fünf Minuten die Hände waschen müssen, weil das Fahrrad so verschmutzt ist. Normalerweise ist es sinnvoll, erst alles zu zerlegen, den Schaden zu beheben, alles zu putzen und dann die Hände zu waschen, bevor die sauberen Teile wieder zusammengebaut werden.

Es stellt sich die Frage, warum Sie Ihr Fahrrad selbst reparieren sollten, wenn Sie es ebenso gut ins nächste Fahrradgeschäft bringen und einen Mechaniker für diese Arbeit bezahlen können. Jeder gute Mechaniker wird natürlich in der Lage sein, Ihr Fahrrad in einen einwandfreien Zustand zu versetzen. Aber nur Sie alleine können es genau so einstellen, wie Sie es gerne haben möchten. Sie werden länger brauchen als ein Profi, aber dafür können Sie auch so lange herumbasteln, bis sich die Bremsen genau so anfühlen, wie Sie sich das vorstellen und die Gänge genau dann umschalten, wenn Sie es möchten.

Falls Sie unterwegs eine Panne haben, sind Ihre Chancen, damit fertig zu werden, deutlich besser, wenn Sie an dem defekten Teil bereits einmal gearbeitet oder es wenigstens vor kurzem gereinigt haben. Wenn Sie wissen, wie ein Teil ausgesehen hat, bevor es kaputtgegangen ist, können Sie sich auch besser vorstellen, wie Sie es wieder funktionstüchtig bekommen.

Damit sind wir bei dem meiner Ansicht nach wichtigsten Punkt. Wer regelmäßig an seinem Fahrrad arbeitet, ist mit ihm vertraut, und die Wahrscheinlichkeit ist größer, dass kleine Mängel bemerkt werden – vielleicht sind die Reifen etwas zu weich, was auf einen beginnenden Platten hindeuten könnte, oder die Bremsen greifen nicht so kräftig wie üblich, was möglicherweise an abgefahrenen Bremsklötzen liegt. So können kleine Mängel beseitigt werden, bevor daraus eine Panne wird.

Ich habe eine große Vorliebe für Fahrradfachgeschäfte. Es ist sehr viel wert, irgendwo hingehen zu können, wo jemand Ihr Fahrrad anschaut und Ihnen zeigen kann, was Sie möglicherweise falsch gemacht haben. Sie werden zumeist die Erfahrung machen, dass man Sie in dem Geschäft, in dem Sie die Teile gekauft haben, gerne beraten wird, wie diese am besten einzubauen sind, damit sie gut funktionieren. Hat man Ihnen dort geholfen, schadet es nicht, wenn Sie sich bei Gelegenheit mit einem kleinen Präsent bedanken.

Regelmäßig mit dem Fahrrad zur Arbeit

Der größte Vorteil des Radfahrens ist für mich, dass ich wach und voller Tatendrang mein Ziel erreiche. Es kann durchaus angenehm sein, öffentliche Verkehrsmittel zu nutzen und während der Fahrt Zeitung zu lesen, man weiß aber nie genau, wie viel Zeit man für die Fahrt einplanen muss. Beim Autofahren in der Stadt werde ich normalerweise ärgerlich und unkonzentriert und frage mich, warum ich es mir antue, so viel länger mit dem Auto unterwegs zu sein, als ich es mit dem Fahrrad wäre. Natürlich ist das Auto für bestimmte Dinge großartig, sei es, um Möbelbausätze zu transportieren, um einen weit entfernten Ort zu erreichen oder bei Schmuddelwetter drinnen gemütlich seine Brote zu verzehren.

Heute sieht man kaum noch eine hochgezogene Augenbraue, wenn man mit dem Fahrrad zur Arbeit kommt. Inzwischen sind die Radfahrer so zahlreich, dass es schon fast normal ist und nicht mehr als Zeichen für ein etwas befremdliches Wesen oder gar Unzuverlässigkeit gilt. Fortschrittlicheren Arbeitgebern wird allmählich klar, dass Angestellte, die mit dem Fahrrad kommen, gesünder und pünktlicher sind als andere und sie fangen an, Duschen, Schließfächer und gesicherte Fahrradabstellplätze einzurichten – auch wenn das dahinterstehende Engagement möglicherweise eher von einer Person in der Kostenkontrolle ausgeht, der klar geworden ist, wie viel mehr es kostet, Autostellplätze einzurichten und zu unterhalten. Was auch immer die Beweggründe sein mögen, solche Einrichtungen werden üblicher und erleichtern es, mit dem Fahrrad zur Arbeit zu fahren, auch wenn man einen Job hat, bei dem es auf ein elegantes Äußeres ankommt.

Man braucht kein fanatischer Fahrradpendler zu werden und muss nicht täglich das Fahrrad besteigen, insbesondere nicht in der ersten Zeit. Es ist absolut normal, mal mit dem Fahrrad, mal mit dem Auto, zu Fuß oder mit öffentlichen Verkehrsmitteln zur Arbeit zu kommen. Im Gegensatz zum Auto oder einer Monatskarte verursacht es keine Kosten ohne Gegenwert, das Fahrrad einmal ein paar Tage nicht zu nutzen. Man kann auch mit dem Fahrrad zur Arbeit fahren, es dort stehen lassen und für die Heimfahrt den Zug nehmen. Sie können mit dem Zug fahren, wenn es anfängt zu schneien oder mit dem Auto, wenn Sie einmal besonders schick erscheinen müssen oder wegen des Wetters auf das Fahrrad verzichten möchten. Viele Menschen, die regelmäßig mit dem Fahrrad fahren, verringern das Verkehrsaufkommen genau so wie wenige Leute, die sich unter allen erdenklichen Umständen für das Fahrrad entscheiden.

Der Pendelverkehr mit dem Fahrrad ist mehr als das übliche Fahren von A nach B, die Fahrt von zu Hause zur Arbeit und wieder zurück. Es zeigt Ihnen völlig neue Seiten Ihrer Stadt, denn Sie fahren langsam genug, um wirklich wahrzunehmen, wo Sie sich befinden, und können auch einmal anhalten, um etwas besonders Interessantes genauer unter die Lupe zu nehmen.

Im Auto kann Ihnen das nicht passieren, Sie fahren schnell dahin und konzentrieren sich vor allem auf die Ampeln und den Verkehr, wobei Ihnen die Feinheiten entgehen. Wenn Sie mit dem Fahrrad unterwegs sind, können Sie Seiten Ihrer Stadt genießen, an denen Sie normalerweise achtlos vorbeifahren.

Vom Fahrrad aus entdecken Sie interessante Dinge in Ihrer Stadt, die Ihnen im Auto entgehen würden.

1 – Die Ausrüstung

Für kurze Fahrten an einem warmen Sonnentag brauchen Sie nicht viel, um Freude am Radfahren zu haben – ein Schloss und Beleuchtung, falls Sie noch nach Einbruch der Dunkelheit unterwegs sein werden. Sie kleiden sich ganz normal, hängen sich eine Tasche um, und los geht's. Lassen Sie sich aber von drohendem Schlechtwetter nicht vom Radfahren abhalten, denn mit der richtigen Schutzkleidung bleiben Sie bei jeder Witterung warm und trocken. Auch die Kosten für eventuelle Anschaffungen sollten Sie nicht abschrecken. Keinesfalls müssen Sie losziehen und alles, was in diesem Kapitel genannt wird, auf einmal erwerben. Kaufen Sie immer nur das, was Sie aktuell benötigen.

Die Wahl des Fahrrads: Hybridfahrräder

Gut möglich, dass Sie sich bereits für ein Fahrrad entschieden haben, vielleicht haben Sie ein gebrauchtes übernommen oder bereits eines gekauft. Irgendwann in Ihrer künftigen Radfahrerlaufbahn werden Sie aber vermutlich an den Punkt kommen, ein Modell wählen zu müssen, das genau für Sie passt. Ob Sie ein neues oder gebrauchtes Fahrrad haben möchten, Sie werden eine Entscheidung treffen müssen.

Das Angebot an Fahrrädern kann überaus verwirrend sein. Wir wollen uns daher zuerst einige Grundmodelle anschauen und deren Vor- und Nachteile besprechen.

Die vier Grundtypen sind das Hybridfahrrad, das Klapprad, das Rennrad und das Mountainbike. Ihre Entscheidung für eine bestimmte Art von Fahrrad wird von mehreren Faktoren abhängen. Möglicherweise möchten Sie mit Ihrem Fahrrad mehr tun, als nur zur Arbeit zu fahren. Wenn Sie sich vorstellen können, auch abseits der Straßen zu radeln, lohnt sich die Anschaffung eines Mountainbikes, auf das Sie für Fahrten auf der Straße profillose Reifen (Slicks) aufziehen. Möchten Sie etwas für Ihre Fitness tun, bietet Ihnen ein Rennrad mit seinen schmalen glatten Reifen die Möglichkeit, an den Wochenenden in schnellem Tempo über Land zu radeln und dabei Kalorien abzustrampeln. Klappräder sind ideal für längere Arbeitswege, denn Sie können damit zum Bahnhof oder zur Bushaltestelle radeln und Ihr Stahlross in öffentlichen Verkehrsmitteln mitnehmen. Wenn Sie Ihr Fahrrad aber hauptsächlich für den Arbeitsweg nutzen wollen, empfiehlt sich die Wahl eines Modells, das für diesen Zweck gut geeignet ist. Hybridfahrräder bekamen ihren Namen ursprünglich, weil die erste Generation dieser Modelle eine Mischform zwischen einem stämmigen leistungsfähigen Mountainbike und einem schnellen und schlanken Rennrad war. Inzwischen sind sie jedoch ein eigenständiger Typ, gleichzeitig bequem und schnell bei Überlandfahrten und für die Herausforderungen in der Stadt gut gerüstet.

Ein großer Vorteil des Hybridfahrrads ist die Sitzhaltung. Durch die gerade und hohe Lenkstange haben Sie einen wunderbaren Überblick. Brems- und Schalthebel sind erreichbar, ohne dass Sie die Hände vom Lenker nehmen müssen. Die Räder sind etwas größer als bei einem Mountainbike und fahren daher deutlich besser über Unebenheiten und Schlaglöcher hinweg. Der Rahmen verfügt über Möglichkeiten, Schutzbleche, Hinterradgepäckträger und eventuell auch Vorderradgepäckträger zu befestigen. So können Zubehörteile problemlos und sicher direkt am Rahmen angebracht werden.

Hybridfahrräder haben einen größeren Übersetzungsbereich als Rennräder. Sie sind sogar bei hohen Übersetzungen mit genügend Gängen ausgestattet, sodass Sie bergab sausen oder über eine grüne Ampel sprinten können, ohne lächerlich schnell treten zu müssen.

Specialized Crossroads

Die Wahl des Fahrrads: Klappräder

Klappräder haben in letzter Zeit eine Art Wiedergeburt erlebt. Früher wurden sie eher belächelt. Sie standen in dem Ruf, unpraktisch beim Zusammenklappen zu sein und schlechte Fahreigenschaften zu besitzen.

Die veränderte Wahrnehmung von Klapprädern ist in erster Linie der Pionierarbeit der britischen Firma Brompton Bicycles im Bereich Design zu verdanken, die bewiesen hat, dass es möglich ist, ein zufriedenstellendes Klapprad zu einem vernünftigen Preis herzustellen. Man wird bei jedem Klapprad einen Kompromiss zwischen der einfach zu bedienenden Klappfunktion, der Fahrqualität und dem Preis eingehen müssen. Möglicherweise müssen Sie Ihr Fahrrad bei jedem Gebrauch zusammen- und auseinanderklappen und nutzen es nur für Kurzstrecken, oder es wird die meiste Zeit wie ein normales Fahrrad in Gebrauch sein und nur zusammengeklappt, wenn Sie es zu einem entfernten Urlaubsziel mitnehmen möchten.

Es gibt für alle Bedürfnisse das passende Modell. Sorgen Sie sich vor Fahrraddieben, könnte ein Klapprad die ideale Lösung sein, denn Sie können es überallhin mitnehmen, tagsüber unter dem Schreibtisch und nachts unter Ihrem Bett parken. Sind Sie einmal zu erschöpft, um nach der Arbeit nach Hause zu radeln, nehmen Sie es problemlos im Bus oder Zug mit. Auch wenn häufige Reifenpannen oder sonstige Probleme Ihnen das Pendeln per Fahrrad verleiden, kann ein Klapprad die Lösung sein. Sie können Ihre Fahrt fortsetzen und das Problem beheben, sobald Sie Zeit dazu haben.

Ein Erkennungsmerkmal für Klappräder sind die kleineren Reifen. Inzwischen gibt es eine Menge verschiedener Reifentypen und ebenso viele Pannenschutzbänder und Reflexstreifen. Auch ein ausreichender Reifendruck ist bei kleineren Rädern genauer zu beachten als bei der Standardgröße 700C (Hybridrad) oder 26 Zoll (Mountainbike) – bei zu geringem Luftdruck werden Sie sich vorkommen, als würden Sie in Gummistiefeln laufen. Eine vernünftige transportable Luftpumpe ist hier ein prima Zubehör. Mit einem Klapprad erweitern Sie Ihren Radius und ihre Flexibilität beträchtlich, denn Sie können zwischen dem Radfahren und der Nutzung öffentlicher Verkehrsmittel wechseln. Zusammengeklappt ist das Rad ein harmloses Gepäckstück, während ein Fahrrad in seiner Standardform von der Obrigkeit besonders in öffentlichen Verkehrsmitteln eher als Sicherheitsrisiko wahrgenommen wird. Um die Tarnung noch weiter zu treiben, ist eine Tasche nützlich, in der das zusammengeklappte Rad verschwinden kann. So können Sie das Ganze auch leichter in einer Gepäckablage, im Kofferraum eines Taxis oder zwischen den Sitzen verstauen.

Brompton-Klapprad.

Die Ausrüstung

Die Wahl des Fahrrads: Rennräder

Rennräder gibt es in vielen Formen und Größen, aber einige Merkmale haben alle gemeinsam. Der Rahmen ist leicht, seine Form lang gestreckt und niedrig, sodass eine aerodynamische gestreckte Haltung gefördert wird. Die Räder sind schmal, die dünnen Reifen müssen stark aufgepumpt werden. Die nach unten gebogene Lenkstange verstärkt die flach gebeugte Haltung, Bremshebel und Gangschaltung sind in einer Einheit zusammengefasst, sodass Sie die Hände für schnelles Schalten nicht vom Lenker nehmen müssen.

Rennräder sind fürs Pendeln in der Stadt nicht unbedingt die beste Wahl. Rahmen und Räder sind relativ empfindlich, die Bremsen eher für allmähliches Abbremsen als für Vollbremsungen angelegt. Der Übersetzungsbereich der Gangschaltung ist klein. Wenn Sie daher einen sehr steilen Berg vor sich haben, bleibt Ihnen nichts anderes übrig, als abzusteigen und zu schieben. Wenn Sie aber die Geschwindigkeit lieben, sind Sie mit einem Rennrad gut bedient.

Durch den leichten Rahmen und die flachen Winkel beschleunigen diese Räder schnell, und auch moderates Bergauffahren geht aus diesem Grund relativ mühelos. Durch die aerodynamische Haltung wird der Luftwiderstand gering gehalten, was Energie spart. Falls Ihnen die Arbeitswege per Fahrrad noch nicht reichen, ist ein Rennrad das ideale Vehikel, um der Stadt zu entfliehen. Sobald Sie den Stadtverkehr hinter sich gelassen haben, können Sie über die Landstraßen sausen und die frische Luft genießen.

Rennräder bieten oft keine Möglichkeit, Schutzbleche anzubringen, was Regenfahrten aufwändiger macht, da Sie nicht die normale Bekleidung tragen und auf den Schutz der Schutzbleche hoffen können. Selbst wenn Sie die Anlötstellen für einen Gepäckträger haben, sodass dieser direkt an den Rahmen montiert werden kann, sind die schmalen Räder und Reifen unter der Belastung weniger stabil und auf Dauer weniger haltbar, wenn Sie schweres Gepäck mitnehmen.

Rennräder sind aber unbestreitbar schnell und wendig, und falls Ihre Stammstrecke hügelig ist, wird Ihnen das geringere Gewicht zugute kommen. Auch wenn vor Fahrraddieben nichts sicher ist, scheinen Rennräder durch die gebogenen Lenker für Langfinger weniger attraktiv zu sein als die weit verbreiteten Mountainbikes.

Specialized Dolce.

Die Wahl des Fahrrads: Mountainbikes

Als die ersten Mountainbikes in der Stadt auftauchten, hörte man von Nichtradfahrern häufig Bemerkungen wie: „Was soll denn das, hier sind doch weit und breit keine Berge" und von traditionellen Radfahrern: „Die Dinger sind doch so schwer." Beides war natürlich richtig, diese Fahrräder schienen unsinnig, wenn man nicht in Gebirgsnähe wohnte. Aber obwohl meist noch ein enorm hoher Anschaffungspreis hinzukam, entsprachen die schweren und klobigen Fahrräder anscheinend genau den Erwartungen der Stadtpendler.

Robust wie ein Panzer, mit Bremsen, die tatsächlich bremsten, und einer Gangschaltung, die sich bedienen ließ, ohne dass man die Hände vom Lenker nehmen musste, konnten Mountainbikes auch problemlos von Leuten gefahren werden, die keine allzu erfahrenen Radfahrer waren.

Vieles, was die Räder so herrlich gebirgsgängig machte, war für den Stadtgebrauch natürlich nicht ideal. Breite, grobstollige Reifen fühlen sich auf Asphalt an wie der Versuch, in Sirup zu laufen. Ein Rahmen muss nicht so stabil zu sein, um damit Treppen hinunterfahren zu können, und der Übersetzungsbereich, der für Gebirgsfahrten ausgerichtet ist, führt dazu, dass Sie in den niedrigen Gängen wie wild treten müssen, um es noch über eine grüne Ampel zu schaffen. Die nützlichen Elemente der Mountainbikes wurden jedoch für eine neue Generation von Fahrrädern übernommen, für Hybridfahrräder oder Citybikes. Das bedeutet aber nicht, dass es für Mountainbikes in der Stadt keinen Platz gibt. Sollten Sie jemals den Wunsch verspüren, mit Ihrem Fahrrad die geteerten Wege zu verlassen, ist es herrlich, die profillosen Slicks gegen ein Paar Profilreifen zu tauschen und aufs Land zu fahren. Möchten Sie eine Menge Gewicht auf dem Fahrrad mitnehmen, sind die etwas kleineren 26-Zoll-Räder kräftiger als die 700C-Hybridräder und können mit einem breiteren und pannensicheren Reifen bestückt werden.

Wenn Sie dazu neigen, mit Ihrem Fahrrad etwas ruppig umzugehen, ist ein Mountainbike günstig, denn es hält einiges aus. Der Markt bietet eine breite Palette profilloser Reifen an, und so haben Sie die echte Chance, ein Maschine für die Wildnis in ein robustes Fahrrad für den Asphaltdschungel zu verwandeln.

Specialized Rockhopper.

Die Ausrüstung

Die Bekleidung: Jacken

Die Regenjacke ist die äußere Schutzschicht vor den Elementen. Wer nicht in einer Gegend mit ganzjährigem Sonnenschein lebt, braucht etwas gegen Kälte, Nässe und das damit verbundene unangenehme Gefühl. Das Radfahren in der Stadt stellt besondere Anforderungen an die Bekleidung, da man normalerweise ein bestimmtes Ziel hat und nicht nur zum Spaß herumfährt.

Es ist also auch zu bedenken, wie die Jacke aussieht, wenn Sie vom Rad gestiegen sind – eine hautenge Röhre in fluoreszierendem Gelb mag ein sehr wirkungsvoller Schutz sein, ist aber nicht sehr attraktiv, wenn Sie nach getaner Arbeit noch in die Kneipe gehen. Jacken haben zwei Funktionen: Sie halten bei Regen trocken und bei Wind oder Kälte warm. Da Funktionsjacken bei Nässe als äußere Schicht getragen werden, sind sie oft mit Reflexstreifen oder reflektierenden Aufnähern ausgerüstet. Diese sind bei Regen besonders wertvoll, da die Autofahrer unter solchen Bedingungen am wenigsten darauf zu achten scheinen, mit wem sie die Straße teilen. Auch wenn Ihnen jede Jacke Schutz bieten wird, erfüllt eine spezielle Fahrradjacke die Aufgabe besser, weil sie extra für diesen Zweck konzipiert wurde. Beim Kauf sollten Sie auf folgende Faktoren achten:

Schnitt
Fahrradbekleidung ist so geschnitten, dass sie gut passt, wenn Sie auf dem Rad sitzen, daher wirkt sie im Stehen häufig etwas sonderbar. Fahrradjacken sind hinten etwas länger, damit die Nierengegend nicht kalt und nass wird. So sind Sie auch vor Dreckspritzern geschützt, falls Ihr Fahrrad keine Schutzbleche besitzt. Die Ärmel haben Überlänge, weil Sie die Arme normalerweise nach vorne zum Lenker strecken. Hätten die Ärmel Normallänge, wären die Handgelenke ungeschützt und würden rasch kalt und nass. Die vordere Partie der Jacke sollte kurz geschnitten sein, damit sich Ihre Beine frei bewegen können. Reicht die Jacke vorne bis auf die Oberschenkel, heben Sie sie bei jedem Pedaltritt an, und die kalte Luft kann eindringen.

Abdichtung
Halsausschnitt, Ärmel- und Taillenbündchen müssen regulierbar sein. Am besten sind Tunnelzüge mit Stopper, die mit einer Hand enger oder weiter gestellt werden können, sodass Belüftung und Wärmehaushalt immer ausgeglichen gehalten werden können.

Taschen
Bei dieser Frage gibt es einen Interessenskonflikt. Wenn Sie sich ohne Fahrrad bewegen, wünschen Sie sich vorne in der Jacke sicher Taschen, um den Schlüssel einzustecken oder die Hände darin zu wärmen. Beim Radfahren hingegen sind die Vordertaschen von Nachteil, denn alles, was Sie darin aufbewahren, zieht die Jacke nach unten, sie verliert die genaue Passform und es entsteht ein großer zugiger Raum in der Jacke, anstatt dass diese Sie ohne Zwischenraum warm und behaglich hält. Es kann Ihnen auch passieren, dass Ihnen beim Radeln etwas Wertvolles aus einer nicht geschlossenen Tasche fällt. Eine gute Lösung sind Taschen, die im Rückenteil untergebracht sind. Anfangs mag Ihnen das ungewöhnlich erscheinen, aber so bleibt alles, was Sie in die Tasche packen, auch sicher darin.

Besonderheiten
Taschen, zusätzliche Reißverschlüsse und Haken mögen sehr nützlich sein, aber jeder Zusatz macht die Jacke unförmiger. Wenn Sie genau wissen, dass es regnen wird, spielt das keine Rolle, weil Sie die Jacke dann auf jeden Fall anziehen. Problematisch wird es an noch trockenen Tagen mit Regenrisiko. Eine Jacke mit weniger Schnickschnack, die sich kleiner zusammenfalten lässt, wird auch mit größerer Wahrscheinlichkeit benutzt. Eine größere unförmige Jacke wird in einem Anfall von Optimismus eher zu Hause gelassen, wo sie niemandem nützt.

Die Bekleidung: Jacken

Sicherheit geht vor Eitelkeit: Helle Kleidung ist an dunklen Tagen sehr wichtig, weil Sie darin auf Ihrem Fahrrad besser gesehen werden. Eine reflektierende Paspelierung und reflektierende Aufnäher sind nachts überaus sinnvoll, weil sie im Scheinwerferlicht auffallen.

Farbe

Beim Radeln in der Stadt ist alles, was Sie für Autofahrer besser sichtbar macht, ein Vorteil. Hinsichtlich der Sichtbarkeit ist ein helles Gelb natürlich am besten, auch wenn manchen Leuten die Vorstellung, wie eine radelnde Banane auszusehen, Probleme bereiten dürfte. Jacken müssen so vielseitig sein, dass man sie auch tragen kann, wenn man nicht auf dem Fahrrad sitzt, was manchmal Kompromisse hinsichtlich der Auffälligkeit verlangt.

Material

Es gibt eine verwirrende Menge verschiedener Materialien, die alle für sich beanspruchen, die besten zu sein. Sie sollten auf einige wichtige Elemente achten. Entscheidend ist häufig, wie wasserdicht das Material ist. Es gibt zwei verschiedene Typen: wasserdicht und wasserabweisend. Wasserabweisend schützt vor einem Regenguss, wasserdicht ist teurer und hält länger trocken. Bei besseren Materialien wie Goretex bleiben Sie tatsächlich den ganzen Tag trocken. Wasserabweisende Jacken halten Sie bei Regen zwischen 20 und 40 Minuten trocken, je nach der Intensität des Niederschlags. Danach werden alle undicht, normalerweise zuerst an den Nähten. Bei einer durchschnittlichen Fahrzeit von etwa 20 Minuten ist eine wasserabweisende Jacke absolut ausreichend und spart Ihnen eine Menge Geld. Wichtig ist, dass die Jacke aus atmungsaktivem Material ist. Gerade wenn Sie ein Gelegenheitsradler sind, wird der Moment kommen, wo Sie sich so anstrengen, dass Sie zu schwitzen beginnen. Atmungsaktive Materialien lassen die vom Körper produzierte Feuchtigkeit nach außen entweichen und verhindern dadurch, dass Sie im eigenen Saft schmoren.

Windabweisend

Diese Funktion ist wichtiger, als man glaubt. Sie bewegen sich ständig an der Luft, also ist es beim Radfahren immer windig. An heißen Tagen ist das großartig, weil der Wind kühlt. An feuchtkalten Tagen jedoch fangen Sie schnell an zu frieren, und je schneller Sie fahren, desto mehr frieren Sie, insbesondere bei längeren Bergabfahrten, wo Sie nicht genug arbeiten, um sich warm zu halten. Zum Glück können windabweisende Materialien sehr dünn und leicht sein. Eine extrem leichte Windjacke oder ein entsprechender Blouson, den Sie an ungemütlichen Tagen anziehen können, nimmt in der Tasche nicht viel Platz weg und passt sogar in die Hosen- oder Jackentasche.

Kapuzen

Fahrradjacken sind meist ohne Kapuze, weil viele Leute einen Helm tragen. Anstatt einer an der Jacke befestigten Kapuze trägt man besser eine Mütze, die die Kopfbewegungen mitmacht. Wer einmal die Erfahrung gemacht hat, bei einem Blick nach hinten vor einem gefährlichen Manöver nur die Innenseite der Kapuze betrachten zu können, reißt diese schnellstens herunter.

Die Bekleidung: Für den Unterkörper

Der Wetterschutz hängt von der Länge der Fahrt und dem Klima ab. Bei milden Temperaturen können Sie zum Radeln Ihre normale Kleidung tragen – hohe Absätze sind vielleicht etwas unsicher, und in Jeans schwitzt man leicht, aber sonst ist vieles möglich. Hosenbeine sollte man entweder hochkrempeln oder mit einer Klammer vor dem Kettenöl in Sicherheit bringen. Wenn es aber heiß, kalt oder feucht ist, sollten Sie sich Gedanken über die Bekleidungsmöglichkeiten für Ihre untere Körperhälfte machen.

Im Uhrzeigersinn von links: Mit einem geformten nahtlosen Chamoispolster sitzen Sie bequem auf dem Sattel; weite Hosen sind figurfreundlicher; ein elastischer Saum unten am Bein verhindert das Hochrutschen.

Spezielle Radlerhosen sehen im Geschäft auf dem Bügel lächerlich aus und fühlen sich beim ersten Anprobieren auch lächerlich an, weil sie durch die Polsterung wirken, als trage man eine Windel. Sie sind nicht dafür gemacht, an der Kleiderstange zu hängen oder im Stehen getragen zu werden, enthüllen aber ihren Sinn, wenn Sie feststellen, dass Sie den ganzen Tag vergnügt im Sattel gesessen haben und dann noch auf einem Stuhl sitzen können, ohne vor Schmerz zusammenzuzucken. Teurere Hosen sind speziell für die unterschiedliche männliche und weibliche Anatomie zugeschnitten, aber bereits die Grundform wird Ihren Sattel bequemer machen. Der Sattel sollte bequem sein. Hören Sie nicht auf Leute, die Ihnen erzählen, Sie müssten einen neuen Sattel erst einfahren oder sich an ihn gewöhnen. Wenn der Sattel nicht bequem ist, kaufen Sie sich eine spezielle Radlerhose oder einen neuen Sattel oder beides. Die Wahl einer Radlerhose kann recht kompliziert sein. Teure Modelle sehen praktisch genauso aus wie solche, die nur ein Viertel davon kosten. Es ist daher schwer verständlich, was man für das zusätzliche Geld bekommt. Einer der wichtigsten Unterschiede ist das Material – etwa Coolmax –, in dem Sie kühl und trocken bleiben. Diese Hosen werden auch aus mehreren kleineren Bahnen genäht, sodass die Hose sich dem Körper beim Radfahren perfekt anpassen kann. Die Auspolsterung ist bei teuren Hosen raffinierter als bei preisgünstigeren Modellen und kann besser stützen und bequemer sein, ohne zu sehr aufzutragen.

An heißen Tagen möchten Sie sich nach dem Radeln vielleicht umziehen. So schön es ist, wenn Sie die Kollegen an Ihrer glühenden Begeisterung für das Radfahren teilhaben lassen, Sie wollen ja nicht zur Belästigung werden. Wenn Sie nicht in einer lockeren Umgebung arbeiten, wirken Radlerhosen nicht besonders professionell. Fortschrittliche Arbeitgeber stellen ihren Angestellten eine Dusche, Schließfächer und Umkleideräume zur Verfügung, aber auch ein einfaches Waschbecken ist sicherlich ausreichend.

Gute und bequeme Radlerhosen sind aus Lycra, Coolmax oder ähnlichen Stretchmaterialien. Sie erfüllen ihre Funktion, sind für die Mehrheit aber nicht sehr schmeichelhaft, da sie jede Körperrundung betonen, was die meisten von uns lieber vermei-

Die Bekleidung: Für den Unterkörper

den. Es ist aber absolut kein Problem, über den Radlerhosen etwas anderes zu tragen, zum Beispiel eine weite Hose, einen Rock oder was immer Sie möchten.

Niemand braucht je zu erfahren, dass Sie darunter eine hauteng Hose tragen. Es gibt sogar Radlerhosen mit einer weiteren Überhose, unter der sich eine echte Radlerhose verbirgt. Hier noch ein letzter, selten offen ausgesprochener, Hinweis zu Radlerhosen: Sie werden direkt auf der Haut getragen, ohne etwas darunter.

Bei Kälte

In gewisser Weise lässt sich mit großer Kälte besser umgehen als mit mittleren Temperaturen. Sie ziehen einfach alles an, was Ihnen zur Verfügung steht, und radeln dann möglichst schnell, um warm zu bleiben.

Eine lange Radlerhose sollte über der kurzen Radlerhose getragen werden und nicht andersherum, wie bei Superman. Lange Radlerhosen haben immer eine Mittelnaht, auf der Sie nicht unbedingt sitzen sollten, und genau davor schützen die kurzen Radlerhosen, die Sie darunter tragen.

Sobald es kälter wird, sollten Sie sich für lange Radlerhosen mit einem Futter aus Fleecestoff entscheiden. Dieses Futter fängt die Wärme ein, die durch die Beinarbeit produziert wird und sorgt für eine behagliche Temperatur. Entscheiden Sie sich für eine Hose, bei der die Knöchel auch bei gebeugten Beinen noch bedeckt sind. Genau wie an den Handgelenken fließt das Blut hier nah unter der Hautoberfläche, und wenn es erst einmal kalt geworden ist, werden Sie anfangen zu frieren. Das Gleiche gilt für den Bund im Rücken. Wenn Sie auf dem Fahrrad sitzen, sollte er hoch genug sitzen, um bis unter Jacke zu reichen, da ungeschützte Haut rasch auskühlt.

Die Knie sind komplexe Gelenke und sollten sorgsam behandelt werden. Radfahren an sich ist für die Knie selten schädlich, kann aber andere Verletzungen verschlimmern, wenn diese nicht sorgfältig behandelt wurden. Es wirkt sich sehr positiv aus, die Knie an frostigen Tagen warm zu halten. Wenn Sie direkt in die Kälte hinausgehen und erwarten, ohne jegliches Aufwärmen bergauf fahren zu können, werden Ihre Knie protestieren. Hatten Sie schon einmal eine Knieverletzung, sollten Sie unbedingt Leggings tragen, bis es draußen wieder richtig warm geworden ist oder dreiviertellange Radlerhosen, die das Knie bedecken.

Bei Nässe

Bei Regen gerät man bezüglich der Beinbekleidung leicht in ein Dilemma. Die Beine sind die Körperteile, die am meisten arbeiten, wodurch sie auch bei Nässe zumeist warm bleiben. Daher ist es ein weitaus geringeres Problem, nasse Beine zu bekommen, als keine geeignete Jacke zu tragen. Das gilt aber nur, wenn die Hose gut passt und Sie diese nicht noch den restlichen Tag tragen müssen. In nassen, locker sitzenden Hosen jedoch können Sie sich nicht aufwärmen, so sehr Sie sich auch abstrampeln. Wasserdichte Hosen sind daher sinnvoll, um die normalen Hosen trocken zu halten, auch wenn eine zweite Hose für die Beine eigentlich nicht nötig wäre.

Wenn Sie allerdings keine atmungsaktive wasserdichte Hose haben, wird diese innen unangenehm feucht vom Schweiß, und Sie bedauern letztendlich, dass Sie sie angezogen haben. Eine wasserdichte Hose über einer Radlerhose scheint eine merkwürdige Kombination zu sein, funktioniert aber sehr viel besser, als man erwarten könnte. Es muss allerdings die Möglichkeit bestehen, die Radlerhose am Ziel auszuziehen.

Überhosen sollten so weit sein, dass man sie problemlos über die Schuhe ziehen kann. Achten Sie aber auf atmungsaktives Material, sonst werden Ihre Beine unangenehm feucht vom Schweiß.

Entscheiden Sie sich für eine wasserdichte Hose mit reflektierenden Aufnähern. In der kalten Jahreszeit ist es häufig auch nass und dunkel. Die Hose sollte so weit sein, dass Sie die Knie darin beugen können und am Straßenrand mit den Schuhen in die Hose schlüpfen können – müssten Sie die Schuhe ausziehen, könnten die Füße nass werden, und der Sinn der Hose, Sie trocken zu halten, wäre dahin.

Lange Reißverschlüsse, die weit bis zur Wade hinaufreichen, oder eine große Falte, die mit Klettverschlüssen enger gestellt werden kann, sind beide eine praktische Lösung. Ein besonderer Pluspunkt ist hier, wenn sie sich so leicht öffnen und schließen lassen, sodass man beim Anziehen der Hose nicht einmal die Handschuhe ausziehen muss.

Die Ausrüstung

Die Bekleidung: Schuhe

Viele, deren Hauptverkehrsmittel das Fahrrad ist, kleiden sich am liebsten möglichst normal. So wird es leichter, am Ziel nicht so anzukommen, als habe man gerade eine Etappe der Tour de France gewonnen, und loszufahren, ohne eine halbe Stunde mit dem Umziehen zuzubringen.

Häufig sind es jedoch die Schuhe, die jemanden als ernsthafteren Radfahrer ausweisen, als er zugeben möchte. Die Erfahrung, dass Radfahren normalen Schuhen den Tod bringt, ist häufig der Anstoß zum Kauf von Spezialschuhen. Jedes Pedal mit genügend Griffigkeit, um für einen sicheren Halt des Fußes zu sorgen, wetzt die Schuhsohlen ab. Radlerschuhe erscheinen auch deutlich preiswerter, wenn man erst einmal realisiert hat, wie viel länger sie im Vergleich zu Turnschuhen halten.

Ein weiterer Grund für die Anschaffung spezieller Fahrradschuhe ist deren festere Sohle im Vergleich zu normalen Schuhen, wodurch Sie wirkungsvoller in die Pedale treten können. Die gesamte wertvolle Energie, die Sie mit den Füßen aufbringen, geht nur in die Pedalbewegung und wird nicht damit verschleudert, die Schuhsohlen abzuwetzen.

Gute Schuhe müssen nicht hässlich aussehen.

Fahrradschuhe stützen den Fuß auch sehr viel besser über die gesamte Sohle, sodass Sie an den Stellen, die auf dem Pedal aufsitzen, keine schmerzenden Stellen bekommen. Sie brauchen deshalb aber nicht mit klobigen Schuhen an den Füßen herumzufahren. Es gibt viele Modelle, die eher wie Turnschuhe aussehen und die Sie auch nach dem Radfahren anlassen können, ohne dass es angeberisch wirkt.

Auch bei großer Hitze oder großer Kälte sind die festen Sohlen von Vorteil. Wenn die gesamte Fußsohle gestützt wird, kann man sie entspannen. So kann das Blut bei Kälte ungehindert in die Zehen fließen und sie etwas wärmer halten. Ist das Obermaterial luftdurchlässig, dann kann bei Hitze die Luft um die Haut zirkulieren, was sich als angenehme Kühlung bemerkbar macht.

Specialized-Fahrradschuhe.

Klickpedale

Klickpedale verbinden sich sicher mit den Stollen in der Schuhsohle, lösen sich aber sofort, sobald Sie den Fuß drehen. Der Stollen ist ein Metallkegel, der genau in den Auslösemechanismus des Pedals passt. Der Stollen passt nur in die Sohle von eigens dafür vorgesehenen Schuhen, nicht in normale Schuhsohlen. Zum Glück gibt es eine Art allgemeinen Standard für das Anpassen von Stollen in Fahrradschuhe, sodass Sie nicht gezwungen sind, Pedale, Schuhe und Stollen von ein und demselben Hersteller zu kaufen. Am gängigsten ist das System der Firma Shimano, bestehend aus zwei Schraublöchern, die tief in der Sohle ausgespart sind. Eine Reihe verschiedener Hersteller produziert Pedale und Stollen, die hierfür passen.

Dieser allgemeine Standard gilt aber nur für die Kombination Schuh/Stollen, nicht für die Kombination Pedal/Stollen. Es gibt eine Reihe von Klickpedalen, die nur mit ihren eigenen Stollen richtig funktionieren. Sie können sich also, sobald Sie die Stollen in die Schuhe geschraubt haben, nicht automatisch auf irgendein Mountainbike schwingen und dessen Klickpedale nutzen, wenn Sie nicht dasselbe Fabrikat und in manchen Fällen dasselbe Modell haben.

Probieren Sie verschiedene Schuhe aus, bevor Sie sich für ein Paar entscheiden, insbesondere wenn Sie Klickpedale haben oder sich welche anschaffen möchten. Sie brauchen ein Paar bequeme und gut sitzende Schuhe. Der Fuß darf sich nicht im Schuh drehen lassen, sonst könnte es Ihnen passieren, dass sich nur der Fuß im Schuh dreht, der Schuh sich aber nicht vom Pedal löst.

SPD-Klickpedale sind bei weitem die Gängigsten. Ihr größter Vorteil sind die in der Sohle versenkten Stollen, sodass es sich mit dem Schuh auch gut laufen lässt. Es gibt noch einen anderen Pedaltyp, der bei Rennrädern häufig verwendet wird. Diese Pedale passen zu einem größeren Stollen, der aus der Sohlenfläche heraussteht. Für Stadtfahrten eignen sich diese Schuhe aber nicht sehr gut, da sie durch den Stollen insbesondere bei Nässe rutschig werden.

Stollen werden in die Schuhsohle geschraubt.

Die Bekleidung: Überschuhe und Handschuhe

Kälte beansprucht die Füße besonders, da sie am weitesten vom Herzen entfernt und daher nicht immer gut durchblutet sind. Durch die Bewegungen beim Pedaltreten wird der Windchill, die gefühlte Temperatur, noch verstärkt.

Überschuhe

Dabei handelt es sich um eine Art Stiefel aus Neopren, Goretex oder Nylon, die über die eigentlichen Schuhe gezogen werden. In der Sohle haben sie eine Aussparung, damit der Schuh auf dem Pedal Halt findet oder, falls Sie Klickpedale haben, die Stollen herausschauen lässt. Klettverschlüsse sorgen für eine gute Anpassung an den Schuh, und auf der Rückseite der Überschuhe befinden sich normalerweise Reflexstreifen. Solche Überschuhe halten Wind und Wasser von Ihren Füßen fern und haben den zusätzlichen Vorteil, auch die Schuhe trocken zu halten, was besonders wichtig ist, wenn Sie in diesen Schuhen den restlichen Tag herumlaufen müssen. Sie sehen zwar ein bisschen komisch aus, aber das scheint ein niedriger Preis dafür zu sein, dass die Zehen es behaglich haben. Ziehen Sie diese Überschuhe sofort aus, wenn Sie vom Rad steigen. Wenn Sie damit laufen, nutzen sich die Sohlen rasch ab, und sobald sie einreißen, können sie sich dem Fuß nicht mehr richtig anpassen. Besonders sinnvoll sind solche Überschuhe dann, wenn Sie am Vorderrad kein Schutzblech haben, denn bei nasser Fahrbahn zieht der Vorderreifen Wasser hoch, das nach hinten auf Ihre Füße spritzt.

Wenn Sie sich überhaupt nicht vorstellen können, Überschuhe zu tragen, haben Sie die Möglichkeit, stattdessen wasserfeste Socken anzuziehen. Man trägt sie statt der normalen Socken. Sie sind etwas fester als diese und fühlen sich daher etwas merkwürdig an, halten aber Wind und Wasser ab. Sie sind auch dicker als normale Socken, achten Sie daher darauf, dass genügend Platz in den Schuhen ist. Wird es im Schuh sehr eng, verringert sich die Durchblutung der Füße, und sie werden kalt. Tragen Sie daher Ihre größten Schuhe.

Fahrradschuhe sorgen in unterschiedlicher Weise für Belüftung. Einige sind fast vollständig aus Netzmaterial, was bei Hitze herrlich, im Winter aber unbrauchbar ist. Falls Sie es hauptsächlich mit Kälte zu tun haben, wählen Sie Schuhe mit wenigen oder ohne Netzeinsätze.

Diese Überschuhe sind vorne und hinten reichlich mit reflektierender Paspelierung ausgerüstet.

Handschuhe

Vom Herbst bis in das Frühjahr kommt dem Warmhalten der Hände oberste Priorität zu. Bei Winterhandschuhen gibt es ein paar Dinge, auf die Sie achten sollten. Das Material soll Ihre Hände natürlich isolieren, aber auch ein Windschutz ist wichtig, da die Hände vorne auf dem Lenker der vollen Windkraft ausgesetzt sind. Auch wenn sie nass geworden sind, entzieht der Wind der Haut Wärme. Selbst wenn Sie keine wasserdichten Handschuhe nehmen, sollten sie doch zumindest winddicht sein. Komplett wasserdichte Handschuhe sind zumeist teuer, da die komplizierte Form der Hände viele Nähte erfordert, bei denen überall Wasser eindringen könnte. Auch die Dicke des Materials ist zu bedenken. Sie werden immer wieder in Situationen kommen, wo Sie mit dem Schlüssel hantieren oder Ihr Telefon herausfischen müssen. Es ist nicht günstig, ein Paar wunderbar warme Handschuhe zu haben und diese für jeden Handgriff ausziehen zu müssen.

Sie werden Fahrradhandschuhe mit gepolsterten Handflächen zu schätzen lernen, die die Vibrationen von der Straße absorbieren. Besonders lohnend ist dies, wenn Sie den ganzen Tag am Computer arbeiten, denn wenn Sie sich dann abends auf Ihr Fahrrad schwingen, können schmerzende Handgelenke, Ellenbogen und Schultern die Folge sein. Halbhandschuhe für den Sommer sind sehr bequem. Probieren Sie verschiedene Modelle, denn jeder Hersteller platziert die Polsterung an anderen Stellen, sodass jeder das für sich Passende suchen muss. Was für Sie bequem ist, hängt davon ab, wie Ihre Hände den Lenker greifen.

Fingerhandschuhe halten warm. Halbhandschuhe schützen die Handflächen auch bei Hitze.

Die Bekleidung: Thermowäsche in Zwiebelschichten

Diese Seite befasst sich in erster Linie mit kalter Witterung. Mit Wärme lässt es sich normalerweise leichter umgehen, aber es hat schon etwas Befriedigendes, sich gegen die Elemente zu schützen und gemütlich eingepackt Rad zu fahren. Wenn Sie bei richtig schlechtem Wetter an einer Bushaltestelle vorbeifahren, werden Sie von den Wartenden manchmal mitleidig angeschaut. Mit der richtigen Ausrüstung ist Ihnen aber vielleicht sogar wärmer, zudem werden Sie Ihr Ziel wahrscheinlich schneller erreichen.

Das Grundproblem bei großer Kälte ist, die Menge an Isolierschichten rasch und häufig den Gegebenheiten anpassen zu können. Wenn Sie an einem kalten Tag zur Haustür hinausgehen, müssen Sie genügend anhaben, um nicht zu frieren, bis Sie auf dem Rad sitzen und anfangen, sich zu bewegen. Haben Sie den ersten Hügel bis zur Hälfte erklommen, wird Ihnen von der Anstrengung warm, vor allem, wenn es steil hinaufgeht. Bei der ersten Abfahrt können Sie überprüfen, ob es Ihnen gelungen ist, sich angemessen zu kleiden. Sie strampeln kräftig bergauf und dann geht es plötzlich leichter, weil Sie nicht mehr treten müssen. Sie werden nicht mehr durch Bewegung warm, sind aber schneller, sodass der Wind schneidend wird und der Schweiß, den Sie beim Aufwärtsfahren produziert haben, sich auf der Haut plötzlich abkühlt. Dabei fangen Sie an richtig zu frieren.

Diesem Szenario begegnen Sie am besten durch Kleidung im Zwiebelverfahren. Mehrere Schichten sind aus zwei Gründen gut. Erstens ist es äußerst wichtig, dünnere Schichten immer wieder an- und ausziehen zu können, um die Körpertemperatur genau zu regulieren und beim Aufwärtsfahren nicht zu sehr ins Schwitzen zu kommen. Zweitens dienen die verschiedenen Schichten bei Kälte auch unterschiedlichen Zwecken.

Die Grundschicht

Die Schicht, die Sie direkt auf der Haut tragen, soll für ein gutes Körperklima sorgen. Ihre Hauptaufgabe ist es, Feuchtigkeit von der Haut aufzusaugen und diese angenehm trocken zu halten. Für alles, was über entspanntes Dahinradeln hinausgeht, sind T-Shirts aus Baumwolle nicht geeignet. Sie absorbieren den Schweiß und halten ihn fest, sodass die Schicht, die Sie direkt auf der Haut tragen, immer feucht ist. Beim geringsten Luftzug fühlt sich feuchte Baumwolle kalt an. Moderne Materialien wie Coolmax transportieren die Feuchtigkeit von der Haut nach außen und halten sie wärmer und trockener. Coolmax-Sommerpullover geben prima Winterunterhemden ab. Es ist nicht nötig, für den Winter eine komplette neue Garderobe anzuschaffen – nutzen Sie bereits Vorhandenes möglichst vielseitig.

Ein weiteres wunderbares Material ist Merinowolle, die ein Comeback feiert, nachdem sie einige Jahre lang als altmodisch verschrien war. Wolle hat einen großen Vorteil – sie hat sich über Millionen von Jahren entwickelt, in denen sie Schafe schützte und zu einer uninteressanten Umgebung für die Art von Bakterien wurde, die einen nach körperlicher Anstrengung etwas streng riechen lassen. Wolle hält Gerüche nicht so fest wie synthetische Materialien. Es ist eine feine Sache im Büro anzukommen, ohne dass alle Kollegen sofort riechen, was für eine schweißtreibende Fahrt man hinter sich hat. Das bedeutet aber nicht, dass Wollsachen nie gewaschen werden müssten. In Katalogen für Fahrradbekleidung aus Merinowolle werden oft Anekdoten von den heldenhaften Abenteuern unerschrockener Forscher eingestreut, die sich damit brüsten, wie viele Monate sie im Dschungel, in der Antarktis oder mitten auf dem Ozean überlebten, ohne ihre Oberbekleidung zu wechseln. Nach einer solchen Herausforderung wird Merinowolle zwar weniger riechen als Lycra, Arbeitskollegen werden es aber kaum zu schätzen wissen, wenn man sie an ähnlichen Experimenten teilhaben lässt. Moderne Kleidungsstücke aus Wolle benötigen keine aufwendige Pflege – stecken Sie sie einfach bei 40 Grad in die Waschmaschine.

Die Mittelschicht

Die Mittelschicht ist ausschließlich für die Wärme zuständig. Bei Temperaturen unter dem Gefrierpunkt ist Fleece eine gute Sache, denn Sie brauchen etwas, was nicht zu sehr aufträgt. Für mittlere Temperaturen ist ein langärmliger Pullover aus Coolmax oder einem ähnlichen Material über dem Unterhemd passend. Nachdem sich hierfür jedes atmungsaktive Material eignet, muss dies kein spezieller Fahrradpullover sein. Achten Sie nur darauf, dass der Schnitt so großzügig ist, dass Sie die Arme zum Lenker vorstrecken können, ohne Handgelenk und Rücken freizulegen.

Ein durchgehender Reißverschluss ist besser als ein kurzer oder gar kein Reißverschluss, weil Sie ihn während des Fahrens öffnen können, um für sofortige Belüftung zu sorgen. Auch eignet sich Baumwolle nicht, sie wird nur nass und kalt. Sie eignet sich sehr viel besser für zu Hause, wenn Sie im Warmen und Trockenen sind. Mehrere dünne Schichten sind immer besser als eine dicke

Mit einer Grundschicht aus Materialien, die Feuchtigkeit nach außen transportieren, bleibt die Haut trocken.

Die Bekleidung: Thermowäsche in Zwiebelschichten

Schicht, um die Temperatur problemlos regulieren zu können. Das Lästige am Radfahren bei Kälte ist, dass man tatsächlich eine Menge Zeit mit dem Versuch verbringt, nicht zu sehr ins Schwitzen zu geraten, wenn man sich plötzlich abstrampeln muss, um einen Bus zu überholen oder einen Hügel hinaufzufahren. Durchgehende Reißverschlüsse machen es leichter, für sofortige Belüftung zu sorgen. Die Mittelschichten müssen nicht speziell für Radfahrer gemacht sein, solange sie gut passen. Wenn Sie bereits Bekleidung von einer anderen Sportart haben, kann diese den Zweck gut erfüllen – vorausgesetzt, sie ist aus atmungsaktivem Material.

Die äußere Schicht

Die äußere Bekleidungsschicht ist immer vom Wetter abhängig. Sie soll Wind und Regen vom Körper fern halten. Wie bei der Mittelschicht sind auch hier Jacken mit durchgehendem Reißverschluss am besten, da sie sofortige Belüftung ermöglichen. Die Jacke ist auch ein wichtiger Platz, um Schlüssel, Brieftasche und ähnliches unterzubringen, nehmen Sie also eine mit Taschen, die sich häufig auf dem Rücken befinden, um zu verhindern, dass das Gewicht des Tascheninhalts die Jacke außer Form zieht. Kapuzen sind selten, da man allgemein davon ausgeht, dass Sie einen Helm oder eine Mütze tragen. Kapuzen können tatsächlich störend sein, denn selbst wenn sie gut geschnitten sind, besteht immer die Gefahr, dass sie die Rundumsicht einschränken.

Bei der Wahl einer Jacke ist es am besten, wenn Sie diese auf dem Fahrrad sitzend anprobieren können. Ist dies nicht möglich, versuchen Sie, sich in der Haltung wie beim Radfahren zu strecken. Achten Sie darauf, dass die Ärmel so lang sind, dass sie die Handgelenke bedecken, und dass die Jacke an den Schultern nicht spannt. Das Rückenteil sollte die Nierengegend bedecken, das Vorderteil nicht zu locker nach vorne hängen. Wenn hier zu viel Zwischenraum entsteht, kann der Wind eindringen und Sie ständigem Zug aussetzen.

Es ist nicht immer so kalt, dass Sie eine komplette Jacke brauchen. Im Herbst und im Frühling gibt es Tage, an denen Sie ohne weiteres mit einer ärmellosen Weste auskommen, die den Rumpf wärmt, die Arme aber frei lässt. Diese Westen haben normalerweise winddichte Streifen auf der Vorderseite, einen dünneren Stoff oder Netzeinsatz am Rücken und eventuell einige reflektierende Aufnäher sowie eine Rückentasche.

Vereinbarkeit der verschiedenen Schichten

Dieses Zwiebelsystem funktioniert nur, wenn die Schichten gut zusammenpassen. Ein warmes Fleece, das am Rücken unter der Ja-

Eine Grundschicht hält die Haut trocken, während die Mittelschicht für Isolierung sorgt. Die Außenschicht schützt vor den Elementen. Die Wahl der Schichten muss gut überlegt sein, wenn Sie warm und trocken bleiben möchten, ohne schweißnass zu werden.

cke hervorschaut, wirkt wie ein Docht, der die Feuchtigkeit aus der kalten Außenluft aufsaugt und langsam den Rücken hinauf in den warmen Zwischenraum zwischen Körper und Jacke zieht. Dasselbe gilt für Ärmel, die aus der Jacke hervorschauen. Dicke Schichten passen nicht gut unter etwas anderes, sie schränken die Bewegungsfähigkeit ein und führen dazu, dass man die Kälte stärker empfindet als sie tatsächlich ist.

Atmungsaktive Jacken haben nur einen Sinn, wenn auch alle Schichten darunter atmungsaktiv sind. Das Jackenmaterial ist so gemacht, dass es Feuchtigkeit von der Innenseite rasch nach außen transportiert.

Die Ausrüstung

Sicherheitsausrüstung: Helme

Es gibt immer Argumente für und gegen die Verwendung von Sicherheitsausrüstungen. Eine Meinung besagt, Radfahren sei in jedem Fall außerordentlich gesund, und die gelegentlichen Unfälle selten tödlich. Wer allerdings schon einmal vom Fahrrad gestürzt ist, findet dieses Argument weit weniger überzeugend und ist für Sicherheit im Sattel.

Bedenken Sie alle Möglichkeiten, aber verbeißen Sie sich nicht so sehr in die Vorstellung, Radfahren sei gefährlich, dass Sie anfangen, die Fahrt zur Arbeit als Extremsport zu betrachten. Das Fahrrad ist in erster Linie ein Fortbewegungsmittel. Ein Helm ist der auffälligste Teil der speziellen Sicherheitsausrüstung für Radfahrer. Es gibt viele überzeugende Argumente für das Tragen eines Helms, der den Kopf bei bestimmten Kollisionsarten schützt. In vielen Ländern besteht Helmpflicht. Insbesondere Kinder sollten immer einen Helm tragen, auch in Ländern, in denen er nicht vorgeschrieben ist. Ihr Schädel ist noch weicher, und Kinder treffen durch ihre Unerfahrenheit oft gefährliche Entscheidungen. Man sollte aber auch nicht vergessen, dass ein Helm nicht vor Unfällen schützt.

Häufig genannte Gründe gegen das Helmtragen sind das Gewicht, die mangelnde Bequemlichkeit und die Tatsache, dass man darunter schwitzt. Das trifft heute aber nicht mehr zu. Moderne Helme sind so leicht, dass man sie gar nicht mehr spürt, und sie haben große Belüftungsöffnungen, durch die viel Luft hereinkommt. Die mangelnde Bequemlichkeit ist ebenfalls kein überzeugendes Argument. Wichtig ist, vor dem Kauf verschiedene Modelle aufzuprobieren, da jedes anders geformt ist. Erst beim Probieren verschiedener Helme stellt man fest, dass es welche für eine runde oder für eine eher ovale Kopfform gibt. Für die richtige Wahl reicht es nicht aus zu wissen, ob man einen schmalen, mittleren oder großen Kopf hat, innerhalb dieser Größen kann man immer noch gewisse Größenanpassungen vornehmen. Aber wenn die Grundform nicht zum Kopf passt, probieren Sie es mit einem anderen Fabrikat.

Große Luftschlitze im Helm machen ihn sehr viel bequemer. Da man die meiste Wärme über den Kopf abgibt, könnte ein Helm ohne Luftschlitze einen Wärmestau im Körper verursachen.

Wenn Ihre Kopfmaße nicht dem Durchschnittswert entsprechen, ist die Auswahl an Helmen kleiner, und Sie benötigen oftmals teurere Fabrikate. Billigere Modelle beschränken sich meist auf die Mittelgrößen.

Bevor Sie einen neuen Helm das erste Mal tragen, sollten Sie sich etwas Zeit nehmen, um ihn richtig einzustellen. Unter dem Kinn befindet sich ein Gurt, der sich auf beiden Seiten des Kopfes in je zwei Teile teilt, von denen jeweils einer nach vorne und einer nach hinten führt. Wenn Sie den Helm auf dem Kopf tragen, soll jeder Gurt die gleiche Spannung haben. Überprüfen Sie dies vor einem Spiegel, denn ein verbreiteter Fehler ist es, den Helm zu weit hinten zu tragen. Dadurch wird er als Schutzvorrichtung ziemlich wertlos, denn wenn Sie auf etwas Hartes prallen, wird er lediglich nach hinten geschoben und der Gurt hängt weiterhin um Ihren Hals. Ebenso muss der Gurt unter dem Kinn so stramm sitzen, dass Sie beim Öffnen des Mundes spüren, wie der Helm von oben auf den Kopf drückt. Anfangs werden Sie das wahrscheinlich ziemlich unbequem finden, sobald Sie aber erst einmal auf dem Fahrrad sitzen, werden Sie feststellen, dass Sie beim Radeln normalerweise nach vorne und nach oben schauen, wodurch sich der Gurt so weit lockert, dass es sich wieder bequem anfühlen müsste. Das Einstellen der Gurte ist etwas knifflig, aber nur vor dem ersten Gebrauch erforderlich. Danach ist es nur hin und wieder nötig, die Gurte etwas nachzuziehen, da sie sich mit der Zeit lockern. Das korrekte Anpassen und Aufsetzen des Helms ist aber sehr wichtig, damit er bei einer Kollision auch wirklich schützt. Der Helm ist innen mit Polstern ausgestattet, die normalerweise mit Klettstreifen gesichert sind. Sie können diese also herausnehmen und in die Waschmaschine stecken. Der Kauf von Ersatzpolsterstreifen ist auch eine Möglichkeit, um den Helm genau anzupassen.

Helme eignen sich gut dafür, Radfahrer besser sichtbar zu machen. Wählen Sie deshalb für Ihren Helm eine helle Farbe.

Sicherheitsausrüstung: Mehr Sicherheit durch gute Sichtbarkeit

Jede optische Sicherheitsausrüstung hebt Sie als Radfahrer hervor. Reflexstreifen am Körper oder am Fahrrad fangen das Licht der Autoscheinwerfer ein und reflektieren es zum Autofahrer. Sobald eine Lichtquelle auf Sie gerichtet ist, kann man Sie erkennen.

Reflexbänder und -streifen brauchen keine Batterien und werden normalerweise auch nicht gestohlen. Reflexstreifen, die Sie am Körper tragen, heben Ihre Silhouette hervor, sodass Sie deutlich als Person zu erkennen sind und Autofahrer besser auf Abstand halten können. Reflexstreifen am Fahrrad sollten Sie unbedingt gelegentlich säubern, denn verschmutzt reflektieren sie nicht. Reflektierende Hosenklammern sind von hinten gesehen besonders wirkungsvoll, weil sie sich mit jedem Pedaltreten nach oben und unten bewegen, sodass Sie besser wahrgenommen werden. Am auffälligsten werden Sie mit einer Reflexschärpe. Wenn Sie diese Schärpe tragen, ist jedem anderen Verkehrsteilnehmer klar, dass Sie ein Radfahrer sind. Die Schärpen sind wegen der hohen Kosten des Reflexionsmaterials teurer, als man glaubt. Tragen Sie keinen Rucksack über der Schärpe, da er genau die wichtige Stelle auf dem Rücken zudeckt. Wenn Sie einen Rucksack tragen, sorgen Sie dafür, dass er mit Reflexstreifen oder -aufnähern ausgestattet ist oder machen Sie sich selbst eine Rucksackhülle mit Reflexmaterial darauf. Sie lässt sich über den Rucksack ziehen wie ein Regencape und hält auch den Regen fern.

Mitten im Verkehr ist Ihr Helm einer der besten Plätze für eine Zusatzbeleuchtung, da sich Ihr Kopf höher befindet als die meisten anderen Verkehrsteilnehmer. Ist dieser Strahler hell genug, kann man gut erkennen, wie Sie sich durch eine Reihe stehender Autos schlängeln. Helme in hellen Farben sind leichter zu erkennen als dunkle Helme. Helme, die extra für den Stadtverkehr gedacht sind, tragen silberne Reflexstreifen oder -logos. Sie können zusätzlich noch ein Reflexband um den weitesten Teil des Helms anbringen. Um die Sichtbarkeit noch weiter zu verbessern, gibt es LED-Lampen, die so klein sind, dass man sie an der Rückseite des Helms mit einem Universalband mit Klettverschluss anbringen kann, ohne dass ihr Gewicht den Helm aus dem Gleichgewicht bringt.

Dies sind die unübersehbaren und wahrscheinlich auch notwendigsten Schutzvorrichtungen. Es gibt aber noch eine Reihe anderer Ausrüstungsgegenstände, die ebenfalls dem Schutz des Radfahrers dienen. Handschuhe halten die Hände zum Beispiel nicht nur warm und trocken, sondern schützen bei einem Sturz auch die Handflächen. Es ist erstaunlich, wie viel eine einzige Stoffschicht in einem solchen Fall ausmachen kann.

Inzwischen ist Sonnencreme ein akzeptierter Teil aller Outdoor-Aktivitäten, aber auf einem Fahrrad sind die eigentümlichsten Körperstellen der Sonne ausgesetzt: Die Oberseite der Oberschenkel und die Rückseite der Waden bekommen mehr Sonne ab, als man erwartet, ebenso die Handrücken. Das ist ein weiterer guter Grund, Halbhandschuhe zu tragen. Achten Sie auf Ihren Oberkopf, die Rückseite des Halses und die Ohren, wenn Sie keinen Helm tragen. Kontaktlinsenträger – und auch viele andere Radfahrer – sind der Meinung, dass ein gewisser Augenschutz verhindert, dass Staub ins Auge gerät, vor allem bei Wind. Im Sommer eignen sich hierfür Sonnenbrillen, die im Winter aber etwas zu dunkel sein können. Versuchen Sie es stattdessen mit einer Lichtverstärkungsbrille. Sie ähnelt einer Sonnenbrille, macht aber an trüben Tagen, dunklen Abenden und frühmorgens alles etwas heller.

Oben links: Reflexschärpe der Marke Sam Browne Belt. Unten: Lichtverstärkungsbrille.

Sorgen Sie für gute Sichtbarkeit und hängen Sie sich eine kleine Zusatzleuchte an den Rucksack oder die Umhängetasche.

Das richtige Fahrverhalten

Die besten Sicherheitstipps

Radfahren an sich ist eine relativ sichere Tätigkeit – normalerweise wird es erst durch andere Verkehrsteilnehmer gefährlich. Sie können einiges dafür tun, sicher im Sattel zu bleiben. Neben guter Pflege des Fahrrads und einer vernünftigen Fahrweise ist es auch sehr wichtig, dass Sie vorausschauend fahren und mit möglichen Fahrfehlern anderer Leute rechnen. Das Radeln sollte nicht als Schrecken einflößende und gefährliche Tätigkeit angesehen werden, einige einfache Tipps verringern die Gefahr einer Kollision oder eines Beinahe-Zusammenstoßes.

- Lassen Sie sich von modischen Überlegungen nicht unter Druck setzen. Wenn Sie sich mit einem Helm auf dem Kopf oder mit einer farbenfroh leuchtenden, auffälligen Ausrüstung auf dem Rad sicherer fühlen, dann lassen Sie sich nicht davon abhalten, sie auch zu tragen.
- Sorgen Sie für eine möglichst bequeme und zweckmäßige Kleidung. Wenn Sie unterwegs stark damit beschäftigt sind, wie kalt, nass oder elend Sie sich fühlen, dann sind Sie abgelenkt und können Sie sich nicht ausreichend auf den Verkehr konzentrieren.
- Lampen und Reflektoren mögen beim einfachen Radeln als hinderliche Zumutung empfunden werden, aber ohne diese Ausrüstung kann man Sie nicht deutlich genug wahrnehmen, insbesondere bei schlechten Sichtverhältnissen. Machen Sie sich so gut sichtbar wie möglich und zwar nicht nur nachts – mit einem Blinklicht sind Sie auch bei schlechtem Wetter schon von weitem zu erkennen.
- Autofahrer haben nicht dasselbe Verhältnis zur Straßenbeschaffenheit wie Sie und werden deshalb völlig davon überrascht, wenn Sie ausscheren, um einem Schlagloch, einer Pfütze oder einem überfahrenen Tier auszuweichen. Halten Sie so gut wie möglich eine vorhersehbare Spur ein, und fahren Sie keine Schlangenlinien.
- Nehmen Sie sich ausreichend Platz. Wenn Sie sehr nah an der Bordsteinkante fahren, haben Sie keinen Spielraum für irgendwelche Manöver. Reicht der Platz nicht aus, um von einem Auto sicher überholt zu werden, halten Sie sich nicht zu weit seitlich, um zu verhindern, dass Autofahrer versuchen, sich vorbeizudrängen. Fahren Sie besser weiter in die Mitte. Sobald genügend Platz für beide ist, fahren Sie wieder an die Seite und lassen sich überholen.
- Hüten Sie sich vor Autofahrern, die plötzlich die Autotür öffnen. Seien Sie bei allen Fahrzeugen wachsam, in denen jemand sitzt, da die Autoinsassen oft nicht nach hinten schauen, bevor sie die Tür weit aufmachen. Das gilt auch für langsam fahrende Fahrzeuge in der Nähe von Bahnhöfen oder Kassenhäuschen, wo Mitfahrer bei einem Stau gerne rasch aus dem Auto springen.
- Am gefährlichsten im Straßenverkehr sind Lastkraftwagen. Ganz gleich wie viele Spiegel ein Lkw hat, verhalten Sie sich immer so, als würde der Fahrer Sie nicht sehen. Versuchen Sie niemals, an einem Lkw vorbeizufahren. Wenn er plötzlich abbiegt, haben Sie keine Möglichkeit zum Ausweichen. Lastkraftwagen sind größer als Sie, also halten Sie einen angemessenen Sicherheitsabstand.
- Sorgen Sie dafür, dass Ihr Fahrrad verkehrstüchtig ist. Das gilt in besonderem Maße für die Bremsen. Andere Verkehrsteilnehmer und vor allem Fußgänger verhalten sich oft unvorhersehbar und bewegen sich gedankenverloren im Straßenverkehr. Mit gut funktionierenden Bremsen können Sie eine Vollbremsung hinlegen und den betreffenden Personen dann die Hölle heiß machen. Funktionieren die Bremsen nicht, gibt es einen Zusammenstoß.
- Das Tragen von Kopfhörern auf dem Fahrrad ist keine gute Idee, denn Sie hören nicht, was um Sie herum vorgeht. Ein Handy mit Freisprechanlage ist eine genauso schlechte Idee, weil Sie sich beim Telefonieren nicht mehr auf den Verkehr konzentrieren können. Wenn Sie es tatsächlich nicht aushalten, den MP3-Player für die Dauer der Fahrt abzustellen, fahren Sie lieber mit dem Bus.
- Sicheres Radfahren bedeutet, wachsam zu sein. Wenn Sie sich körperlich oder seelisch nicht gut fühlen und sich nicht richtig auf den Verkehr konzentrieren können, sollten Sie nicht mit dem Rad fahren.
- Vorsicht, wenn Sie sich durch den Verkehr schlängeln. Beim Überholen müssen Sie bedenken, dass Kraftfahrer nicht mit Ihnen rechnen und gerne eine Lücke im entgegenkommenden Verkehr zum Kolonnenspringen nutzen. Sie gehen nicht davon aus, dass Sie als Radler ebenfalls auf dieser Seite fahren. Rechnen Sie auch immer mit Abbiegern.

Goldene Regel: Beim Radfahren keine Risiken eingehen.

Fitness und Gesundheit

Ständig werden wir von Ärzten und anderen Experten aufgefordert, mehr Sport zu treiben, aber es ist schwierig, dem Sport in unserem hektischen Leben einen Platz einzuräumen. Natürlich können Sie zwei Wochen lang regelmäßig zum Schwimmen gehen oder sich voller Enthusiasmus in einem Fitnessclub einschreiben. Wenn Sie aber nach einigen Monaten wiederkommen und feststellen, dass Ihre Mitgliedschaft abgelaufen ist und Sie den Club nur ein paar Mal besucht haben, befinden Sie sich in guter Gesellschaft.

Millionen von Euro werden jedes Jahr für ungenutzte Mitgliedschaften in Fitnessclubs ausgegeben. Dabei ist Radfahren eine sehr viel zuverlässigere Methode, um sich im erforderlichen Umfang sportlich zu betätigen. Machen Sie es sich zur Gewohnheit, nicht mit dem Bus oder mit dem Auto zu fahren, sondern sich auf Ihr Rad zu schwingen. Wahrscheinlich werden Sie so auch schneller ankommen und daher gleichzeitig auch noch Zeit sparen. Zusammen mit Walken und Schwimmen ist Radfahren eine ideale sportliche Betätigung – aktiv genug, um Herz und Lunge anzuregen, aber als gelenkschonende Tätigkeit mit geringem Verletzungsrisiko verbunden.

Fitness

Radfahren eignet sich sehr gut als Einstieg in ein sportlicheres Leben. Es ist eine gelenkschonende Tätigkeit, und wenn Sie sich als eher unsportlich betrachten, können Sie so langsam radeln, wie Sie möchten. Um fit zu werden oder zu bleiben, sollten Sie schnell genug radeln, um gelegentlich außer Atem zu geraten, vor allem aber sollten Sie in der Lage sein, sich während des Radfahrens zu unterhalten. Anfangs wird Ihnen das wie harte Arbeit vorkommen, aber allmählich werden sich Ihre Kraft und Ausdauer verbessern. Das geht natürlich nicht von heute auf morgen, aber wenn Sie am Ball bleiben, werden Sie sich nach einigen Monaten amüsiert daran erinnern, wie Sie bei den ersten Fahrten außer Atem kamen. „Wer regelmäßig Fahrrad fährt, weist den Fitness-Level einer zehn Jahre jüngeren Person auf", sagt das englische National Forum for Coronary Heart Disease Foundation.

Das Risiko von Herzanfällen reduzieren

Die gesundheitlichen Vorteile des Radfahrens sind gründlich erforscht. Eine der bedeutsamsten Feststellungen dabei war, dass regelmäßiges Radfahren das Risiko schwerer Herzanfälle um über 20 Prozent verringern kann. Bereits durch das regelmäßige Pendeln zwischen Wohnung und Arbeitsplatz gehören Sie in die Gruppe mit geringerem Risiko. Hierzu sagt die British Heart Foundation: „Mindestens 30 Kilometer Radfahren pro Woche reduziert das Risiko für Herzerkrankungen auf weniger als die Hälfte im Vergleich zu Personen, die weder Radfahren noch einen anderen Sport betreiben."

Gewichtskontrolle

Durch Radfahren werden Sie zwar nicht sofort dünner, es ist aber eine einfache Möglichkeit, die regelmäßige sportliche Betätigung zu erfüllen, die im Rahmen von Diätprogrammen empfohlen wird. Offizielle Richtlinien, denen zufolge Sie sich fünfmal pro Woche 30 Minuten körperlich betätigen sollten, sind gar nicht so schwer einzuhalten. Wenn Sie mit dem Fahrrad zur Arbeit fahren, erreichen Sie dieses Ziel bereits mit einer 15-minütigen einfachen Fahrt pro Tag. In 15 Minuten sollten Sie etwa vier bis sechs Kilometer weit kommen. Ist Ihre Arbeitsstelle oder der Bahnhof in etwa so weit entfernt, passt es perfekt. Als Radfahrneuling sollten Sie es langsam angehen lassen. Fahren Sie die Strecke einmal pro Woche oder fahren Sie mit dem Rad zur Arbeit und lassen Sie es dort stehen, am nächsten Tag können Sie dann die Rückfahrt per Rad machen. In zügigem Tempo werden beim Radfahren rund 450 bis 550 Kalorien pro Stunde verbrannt. Bei niedrigeren Geschwindigkeiten strengen Sie sich nicht genug an, um Gewicht zu verlieren, sind aber aktiver, als wenn Sie nur im Auto sitzen.

Stress

Regelmäßiges Training hilft, Angstzustände und Stress zu lindern, auch wenn dies an einem arbeitsreichen Tag, an dem Sie vielleicht auch noch mit einem verschlafenen Busfahrer die Feinheiten der Straßenverkehrsordnung diskutieren müssen, nicht unbedingt deutlich wird. Dann wieder gibt es aber auch Tage, die ermutigend und aufbauend wirken: Die ersten Frühlingstage oder wenn Sie zum ersten Mal schneller waren als der Zug. Manchmal hilft es auch bloß, um nach Büroschluss ein paar trübe Gedanken loszuwerden.

Oft stelle ich fest, dass ich beim Radfahren Probleme lösen kann. Mich quält etwas, und beim Radeln ordnen sich plötzlich die Dinge in meinem Kopf. Durch das ständige Treten der Pedale bleiben auch die Gedanken in Bewegung, und manchmal erreiche ich das Fahrziel und weiß, wie die Lösung aussehen könnte.

Luftverschmutzung

An manchen Tagen ist die Luftqualität so schlecht, dass man es sogar durch das Autofenster erkennt. Sollten Sie sich dadurch aber vom Radfahren abhalten lassen wollen, gebe ich folgendes zu bedenken: Autofahrer leiden viel stärker unter der schlechten Luft, weil sie unbeweglich in ihrem Fahrzeug sitzen. Als Radfahrer bewegen Sie sich durch den Verkehr und hängen nicht direkt hinter den Auspuffgasen des Vordermanns. An Ampeln stehen Sie höchstwahrscheinlich ganz vorne in der Schlange, wo die Verschmutzung geringer ist. Dann gibt es eine Gruppe, die es noch schlechter hat als die Autofahrer – Kleinkinder, die im Buggy sitzen, befinden sich genau in der Höhe, in der man die meisten Abgase einatmen muss und leiden wahrscheinlich außerordentlich darunter. Als Radfahrer tragen Sie wenigstens nicht noch zu einer weiteren Verschärfung dieses Problems bei.

2 – Für die Bequemlichkeit

In diesem Kapitel wird erklärt, wie Sie das Fahrrad bequem einstellen können, denn Sie sollen ja Freude am Radfahren haben. Sitzen Sie auf Ihrem Rad nicht bequem, werden Sie schon bald nicht mehr fahren wollen. Jeder Mensch hat eine andere Körperform, daher müssen Sie vielleicht experimentieren, bis Sie die passende Kombination von Sattelhöhe und Lenkerform herausgefunden haben. Möglicherweise sollten Sie auch Sattel, Pedale oder Lenker gegen andere Modelle austauschen.

Für die Bequemlichkeit

Die Wahl des Sattels

Was viele Gelegenheitsradfahrer davon abhält, häufiger und länger zu radeln, ist ein unbequemer Sattel. Es ist nicht zu erwarten, dass aus einem unbequemen plötzlich ein bequemer Sattel wird, sondern Sie werden das Radfahren unangenehm finden und schließlich aufgeben.

Die Lösung des Problems: Tauschen Sie den Sattel gegen einen anderen aus, der Ihnen mehr zusagt. Der Sattel, den Sie beim Kauf eines neuen Fahrrads bekommen, soll das Fahrrad im Geschäft ansprechend wirken lassen. Hierfür hat der Hersteller möglicherweise ein spartanisches Stück Hartplastik gewählt, damit das Fahrrad schneller aussieht und möglichst leicht ist. Für die Zielgruppe der Freizeitradler wird das Fahrrad hingegen mit einem großen und weichen Sattel ausgerüstet, der unter Fingerdruck nachgibt. Das ist wunderbar, wenn Sie vorhaben, auf dem Fahrrad Handstand zu üben, aber das Gesäß hat nun einmal eine völlig andere Beschaffenheit als die Hände – was Ihren Fingern angenehm erscheinen mag, ist wahrscheinlich viel zu weich und stützt zu wenig, als dass Sie beim Radeln lange darauf sitzen könnten. Wie bei einem Matratzenkauf sollten Sie nur Ihrem eigenen Urteil trauen und zwar, nachdem Sie auf dem Sattel Probe gesessen haben. Es ist tatsächlich völlig unerheblich, wie der Sattel aussieht – schließlich ist nicht viel davon zu sehen, wenn Sie auf dem Rad sitzen.

Herrensättel – Damensättel

Die Beckenform von Männern und Frauen ist unterschiedlich, der Sattel ist daher ein Teil des Fahrrads, bei dem es wirklich darauf ankommt, dass Sie das Richtige finden. Neue Fahrräder werden standardmäßig zumeist mit einem Herrensattel ausgestattet. Auf Anfrage wird jedes vernünftige Fahrradgeschäft beim Kauf eines Fahrrads diesen gegen einen Damensattel austauschen. Damensättel sind etwas breiter und kürzer. Die zusätzliche Breite ist nötig, weil der Abstand zwischen den Sitzknochen bei Frauen normalerweise etwas größer ist.

Der Sattel soll ausreichend gepolstert sein, um Erschütterungen durch Straßenunebenheiten abzufedern, ohne so weich zu sein, dass Sie einsinken und hin und her schaukeln. Die Sattelwahl ist eine sehr persönliche Entscheidung und hängt davon ab, welche Entfernungen Sie zurücklegen möchten, wie Ihre Sitzposition auf dem Fahrrad ist und welche Körperform Sie haben. Weichere Sättel sind für kurze Fahrten besser. Wenn Sie sehr aufrecht sitzen, brauchen Sie ebenfalls einen weicheren Sattel und sollten eine gefederte Sattelstütze in Erwägung ziehen, da das meiste Körpergewicht auf dem Gesäß ruht. Bessere Modelle sind unter jedem Sitzknochen mit einem Gelkissen ausgestattet, das genau dort stützt, wo Sie es am meisten brauchen.

Sitzen Sie eher lang gestreckt, verteilt sich das Gewicht gleichmäßiger auf Lenkstange, Sattel und Pedal, sodass der Sattel härter sein darf, ohne unbequem zu sein. Eine dünne Gelschicht reduziert die Vibrationen von der Straße und mit einer seitlich weit ausgeschnittenen Form können Sie effizient radeln, ohne dass die Seiten des Sattels an den Oberschenkeln scheuern. Ein Mehr an Bequemlichkeit bieten hohle Sattelschienen oder solche aus Titan. Sie sind ausreichend biegsam, um das richtige Maß an Federung zu liefern.

Brooks-Ledersattel.

Eine Satteloberfläche aus Leder ist teurer als die synthetischen Standardoberflächen, atmet aber besser. An heißen Tagen oder wenn Sie sich sehr abstrampeln müssen, werden Sie dies zu schätzen wissen.

Obgleich heute fast jeder einen Schaum- oder Gelsattel verwendet, schwören manche Menschen auf den altmodischen Ledersattel. Dieser ist zwar hart, hat man ihn aber erst einmal einige hundert Kilometer gefahren, schmiegt sich das Leder der Körperform perfekt an. Ein Ledersattel braucht etwas mehr Pflege, hält dafür aber Jahre, wenn nicht sogar Jahrzehnte.

Herrensattel.

Damensattel.

30

Die Satteleinstellung

An Ihrem Sattel werden Sie doppelt so viel Freude haben, wenn Sie sich die Zeit für seine richtige Einstellung nehmen. Sie können drei Elemente verstellen – die Höhe, den Winkel und den Abstand zwischen Lenkstange und Sattelspitze. Ändern Sie eine Einstellung nach der anderen und nicht alles gleichzeitig, damit Sie genau feststellen können, durch welche Einstellung Ihr Fahrrad bequemer wird.

Sattelhöhe

Man sollte meinen, jeder Radfahrer würde sich zuerst um die richtige Sattelhöhe kümmern, dabei sind auf den Straßen jede Menge Radler unterwegs, die auf Ihrem Fahrrad herumwackeln, als würden Sie auf den Zehenspitzen laufen oder die ihre Knie bis zu den Ohren heraufziehen müssen. Hierfür gibt es keine Entschuldigung, denn das Fahren wird dadurch weit weniger angenehm, als es sein könnte.

Zur Überprüfung der Sattelhöhe suchen Sie sich einen Platz, wo Sie gegen eine Wand gelehnt ganz normal auf dem Fahrrad sitzen können. Schauen Sie jetzt zu Ihren Füßen hinunter. Beim Radfahren werden Sie feststellen, dass Sie normalerweise am wirksamsten in die Pedale treten können, wenn sich die Fußballen direkt über der Pedalachse befinden. Zum Maßnehmen setzen Sie jetzt aber die Fersen auf die Pedalachse. Hat der Sattel die ideale Höhe, ist Ihr Bein dabei gestreckt – nicht durchgedrückt, sondern einfach gerade.

Die Sattelhöhe lässt sich oben an der Sattelstütze verstellen. Dazu verwenden Sie entweder einen Inbusschlüssel (4 mm, 5 mm oder 6 mm) oder den Schnellspannhebel, den Sie lockern, bis sich die Stütze bewegen lässt.

Längseinstellung

Diese Einstellung ist nicht ganz einfach und Sie werden möglicherweise eine Weile brauchen, um die richtige Position herauszufinden. Mit der Längseinstellung des Sattels bestimmen Sie den Abstand zwischen Sattelspitze und Lenkstange und von diesem hängt es ab, wie aufrecht Ihre Sitzposition beim Fahren ist.

Je weiter vorne der Sattel ist, desto aufrechter sitzen Sie, was in mancher Hinsicht einer Höherstellung der Lenkstange entspricht. Triathleten stellen den Sattel gerne weiter nach vorne, dadurch werden ähnliche Muskeln wie beim Laufen bewegt, sodass der Unterschied zwischen beiden Bewegungsabläufen weniger groß ist. Auch Frauen bevorzugen häufig einen weiter nach vorne gestellten Sattel, weil sich dadurch das Becken über den Pedalen befindet. Ist der Sattel weiter hinten, wird der Körper stärker gestreckt, was auf längeren Fahrten als angenehm empfunden werden kann. Um diese Einstellung vorzunehmen, lösen Sie die Befestigungsschraube, bis Sie den Sattel auf der Führung ausreichend verschieben können. Haben Sie die passende Position erreicht, ziehen Sie die Befestigungsschraube wieder fest an. Sie werden feststellen, dass bereits kleine Veränderungen eine große Wirkung haben, verändern Sie die Einstellung daher immer nur wenig.

SATTELWINKEL

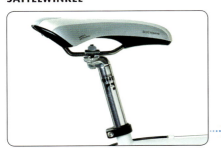

Schritt 1: Es wird fast immer als angenehm empfunden, wenn die Satteloberseite horizontal oder fast horizontal eingestellt ist.

Schritt 2: Ist der Sattel nach hinten geneigt, werden Sie sich bei jedem Pedaltreten mit den Armen nach vorne ziehen, um dem Abrutschen nach hinten entgegenzuwirken. Dies kann zu Schulterbeschwerden führen.

Schritt 3: Gelegentlich kann unangenehmer Druck vermieden werden, wenn die Sattelspitze leicht nach unten geneigt ist. Ein übermäßiger Winkel deutet aber darauf hin, dass der Sattel entweder nicht die für Sie passende Form hat oder dass das Fahrrad für Sie zu lang oder einfach zu groß ist. Weist die Sattelspitze zu stark nach unten, müssen Sie sich ständig mit den Füßen nach oben und hinten drücken, wodurch eine Fahrradtour bedeutend ermüdender wird als notwendig.

Für die Bequemlichkeit

Die Wahl der Pedale

An die Pedale denken Sie beim Wort Fahrradbequemlichkeit wahrscheinlich zuletzt, dabei haben die Füße zusammen mit den Händen und dem Gesäß ständigen Kontakt zum Fahrrad. Die Wahl der Pedale erfordert eine gewisse Sorgfalt, denn diese müssen zwei entgegengesetzte Funktionen erfüllen.

Die Pedale müssen den Füßen die meiste Zeit festen und sicheren Halt auf dem Fahrrad bieten. Fahren Sie bei einer Bergfahrt im Wiegeschritt und die Schuhsohlen rutschen vom Pedal ab, droht Verletzungsgefahr. Müssen Sie beim Losfahren an einer Ampel erst eine sichere Position auf dem Pedal suchen, werden Sie Mühe haben, sich dem Verkehrsfluss anzupassen. Andererseits müssen Sie beim Anhalten die Füße sofort auf den Boden stellen können, um nicht zu kippen.

Dieses Problem wurde traditionell auf zwei verschiedene Arten gelöst. Wenn es darum ging, den Fuß rasch vom Pedal zu bekommen, hatte die Sicherheit oberste Priorität, das heißt, man nutzte ein Paar flache Plastik- oder Gummipedale, die dem Fuß guten Halt gaben, aber voraussetzten, dass der Fahrer nie etwas Unerwartetes tun oder lossprinten würde, sodass nur eine geringe Gefahr für ein Abrutschen des Fußes bestand. Wer sich etwas mehr Power wünschte oder das Rad nur zu längeren Touren und nicht zu täglichen Pendelfahrten nutzte, griff auf Pedalhaken und Pedalriemen zurück. Diese eigneten sich bestens dafür, den Fuß zu halten, solange die Riemen festgezogen waren, setzten aber voraus, dass vor jedem Anhalten Zeit für eine gewisse Vorbereitung blieb, sodass man nach unten greifen und die Riemen beim Verlangsamen lösen konnte.

Keine dieser beiden Möglichkeiten ist für die täglichen Fahrten zur Arbeit ideal, denn Sie müssen bisweilen in der Lage sein, den Fuß vom Pedal zu nehmen oder loszusprinten und dabei im Stehen zu fahren. Man kann das Anhalten aber nicht immer vorbereiten, daher wurden einige neue Lösungen aus den verschiedenen Bereichen des Radfahrens übernommen.

Pedale im BMX-Stil sind für die Extremversion ähnlicher Anforderungen angelegt, wie sie die regelmäßigen Fahrten zur Arbeit stellen – die Pedale müssen den Fuß sicher halten, selbst dann, wenn sich der Fahrer gerade kopfüber zwei Meter über dem Boden befindet. Andererseits müssen sie den Fuß aber auch innerhalb von Sekunden freigeben, falls sich zeigt, dass eine Aktion nicht wie geplant gelingen wird. Die Pedale haben daher eine große und breite Plattform, auf denen die Füße nur halten, solange sie sich in unmittelbarer Nähe befinden. Stollen oder spitze Vorsprünge stehen heraus und verhindern, dass der Fuß seitwärts abrutschen kann. Theoretisch ist dies für regelmäßiges Pendeln ideal, in der Praxis ist eine abgespeckte BMX-Version aber besser, da die mit Zacken versehenen Pedalflächen zu grob sind. Sollten Sie einmal mit dem Schienbein an das Pedal stoßen, verletzten Sie sich – für BMX-Fahrer scheint dies kein Problem zu sein, da sie häufig Schienbeinschoner tragen –, die Pedale sind aber auch so rau, dass sie schnell die Schuhsohlen aufreißen können. Auch darum scheinen BMX-Fahrer sich nicht zu kümmern, aber Ihnen dürfte es nicht egal sein, in kaputten Schuhen herumzulaufen. Der Einfluss des BMX-Sports beschert uns heute aber eine Menge breiter flacher Pedale mit ausreichend vielen spitzen Vorsprüngen, um den Fuß sicher zu halten.

Auch das Pedaldesign der Mountainbikes wurde bald übernommen. Klickpedale tauchten zuerst bei Rennrädern auf. Nachdem der Fahrer dort aber normalerweise nicht vor dem Ende des Rennens abzusteigen braucht, bestand keine Notwendigkeit, die Pedale so zu gestalten, dass die passenden Schuhe auch zum Laufen geeignet waren. Durch das Mountainbiking ergab sich wieder ein anderer Bedarf, da die Leute mit den Füßen sicher auf dem Pedal stehen wollen, es aber auch möglich sein muss, dass sie absteigen, laufen oder das Rad über ein Hindernis heben können. Dies führte zur Entwicklung von Klickpedalen, bei denen der Stollen in der Schuhsohle versenkt ist, sodass man in diesen Schuhen auch sicher gehen kann. Der Stollen in der Schuhsohle verbindet sich mit einem Federmechanismus auf dem Pedal, der aber so gestaltet ist, dass sich durch seitliches Drehen des Fußes der Stollen sofort vom Pedal löst. Die Entriegelungsbewegung ist ein einfaches natürliches Drehen des Fußes, das aber geübt werden muss. Sobald Sie den Dreh heraus haben, wird er selbstverständlich, in der Lernphase kann es aber Situationen geben, in denen Sie den Fuß nicht rechtzeitig lösen können.

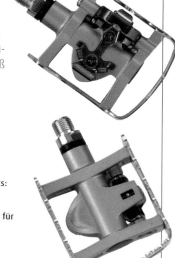

Links: Pedal im BMX-Stil. Rechts: Eine normale Pedalfläche auf einer Seite und ein Clip auf der anderen Seite – das ideale Pedal für Fahrten in der Stadt.

32

Pedale: Mit Klickpedalen fahren lernen

Während Sie das Fahren mit Klickpedalen lernen, werden Sie sich in die Zeit Ihrer ersten Radfahrversuche zurückversetzt fühlen. Anfangs wird es Ihnen unvorstellbar erscheinen, dass Sie es jemals beherrschen werden, aber nach ausreichendem Üben wird es völlig selbstverständlich.

Sorgen Sie dafür, dass die Schrauben geschmiert und fest angezogen sind.

Montieren Sie zuerst die neuen Pedale. Achten Sie dabei auf die Kennzeichnung „l" und „r" für das linke bzw. rechte Pedal. Beim linken Pedal ist das Gewinde gegenläufig, wird also im Uhrzeigersinn entfernt und gegen den Uhrzeigersinn montiert. Das rechte Pedal hat ein normales Gewinde. Befestigen Sie beide Pedale sicher an den Kurbeln. Die Pedalschlüssel sind dünner als normal, damit sie in den Zwischenraum zwischen Kurbel und Pedal passen, und sie sind länger, damit ausreichend Hebelwirkung vorhanden ist, um die Kurbeln gut zu befestigen.

Nachdem Sie Schuhe in der für Sie passenden Größe benötigen, müssen Sie sich normalerweise auf Klickpedale festlegen, bevor Sie eine Möglichkeit hatten, diese auszuprobieren. Sie brauchen also Schuhe in Ihrer Größe und ein Paar Klickpedale. Zu den Klickpedalen gehören die Stollen, die an den Schuhsohlen befestigt werden müssen – fast immer mit einem 4-mm-Inbusschlüssel. Bei neuen Schuhen befindet sich häufig (aber nicht immer) in der Sohle eine Abdeckung über den Löchern für die Stollen. Wenn Sie Glück haben, können Sie die Abdeckung mit einem Inbusschlüssel entfernen. Häufiger ist es so, dass Sie aus der Sohle der neuen Schuhe ein Stück herausschneiden müssen, was immer etwas seltsam anmutet. Zudem ist es nicht ganz einfach, passen Sie gut auf, denn Sie brauchen dazu ein scharfes Messer, um in das Gummi schneiden zu können, und dabei kann es nur zu leicht passieren, dass Sie sich selbst schneiden. Wenn Sie den Schuh umdrehen, sehen Sie sofort, wo Sie etwas herausschneiden müssen. Schneiden Sie mit einem scharfen Messer sauber am Rand entlang, und ziehen Sie dann die Abdeckung ab.

Nun wird der Stollen eingesetzt. Es ist wichtig, dass Sie den Stollen in aller Ruhe in die richtige Position bringen, denn wenn Ihr Fuß beim Radfahren mit unsachgemäß eingesetzten Stollen fixiert ist, kann es zu einer Schädigung der Knie kommen. Besonders problematisch ist dies bei Leuten, die Sportarten wie Fußball betreiben, bei denen sie das Knie häufig drehen müssen. Sollten Sie Schmerzen im Knie bekommen, nachdem Sie mit den Stollen Rad fahren, lassen Sie sich in Ihrem Fahrradgeschäft über die richtige Anbringung der Stollen beraten. Nehmen Sie sich für das Einsetzen der Stollen ausreichend Zeit, sodass die Einstellung testen und ändern können – machen Sie es nicht kurz bevor Sie zu einer größeren Tour aufbrechen.

Der Stollen sollte direkt unter oder direkt hinter dem Fußballen sitzen. Es kann etwas schwierig sein, diese Stelle auf der Schuhsohle zu lokalisieren. Ziehen Sie daher den Schuh an, und versuchen Sie zu fühlen, wie der Fuß im Schuh sitzt. Verwenden Sie ein Stück Klebeband, um oben auf dem Schuh die Stelle zu markieren, wo sich die Mitte Ihres Fußballens befindet und orientieren Sie sich dann mit der Mitte des Stollens an dieser Markierung. Sie können die Adapterplatte auf der Schuhsohle vor- und rückwärts verschieben, um die richtige Position zu finden.

Es ist sehr wichtig, dass die Stollen in die richtige Richtung zeigen. Setzen Sie sich auf eine Tischkante, sodass Ihre Unterschenkel gerade nach unten hängen und Ihre Füße über dem Boden baumeln. Schauen Sie sich genau an, in welchem Winkel die Füße herabhängen, da dies bei beiden Füßen unterschiedlich sein kann. Ein guter Richtwert ist es, die Stollen so einzusetzen, dass sie dem natürlichen Winkel der Füße entsprechen.

Sobald Sie den Winkel gewählt haben, stecken Sie die gefetteten Schrauben durch die Stollen und eventuell mitgelieferte Unterlegscheiben und ziehen die Schrauben fest an. Da Sie die Stollenposition testen müssen, ist es verlockend, die Schrauben noch nicht fest anzuziehen. Das sollten Sie aber vermeiden, denn wenn die Stollen nicht fest in der Sohle verschraubt sind, werden Sie sie bei dem Versuch, den Fuß vom Pedal zu lösen, ausreißen. Und nun kommt der schwierigste Teil – Ihre Füße müssen lernen, in das Pedal einzurasten und sich zu lösen. Schauen Sie sich zuerst die Stollen und das Pedal genau an, damit Sie überhaupt wissen, was Sie zu tun versuchen. Lehnen Sie das Fahrrad an eine Wand und üben Sie es zuerst jeweils nur mit einem Fuß. Anfangs wird es lange dauern, bis Sie die richtige Stelle für den Fuß gefunden haben – versuchen Sie, die Spitze des Stollens zu fühlen und dann kräftig nach unten zu treten, damit der hintere Teil einrastet. Sobald das geklappt hat, drehen Sie die Ferse nach außen, um den Fuß wieder zu lösen. Üben Sie den Vorgang mit beiden Füßen getrennt, bevor Sie auch nur daran denken, loszufahren. Sie müssen so weit kommen, den Fuß völlig automatisch lösen zu können. Haben Sie genügend Selbstvertrauen gewonnen, fahren Sie in eine Grünanlage und üben dort das Lösen vom Pedal und das Anhalten. Wagen Sie sich erst in den Straßenverkehr, wenn Sie in der Lage sind, eine plötzliche Bremsung zu vollziehen und es Ihnen dabei jedes Mal gelingt, die Füße von den Pedalen zu lösen. Möglicherweise möchten Sie die Stollenposition noch einmal verändern. Nehmen Sie deshalb auf die ersten Fahrten einen passenden Inbusschlüssel mit, und vergessen Sie nicht, den Stollen nach jeder Neueinstellung festzuschrauben. Das mag langwierig erscheinen, aber wenn Sie den Vorgang erst einmal gelernt haben, vergessen sie ihn nie mehr.

Für die Bequemlichkeit

Der Lenker

Es ist für Ihre Bequemlichkeit sehr wichtig, dass Sie die passende Form und Höhe des Lenkers herausfinden. Wenn Sie in einer Haltung sitzen, die Ihrem Körper nicht entspricht, wird sich dies bald in Form von Nacken-, Schulter-, Handgelenk- oder Rückenschmerzen bemerkbar machen.

Es kann eine Weile dauern und geringfügige Veränderungen an Sattel, Vorbau und Lenker erfordern, bis Sie herausgefunden haben, was nicht gepasst hat. Manchmal genügt es, den Winkel oder die Höhe des Lenkers zu verändern. Bessert sich die Sache dadurch nicht, lohnt sich möglicherweise die Anschaffung eines anders geformten Lenkers, auch wenn es schwierig ist, sich den Fahrkomfort mit einem anderen Lenker vorzustellen, solange man ihn nicht ausprobieren konnte. Die Lenkereinstellung hat zum Teil rein ästhetische Gesichtspunkte. Hersteller und Verkäufer von Fahrrädern haben oft eine sehr genaue Vorstellung davon, wie ein Fahrrad auszusehen hat: Sie verwenden Begriffe wie „schnittig" und „stromlinienförmig". Daher rüsten Sie das Fahrrad mit flachen geraden Lenkern aus, die ihm das vom Käufer gewünschte Aussehen verleihen, das aber nicht unbedingt am besten zu dessen persönlichem Fahrstil passt. Die Lenkerform ist ebenso wichtig wie die Lenkerhöhe, wobei beide Elemente eng miteinander verknüpft sind. Wenn Sie gerne aufrecht mit relativ geradem Rücken sitzen, ist die bequemste Form normalerweise ein Lenker mit Griffen, die im Winkel von 35 bis 40 Grad nach hinten gebogen sind. So können Sie den Lenker bequem greifen, ohne die Ellbogen nach außen strecken zu müssen. Man könnte annehmen, dass ein gerader Lenker ideal sei, aber aufgrund ihrer Form können die Hände am besten in einem Winkel greifen. In diesem Winkel sollten die Enden des Lenkers nach hinten gebogen sein, sodass sie genau in die Handfläche passen.

Gerade Lenker
Wenn Sie eine Haltung anstreben, die vielleicht etwas aerodynamischer und sportlicher ist, werden Sie sich mit leicht angewinkelten Armen etwas weiter über den Lenker beugen, um Erschütterungen abzufedern. Dadurch verschiebt sich der Winkel, und die Handflächen zeigen etwas weiter nach innen, sodass ein gerader Lenker bequemer ist. Ein leichter Schwung des Lenkers – zwischen drei und sechs Grad – macht dabei bereits einen großen Unterschied. Der Winkel, der dabei entsteht, kann problematisch sein. Eine Zeit lang war es modern, den Bogen so verlaufen zu lassen, dass die Enden des Lenkers nach unten zeigten. Das mag zwar gut ausgesehen haben, war aber schrecklich unbequem. Achten Sie bei einem relativ geraden Lenker genau auf den Winkel des Bogens. Die Enden des Lenkers sollten nach oben und hinten zeigen, sodass der Winkel der Griffe genau in den Winkel der Handflächen passt.

Citylenker
Wenn Sie in der Stadt herumfahren, ist die Aerodynamik sicher eine Ihrer geringsten Sorgen und kommt erst lange nach dem Problem des guten Sehens und Gesehenwerdens. Hierfür ist ein geschwungener, nach hinten gebogener Lenker ideal, bei dem die Griffe nach oben und hinten zeigen, sodass Sie aufrechter sitzen. So können Sie sich wesentlich leichter nach hinten umdrehen. Außerdem werden Sie dadurch größer, die Autofahrer können Ihren Kopf dann deutlich über den Autos erkennen, wenn Sie sich zwischen ihnen hindurchschlängeln.

Mit einem Citylenker ist eine bequeme, aufrechte Sitzposition möglich.

Rennlenker
Es hat auch seine Vorteile, lang gestreckt und gebückt zu fahren. Sie bieten dem Wind weniger Angriffsfläche und sparen dadurch Energie. Im Sinn der Bequemlichkeit wird das Körpergewicht gleichmäßiger verteilt, denn anstatt es auf das Gesäß zu konzentrieren, verteilt es sich zwischen Lenker, Sattel und Pedalen. Die richtige Einstellung ist eine gewisse Tüftelei, denn entscheidend ist hierbei die Position der Bremshebel. Viele Leute nehmen die Lenkereinstellung vor, lassen das Lenkerband aber noch solange weg, bis sie einige Fahrten absolviert haben und den Winkel und die Höhe des Lenkers perfekt nachstellen konnten.

Mit einem geraden Lenker können Sie kontrolliert durch den Verkehr flitzen und bekommen das richtige Maß an Aerodynamik.

Ein Rennlenker macht Sie aerodynamisch und erlaubt der Hand verschiedene Griffhaltungen. So bieten Sie auch dem Wind weniger Angriffsfläche.

Veränderung der Lenkereinstellung

Häufig brauchen Sie nur an dem Winkel des Lenkers ein wenig herumzutüfteln, um eine bequeme Sitzposition zu erreichen. Zum Testen einer neuen Einstellung müssen Sie sich auf Ihr Rad setzen. Vergessen Sie nicht, zuvor die Schraube des Lenkervorbaus jeweils wieder fest anzuziehen, denn es passiert nur zu leicht, dass man sich unbedacht auf die Griffe stützt und dann über einen lockeren Lenker stürzt.

Um den Lenker bewegen zu können, müssen Sie die Schrauben des Lenkervorbaus lösen. Dafür gibt es verschiedene Möglichkeiten. Die einfachsten Modelle haben nur eine einzige Schraube, die lediglich wieder fest angezogen werden muss, um den Lenker zu sichern. Es gibt aber auch ein anderes, komplizierteres Modell. Ein Lenkervorbau mit zwei oder vier Schrauben – ein sogenannter „front loader" – ist so angelegt, dass das Vorderteil vollständig entfernt werden kann, sodass man den Vorbau vom Lenker abnehmen kann, ohne die Bedienungshebel und Griffe entfernen zu müssen. Dies macht Veränderungen am Vorbau wesentlich einfacher, die Schrauben müssen aber jeweils sorgfältig und möglichst gleich fest angezogen werden. Wenn Sie bei einem Frontloader-Vorbau den Lenker einstellen, lohnt es sich, bei dieser Gelegenheit die Vorderseite abzunehmen und die Fläche zwischen Vorbau und Lenker zu säubern. Gerät hier nämlich Schmutz herein, quietscht der Lenker unter Belastung, was sehr störend ist.

Einstellung von Brems- und Schalthebel

Sobald Sie den Winkel des Lenkers richtig eingestellt haben, müssen Sie die Schalthebel so verschieben, dass Sie bequem in Ihrer Handfläche liegen. Am wichtigsten sind die Bremshebel, denn im Notfall müssen Sie diese völlig automatisch erreichen können. Die richtige Position können Sie wirklich nur herausfinden, indem Sie sich auf Ihr Fahrrad setzen und mit verschiedenen Winkeln experimentieren. Ich bevorzuge eine recht tiefe Position der Bremshebel, sodass ich meine Finger beim Bremsen nicht zu weit heben muss, aber das ist eine Sache der persönlichen Präferenzen. Sie müssen die Schrauben lösen, mit denen die Hebel am Lenker befestigt sind, wozu in fast allen Fällen ein 5-mm-Inbusschlüssel erforderlich ist. Lockern Sie die Schrauben, bis sich die Hebel frei bewegen lassen, denn es ist wichtig, die Oberfläche des Lenkers nicht zu zerkratzen. Grober Richtwert: Beginnen Sie mit einem Hebelwinkel zwischen 30 und 45 Grad zum Boden. Wenn Sie große Hände haben ist es angenehm, zwischen Bremshebel und Griff etwas Platz zu lassen. Wenn Sie die Einstellung abgeschlossen haben, ziehen Sie die Schrauben wieder fest an, mit denen die Hebel am Lenker befestigt sind. Kontrollieren Sie, dass die Hebel sich nicht drehen können.

Wenn die Bremshebel richtig eingestellt sind, werden die Schalthebel dicht daneben positioniert. Eine Triggerschaltung sollte dicht unter dem Bremshebel angebracht werden. Bei Drehschalthebeln kann die Einstellhülse über statt unter dem Bremshebel sitzen – überprüfen Sie dies und achten Sie darauf, dass die Anzeige der Gänge deutlich lesbar ist.

EINSTELLUNG VON LENKERN MIT EINEM VORBAU MIT ZWEI ODER VIER SCHRAUBEN

Schritt 1: Entfernen Sie die Schrauben, mit denen der Lenker am Lenkervorbau befestigt ist, und entfernen Sie das Vorderteil des Vorbaus. Reinigen Sie die Innenflächen des Vorbaus und den Teil der Lenkstange, der sich im Vorbau befindet mit einem Entfettungsmittel und reiben Sie alles trocken. Reinigen Sie die Schrauben und tupfen Sie etwas Fett auf das Gewinde und unter den Schraubenkopf. Dies verhindert nicht nur die Korrosion, sondern die Schraube gleitet auch besser, sodass man leichter feststellen kann, wie fest sie sitzt.

Schritt 2: Setzen Sie den Lenkervorbau wieder zusammen und stellen Sie dabei den Winkel des Lenkers so ein, dass die Griffe bequem in Ihrer Handfläche liegen. Ziehen Sie die Schrauben gleichmäßig an. Bei einem Modell mit zwei Schrauben ziehen Sie beide Schrauben an, bis zwischen dem Hauptteil des Vorbaus und dem Vorderteil ein gleichmäßiger Abstand besteht. Dann ziehen Sie jeweils eine Schraube um eine halbe Umdrehung an, bis beide Schrauben fest sitzen. Beim Modell mit vier Schrauben gehen Sie wie abgebildet vor.

Schritt 3: Bei einem Modell mit vier Schrauben kontrollieren Sie beim Anziehen der Schrauben, dass der Zwischenraum oben und unten sowie an beiden Seiten gleich groß ist. Werden die Schrauben schräg in den Hauptteil des Vorbaus gedreht, stehen sie unter Belastung und können sich daher leichter verspreizen. Setzen Sie sich auf das Fahrrad, um die neue Lenkerposition zu testen. Sie werden die Bedienungshebel, die Klingel, die Lampenbefestigung und anderes am Lenker befestigtes Zubehör anpassen müssen.

Für die Bequemlichkeit

Der Lenker: Die Höhe des Vorbaus

Stellen Sie den Lenker etwas höher, um einen besseren Überblick über den Verkehr zu gewinnen, oder etwas tiefer, um dem Wind weniger Angriffsfläche zu bieten und Ihre Energie besser auszunutzen.

Es gibt zwei Arten von Aheadsets, die ein jeweils anderes Vorgehen bei der Höhenverstellung der Lenkstange erfordern. Beim älteren Modell des Aheadsets mit Gewinde führt oben ein schmaler Lenkerschaft aus zwei Muttern. Weiter unten finden Sie eine Anleitung in drei Schritten. Beim neueren Aheadset ohne Gewinde ist der Vorbau direkt oben an den Gabelschaft geklemmt. Seine Höhe kann nicht einfach durch Ausziehen oder Einschieben des Vorbaus verändert werden, es gibt aber regulierbare Modelle, bei denen sich der Winkel verändern lässt. Die Anleitung unten zeigt Ihnen, was zu tun ist. Haben Sie keinen regulierbaren Aheadset-Vorbau, können Sie die Höhe des Lenkers nur verstellen, wenn Sie den Vorbau durch einen anderen ersetzen – siehe Seite 35.

REGULIERBARE AHEADSET-VORBAUTEN

Schritt 1: Regulierbare Vorbauten sind mit Drehgelenken ausgerüstet, die durch eine Inbusschraube fixiert werden. Bei festgezogener Schraube verhindern Schiebekeile eine Bewegung des Drehgelenks. Lösen Sie die Schraube, bis sich der Vorbau bewegen lässt. Möglicherweise müssen Sie an der Schraube rütteln, um die Schiebekeile zu lösen. Verändern Sie den Winkel des Vorbaus und drehen Sie die Schraube anschließend wieder gut fest.

Schritt 2: Durch eine Veränderung des Vorbauwinkels dreht sich der Lenker in einen ungünstigen Winkel. Lösen Sie die Schraube(n) des Vorbaus und drehen Sie den Lenker, bis die Griffe bequem in Ihre Handfläche passen. Ziehen Sie die Schraube(n) wieder fest. Bei zwei oder vier Schrauben achten Sie auf ein gleichmäßiges Festdrehen, damit der Zwischenraum über und unter dem Lenker gleich groß ist.

Schritt 3: Nun müssen Sie auch die Bedienungshebel am Lenker verstellen. Lösen Sie die Schrauben von Schalt- und Bremsgriffen, setzen Sie sich auf das Fahrrad und drehen Sie die Bedienungshebel so, dass Sie sie gut erreichen. Die Bremshebel sollten so tief sitzen, dass Sie Hand und Finger bei jedem Bremsvorgang möglichst wenig strecken müssen. Ziehen Sie anschließend die Schrauben der Brems- und Schalthebel wieder fest an.

AHEADSET-VORBAU MIT GEWINDE

Schritt 1: Lösen Sie die Klemmspindel oben auf dem Vorbau. Hierzu benötigen Sie fast immer einen 6-mm-Inbusschlüssel, möglicherweise müssen Sie zuerst aber einen Gummistöpsel entfernen. Lösen Sie die Spindel mit vier ganzen Umdrehungen.

Schritt 2: Beim Herausdrehen der Schraube tritt der Kopf oben aus dem Vorbau. Klopfen Sie mit einem Gummihammer oder Holzstück auf den Inbusschlüssel (ein normaler Hammer würde den Schraubenkopf beschädigen), damit der Inbusschlüssel wieder gerade mit dem Vorbau abschließt. Dadurch löst sich der Druckkeil, der den Vorbau hält.

Schritt 3: Sobald der Vorbau locker ist, stellen Sie ihn so ein, dass Sie bereits die Sicherheitsmarkierung, normalerweise eine Reihe vertikaler Linien um den Lenkerschaft (A), sehen können. Richten Sie den Vorbau so aus, dass er eine Linie mit dem Vorderrad bildet, und ziehen Sie die 6-mm-Inbusschraube fest an. Kontrollieren Sie, ob die Schraube fest genug angezogen ist, indem Sie sich vor das Fahrrad stellen und das Vorderrad zwischen die Knie nehmen. Wenn Sie den Lenker verdrehen können, ziehen Sie die Schraube fester an.

Die Griffe

Griffe gibt es in allen Formen, Größen und Farben, aber damit werden Sie sich erst beschäftigen, wenn Ihre Griffe völlig abgenutzt sind und fast vom Lenker fallen. Ist es einmal so weit, dass Sie neue Griffe brauchen, sollten Sie sich nicht nur mit der Farbpalette beschäftigen.

Dünnere Griffe sind günstig für kleinere Hände und eigenen sich auch gut für das Fahren mit Handschuhen. Dickere und weichere Griffe fangen mehr Vibrationen auf und sind auf längeren Fahrten bequemer. Die Preisfrage ist eine Sache für sich, denn hier steht man wieder einmal vor dem Problem, dass die billigeren genauso aussehen wie die teuren und es schwierig herauszufinden ist, warum die teuren doppelt so viel kosten. Die Antwort dürfte in der Gummiqualität zu finden sein – teure Griffe haben direkt am Lenker eine dichtere Schicht, um Erschütterungen zu absorbieren und anschließend eine dünnere, weichere Schicht auf der Außenseite, die sich gut in die Handfläche schmiegt und das Gewicht über die ganze Hand verteilt und nicht nur auf einen kleinen Bereich konzentriert.

Am besten entfernt man alte Griffe, indem man etwas relativ Weiches – Essstäbchen haben die ideale Form und Größe – zwischen Griff und Lenker schiebt. Dabei müssen Sie hinter die Bremshebelklemme kommen. Heben Sie das Gummiende so weit an, dass Sie etwas darunter sprühen können. Entfetter eignet sich eben so gut wie warmes Wasser. Bewegen Sie das Essstäbchen hin und her, um die Verbindung zwischen Griff und Lenker aufzubrechen und schieben Sie es vorsichtig weiter in die Lücke. Sprühen Sie noch etwas Wasser hinein. Nun sollte es möglich sein, den Griff vom Ende des Lenkers abzuziehen.

Das Aufstecken neuer Griffe ist im Grunde einfach, Sie müssen aber dafür sorgen, dass die einmal angebrachten Griffe auch halten. Da die Griffe dieselbe Größe haben wie der Lenker, lassen Sie sich ohne Schmiermittel nicht aufschieben. Sie brauchen etwas, was die Fläche lange genug befeuchtet, um die Griffe aufschieben zu können und anschließend trocknet und hält. Zu den möglichen Hilfsmitteln gehören Produkte wie Griffkleber aus dem Motorradgeschäft oder einfach heißes Wasser: Tauchen Sie die Griffe einige Minuten hinein, und schieben Sie sie anschließend auf den Lenker, verbrühen Sie sich aber nicht dabei.

Hilfreich sind auch weniger nahe liegende Dinge wie Haarspray. Benutzen Sie kein Ölspray und keine Lösungsmittel. Sie können die Griffe damit zwar leicht auf den Lenker schieben, sie werden aber nie richtig halten.

Lenkerhörnchen (Barends)

Sie sind nicht mehr so beliebt wie früher, vielleicht weil sie an einem nach oben gebogenen Lenker anders als an einem geraden Lenker etwas merkwürdig aussehen. Mit den Barends können Sie Ihre Haltung beim Fahren verändern, indem Sie bei Ermüdung mal die Griffe, mal die Barends halten.

Mit kurzen, stämmigen Lenkerhörnchen können Sie das Handgelenk beim Fahren nach außen drehen, längere gebogene Hörnchen verleihen Ihnen eine eher gestreckte Haltung. Befestigen Sie die Barends sicher und kontrollieren Sie die Befestigungsschrauben am Vorbau. Barends bieten ausreichend Hebelwirkung, um sie auf den Lenker oder den Lenker in den Vorbau zu drehen.

DIE GRIFFMONTAGE

Schritt 1: Zuerst müssen Sie am Ende des Lenkers Platz schaffen. Lösen Sie mit dem Schraubenzieher die Schrauben, mit denen Schalt- und Bremshebel am Lenker befestigt sind und schieben Sie ein Essstäbchen zwischen Gummigriff und Metall. Sprühen Sie Wasser in die Lücke zwischen Essstäbchen und Metall und lösen Sie den Gummigriff vom Metall ab. Bewegen Sie das Stäbchen einmal rundum, und verschieben Sie den Griff, damit Platz für das Hörnchen entsteht. Die Schrauben der Schalt- und Bremshebel anziehen.

Schritt 2: Lösen und entfernen Sie die Befestigungsschraube des Hörnchens komplett. Schieben Sie einen Schraubenzieher in den Zwischenraum und öffnen Sie mit ihm die Klemme ein wenig. So wird verhindert, dass das Lenkerhörnchen den Lenker zerkratzt und beschädigt. Schieben Sie das Hörnchen auf den Lenker. Wenn noch kein Stopfen für das Hörnchen vorhanden ist, montieren Sie einen – sonst könnten Sie sich bei einem Sturz daran verletzen.

Schritt 3: Setzen Sie sich auf Ihr Rad und drehen Sie die Hörnchen in einen bequemen Winkel. Für den Anfang ist ein Winkel von 30 bis 45 Grad zum Boden bequem. Wenn Sie die Hörnchen lieber steil nach oben zeigend hätten, sollten Sie einen höheren Vorbau wählen. Ziehen Sie die Befestigungsschrauben der Lenkerhörnchen fest an und testen Sie die Festigkeit, indem Sie sich vor das Fahrrad stellen und beide Hörnchen fest nach unten drücken. Wenn sich Hörnchen oder Lenker drehen, ziehen Sie die Schrauben fester an.

3 – Auf Tour

Ein Fahrrad eröffnet eine Welt neuer Möglichkeiten, ob Sie nun damit regelmäßig zur Arbeit fahren oder sich zu einem abenteuerlichen Ausflug aufmachen. Für einige Fahrten brauchen Sie nichts außer dem Fahrrad. Sobald Sie sich jedoch weiter fort wagen, werden Sie allerhand Utensilien anschaffen, die das Radfahrerleben erleichtern. Beleuchtung und Schlösser sind normalerweise das Wichtigste, aber auch ein Gepäckträger und Gepäcktaschen sind eine lohnende Investition. Sollte Ihre Familie ebenfalls Lust am Radfahren haben, können Sie gemeinsame Tagestouren planen. Verhandlungen mit Ihrem Arbeitgeber über eine gewisse Grundausstattung am Arbeitsplatz können Ihnen die täglichen Pendelfahrten mit dem Rad erleichtern.

Sicherheit: Das Fahrradschloss

Radfahrer, die in der Großstadt leben, nennen die mangelnde Sicherheit als ihr vorrangiges Problem. Wer sein Fahrrad liebt, muss immer befürchten, auch jemand anders könnte daran Gefallen finden und es mitgehen lassen. Auch bei größter Sorgfalt kann ein Moment der Unaufmerksamkeit genügen, oder es braucht nur ein gewiefter Dieb mit einem Lieferwagen und schwerem Werkzeug aufzutauchen, und das Rad ist weg.

Häufig ist der Diebstahl von einzelnen Teilen ebenso ärgerlich wie der Verlust des kompletten Fahrrads. Anfangs hat man ohnehin nur das Nötigste am Fahrrad, nimmt dann jemand ein Teil weg, bleibt normalerweise nichts anderes übrig, als nach Hause zu schieben oder möglicherweise sogar die Überreste nach Hause zu tragen. Die Beschaffung von Ersatzteilen kann sehr lästig sein, denn selbst wenn ein Teil nicht viel kostet, ist es vielleicht nicht vorrätig. Es ist auch nicht ungewöhnlich, dass durch ein fehlendes Teil das Weiterfahren gefährlich wird. Sie schwingen sich auf Ihr Fahrrad und müssen dann feststellen, dass jemand den Schnellspanner abgerissen hat. Das ist besonders ärgerlich, weil die Wahrscheinlichkeit recht gering ist, dass jemand ein gestohlenes Teil für sein eigenes Fahrrad überhaupt verwenden kann. Sattelstützen beispielsweise gibt es in etwa 30 verschiedenen gängigen Größen und in einigen Sondergrößen. Das klingt alles ziemlich deprimierend, Sie können aber durchaus Ihre Chancen erhöhen, ein komplettes Fahrrad zu behalten. Hierfür gibt es im Wesentlichen zwei Strategien – technische Hilfsmittel und das eigene Verhalten. Um die Chancen zu optimieren, sollten Sie beide einsetzen. Auf Seite 41 finden Sie Informationen darüber, welches Schloss Sie für welchen Zweck benötigen, auf Seite 42 beschäftigen wir uns damit, wie Sie sicherstellen können, dass Ihre Absperrstrategie für den jeweiligen Standort angemessen ist.

Das letzte Mittel gegen Fahrraddiebstahl ist eine Versicherung. Sie bringt Ihnen zwar das Fahrrad nicht zurück, bei ausreichender Deckung mildert sie aber den Verlust. Heben Sie alle Quittungen auf, fotografieren Sie das Fahrrad, und bewahren Sie das Foto zusammen mit den Belegen auf. Beim ersten Fahrradkauf lassen Sie von der Versicherungsgesellschaft genau nachprüfen, ob die Deckungssumme für die geplante Nutzung ausreicht, und lassen Sie sich auch das Kleingedruckte erläutern. Es gibt die merkwürdigsten Klauseln, beispielsweise, dass das Fahrrad nicht versichert ist, wenn es nach 22 Uhr abgesperrt auf der Straße abgestellt ist. Vermutlich geht die Versicherungsgesellschaft davon aus, dass redliche Bürger bei Einbruch der Dunkelheit zu Bett gehen, sie scheint aber zu vergessen, dass ein Fahrrad das beste Verkehrsmittel für den Heimweg ist, wenn die öffentlichen Verkehrsmittel ihren Betrieb einstellen. Notieren Sie sich die Rahmennummer. Auch wenn diese die Chancen kaum erhöht, das Fahrrad zu finden und Ihnen zurückzugeben, kann das Fehlen dieser Nummer von der Versicherungsgesellschaft als Vorwand verwendet werden, die Schadensregulierung zu verzögern oder abzulehnen. Leben Sie in einer attraktiven Wohngegend, wird die Versicherungsprämie möglicherweise schwindelerregend hoch sein. Sollten Sie den Eindruck haben, dass die Versicherung diese Situation ausnützt, können Sie eine Do-it-yourself-Lösung in Betracht ziehen: Zahlen Sie den Versicherungsbeitrag so lange auf ein eigenes Sparkonto anstatt an die Versicherung, bis der Betrag für ein neues Fahrrad erreicht ist, und lassen Sie die Summe dann ruhen, bis Sie sie möglicherweise benötigen.

Schließen Sie Ihr Fahrrad ab

Auch in einer friedlichen und verschlafenen Gegend brauchen Sie immer irgendein Fahrradschloss. Ein unverschlossenes Fahrrad ist einfach zu verlockend, und Sie werden sich Vorwürfe machen, wenn es weg ist. Wie viel Sie investieren müssen, hängt davon ab, wo Sie das Fahrrad abstellen. Bessere Schlösser sind teurer und schwerer. Der Preis für ein Bügelschloss kann erheblich sein. Die billigeren Schlösser sehen praktisch genauso aus wie die teuren. Sie haben eine Menge Geld für das Fahrrad ausgegeben und fühlen sich nach dem Erwerb eines billigen Schlosses wahrscheinlich eher schlechter als besser. Welche Qualität das Schloss haben muss, hängt auch von der geplanten Nutzung des Fahrrads ab. Wenn es den ganzen Tag draußen steht, brauchen Sie ein stärkeres Schloss, als wenn Sie es am Ziel mit nach drinnen nehmen können. Auch wenn Sie es zu Hause im Freien abstellen müssen, brauchen Sie ein stärkeres Schloss. Als allgemeine Regel gilt: Sie sollten etwa zehn bis zwanzig Prozent des Kaufpreises Ihres Fahrrads für das Schloss ausgeben – hat das Fahrrad 300 Euro gekostet, sollten Sie für das Schloss also mit 30 bis 60 Euro rechnen.

Die Mitarbeiter Ihres Fahrradgeschäfts vor Ort wissen am besten, welches Sicherheitsniveau Sie in Ihrer Gegend brauchen. Fragen Sie, welche Schlösser man Ihnen empfiehlt und welche die Mitarbeiter selbst verwenden – diese haben die Wahl unter vielen Möglichkeiten und wollen ihr Fahrrad genauso wenig verlieren wie Sie.

Schließen Sie Ihr Fahrrad an einen robusten Gegenstand an der Straße.

Die verschiedenen Arten von Schlössern

Nachdem die Sicherheit so wichtig ist, sollte das Hauptschloss kräftig und leistungsfähig sein. Grundsätzlich haben Sie die Wahl zwischen dem üblichen Bügelschloss und den klobigen Ketten wie sie für Motorräder verwendet werden. In jeder Preisgruppe bieten beide Typen eine vergleichbare Sicherheit und haben ihre Vor- und Nachteile.

Kettenschlösser lassen sich leichter um einen festen Gegenstand an der Straße schlingen, Bügelschlösser passen besser an den Rahmen, und normalerweise gehört eine Halterung dazu, an der Sie das Schloss befestigen können. Manche Radler bevorzugen Bügelschlösser, weil sie es etwas verrückt finden, ein schweres Schloss herumzutragen, wo sie doch ein Fahrrad haben, das diese Aufgabe klaglos übernehmen könnte. Manche Radfahrer haben Bedenken, eine große Kette um die Taille zu tragen, weil sie fürchten, bei einem möglichen Sturz daraufzufallen. Es ist alles eine Frage der Präferenzen.

Mit einem Bügelschloss lässt sich der Rahmen schnell sichern, was Gelegenheitsdiebe fernhält.

Bei einem Bügelschloss entscheiden Sie sich am besten für eine der großen Marken – Kryptonite, Abus, Trelock oder Squire. Jeder Hersteller hat seine eigenen Testverfahren, es gibt keinen allgemein anerkannten Test, mit dem man die Schlösser verschiedener Hersteller vergleichen könnte. Wenn Sie eine Versicherung haben, überprüfen Sie vor dem Kauf eines Schlosses, ob Ihre Versicherungsgesellschaft spezielle Schlösser vorschreibt – ein Schloss kann noch so gut und stark sein, wenn es nicht auf der Liste der Versicherung steht, kann diese im Schadensfall eine Auszahlung verweigern. Sollte die Versicherung auf bestimmten Schlössern bestehen, heben Sie die Quittung für das Schloss auf, damit Sie nachweisen können, dass Sie ein vorschriftsmäßiges Schloss hatten. Jedes anständige Schloss ist im Vergleich zu dem Fahrrad, das es sichern soll, schwer, dies gehört zu den niederdrückenden Fakten des Radfahrerlebens.

Mit dem Hauptschloss – egal welche Form es hat – sollte das Fahrrad am Rahmen und einem der Räder abgeschlossen werden. So bleibt das zweite Rad aber für Diebstahl anfällig und es empfiehlt sich die Verwendung eines zweiten Schlosses. Räder mit Schnellspanner lassen sich am leichtesten stehlen, während ein Dieb für altmodische Räder mit Schraubenmuttern einen Schraubenschlüssel benötigt. Nachdem das Beschaffen eines Schraubenschlüssels aber kein Problem ist, sind Räder mit Schnellverschluss in gewisser Weise doch von Vorteil, weil sie verhindern, dass Sie mit dem sachgemäßen Absperren der Räder zu nachlässig sind. Es ist normalerweise ausreichend, das zweite Rad mit einem einfachen Kabelschloss abzuschließen. Am einfachsten im Gebrauch sind Kabelschlösser mit einer Schlaufe an jedem Ende. Mit dem Hauptschloss schließen Sie den Rahmen und ein Rad an, das Kabelschloss schlingen Sie um das andere Rad und führen dann die Schlaufe durch das Bügelschloss, bevor Sie dieses einschnappen lassen. Mit einem längeren Kabelschloss können Sie zusätzlich noch den Sattel schützen. Ziehen Sie das Kabel durch die Sattelschiene und ein Ende des Kabels anschließend durch die Schlaufe am anderen Ende. Ziehen Sie es ganz durch. Zum Einschnappen führen Sie das freie Ende durch das Hinterrad und ziehen es dann noch vorne. Ziehen Sie das Bügelschloss durch den Rahmen, das Vorderrad und irgendeinen stabilen Gegenstand an der Straße. Schieben Sie das freie Ende des Kabels durch das Bügelschloss, und schließen Sie dieses. Beim Aufschließen entfernen Sie das Kabel aus dem Hinterrad, lassen es aber um die Sattelschiene gewickelt. Mit einem Riemen oder Klettband sorgen Sie dafür, dass es beim Fahren nicht in das Hinterrad hängen kann, oder Sie wickeln es um die Sattelstütze. Eine Alternative zum Kabelschloss als Zweitschloss ist ein Spiralkabelschloss. Wenn Sie der Gedanke abschreckt, zwei verschiedene Schlüssel zu brauchen, kann das Spiralkabelschloss auch ein Kombinationsschloss sein. Es gibt natürlich eine Menge Kleinigkeiten, die Sie kaufen können, um Ihr Fahrrad besser zu sichern. Am verbreitetsten sind Sicherheitsschnellspanner für die Räder. Diese lassen sich nur mit einem Inbusschlüssel lösen. Die raffinierteren Systeme bieten jedem Kunden einen in Form und Größe individuellen Inbusschlüssel, sodass man die Räder nur mit dem Spezialschlüssel lösen kann, der zum Set gehört. Die Idee ist sehr gut, sorgen Sie aber dafür, dass die Schnellspanner immer gut angezogen sind, leider fahren viele Leute mit losen Schnellspannern durch die Gegend.

Kombinationsschlösser sind schnell und einfach zu gebrauchen und man benötigt keinen Schlüssel.

Viele neue Fahrräder werden mit einem Schnellspannhebel zur Einstellung der Sattelhöhe geliefert. Dies gilt insbesondere für Mountainbikes, mit denen man häufig in Situationen gerät, in denen man die Sattelhöhe gerne rasch verändern würde. Bei Stadtfahrten ist das selten erforderlich. Wenn Sie ein neues Rad kaufen, das eine Sattelstütze mit Schnellspannhebel hat, tauschen Sie diese in eine Sattelstütze um, für die ein Inbusschlüssel benötigt wird. Damit erschweren Sie einen Dienstahl zumindest.

Auf Tour

Wo und wie Sie Ihr Fahrrad sicher abschließen

Auch wenn Sie alle Schlösser und Sicherheitsvorrichtungen der Welt kaufen, ist es doch ebenso wichtig, sorgfältig zu bedenken, wo und wann Sie Ihr Fahrrad absperren. Ein Schloss nützt nur, wenn Sie es wirklich immer benützen. Sonst liefern Sie einem Langfinger ein schnelles Fluchtmittel und berauben sich selbst der Möglichkeit, ihn zu verfolgen. Selbst wenn Sie schnell genug rennen könnten, um den Dieb auf Ihrem Fahrrad einzuholen, bliebe die Frage: Was tun, wenn Sie ihn tatsächlich erwischen?

In Gesellschaft sicherer: Parken Sie Ihr Fahrrad an belebten Plätzen.

Sie sollten Ihr Fahrrad immer an einen robusten Gegenstand anschließen. Mit einem Fahrrad, das nur abgesperrt ist, kann man zwar nicht fahren, und es ist auch relativ schwierig zu tragen, aber man braucht es nur blitzschnell auf der Ladefläche eines Lieferwagens verschwinden zu lassen. Straßenschilder sind mit Vorsicht zu genießen, weil es bei kürzeren Stangen kein Problem ist, ein versperrtes Rad oben drüber zu heben. Sichern Sie Ihr Fahrrad an einer längeren Stange, die oben mit einem großflächigen Verkehrsschild abschließt. Diebstähle von Fahrrädern, die nur abgesperrt oder gar nicht gesichert sind, gehen normalerweise auf das Konto von Gelegenheitsdieben, die einer leichten Beute nicht widerstehen können. Wenn Sie Ihr Fahrrad längere Zeit abstellen, sollten Sie auch an die professionelleren Möglichkeiten denken, Ihnen Ihr Fahrrad wegzunehmen. Wenn Sie täglich mit dem Rad zur Arbeit fahren und immer am selben Ort arbeiten, lohnt es sich, in ein zweites Schloss zu investieren. Zwei Schlösser sind zu schwer, um sie immer herumzutragen, sie machen das Rad schwerfällig und unattraktiv. Sie können das schwerere Schloss aber bei der Arbeitsstelle lassen und nur dort benützen. Besser wäre es natürlich, wenn Sie erreichen könnten, das Fahrrad mitnehmen zu dürfen – vielleicht gibt es ein paar Kollegen, die auch mit dem Rad zur Arbeit fahren und Sie können sich zusammentun und bitten, die Fahrräder den Tag über an einem sicheren Ort abstellen zu dürfen. Wenn Sie das Fahrrad an der Straße abstellen müssen, sind belebte Plätze günstiger als ruhige Seitenstraßen, wo sich jemand ungestört an Ihrem Fahrrad zu schaffen machen kann. Die Zunahme von Videoüberwachungsanlagen in letzter Zeit scheint gegen Fahrraddiebstähle nur wenig zu helfen, es könnte aber psychologisch gesehen nützlich sein, das Rad so abzustellen, dass es offensichtlich voll im Blickfeld der Kamera steht.

Möchten Sie Ihr Fahrrad auf der Straße an ein Geländer anschließen, überlegen Sie genau, wo ein guter Platz wäre. Auf einer belebten Straße ist die Außenseite eines Geländers oft eine gute Wahl. Noch besser sind Mittelstreifen. Sie sind sehr exponiert und im Blick von Fußgängern und Autofahrern. Meiden Sie schmale Bürgersteige, wo Ihr abgesperrtes Fahrrad Fußgänger behindert, die einen Kinderwagen schieben oder viele Einkaufstüten tragen. Dann ärgern sich die Leute und Ihr Fahrrad wird möglicherweise beschädigt, wenn jemand dagegenstößt.

Sollten Sie schließlich einmal gezwungen sein, Ihr Fahrrad in einer zwielichtigen Gegend abzustellen, parken Sie es nach Möglichkeit neben einem anderen, auffälligeren Fahrrad. So können Sie hoffen, dass Diebe Ihr Rad ignorieren und sich für das attraktivere Modell entscheiden.

Anstandsregeln für Radfahrer

Dieses Thema sorgt immer wieder für Diskussionen. Radfahrer nehmen eine schwierige Mittelstellung ein zwischen der Verletzlichkeit der Fußgänger und der Arroganz der Kraftfahrer. Sie können selbst sehr leicht angefahren werden, sind aber auch in der Lage, Unachtsame in Angst und Schrecken zu versetzen.

Wir Radfahrer nehmen uns selbst auf unterschiedlichste Weise wahr, aber bei fast allen Nicht-Radfahrern reduziert sich die Ansicht über Radler auf zwei Punkte: Fußgänger ärgern sich über Beinahezusammenstöße mit Radfahrern auf dem Bürgersteig, und Kraftfahrer ärgern sich über Radfahrer, die über rote Ampeln fahren. Eine solche stereotype Wahrnehmung erbost wiederum die Radfahrer, die sich in ihrer überwiegenden Zahl nicht so undiszipliniert im Straßenverkehr verhalten wie es den Fußgängern und Autofahrern erscheinen mag und von denen wohl die Wenigsten auf dem Bürgersteig fahren oder rote Ampeln missachten. Bei der einzigen Gelegenheit, wo Fußgänger und Kraftfahrer also Notiz von uns nehmen, scheinen wir uns unsozial zu verhalten. Von da ist es nur ein kleiner Schritt bis zu der Unterstellung, dass alle Radfahrer rücksichtslose, den Bürgersteig für sich beanspruchende, über rote Ampeln fahrende notorische Verkehrssünder sind.

Das Problem ist, dass Fahrräder sich rasch und geräuschlos nähern und daher Passanten oft völlig überraschen. Wird ein Fußgänger erschreckt, kann er eine nicht vorhersehbare Bewegung machen und so sich selbst und Sie mit in eine gefährliche Lage bringen. Aus Sicht des Radfahrers stellt sich die Situation, abgesehen von den ethischen Aspekten, so dar, dass ihn schon allein der pure Egoismus dazu veranlassen sollte, ausreichend Abstand zu halten, denn im Falle eines Zusammenstoßes würde er sich auch selbst verletzen, zudem wäre es natürlich rechtswidrig. Seien Sie besonders vor Kindern und kleinen Hunden auf der Hut, da man nie weiß, was sie als Nächstes tun werden.

Schwieriger ist die Frage der roten Ampeln. In Städten ist es absolut üblich, dass Radfahrer rote Ampeln ignorieren. Wenn es kalt und regnerisch ist und von der anderen Seite niemand kommt, ist es verlockend, einfach schnell über die Kreuzung zu fahren. Es bringt einen aber nicht wirklich weiter und es ist zudem verboten, denn auch für Radfahrer gelten die Regeln der Straßenverkehrsordnung.

Die Zeiten, in denen die Verlockung am größten ist, eine rote Ampel zu überfahren – es ist spät, Sie haben es sehr eilig – sind zugleich auch die Zeiten, in denen Sie diesem Drang widerstehen sollten, denn Ihre Urteilsfähigkeit dürfte nicht unbedingt die beste sein, und selbst wenn Ihr Fahrrad gut beleuchtet ist, sind Sie von der Seite schlecht zu sehen.

Es ist einfach nicht akzeptabel, über rote Ampeln zu fahren, weil man spät dran ist – genau dann passieren nämlich die Unfälle. Genauso wenig ist es akzeptabel, über rote Ampeln zu fahren, weil Sie es unzumutbar finden, absteigen zu müssen, oder weil es Ihnen einfach gleichgültig ist. Es ist und bleibt eine schlechte Angewohnheit.

Das Überfahren einer roten Ampel ist in jeder Situation rechtswidrig, und zwar genauso rechtswidrig wie bei einem Autofahrer. Aus unerfindlichen Gründen hatten Radfahrer von Anfang an ein unnötig feindliches Verhältnis zu Fußgängern, die in der Hackordnung des Straßenverkehrs direkt unter ihnen angesiedelt sind. Fußgänger sind normalerweise langsam, sie erscheinen unhöflich und unkonzentriert und betreten unversehens die Straße, während sie ihr Handy benutzen, aber sie sind genau so verletzlich wie wir.

Dieser traditionelle Konflikt kommt den Kraftfahrern zu Gute, die dadurch aus dem Blickfeld geraten. Während wir uns darüber streiten, ob der Radfahrer oder der Fußgänger moralisch überlegen ist, übersehen wir das wichtigste Problem: Viele Kraftfahrer verhalten sich egoistisch und gefährlich.

Um dies zu ändern, sollten wir unsere natürlichen Verbündeten nicht verärgern. Erschrecken wir einen Fußgänger, indem wir dicht an ihm vorbeifahren, und das womöglich noch mit hoher Geschwindigkeit, wird er sich den Rest des Tages darüber beklagen, dass er „wieder von einem Radfahrer fast überfahren wurde". Dabei ist es völlig unerheblich, ob tatsächlich die Gefahr einer Kollision bestand. Meine Empfehlung an Sie: Benutzen Sie Ihre Klingel, so können Sie Fußgängern auf nette Weise signalisieren, dass Sie sich nähern.

Ohne Aggressivität wird damit lediglich ausgedrückt: „Entschuldigung, dürfte ich bitte vorbei?!" Dies gibt den Fußgängern die Möglichkeit, Ihnen Platz zu machen. Sucht ein Fußgänger dann wieder einmal einen Sündenbock, den er dafür verantwortlich machen kann, dass er einen schlechten Tag hat, wird er möglicherweise nicht auf einen Radfahrer kommen.

In Deutschland ist für alle Fahrräder eine Klingel Vorschrift.

Auf Tour

Das Gepäck: Gepäcktaschen

Gepäcktaschen erhöhen die Nützlichkeit von Fahrrädern beträchtlich. Die eignen sie sich jetzt nicht nur hervorragend als Fortbewegungsmittel für den Fahrer, sondern befördern auch sein Hab und Gut. Rucksäcke und Umhängetaschen sind praktisch, zum Radfahren aber nicht ideal. Sie verursachen einen schmerzenden Rücken und wunde Schultern, und dort, wo sie am Körper anliegen, entstehen große Schwitzflecken.

Gepäcktaschen hingegen lassen sich mit allem beladen und hängen sicher am Fahrrad. Gute Gepäcktaschen wirken sich auf die Fahreigenschaften kaum aus und können sich im Gegensatz zu Plastiktüten, die am Lenker hängen, beim Treten nicht in den Speichen verfangen.

Die Preisunterschiede sind natürlich groß. Ihre Wahl sollten Sie davon abhängig machen, wie weit Sie fahren und wie viel Sie mitnehmen. Einfache Nylon-Gepäcktaschen sind für kurze Fahrten ausreichend und auch preiswert genug, um neue anzuschaffen, wenn sie nach einer besonders umfangreichen Einkaufstour ihren Geist aufgeben. Auch das Wetter wird bei der Wahl eine Rolle spielen, denn wenn Sie bei Regen fahren und Papiere, Dokumente oder einen Laptop dabei haben, brauchen Sie eine wasserdichte Gepäcktasche – theoretisch kann man die Sachen zuvor auch in Plastiktüten verstauen, in der Praxis funktioniert dies aber nie. Fahren Sie wertvolle Dinge spazieren, kommt der sicheren Befestigung eine höhere Bedeutung zu. Bessere Gepäcktaschen haben einen Klettverschluss oder einen Klickverschluss anstelle eines einfachen Hakens, der unter und über den Stangen des Gepäckträgers befestigt wird. Wenn Sie die Gepäcktaschen nach jeder Fahrt tragen müssen, lohnt es sich, welche mit Schultergurt zu wählen. Beim Fahrrad verwendet man am besten auf beiden Seiten Gepäcktaschen, aber wenn Sie abgestiegen sind, müssen Sie in jeder Hand eine tragen, sodass Sie für weiteres Gepäck oder zum Aufsperren der Haustür keine Hand mehr frei haben. Achten Sie hinten und an der Seite auch auf Reflexstreifen, denn sie sind im Scheinwerferlicht sehr auffällig. Möchten Sie auf eine Campingtour gehen, machen es Ihnen die traditionelleren Taschen mit einigen Innen- und Außentaschen in verschiedenen Formen und Größen leicht, Ihre Habseligkeiten zu ordnen. Helle fröhliche Farben tragen dazu bei, dass Sie sich im Verkehr gut abheben, und ein helles Innenfutter der Taschen macht es bedeutend einfacher, den Inhalt zu erkennen. Ein Nachteil von Gepäcktaschen ist ihre nachgewiesene Abneigung gegenüber ordentlichem DIN-A4-Papier. Sie haben die erstaunliche Fähigkeit, einen Bogen Papier aussehen zu lassen wie die Hausaufgabe eines Teenagers, die noch schnell im Schulbus hingeschmiert wurde. Falls Ihr Ansehen im Büro darunter leidet, sollten Sie eventuell eine der Gepäcktaschen gegen eine Tasche im Aktentaschenstil austauschen. Diese Taschen sind verstärkt, sodass der Inhalt sein gewünschtes Aussehen beibehält. Die Kombination einer normalen Gepäcktasche auf der einen Seite – für Kleidung, Brotzeit oder sonstiges – und einer Aktentasche auf der anderen hält die Belastung des Fahrrads im Gleichgewicht, und Sie können empfindliche Gegenstände von potenziell feuchten und schmutzigen Dingen fernhalten. Das ausgepolsterte Innenleben ermöglicht auch den Transport eines Laptops.

A. Die Haken von Sicherheitsgepäcktaschen haben einen extra Aufhänger, der in die Stangen des Gepäckträgers eingehängt wird.

B. Reflexstreifen oder -aufnäher sind hervorragend zu sehen, da die Taschen dem nachfolgenden Verkehr eine breite Fläche zuwenden.

C. Griffe sind wichtig, da volle Taschen sonst unhandlich werden.

D. Durch Haken unten an der Gepäcktasche können Sie den Inhalt mit dem Schultergurt zusammendrücken, sodass die Dinge nicht herumpurzeln und Sie aus dem Gleichgewicht bringen.

E. Robustes, Wasser abweisendes Material. Diese Gepäcktaschen sind aus wasserdichtem Material mit geschweißten Nähten.

F. Wasserdichter Verschluss. Wasserdichtes Material nützt wenig, wenn der Regen an den Öffnungen eindringen kann. In diesem Fall bedeutet der Rollverschluss, dass Sie die Tasche ins Wasser werfen könnten, ohne dass der Inhalt nass wird.

G. Weite, rechteckige Formen bieten viel Platz.

H. Bügelösen für einen Schultergurt – besonders wichtig, wenn Sie zwei Gepäcktaschen haben.

44

Gepäckträger

Gepäckträger sind der entscheidende erste Schritt zur Anbringung von Gepäcktaschen, zudem kann man jederzeit etwas darauf festschnallen. Als billige Diebstahlsicherung befestigen Sie darauf mit Kabelbindern einen alten Einkaufskorb oder eine Obstkiste. Sie können Einkäufe hineinlegen, und Ihr Fahrrad wirkt auf Langfinger sofort weniger verlockend.

Es gibt eine Unmenge verschiedener Gepäckträgertypen, zum Glück funktionieren die meisten aber ähnlich. Auf jeder Seite wird hinten am Rahmen ein Schenkel direkt über der Hinterradachse befestigt, ein Paar Metallstreben führt von der Vorderseite des Gepäckträgers nach vorne und wird oben an den Hintergabelstreben befestigt.

Fast alle modernen Fahrräder verfügen über spezielle Muffen zur Befestigung von Gepäckträger oder Schutzblechen. Dabei gibt es zwei verschiedene Arten: Entweder wurde in den Rahmen ein Loch gebohrt und mit einem Gewinde versehen, sodass man eine Schraube hineindrehen kann oder es wurde ein extra Metallstück mit dem Rahmen verbunden, das bereits eine Gewindeöffnung enthält. Solche Muffen gestalten die Befestigung eines Gepäckträgers einfacher und sicherer. Möglicherweise verfügt Ihr Fahrrad nicht über die richtigen Vorrichtungen zur Anbringung eines Gepäckträgers. Entweder ist es ein altes Modell, oder Sie haben ein Rennrad, bei dem der Hersteller nicht davon ausgeht, dass Sie einen Gepäckträger anbringen möchten. Das ist aber nicht tragisch, denn Sie können im Fahrradgeschäft Gepäckträgerklemmen kaufen, die um den Rahmen gesteckt werden und die Muffen ersetzen. Daran können Sie ohne weiteres Einkaufskörbe oder Gepäcktaschen befestigen, sie sind aber nicht sicher genug, um einen Kindersitz anzubringen. In diesem Fall müssen Sie neu überlegen und entweder einen Kindersitz kaufen, dessen Halterung direkt am Rahmen befestigt wird oder den Kindersitz auf einem anderen Fahrrad anbringen.

Schrauben von Gepäckträgern (und Schutzblechen) lockern sich mit der Zeit gerne. Überprüfen Sie diese regelmäßig, vor allem vor einer längeren Fahrt. Wenn Sie feststellen, dass die Schrauben sich rasch lockern, geben Sie einen kleinen Tropfen Gewindekleber auf das Gewinde, bevor Sie die Schrauben anziehen. Übertreiben Sie es aber nicht – die Schrauben sind sehr klein, daher reicht wirklich ein kleiner Tropfen. Wenn Sie keinen Gewindekleber haben, ist Nagellack eine gute Alternative. Legen Sie auch immer eine Unterlegscheibe direkt unter jeden Schraubenkopf, sonst lockern sich die Schrauben noch schneller. Gepäckträger sind zumeist aus weichem Aluminium. Wenn Sie die Schrauben ohne Unterlegscheibe zu stark anziehen, wird der Gepäckträger um das Schraubloch herum beschädigt.

Gepäckträger werden mit einem Sortiment an Kleinteilen zur Befestigung am Fahrrad geliefert. Nachdem sich Schrauben und Muttern bekanntlich gerne lockern, werden sie mit rüttelfesten Muttern geliefert. Diese sehen aus wie normale Muttern, sind über dem Gewinde aber mit einem dünnen Plastikring versehen. Der Innendurchmesser dieses Rings ist etwas kleiner als der Schraubendurchmesser, sodass beim Anziehen der Schraube der Plastikring greift. Das Montieren der Muttern ist etwas irritierend, denn wenn Sie die Schraube durch die rüttelfeste Mutter drehen, bewegt sie sich zuerst ganz leicht und sitzt dann fest, sodass man meinen könnte, es sei die falsche Größe. Keine Sorge, das muss so sein, aber Sie sollten die Mutter mit einem Schraubenschlüssel halten, während Sie die Schraube hineindrehen. Wenn Sie Gepäcktaschen benutzen möchten, sollten Sie einen Gepäckträger mit einem Taschenbügel wählen, bei dem die hintere Strebe des Gepäckträgers nach hinten gebogen ist und verhindert, dass die untere Ecke der Gepäcktasche beim Fahren in die Speichen gerät. Der Gepäckträger sollte so montiert werden, dass die flache Seite oben ist und sich weit genug hinten befindet, weil sie sonst beim Treten mit den Fersen an die Tasche stoßen.

Gelegentlich werden Sie feststellen, dass die Gewinde, in denen Sie die Gepäckträgerschrauben befestigen sollen, mit Farbe verschmiert sind und die Schraube sich nicht hineindrehen lässt. Sie müssen die Gewinde dann mit einem Gewindebohrer reinigen. Er sieht aus wie eine Schraube, das Gewinde ist aber sehr scharf. Sie können das aber auch in Ihrem Fahrradgeschäft machen lassen. Drehen Sie die Schraube nicht mit Gewalt hinein, denn damit riskieren Sie, dass sie in dem übermalten Bereich abbricht, und es ist schwierig, sie zu entfernen ohne den Rahmen zu beschädigen.

Der Taschenbügel am Gepäckträger verhindert, dass die Gepäcktaschen in die Speichen geraten.

Auf Tour

Umhängetaschen und Rucksäcke

Für kurze Fahrten, bei denen Sie immer wieder anhalten und weiterfahren und in der Tasche nach dem Schlüssel, dem Stadtplan, irgendwelchen Päckchen oder sonstigen Utensilien suchen müssen, eignet sich eine Umhängetasche sehr gut. Sie können die Tasche am Körper nach Belieben drehen und haben leichten Zugriff. Daher ist eine Umhängetasche für Kuriere ideal.

Kuriertaschen eignen sich für kurze Fahrten.

Für alle anderen gilt das nur mit großen Einschränkungen, denn eine schwere Tasche, die über einer Schulter hängt, ermüdet den Rücken. Kuriertaschen sind sehr gut in der Handhabung, da ihre vielen Zwischenfächer und verschiedenen Klappen, Klammern und Ösen Ordnung leicht machen. Sie muten dem Körper aber eine unnötige Belastung zu. Wenn Sie unbedingt eine Schultertasche nehmen möchten, achten Sie auf einen bequemen und gepolsterten Umhängegurt und packen Sie nicht zu viel an Gewicht hinein. Die ideale Lösung sind Gepäcktaschen. Warum sollte man sich ein Fahrrad kaufen und dann die Mühe auf sich nehmen, das Gepäck selbst zu tragen? Für leichtere Lasten ist ein Rucksack günstig, denn Sie haben ihn bei sich, sobald Sie vom Rad steigen, brauchen aber keine freie Hand, um ihn zu tragen. Ein gutes Modell verteilt das Gewicht gleichmäßig zwischen den Schultern, und die Besseren haben unten an beiden Seiten gepolsterte Stützen. Diese nehmen Gewicht von der Wirbelsäule und lassen die Luft zwischen dem Rucksack und dem Rücken zirkulieren, um das bekannte klebrige und schwitzige Gefühl zu vermeiden.

Wenn Sie beim Radfahren häufig einen Rucksack tragen, entscheiden Sie sich für einen speziellen Fahrradrucksack. Camelbak, Karrimor und Deuter (hier abgebildet) bieten eine Reihe von Fahrradrucksäcken an. Diese haben zumeist einen Taillengurt, der beim Radfahren wichtiger ist als beim Laufen. Wenn Sie auf dem Fahrrad nach vorne gebeugt sitzen, reduziert der Taillengurt die Tendenz des Rucksacks, beim Treten auf dem Rücken hin und her zu rutschen. Er verteilt das Gewicht auch noch gleichmäßiger zwischen den Schultern und der Taille. Weitere nützliche Dinge für Stadtfahrten sind Gurte, an die Sie ein extra Rücklicht klemmen können. Beim Aufprobieren des Rucksacks scheint dieses Licht etwas tief zu hängen, aber wenn Sie auf dem Rad sitzen und sich nach vorne beugen, ist es so tief besser platziert, da das Licht dann direkt nach hinten strahlt. Wasserdichte Überzüge, insbesondere in hellen Farben oder mit Reflexstreifen, sind bei schlechtem Wetter sehr zu empfehlen, denn selbst wenn der Rucksack aus wasserdichtem Material ist, kann doch immer etwas Regen über die Nähte oder Reißverschlüsse eindringen. Gute Rucksäcke haben häufig eine kleine Extratasche, in der die Regenhülle getrennt von den übrigen Dingen verwahrt werden kann. Am Ziel angekommen können Sie dann die nasse Regenhülle wegpacken, ohne Ihre übrigen Habseligkeiten nass zu machen. Die meisten Fahrradrucksäcke sind so gestaltet, dass man sie auch ohne Fahrrad verwenden kann. Die Idee, spezielle Fahrradrucksäcke zu entwerfen, ist auch ein Ergebnis des starken Einflusses der Mountainbikers. Diese Rucksäcke müssen flexible Plastik-Wasserbehälter aufnehmen, aus deren unterem Ende ein Schlauch führt, der am Rucksackträger in Mundnähe befestigt werden kann. Diese Taschen erhielten rasch und unausweichlich die Bezeichnung „Blase" und wurden ein großer Erfolg. Auf längeren Fahrten können Sie häufig einen Schluck Wasser trinken, ohne dafür anhalten zu müssen, sodass Sie mehr trinken und nicht dehydrieren.

Das ist eine prima Sache, wenn Sie einen ganzen Tag im Sattel sitzen, für einfache Pendelfahrten aber vielleicht etwas übertrieben, denn wenn Sie plötzlich feststellen, dass Sie Durst haben, können Sie sich auch in einem Geschäft ein Getränk kaufen. Fahrradrucksäcke sind häufig bereits mit einer solchen Blase ausgestattet, oder es gibt an der Rückseite ein Fach, in das man eine Blase stecken kann. In der Stadt ist dieses Blasenfach in Form und Größe der ideale Platz für die Zeitung.

Rucksäcke verteilen das Gewicht gleichmäßig auf den Rücken.

Anhänger

Gepäcktaschen, Rucksäcke und Ähnliches eignen sich sehr gut für die alltäglichen Dinge, die Sie mit sich führen. Hin und wieder werden Sie aber vielleicht etwas transportieren müssen, das besonders groß oder schwer ist oder einfach eine ungünstige Form hat und auf jeden Fall ungeeignet ist für eine Gepäcktasche oder einen Rucksack.

Es ist keine gute Idee, schwere Lasten auf dem Rücken zu tragen, dafür haben Sie schließlich Ihr Fahrrad. Es gibt auch Lasten, die gar nicht besonders schwer sind – sie sind nur etwas größer als die Gepäcktasche oder besonders empfindlich. Obst und Gemüse sind ein gutes Beispiel, sie wiegen nicht viel, aber die unteren Schichten werden leiden, wenn Sie alles in zwei Gepäcktaschen stopfen und dann losradeln.

Für solche Lasten sind Anhänger eine gute Option. Bei einer schweren Last verteilt sich das Gewicht dabei über mehr Räder. Wenn Sie Ihre Gepäcktaschen überladen, werden das Hinterrad und der Hinterreifen vorzeitig abgenutzt. Anhänger haben kleinere Räder, die mehr Gewicht aushalten, ohne Luft zu verlieren. Auf der größeren Fläche mit festem Boden können die Sachen flacher verstaut werden, sodass weiche oder zerbrechliche Dinge nicht leiden. Da der Schwerpunkt tiefer liegt, schwankt die Ladung auch nicht beunruhigend hin und her, wenn Sie im Wiegeschritt eine Steigung hinauffahren.

Manche Radler befürchten, der Anhänger könnte sich beim Kurvenfahren querstellen. Das ist ziemlich unwahrscheinlich, vorausgesetzt, dass er nicht überladen und die Ladung gut gesichert ist. Ein echtes Problem hingegen kann es werden, wenn Sie den Anhänger hinter sich vergessen. Sind Sie erst einmal daran gewöhnt, bemerken Sie ihn nämlich gar nicht mehr, solange er nicht sehr schwer beladen ist. Er macht sich aber sehr plötzlich bemerkbar, wenn Sie versuchen, zwischen zwei Pollern durchzufahren. Sind viele Fußgänger auf dem Bürgersteig unterwegs, achten Sie auf Leute, die die Straße überqueren möchten. Es kann passieren, dass sie zwar Ihr Fahrrad vorbeilassen, dann aber auf die Straße treten und über den Anhänger stolpern. Benutzen Sie Ihre Klingel bei viel Betrieb häufig, denn sie scheint Fußgänger aus ihren Träumen zu wecken und dafür zu sorgen, dass man Sie wahrnimmt.

Nachts bedürfen Anhänger besonderer Sorgfalt, denn sie sind sehr niedrig und werden von Autofahrern leicht übersehen. Statten Sie den Anhänger daher mit reichlich Beleuchtung aus. Viele Anhänger haben einen Wimpel an einer dünnen Stange. Nachts sollten Sie eine Lampe an diese Stange klemmen, denn den Wimpel sieht man nicht.

Die einfachsten Anhänger sind Einspuranhänger, am besten mit einer speziellen Schnellspannkupplung für das Hinterrad. Der Anhänger hat beidseitig einen Arm, der in die Schlitze auf den Spezialschrauben eingehakt wird und sich verriegelt. Er lässt sich sehr einfach an- und abhängen. Durch das Einzelrad ist er sehr wendig, zudem ist er nicht breiter als eine durchschnittliche Lenkstange und folgt Ihnen daher durch jede Lücke. Ein Einspuranhänger ist die einzig sinnvolle Möglichkeit, wenn Sie durchs Gelände fahren möchten, da zwei Räder immer zu breit sind.

Zweispuranhänger sind während der Fahrt und auch im Stand stabiler und lassen sich leichter be- und entladen, sie brauchen aber mehr Platz. Bei beengten Wohnverhältnissen kann dies ein Problem sein. Zusammenklappbare Modelle berücksichtigen dieses Problem, die Besten kann man in Sekundenschnelle flach zusammenklappen. Ein Anhänger hat den Nachteil, dass bessere Modelle sehr viel teurer sind als zwei Gepäcktaschen, und wenn Sie nicht gerade regelmäßig schwere Lasten befördern müssen, brauchen Sie ihn nur selten. Vielleicht können Sie sich aber mit mehreren Leuten zusammentun und einen gemeinsam anschaffen, es ist eine tolle Sache.

In einem Anhänger können Sie wesentlich mehr befördern als in Gepäcktaschen. Die Ladung befindet sich nah am Boden und ist dadurch sehr stabil.

Fahrradkörbe, Werkzeugtaschen und Lenkertaschen

Gepäcktaschen, Aktentaschen und Rucksäcke sind eine feine Sache und lösen die einfachen Transportfragen, manchmal braucht man aber etwas Spezielleres in Sachen Gepäck.

Fahrradkörbe

Neben einem teuren Bügelschloss stehen Fahrradkörbe auf der Liste der Diebstahlsicherungen ganz oben. Sie wirken anscheinend wie eine Tarnung, denn sie verschleiern Fremden gegenüber den Wert Ihres Stahlrosses. Weidenkörbe sind in dieser Hinsicht besonders wirkungsvoll, aber auch Modelle aus Drahtgeflecht sind nicht schlecht. Sie eignen sich hervorragend für kurze Einkaufsfahrten, denn sie schlucken das bunte Durcheinander, ohne dass Sie bei jedem Geschäft Ihr Gepäck an- und abschnallen müssen. Größere Körbe, die tiefer als etwa 35 Zentimeter sind, müssen von unten gestützt werden, damit sie nicht auf das Vorderrad hängen. Ein Vorderradgepäckträger ist eine gute Lösung, es gibt aber auch spezielle Haltevorrichtungen für diese Körbe, die auf beiden Seiten des Vorderrads befestigt werden. Kleinere Körbe, bei denen kaum die Gefahr einer Überlastung besteht, können direkt an die Lenkstange gehängt werden. Der hier abgebildete Korb von Busch & Müller hat einen Schnellverschluss und lässt sich daher sehr schnell befestigen und abnehmen.

Körbe erleichtern Einkaufsfahrten, und man hat alles im Blick.

Werkzeugtaschen

Mit etwas Pannenwerkzeug und einem Ersatzschlauch sind Sie bei einer Panne unabhängig, in der übrigen Zeit ist es Gewicht, das in Ihrer Tasche Platz wegnimmt. Das Werkzeug kann auch etwas verschmutzt sein, muss also getrennt vom übrigen Tascheninhalt, wie Papieren oder belegten Broten, aufbewahrt werden.

Sollten Sie in der glücklichen Lage sein, Ihr Rad an einem sicheren Ort abstellen zu können, ohne es immer absperren zu müssen, ist die beste Möglichkeit eine Satteltasche direkt unter dem Sattel. Da ist alles schön an einem Platz beieinander, und Sie müssen nicht vor jeder Fahrt daran denken, es mitzunehmen. Eine Werkzeugtasche unter dem Sattel erspart Ihrem Rücken auch zusätzliches Gewicht und bewahrt Sie bei einem Sturz davor, auf spitzes oder hartes Werkzeug zu fallen. Die Taschen haben genau die richtige Größe für etwas Werkzeug und einen Ersatzschlauch und können auch einmal in einer anderen Tasche mitgenommen werden.

Lenkertaschen

Traditionell sind Lenkertaschen die Domäne gut durchorganisierter und unerschrockener Langstreckenradfahrer, können aber auch für die Nutzung in der Stadt eingesetzt werden. Da sie kleiner als Gepäcktaschen sind, eignen sie sich bestens als Aufnahmebehälter für die Kleinigkeiten, die man in der Stadt bei sich hat, wie Telefon oder Schlüssel. Die Tasche befindet sich direkt vor Ihnen, Sie haben alles gut im Blick und auf der Oberseite ist sie mit einem durchsichtigen Kartenfach ausgestattet, in das ein Stadtplan genauso gut passt wie eine Landkarte der Äußeren Mongolei. Die modernen Lenkertaschen haben eine einfache, mit einer Hand bedienbare Halterung anstelle der früheren steifen Lederriemen. Ein Schulterriemen sorgt dafür, dass Sie die Hände frei haben, wenn Sie vom Rad steigen. Obgleich die Halterung für Rennradlenker gedacht ist, passt sie auch perfekt an die üblichen geraden oder gebogenen Lenker. Die Form der Tasche ist sehr praktisch, und die verstärkten Seitenteile schützen den Inhalt.

Satteltaschen sind die ideale Lösung für die Mitnahme von Werkzeug und einem Ersatzschlauch.

Vorderradgepäckträger

Ein Hinterradgepäckträger ist für normales Gepäck absolut ausreichend. Sie können zwei geräumige Gepäcktaschen daran befestigen, und solange Sie nicht ungewöhnlich viel Gepäck mitnehmen, trägt Ihr Fahrrad auf diese Weise mehr, als Sie zu Fuß bewältigen könnten. Es gibt aber Situationen, die einen etwas anderen Ansatz erfordern.

Einen Vorderradgepäckträger brauchen Sie, wenn der Hinterradgepäckträger nicht ausreicht oder wenn am Hinterrad kein Platz für die Anbringung vorhanden ist. Falls Sie auf dem Weg zur Arbeit Ihr Kind zum Beispiel beim Kindergarten vorbeibringen, nimmt der Kindersitz den Platz ein, der sonst für die Gepäcktaschen vorgesehen wäre. Auch können Sie weder einen Rucksack noch eine Umhängetasche mitnehmen, weil zwischen Ihrem Rücken und dem Kopf des Kindes dafür nicht genügend Platz ist. In diesem Fall bleibt Ihnen als Stauraum nur ein Vorderradgepäckträger, er bietet zugleich auch ein gutes Gegengewicht zu dem Kind hinten auf dem Fahrrad.

Sobald Sie nicht nur den Weg zur Arbeit und zurück auf dem Fahrrad zurücklegen, sondern größere Touren unternehmen, werden die Gepäcktaschen vielleicht nicht genug Platz bieten, denn Zelt, Schlafsack, warme Kleidung und Proviant für mehrere Tage sind nicht gerade wenig Gepäck. Gepäcktaschen am Vorderrad können hier hilfreich sein.

Am Vorderrad angebrachte Gepäcktaschen verteilen das Gewicht gleichmäßiger über das gesamte Fahrrad, dadurch fühlt es sich stabiler an und das Kurvenfahren wird leichter. Die besten Ergebnisse werden jedenfalls erreicht, wenn der Schwerpunkt der Gepäcktaschen möglichst nah an der Vorderradachse liegt. Beim Vorderrad ist dies sehr viel wichtiger als beim Hinterrad, weil das Vorderrad seitlich gut zu bewegen sein muss. Am deutlichsten wird dies bei großen Bewegungen, wenn Sie beispielsweise einem Hindernis ausweichen, aber bereits durch das Pedaltreten wird das Fahrrad vorne ständig hin und her geschaukelt. Befindet sich der Schwerpunkt der Gepäcktaschen viel höher als die Radachse, wackelt das Rad gerne von einer Seite zur anderen. Sobald es sich in eine Richtung bewegt, setzt es diese Bewegung fort, anstatt spontan zur Mittellinie zurückzukehren und muss dann mühsam gerade gehalten werden.

Gute Vorderradgepäckträger haben eine etwas andere Form als Hinterradgepäckträger. Statt der oberen Ladefläche haben sie einen viel einfacheren Rahmen, der die Gepäcktasche auf beiden Seiten vom Rad fernhält. Die Haken der Packtaschen passen oben über den Rahmen, kleine Haltevorrichtungen verhindern das Verrutschen. Diese Art Gepäckträger heißt „Lowrider".

Da sich die Gepäcktaschen vorne näher am Boden befinden, müssen sie um einiges kleiner sein als für den Hinterradgepäckträger. Das ist gut so, denn es verhindert ein Überladen, wodurch das Lenken bei noch so ausgewogener Belastung sehr schwierig würde. Die kleinen Packtaschen können aber beim Camping sehr praktisch sein – Sie packen die wichtigen Dinge hinein, auf die Sie schnell zugreifen möchten, ohne das ganze Gepäck durchwühlen zu müssen.

Für vorne gibt es zwei Arten von Gepäcktaschen. Die stabilste Art wird direkt an beiden Seiten der Vorderradgabel befestigt.

Hierzu muss die Radgabel aber das richtige Anschlussstück für den Gepäckträger haben, ein Gewindeloch etwa auf halber Höhe der Gabel und eine Öse vor und hinter dem unteren Ende der Gabel neben dem Ausfallende. Auf jeder Seite befindet sich eine rechteckige Öse. Sie ist mit einem gesonderten Verstärkungsring versehen, der die Vorderseiten beider Rahmen oben über dem Reifen verbindet.

Hat Ihr Fahrrad diese Gewindevorrichtung nicht, ist aber noch nicht alles verloren – vorausgesetzt, dass es neben jedem Ausfallende eine Öse gibt, können Sie eine etwas klobigere Version verwenden. Dabei werden die Rahmen mit Gewindebügeln auf jeder Seite der Radgabel befestigt.

Nach der Montage des Gepäckträgers stellen Sie die Haken der Packtaschen so ein, dass die Taschen möglichst dicht am Gepäckträger sitzen und die Haken dadurch nicht von einer Seite zur anderen rutschen können. Zum Schluss müssen Sie nur noch eventuell locker herabhängende Bänder sichern, damit diese sich nicht unterwegs im Vorderrad verfangen können – bei voller Fahrt könnte dies einen Sturz nach sich ziehen.

Alles Wichtige ist an Bord.

Auf Tour

Frontbeleuchtung

Die Beleuchtung von Fahrrädern ist in der Straßenverkehrszulassungsordnung (StVZO) geregelt. Vorgeschrieben sind dort ein Dynamo, ein Scheinwerfer und ein Rücklicht als aktive Beleuchtungselemente, außerdem insgesamt 15 Reflektoren. Die Frontbeleuchtung ist wichtig, damit Sie von anderen Verkehrsteilnehmern gesehen werden. Neben den gesetzlich geforderten gibt es auch zusätzliche Möglichkeiten der Beleuchtung.

Das größere Problem auf belebten Straßen in der Stadt ist meist das Gesehenwerden, denn normalerweise reicht die Straßenbeleuchtung aus, Ihnen den Weg zu weisen. Es sind aber auch viele unkonzentrierte Autofahrer unterwegs, daher ist eine helle Fahrradbeleuchtung sehr wichtig, um deren Aufmerksamkeit zu erregen. Blinklichter, die einen wechselvollen Rechtsstatus hinter sich haben, sind recht auffällig und den Autofahrern inzwischen vertraut. Laut Straßenverkehrsordnung darf ein Blinklicht nicht am Rad angebracht werden, aber Fahrer dürfen Blinklichter am Körper tragen. Grundsätzlich gilt: Man kann nie zu gut beleuchtet sein, und falls eine Lampe ausfällt, funktioniert noch das andere Licht.

Ihr Fahrradgeschäft hat ein breites Sortiment an Vorderlichtern. Batteriebetriebene Lampen sind für den gelegentlichen Gebrauch am besten geeignet, da sie relativ preiswert sind. Normalerweise beinhalten sie eine Halterung zur Schnellmontage und das ist auch wichtig, denn es gibt genau so viele verschiedene Arten von Halterungen wie Lampentypen. Wenn Sie mehrere Fahrräder haben, besorgen Sie sich gleich eine Ersatzhalterung. Leider können Sie nicht davon ausgehen, dass Sie diese später noch nachkaufen können.

Falls Sie öfter bei Dunkelheit mit dem Rad fahren, sind wiederaufladbare Batterien sinnvoll, denn es wird teuer, immer wieder Wegwerfbatterien kaufen zu müssen. Bei den besten Lampen ist ein Ladegerät dabei, sodass Sie die Lampe zum Aufladen nur anstecken müssen, ohne die Batterien herausnehmen zu müssen. Das ist zwar eigentlich kein großes Problem, kann beim Heimkommen nach einer Fahrt durch die Kälte aber genau die Sache sein, die Ihnen zu viel wird. Sie vergessen das Aufladen, und wenn Sie die Lampe das nächste Mal brauchen, ist sie nur noch zur Hälfte geladen und lässt Sie im Stich. Sind Sie ein wirklich ernsthafter Fahrradpendler, der lange Strecken auf unbeleuchteten Straßen zurücklegt, schauen Sie sich nach einer Nachtlampe um, die von den Mountainbikern inspiriert wurde, die im Gelände fahren. Nachtlampen sind zwar sehr viel teurer als die Standard-Fahrradlampen – sie kosten das Drei- bis Vierfache – aber sie sind mit einem separaten Batteriepaket ausgerüstet, das am Rahmen oder unter dem Vorbau befestigt wird. Von dort führt ein Kabel zu einer kleinen Beleuchtungseinheit an der Lenkstange. Durch die separaten Teile ist es sehr viel zeitaufwendiger, diese Beleuchtungseinheit am Fahrrad zu montieren und wieder abzunehmen und sie ist auch schwerer, gibt aber genügend Licht, um entgegenkommende Autofahrer aufmerksam werden zu lassen, und die Batterieleistung reicht auch noch für den Heimweg aus. Sobald Sie die Straßenlaternen hinter sich gelassen haben, können Sie dank der besonderen Helligkeit dieser Beleuchtung Schlaglöcher und Schotter rechtzeitig erkennen. Je schneller Sie fahren, desto heller muss die Beleuchtung sein.

Es gibt verschiedene wiederaufladbare Batterien – manche müssen vollständig entleert sein, bevor man sie aufladen darf, andere sollten sofort aufgeladen werden, sobald die Helligkeit nachlässt. Bei jeder neuen Lampe ist eine Pflegeanleitung für die Batterie dabei, und die Lebensdauer der Batterie verlängert sich beträchtlich, wenn man sich daran hält. Führt Ihr Weg zur Arbeit durch starken Verkehr, sollten Sie sich den Kauf einer Helmlampe überlegen. Normalerweise befindet sich Ihr Kopf hoch genug über dem Verkehr, dass man eine solche Lampe gut sehen kann. Dies ist besonders nützlich, wenn Sie beim Abbiegen für Autofahrer gut sichtbar sein müssen. Beim Einbiegen in finstere Seitenstraßen leuchtet eine Helmlampe dunkle Ecken aus. LED-Modelle sind so leistungsfähig, dass Sie Ihnen den Weg zeigen, ohne Batteriefresser zu sein oder Ihnen durch ihr Gewicht Kopfschmerzen zu bereiten.

Gut sichtbar bei Nacht.

Lampen und Fahrradcomputer

Laut Straßenverkehrszulassungsordnung (StVZO) muss das Rücklicht wie das Frontlicht dynamobetrieben sein. Das rote Rücklicht ist einfach nur da, damit Sie nicht übersehen werden. Sie entscheiden sich am besten für das gesetzlich geforderte Dauerlicht und eine weitere Lampe – schließlich können Sie gar nicht genug Rücklichter haben.

Da Sie die Rücklichter beim Radeln nicht sehen können, haben zwei separate Lichter zusätzlich den Vorteil, dass Sie auch dann nicht unbeleuchtet fahren, wenn bei einer Lampe die Batterie leer ist oder die Lampe herunterfällt oder ausgeht.

Die Kombination von Gepäcktaschen und Rücklicht ist oft etwas kompliziert, weil sie sich gegenseitig verdecken können. Bitten Sie jemanden, von hinten zu schauen, ob man die Lampe sehen kann oder nicht – wenn der obere Teil der Gepäcktaschen das Rücklicht verdeckt, muss dieses verstellt werden. Dazu braucht es oft etwas Einfallsreichtum, bitten Sie daher in Ihrem Fahrradgeschäft um Hilfe. Dort hat man wahrscheinlich ein kleines Sortiment verschiedener Halterungen, die so angepasst werden können, dass die normale Lampenhalterung verlängert wird. Gepäcktaschen sind oft mit einer Lampe ausgestattet, die in einer hellen, lichtdurchlässigen Verkleidung steckt und nach hinten strahlt. Damit wird das Problem der Lampenbefestigung bestens umgangen. Mit einer Beleuchtung am Rucksack oder der Umhängetasche ist das so eine Sache. Ihr Vorteil ist, dass man sie immer dabei hat und nicht vom Rad abmontieren muss, sobald man es abstellt. Die richtige Anbringung ist allerdings kompliziert – viel zu viele Leute radeln vergnügt durch die Gegend, und die helle Lampe an ihrem Rucksack strahlt direkt hinauf in den Himmel. Bitten Sie jemanden, sich einmal hinter Sie zu stellen und zu prüfen, ob Ihre Lampe richtig positioniert ist. An Umhängetaschen und Rucksäcken befindet sich oft ein Gurtband, an dem man die Lampe mit einem Clip befestigen kann. Häufig strahlt das Licht dann aber nicht in die gewünschte Richtung. Überprüfen Sie die Batterien der Rücklichter regelmäßig und ersetzen Sie sie rechtzeitig, denn ein zartes rotes Glimmen unter Ihrem Sattel reicht nicht aus, um verschlafene Autofahrer zu wecken, die sich von hinten nähern. Auch verschmutzte Lampengläser sind wenig hilfreich – wischen Sie diese regelmäßig ab. Ihr Fahrradgeschäft hat wahrscheinlich ein verwirrendes Angebot an Rücklichtern, die alle ziemlich ähnlich aussehen, aber unterschiedlich viel kosten. Eine teurere Lampe hat mehr LEDs und ist daher aus der Entfernung besser zu sehen, wofür sich der Aufpreis lohnt. Außerdem sind die Modelle robuster und halten der Witterung besser stand.

Mit einer guten und hellen Beleuchtung geben Sie Kraftfahrern genügend Zeit, von Ihnen Notiz zu nehmen.

Fahrradcomputer

Ein Fahrradcomputer ist eine nette technische Spielerei. Besonders nützlich ist er, wenn Sie Kilometergeld beanspruchen, leistet aber auch auf längeren Fahrten wertvolle Navigationsdienste. Wenn Sie nach der Karte fahren und sehen, dass es bis zur nächsten Abzweigung noch fünf Kilometer sind, wissen Sie, ab wann Sie Ausschau halten müssen. Manche dieser Computer haben erstaunliche Fähigkeiten wie Höhenmessung oder Pulsmessung.

Die Computer errechnen die zurückgelegte Strecke, indem sie zählen, wie oft ein kleiner Magnet, der auf den Speichen sitzt, an einem Sensor an der Radgabel vorbeikommt. Diese Zahl wird dann mit dem Radumfang multipliziert. Der Computer muss also wissen wie groß Ihr Reifen ist, daher müssen Sie bei einem neuen Computer etwas Zeit für die Vorbereitung und Einstellung einplanen. Lassen Sie sich von diesen Spielereien nicht vom Fahren ablenken. Normalerweise gehen Einbau und Anpassung relativ problemlos über die Bühne, auch wenn das erste Justieren etwas kompliziert sein kann. Befolgen Sie die Gebrauchsanleitung, denn jedes Modell wird wieder anders eingestellt. Bei schnurlosen Modellen erfolgt die Übertragung vom Sensor zum Computer über ein Funksignal. Diese Geräte sind teurer, lassen sich aber leichter einstellen. Zudem brauchen Sie sich keine Gedanken über Kabel zu machen, die in die Speichen geraten könnten.

Auf Tour

Dynamos

Der Dynamo ist ein Ausrüstungsteil, das nach der Straßenverkehrszulassungsordnung (StVZO) Pflicht ist und viel zu wenig geschätzt wird. Viele Leute denken dabei an uralte Modelle aus den 1970er-Jahren, die kaum ein schwaches Flimmern hervorbrachten, aber dem Rad genügend Widerstand boten, um den Fahrer nur im Schneckentempo vorankommen zu lassen.

So muss es aber nicht sein! Ordentliche moderne Dynamos verbrauchen nur wenig von Ihrer Kraft – laut Angabe einiger Hersteller 0,5 Prozent der Fahrerleistung – und sind so leistungsfähig, dass sie die Straße vor Ihnen genau so gut oder sogar besser erhellen als ein guter Satz Batterielampen. Sie haben aber noch weitere Vorteile: Dynamos sind fest am Rad montiert, es kann Ihnen also nicht passieren, dass Sie ohne Beleuchtung dastehen, wenn Sie einmal länger ausgeblieben sind als geplant. Auch werden Sie nie feststellen müssen, dass Sie den Dynamo in der Kneipe haben liegen lassen. Wer sehr umweltbewusst ist, freut sich zudem über alles, was die Anzahl Batterien verringert. Wieder aufladbare Batterien sind besser als Einmalbatterien, aber noch besser ist der völlige Verzicht auf Batterien. Das leise Brummen des Dynamos schließlich wirkt durchaus beruhigend, wenn Sie nachts alleine auf ruhigen Straßen unterwegs sind. Es gibt zwei Grundtypen. Seitenläuferdynamos sind entweder hinten an den Rahmen oder vorne an die Radgabel geschraubt. Sie passen praktisch an jedes Rad, auch wenn man bei Klapprädern und vollgefederten Rädern oft etwas erfinderisch sein muss. Ihr Vorteil ist, dass sie ganz einfach funktionieren und zwischen verschiedenen Fahrrädern austauschbar sind. Sie sollten hin und wieder ein Auge auf die Seitenwand des Reifens werfen, denn der Dynamokopf nutzt diese allmählich ab. Nach einigen Monaten sollten Sie Vorder- und Hinterreifen gegeneinander austauschen oder den Reifen einfach umdrehen. Es gibt noch eine zweite, etwas kompliziertere Variante. Mehrere Hersteller bieten Nabendynamos an. Dabei bekommt die Vorderradnabe einen Generator, sodass beim Fahren ständig Strom erzeugt wird. Es mag nach Verschwendung klingen, tagsüber, wenn man kein Licht braucht, diesen Widerstand zu erzeugen, aber dabei wird tatsächlich so wenig Kraft gebraucht, dass Sie kaum etwas von dem Dynamo merken werden. Der Nachteil ist, dass die spezielle Nabe ein fester Bestandteil des Vorderrads wird – Sie können also nicht einfach das Teil an Ihr Fahrrad schrauben. Der beste Zeitpunkt, um auf einen Nabendynamo umzusteigen ist, wenn Sie ein neues Vorderrad brauchen. Die Zusatzkosten für den Dynamo werden dann etwas weniger schmerzhaft empfunden.

Nachdem Sie einen Generator an Ihr Fahrrad montiert haben, schauen Sie sich an, welche Beleuchtungseinheiten Sie haben und schließen alle an. Sind Sie häufig nachts mit dem Rad unterwegs, lohnt sich die Anschaffung einer Beleuchtung, bei der eine kleine Extraration Strom gespeichert wird, sodass die Lampe auch noch im Stand einige Minuten weiterleuchtet. Das ist günstig, wenn Sie an einer Ampel warten oder von der Straßenmitte aus abbiegen. Es empfiehlt sich, für die Dynamobeleuchtung Ersatzbirnen mitzuführen.

Vorder- und Rücklicht haben normalerweise eine unterschiedliche Voltzahl, und es gibt auch verschiedene Halterungen. Daher sollten Sie immer von jeder Sorte eine Ersatzbirne bereithalten und kaputte Birnen sofort ersetzen. Andernfalls geht der für zwei Birnen gedachte Strom in die verbliebene Birne, und auch diese wird kurz darauf ihren Geist aufgeben.

Erdung

In einem Buch über die Fahrradmechanik ist das fast eine Themaverfehlung, aber wenn wir über Dynamos sprechen, müssen wir auch kurz die Verkabelung behandeln. Eine Dynamoverkabelung erscheint bisweilen wie eine Angelegenheit, die mindestens einen Abschluss in Physik verlangt. Dabei ist alles eigentlich bemerkenswert einfach. Der Strom wird im Generator erzeugt, muss zur Glühbirne und von dort wieder in den Generator fließen. Wichtig ist die Stelle, an der er zurückfließt – fehlt ein vollständiger Kreislauf, kann der Strom nicht fließen. Der Teil des Kreislaufs vom Generator zur Glühbirne wird „spannungsführend" genannt, der Teil von der Glühbirne zurück zum Generator „Erdung". Der spannungsführende Abschnitt ist immer ein Draht. Oft wird statt eines eigenen „Erdungskabels" der Fahrradrahmen verwendet, der, wenn er aus Metall ist, den Strom leitet. Die Glühbirnenfassung ist wie der Generator mit dem Rahmen oder der Metallstrebe des Schutzblechs verbunden. Theoretisch funktioniert dies, ist in der Praxis aber weniger zuverlässig als ein Draht. Ein gesonderter Erdungsdraht ist wieder ein Draht mehr am Fahrrad, solange Sie aber alles sauber anordnen, benötigt er keinen Extraplatz. Wenn Sie ein Vorder- und ein Rücklicht mit dem Generator betreiben, brauchen beide einen gesonderten Kreislauf vom Generator zur Glühbirne und zurück. Einzelheiten zum Einbau eines Dynamos entnehmen Sie bitte Seite 220.

Vorderlicht, Generator und Rücklicht – so haben Sie im Dunkeln eine zuverlässige Beleuchtung.

Schutzbleche

Länder, in denen das Fahrrad als Transportmittel bereits eine lange Geschichte hat und in denen es reichlich regnet, scheinen sich nicht um die ästhetischen Aspekte der Schutzbleche zu kümmern. Es gibt aber viele Orte auf der Welt, wo man dem bescheidenen, aber wirksamen Schutzblech schon fast mit Verachtung begegnet.

Möchten Sie am Arbeitsplatz adrett ankommen, und es ist Regen angesagt, sollten Sie komplette Schutzbleche anbringen. Sobald sie montiert sind, brauchen Sie keinen Gedanken mehr daran zu verschwenden, sie müssen nicht nachgestellt werden und halten Jahre, ohne sich abzunutzen. Finden Sie, die Schutzbleche sehen hässlich aus? Vielleicht haben Sie Glück, und derjenige, der sich überlegt, Ihr Rad zu stehlen, findet das auch, dann sind die Schutzbleche ein Bonus.

Kommen Sie nicht in Versuchung, das vordere Schutzblech wegzulassen. Bei Regen oder Schnee nimmt das Vorderrad bei seinen Umdrehungen Wasser auf. Sobald Sie etwas schneller fahren, wird das Wasser durch das Reifenprofil nach oben transportiert und spritzt nach hinten, wo es ziemlich genau auf Ihre Schuhe trifft. Ein Schutzblech auf dem Vorderrad hält Ihre Füße trockener und schenkt Ihren Schuhen ein längeres Leben.

Die Schrauben der Schutzbleche lockern sich mit der Zeit gerne von selbst, sodass die Schutzblechstreben, mit denen das Schutzblech mit dem Rahmen verbunden ist, im Wind flattern und sich schließlich in den Speichen verfangen könnten. Kümmern Sie sich sofort um solche losen Streben. Sorgen Sie dafür, dass unter dem Kopf jeder Strebenschraube eine Unterlegscheibe ist und geben Sie einen Tropfen Gewindekleber auf das Gewinde, bevor Sie die Schrauben anziehen. Falls Sie keinen Gewindekleber bei Ihrem Werkzeug haben, ist Nagellack in jeglicher Farbe eine brauchbare Alternative.

Schutzbleche sollen sich nah am Reifen befinden.

Können Sie sich mit dem Gedanken an anständige Schutzbleche nicht anfreunden, möchten aber auch bei Nässe mit dem Rad unterwegs sein, sind ansteckbare Plastikschutzbleche besser als nichts. Zwar sind sie kürzer und sitzen nicht so gut wie richtige Schutzbleche, können aber je nach Wettervorhersage angesteckt oder abgenommen werden. Einmal abgenommen besteht natürlich die Gefahr, dass man sie bis zum nächsten Regen verlegt oder verloren hat. Nutzen Sie Ihr Mountainbike für die Fahrten zur Arbeitsstelle und müssen in der Lage sein, es für Geländefahrten jederzeit abzutakeln, werden ansteckbare Schutzbleche plötzlich sehr sinnvoll. Einige Mountainbikes haben keine Gewindelöcher, die man zum Anschrauben der Schutzblechstreben braucht, sodass sich Ihre Möglichkeiten auf ansteckbare Schutzbleche reduzieren. In diesem Fall suchen Sie welche aus, die möglichst nah am Reifenprofil sitzen.

Anschlussstücke zur Schnellmontage.

Es gibt sehr schmale Modelle speziell für Rennräder, bei denen oft nicht genug Platz zwischen Rahmen und Gabel ist, um etwas anzubringen. In diesem Fall wird das Schutzblech mit jeweils einem Kunststoffklotz auf jeder Seite mit der Schutzblechstrebe verbunden. Es kann mit dünnen Gummibändern gesichert werden und lässt sich dann im Nu wieder abnehmen. Für eine etwas stabilere vorübergehende Befestigung kann es auch mit einem Kabelbinder an der Schutzblechstrebe befestigt werden, was störendes Geklapper reduziert.

Bei den Vorderrad-Schutzblechen ist besondere Sorgfalt vonnöten. Es besteht die Gefahr, dass dieses billige Kunststoffteil – und mehr ist es nicht – zu lässig montiert wird. Es befindet sich aber in gefährlicher Nähe zum Vorderrad. Kann es herumflattern, gerät es möglicherweise in die Lücke zwischen Reifen und Gabel und sorgt für eine ungeplante Fahrtunterbrechung, bei der Sie wahrscheinlich stürzen. Egal wie billig das vordere Schutzblech ist und wie sehr es Ihr Fahrrad verunstalten mag, es muss sicher befestigt sein. Umfassen Sie das Schutzblech und rütteln Sie daran – wenn das hintere Ende dabei den Reifen berührt, könnte es irgendwann darauf festsitzen. Können Sie es sichern, tun Sie dies vor dem Start. Besteht keine Sicherungsmöglichkeit, entfernen Sie das komplette Schutzblech.

Auf Tour

Fahrradunterbringung unter Dach und Fach

Wenn Sie Ihr Fahrrad nicht regelmäßig nutzen, müssen Sie eine Möglichkeit finden, es trotzdem jederzeit startklar zu haben, denn wenn daraus eine Riesensache wird, entscheiden Sie sich vermutlich für ein anderes Fortbewegungsmittel.

Wohnen Sie im Erdgeschoss und verfügen über einen großen Flur, ist die Sache einfach, denn Sie können das Rad direkt hinter der Tür abstellen und jederzeit damit losfahren. Wohnen Sie allerdings in einer höheren Etage und nennen keinen großen Flur Ihr Eigen, sind eine gute Planung und gelegentlich auch gewisse Investitionen erforderlich.

Aufzüge sind normalerweise kein Problem, denn abgesehen von den Uraltmodellen sind heute alle für Rollstuhlfahrer zugänglich, und wo ein Rollstuhl hineinpasst, können Sie auch Ihr Fahrrad mitnehmen. Sie heben das Fahrrad auf den Hinterreifen, sodass es senkrecht steht – das klingt vielleicht schwierig, aber wenn es erst einmal in dieser Position steht, haben Sie es mit der Hinterradbremse im Griff.

Sollten Sie in einem älteren Wohnblock leben, schauen Sie sich um, ob es im Erdgeschoss ungenutzte Räume gibt, die in einen Fahrradabstellraum umfunktioniert werden könnten. Hierzu sind manchmal gewisse Verhandlungen erforderlich. Am besten sind die Erfolgsaussichten, wenn Sie sich mit anderen Radfahrern im Block zusammentun und bei Ihrem Vermieter einen gemeinsamen Antrag stellen. Vielleicht können Sie an einem alten Heizungskeller ein neues Schloss anbringen lassen und gegen eine Kaution Sicherheitsschlüssel ausgeben.

Die gemeinsame Nutzung beengter Räumlichkeiten kann problematisch sein, weil Fahrräder den Platz rasch ausfüllen. Abgesehen von Problemen mit Notausgängen stehen die Pedale und Lenker seitlich immer heraus, stets bereit, den unachtsamen Nicht-Radfahrer zu stoßen, der denselben Eingang nutzt. Am besten ist es, das Rad hängend aufzubewahren, sodass niemand sich daran stoßen oder darüber fallen kann. Dazu reicht ein einfacher Wandhaken, doch wo dieser am besten angebracht werden kann hängt im Einzelfall aber von der Form des Raumes ab. Nachfolgend einige Anregungen.

Gibt es einen abgelegenen Winkel in Ihrem Haus? Dann hängen Sie das Rad dort senkrecht auf. Dazu reicht ein einfacher Haken, der in Schulterhöhe seitlich aus der Wand ragt. Sie heben das Vorderrad an und schieben es über das Ende des Hakens. Ihr Rad wird zufrieden dort hängen, gerade nach oben weisend, als würden Sie die Wand hinaufradeln. Solche Haken bekommen Sie im Fahrradgeschäft oder in der Eisenwarenhandlung. Wählen Sie einen Haken, der groß genug ist, um das Vorderrad problemlos daran aufzuhängen.

Wandständer, in denen das Fahrrad aufrecht abgestellt wird, halten den Raum frei. Der Erfolg hängt hauptsächlich von der Qualität der Wand ab, die solide genug sein muss, um das Rad zu halten. Bei Wandhalterungen und Haken ist das Befestigungsmaterial meist dabei, was aber keine Garantie dafür ist, dass es auch passend oder groß genug für jede Wand ist. Sollte Ihre Wand nicht besonders robust sein, nehmen Sie lieber längere Schrauben oder solche, die sich für das Wandmaterial am besten eignen. In sehr engen Räumen wird das Aufhängen des Fahrrads nicht zwangsläufig von Nutzen sein, denn wenn es parallel zur Wand hängt, ragt es wegen der Breite der Lenkstange störend in den Raum hinein. Eine Vorrichtung, bei der das Rad am Pedal aufgehängt wird, kann hier die Lösung sein.

Wenn das Pedal nah an der Wand befestigt ist, hängt das Rad in einem Winkel zur Wand. Befinden sich die Räder nah an der Wand, ragen die Lenker nach außen. Sobald Sie das Fahrrad aber hoch genug aufhängen, sind die breitesten Teile oberhalb der Kopfhöhe. Egal für welche Art der Aufbewahrung Sie sich entscheiden – denken Sie vor allem immer an die Sicherheit. Gemeinsam genutzte Räume bieten Gelegenheitsdieben reiche Beute. Ketten Sie Ihr Fahrrad daher immer an etwas Festes, damit es nicht unfreiwillig „befreit" wird.

Aufbewahrungsprobleme lassen sich lösen, indem das Fahrrad an einem speziellen Fahrradhaken aufgehängt wird.

Fahrradunterbringung im Freien

Sollten Sie nicht das unglaubliche Glück haben, in einer Gegend zu wohnen, in der keine Fahrräder gestohlen werden, ist die Fahrradunterbringung im Freien nur eine Notlösung. Abgesehen vom Diebstahlrisiko ist Ihr Fahrrad auch ständig der Witterung ausgesetzt. Wenn Sie Ihr Fahrrad im Freien an einem Geländer oder Laternenpfosten abstellen müssen, überlegen Sie, ob Sie nicht in ein zweites Schloss investieren sollten.

Dieses Zweitschloss kann schwer und klobig sein, denn Sie brauchen es nicht mit sich herumzutragen – lassen Sie es abgesperrt dort, wo Sie Ihr Fahrrad beim Heimkommen abstellen und sichern. Wenn Sie Ihr Fahrrad also über Nacht im Freien lassen müssen, können Sie es damit zusätzlich zum üblichen Schloss sichern. In der übrigen Zeit nutzen Sie wie gewohnt Ihr normales Schloss. Dasselbe gilt, wenn Sie Ihr Fahrrad am Arbeitsplatz im Freien abstellen müssen. Schaffen Sie sich für dort ein zweites Schloss an, das Sie immer an der Stelle abgesperrt hängen lassen, wo Sie Ihr Fahrrad abstellen.

Wenn Ihr Fahrrad regelmäßig im Freien abgestellt ist, muss es an etwas wirklich Stabiles angeschlossen werden. Gibt es so etwas nicht, erkundigen Sie sich, ob Sie einen Eisenring in den Boden oder eine Wand einzementieren dürfen, durch den Sie ein Bügelschloss ziehen können..

Eine Fahrradbox ist die ultimative Lösung, die man fix und fertig kaufen kann. Ihr örtlicher Radsportverein oder ein Fahrradgeschäft kann Ihnen sicher sagen, wo Sie so eine Fahrradbox bekommen. So eine Box ist eine tolle Sache, denn Sie können das Fahrrad dort fahrbereit abstellen und müssen nicht einmal die abnehmbaren Teile entfernen. Auch einen kleinen Werkzeugkasten und eine Pumpe können Sie für den Fall einer Panne dort aufbewahren. Zudem bleiben Fahrrad und Zubehör vor der Witterung geschützt. Eine Fahrradbox ist nicht billig, aber wie bei vielen Dingen lohnt sich eine Sammelbestellung. Wenn Sie in einem Wohnblock leben, tun Sie sich mit anderen Radfahrern oder zukünftigen Radlern in einer Interessengemeinschaft für sicheres Fahrradparken zusammen. Bei den Verhandlungen mit dem Hauseigentümer oder Arbeitgeber fragen Sie einmal nach, wie viel diese jährlich für den Unterhalt der Autoparkplätze ausgeben. Sie werden wahrscheinlich über die Höhe dieser Ausgaben schockiert sein. Eine kleine Anzahl von Fahrradboxen und der zur Aufstellung erforderliche Platz wirken dagegen plötzlich preiswert.

Müssen Sie Ihr Fahrrad im Freien abstellen, ist eine Extraportion Wartung angebracht. Höchste Priorität hat, immer für eine gut geschmierte Kette zu sorgen – fängt sie erst einmal zu rosten an, wird sie sich immer stärker dagegen sträuben, glatt zu laufen oder problemlos zu schalten. Das heißt nicht, dass die Kette in dickem, klebrigem Ölschlick ertrinken soll. Verwenden Sie eine kleine Menge, wischen Sie die Kette sauber und tragen Sie mindestens einmal im Monat neues Öl auf, egal ob Sie das Fahrrad benutzen oder nicht. Das gilt besonders, wenn das Fahrrad nass wird. Salzhaltige Luft beschleunigt die Korrosion, seien Sie also besonders aufmerksam, wenn Sie in Küstennähe wohnen.

Die Reifen sollen immer aufgepumpt sein und vorzugsweise im Schatten stehen, denn in der prallen Sonne leiden Reifen und Bremsen. Die beste Pflege für Ihr Fahrrad ist regelmäßiges Fahren, denn Fahrräder stehen nicht gerne längere Zeit unbenutzt herum. Es ist ärgerlich, aber wenn Sie Ihr Rad pflegen und es dann ein paar Monate links liegen lassen, braucht es wieder neue Pflege, wenn Sie es aus seinem Schlaf erwecken möchten.

Kabel leiden, wenn Sie den Elementen ausgesetzt sind. Folgen Sie den Anweisungen auf Seite 145, wie Sie die Teile der Kabel erreichen, die normalerweise unter der Kabelverkleidung verborgen sind, sodass Sie diese reinigen und schmieren können. In dem kleinen Raum zwischen den Kabeln und der Kabelverkleidung sammeln sich gerne Feuchtigkeit und Schmutz an. Wenn Sie regelmäßig radeln, bewegen sich die Kabel in der Verkleidung ständig und verhindern dadurch, dass sich eine klebrige Masse bildet. Steht das Fahrrad lange still, sind die Kabel bald mit einer solchen Masse überzogen. Die Kabel der Gangschaltung leiden besonders darunter, denn das präzise Umschalten hängt davon ab, dass der Draht weich in der Kabelverkleidung gleiten kann. Verklebte Drähte führen zu schwerfälligem Umschalten und einer stärkeren Abnutzung der Gangschaltung, wobei die Kette starr auf dem Zahnkranz oder dem Kettenblatt liegt.

Sattel und Griffe oder Lenkerband sollten geschützt werden. Legen Sie über den Sattel ein Stück Stoff – ein altes T-Shirt eignet sich bestens – und befestigen Sie darüber eine Plastiktüte, denn eine Plastiktüte alleine führt nur zu Kondenswasser. Nach Möglichkeit decken Sie das ganze Fahrrad mit einer Plane ab. Es gibt speziell geformte Planen, die genau über das Rad passen und unten zusammengebunden werden. So wird das Rad vor Regen und Sonne geschützt, bekommt durch die Abdeckung aber auch noch eine Extratarnung und der Diebstahl von Einzelteilen wird erschwert.

Fahrräder, die im Freien abgestellt werden, benötigen häufige Pflege.

4 – Werkzeug und Ausstattung

Großartig bei den modernen Fahrrädern ist, dass man einen Großteil der Montage-, Einstellungs- und Reparaturarbeiten mit einer recht kleinen Auswahl an Werkzeug bewerkstelligen kann. Sie müssen kein Vermögen ausgeben, um auf diesem Gebiet eine weitgehende Selbstständigkeit zu erreichen. In diesem Kapitel lernen Sie einige allgemeine Werkzeuge kennen, und es wird erklärt, wozu sie gebraucht werden. Auf den letzten Seiten des Kapitels bekommen Sie einige Tipps, wie Sie Fahrradreparaturen vorbeugen können. Durch regelmäßige Kontrollen lassen sich ärgerliche und kostspielige Pannen vermeiden.

Werkzeug und Ausstattung

Das Vokabular der Fahrradteile

Man könnte meinen, einer Fremdsprache zu lauschen, wenn andere sich über Fahrräder unterhalten. Einige Wörter klingen seltsam, und ihre Bedeutung bleibt unergründlich, andere sind zwar vertraut, bezeichnen aber wiederum Unbekanntes. Die Fahrradsprache ist aber nicht nur ein Mittel, um sich als Insider darzustellen. Es ist sehr wichtig, die einzelnen Teile benennen zu können, denn nur so lässt sich ein Problem erklären und das richtige Ersatzteil kaufen.

A) Bremssattel (oder Bremszange): Wird auf spezielle Scheibenträger am Rahmen oder an der Gabel geschraubt. Beim Betätigen drückt der Hebel dünne, feste Bremsbeläge auf die Bremsscheibe. Diese leistungsstarken Leichtgewichte, das Ergebnis neuer Technologie, mögen einschüchternd wirken, lassen sich aber mit wenig Grundwerkzeug problemlos warten. Mechanische Versionen arbeiten mit normalen V-Bremshebeln und Bremskabeln, während bei hydraulischen Scheibenbremsen Öl in einem Schlauch den Bremsbelag an die Bremsscheibe presst.

B) Kabel und Schläuche: Sie verbinden die Bremshebel mit der Sattel- oder V-Bremse und müssen immer in gutem Zustand sein. Die volle Bremskraft ist lebenswichtig. Stahlkabel verlaufen von den Bremshebeln längs am Außenrahmen zu den V-Bremsen. Die hydraulische Bremsflüssigkeit wird in starren Plastikschläuchen von den hydraulischen Bremshebeln zu den Bremssatteln transportieren.

C) Kettensatz: Er besteht aus drei miteinander verbundenen Kettenblättern. Wie bei einer Ritzelkassette wird durch ein Kettenblatt anderer Größe ein anderes Übersetzungsverhältnis erreicht. Ein größeres Kettenblatt entspricht einem höheren Gang, bei dem das Treten mehr Kraft braucht, einen aber mit jedem Treten auch weiter voranbringt. Kleinere Kettenblätter entsprechen einem kleineren Gang, ihn wählt man, um Steigungen zu bewältigen. Kettenblätter nutzen sich mit der Zeit ab, die Vertiefungen zwischen den Zähnen vergrößern sich, bis die Kette unter Belastung schließlich nicht mehr greift.

D) Kassette und Freilaufnabe: Die Kassette besteht aus einem Satz miteinander verbundener Zahnkränze verschiedener Größe. Derzeit sind Neungang-Kassetten am geläufigsten und ergeben zusammen mit den drei Kettenblättern des Kettensatzes 27 Gänge. Mit kleineren Ritzelpaketen haben Sie einen höheren (schwereren) Gang für die Höchstgeschwindigkeit, während größere Ritzelpakete einen niedrigeren (leichteren) Gang für Steigungen liefern. Die Kassette befindet sich an einer Freilaufnabe am Hinterrad. Das Gehäuse der Freilaufnabe ist am Rad befestigt. Es ist ein Schaltmechanismus, der es dem Hinterrad ermöglicht, weiterhin frei zu laufen, auch wenn Sie nicht treten.

E) Kette: Die Kette verbindet den Kettensatz mit der Kassette, sodass sich das Hinterrad beim Treten dreht. Sie muss stark genug sein, um nicht herauszuspringen, wenn man im Stehen eine Steigung hinauffährt, aber auch flexibel genug, um glatt über Kassette und Kettensatz hin- und herzulaufen. Die Kettenbreite muss zur Kassette passen. Neungang-Kassetten haben beispielsweise schmalere Zahnkränze mit engeren Abständen als die älteren Achtgang-Kassetten, daher benötigt man auch eine schmalere Kette.

F) Steuersatz: Das Hauptlager vorne auf dem Gabelschaftrohr verbindet die Gabel mit dem Rahmen. Dieses Teil ist vielen nicht bekannt, weil es meist im Rahmen verborgen ist. Das Lager muss gut eingestellt werden, damit es weich läuft, ohne zu klappern – hat es zu viel Spiel oder sitzt zu knapp, wirkt sich dies auf die Fahreigenschaften aus. Es gibt zwei Arten von Steuersatz: Das neuere Modell des hier abgebildeten „Aheadsets" hat den älteren Steuersatz mit Gewinde fast völlig verdrängt. Regelmäßige Pflege garantiert einen reibungslosen Lauf und eine längere Lebensdauer des Steuersatzes.

G) Tretlager: Tretlager sind ein weiteres Teil, das man nicht sieht und häufig vergisst. Die Tretlagerachse verbindet die beiden Kurbelbolzen durch den Rahmen. Ist sie abgenutzt und locker, kann das Tretlager zu Schaltproblemen mit dem Kettenumwerfer führen und eine Abnutzung der Kette verursachen. Abgenutzte Tretlager erkennen Sie, indem Sie das seitliche Spiel in den Kurbelbolzen prüfen. Normalerweise wird dieses Teil als versiegelte Einheit geliefert und muss ersetzt werden, wenn es abgenutzt oder schwergängig ist. Für die Reparatur sind einige besondere, aber preiswerte Werkzeuge erforderlich.

H) Räder: Natürlich sind es die Räder, die beim Fahren am stärksten belastet werden. Gerader und runder Lauf erhöht ihre Lebensdauer. Dazu ist es nötig, die Speichen einzustellen. Das möglichst straffe Einstellen der Speichen erfordert etwas Geduld, sobald Sie es aber gelernt haben, können Sie viel Geld und Zeit sparen. Die Reifen müssen griffig sein, um gut auf der Straße zu haften und schützen die Schläuche vor Pannen.

Das Vokabular der Fahrradteile

I) Radnaben: Gut eingestellte Radnabenlager lassen das Rad frei laufen und sparen Kraft. Sind die Lager gut eingestellt, sitzen sie so fest, dass sie kein seitliches Spiel haben, aber nicht so fest, dass die Fahrt gebremst wird. Durch gelegentliche Wartung, bei der Sie eingedrungene Rückstände und Schmutz entfernen, sorgen Sie für einen weichen und runden Lauf der Räder. Frisches Reinigungsfett hält Feuchtigkeit von der Radnabe fern. Es ist verlockend, das Fahrrad in der Waschanlage mit dem Hochdruckreiniger zu waschen, dabei wird das Wasser aber in die letzten Winkel der Radnabe gedrückt und spült das Fett heraus.

J) Federung: Durch die Federung wird das Fahren weicher. Viele neue Citybikes sind vorne mit einer Federgabel ausgestattet und die vollgefederten Fahrräder mit einer Federgabel vorne und einem Stoßdämpfer hinten, auch als Full Suspension-Rad oder kurz „Fully" bezeichnet, werden von Jahr zu Jahr leichter und preiswerter. Eine billigere Alternative ist eine gefederte Sattelstütze. Vom Gewicht her spielt sie keine Rolle und braucht auch nicht viel Pflege. Durch die Federung bewegt sich das Schwerkraftzentrum eher nach vorne als nach oben und unten, wodurch sich das Rütteln auf unebenen Straßen verringert. Federgabel vorne und Stoßdämpfer hinten müssen auf Ihr Gewicht und Ihren Fahrstil eingestellt werden.

K) Pedale: Klickpedale zahlen sich für längere Fahrten aus. Ein keilförmiger Stollen in der Schuhsohle schnappt in einen Federmechanismus auf dem Pedal ein. Für Anfänger ist der Gedanke an Klickpedale etwas aufregend, wenn Sie aber erst einmal daran gewöhnt sind, werden Sie die zusätzliche Kraft zu schätzen wissen. Da der Schuh fest mit dem Pedal verbunden ist, wird beim Treten die gesamte Kraft genutzt. Saubere, geölte Stollen geben den Schuh sofort frei, sobald man den Fuß dreht. Für kürzere Fahrten bevorzugen viele Radfahrer Flachpedale, die keine Spezialschuhe benötigen. Flachpedale müssen ausreichend griffig sein, damit der Schuh bei Nässe nicht abrutscht.

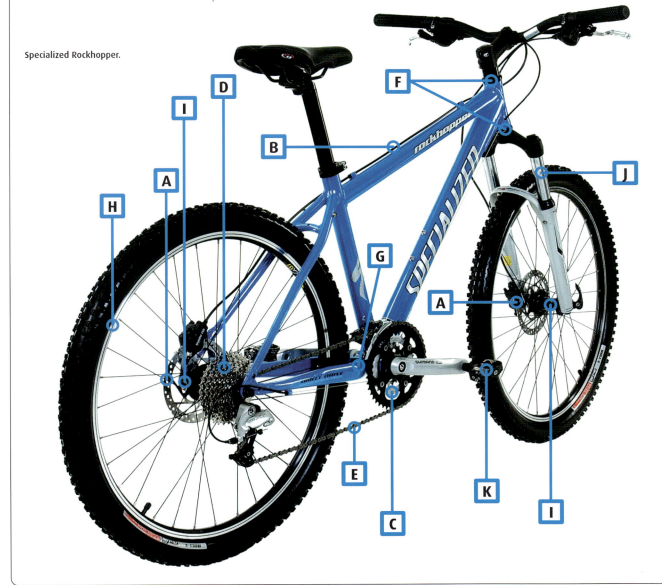

Specialized Rockhopper.

Werkzeug und Ausstattung

Werkzeug

Ihr Werkzeugsatz wird anfangs zwangsläufig nur das Grundwerkzeug enthalten. Je selbstsicherer Sie allmählich bei Reparaturen werden, desto mehr Spezialwerkzeug werden Sie sich zulegen. Der Werkzeugsatz wächst dann so weit an, bis Sie in der Lage sind, auch komplizierte Reparaturen ausführen zu können, ohne weitere Teile anschaffen zu müssen.

Einige Werkzeuge, wie Schraubenzieher, sind für alle Arbeiten nützlich. Andere sind hoch spezialisiert und werden nur für eine einzige Aufgabe benötigt oder sogar nur für eine einzige Aufgabe bei einem ganz bestimmten Teil oder einer speziellen Marke. Das kann unerfreulich teuer sein.

Die Erstausrüstung an Werkzeug – die auf der gegenüberliegenden Seite aufgeführten wichtigsten Teilen – wird am häufigsten gebraucht, und Sie dürften damit in der Lage sein, einfache Aufgaben wie das Flicken eines platten Reifens, das Montieren von Bremsklötzen und das bequeme Einstellen Ihres Fahrrads zu bewältigen. Die Anschaffung dieser Werkzeuge lohnt sich, damit Sie einfache Reparaturen selbst ausführen können und nicht mitten in der Arbeit in ein Werkzeug- oder Fahrradgeschäft rennen müssen. Die Liste auf den Seiten 64–65 enthält schon eine speziellere Ausrüstung, die Sie sich vielleicht mit der Zeit zulegen werden, wenn Sie schon einige Erfahrungen gesammelt haben.

Auf Seite 63 werden Werkzeuge aufgezählt, die Sie unterwegs für alle Fälle dabei haben sollten. Ist Ihre Werkzeugausrüstung allmählich größer geworden, empfiehlt es sich, die Grundausrüstung getrennt vom übrigen Werkzeug aufzubewahren. Das Notfallset sollte leicht und die Teile sollten im Griff versenkbar sein, damit sie möglichst wenig Platz wegnehmen und keine Löcher in das übrige Gepäck bohren. Werkzeug, das Sie in Ihrer Werkstatt benutzen, sollte hingegen möglichst groß und kompakt sein – so erhöht sich die Hebelwirkung und die Teile halten länger. Wenn Sie Ihr übersichtliches und leichtes Werkzeug separat aufbewahren, können Sie es auch nicht so leicht versehentlich im großen Werkzeugkasten vergessen – merken würden Sie dies erst bei einer Panne und müssten dann nach Hause laufen, um einen Reifenheber zu holen.

Handbücher und Bedienungsanleitungen
Bei allen neuen Fahrrädern und Ersatzteilen liegt ein Handbuch oder eine Bedienungsanleitung bei, was keine besondere Freundlichkeit des Herstellers, sondern Vorschrift ist. Aus irgendeinem unerfindlichen Grund ist es üblich, diese Unterlagen ungelesen wegzuwerfen. Tun Sie das bitte nicht. Heben Sie sie gesammelt auf, um sie bei Bedarf auch zu finden. Sie gehören in den Werkzeugkasten. Besonders wichtig sind sie bei allen Teilen, die zur Federung gehören, denn die Montage- und Einstellungsanleitungen sind bei jedem Hersteller, jedem Modell und in jedem Jahr wieder anders. Notieren Sie darauf auch alle Einstellungen, die Sie an der Federung oder beim Druck vorgenommen haben. So haben Sie die Werte zur Hand, um Sie später wieder zu übernehmen oder, falls Sie nicht zufrieden waren, zu ändern.

Werkzeugkasten
Heben Sie alles Werkzeug gesammelt an einem Ort auf. Plastik-Werkzeugkästen sind billig, die Sachen sind darin gut aufgeräumt, und Sie können sich sogar draufsetzen, wenn der Boden nass ist. Ein Schuhkarton erfüllt aber auch seinen Zweck. Sorgen Sie dafür, dass der Inhalt trocken bleibt, und schauen Sie sich Ihre Schätze von Zeit zu Zeit an, damit Sie überhaupt wissen, was Sie alles haben. Borgen Sie schließlich niemandem Ihr Werkzeug. Wenn Sie jemanden so gern haben, dass Sie ihm einen Schraubenschlüssel leihen würden, reparieren Sie lieber sein Fahrrad. Haben Sie ihn aber nicht so gerne, dass Sie sein Fahrrad reparieren würden, sollten Sie ihm auch nicht Ihre wertvollen Schraubenschlüssel anvertrauen.

Die erste Regel für jeden Fahrradbesitzer: Bedienungsanleitungen immer aufheben!

Die wichtigsten Werkzeugteile

Nehmen Sie immer die beste Qualität, die Sie sich leisten können. Gutes Werkzeug hält viele Jahre lang und ist eine Kapitalanlage. Billige Teile lassen einen gerne im Stich und können auch Schäden verursachen.

A) Inbusschlüssel: Das beste Startpaket ist ein Klappset metrischer Inbusschlüssel in den Größen zwei, 2,5, drei, vier, fünf, und sechs Millimeter. Das Gehäuse können Sie als Griff benutzen und kräftig damit andrücken, ohne sich die Hand zu verletzen. Für die Werkstatt nehmen Sie einen Satz Inbusschlüssel in mehreren Größen und kein Modell, das auch Schraubenzieher enthält. Ein solches Set können Sie aufteilen und einen Teil davon für unterwegs mitnehmen. Haben Sie häufig Reparaturen zu erledigen, sollten Sie sich einzelne Inbusschlüssel guter Qualität mit langen Griffen und einer Kugel am Ende leisten, da sich knifflige Aufgaben damit deutlich leichter ausführen lassen.

B) 8-mm-Inbusschlüssel: Er passt für die meisten Kurbelbolzen. Nehmen Sie einen Schlüssel mit langem Griff, um die nötige Hebelwirkung zu erzielen. Gut sind etwa 20 Zentimeter. Es gibt unterschiedliche Kurbelbolzen, man findet sie immer häufiger mit 10-mm-Inbusschrauben, ältere Räder verwenden aber noch eine 14-mm-Muffe. Sie müssen sich diesen Schlüssel im Fahrradgeschäft besorgen, da die Standardmuffe normaler Werkzeugkästen so dick ist, dass sie nicht in die Vertiefung der Kurbel passt.

C) Schraubenzieher: zwei Schlitzschraubenzieher mit 3- und 6-mm-Klinge und ein Phillips-Kreuzschlitzschraubenzieher Nummer zwei.

D) Kopfschlüssel mit acht, neun, zehn, 15 und 17 Millimeter: Diese Größen sind am sinnvollsten, aber im Grunde sind alle Schlüsselweiten zwischen sieben und 17 Millimeter geeignet. Am besten sind kombinierte Maulschlüssel, die an einem Ende einen Ring haben, mit dem man die Mutter sicher an allen Seiten greifen kann und die die Mutter am anderen Ende nur an vier Seiten greifen, damit auch ungünstige Stellen erreichbar sind.

E) Großer variabler Schraubenschlüssel: Gut ist ein Modell, das bis mindestens 35 Millimeter reicht. Legen Sie die Backen immer fest an den Flachseiten der Mutter an, bevor Sie Druck ausüben, um Beschädigungen an der Mutter oder dem Schraubenschlüssel zu vermeiden.

F) Spezielle Kabelschneider von guter Qualität: Nehmen Sie hierfür keine einfache Zange, diese beschädigt beim Schneiden innen das Kabel und außen die Hülle. Kabelschneider bekommen Sie im Fahrradgeschäft. Sie sind teuer, daher denkt man immer, man käme vielleicht ohne aus, dies ist aber nicht der Fall.

G) Kettenwerkzeug: Dies ist ein weiteres Werkzeug, bei dem sich Qualität bezahlt macht. Mit billigem Kettenwerkzeug ist eine teure Kette schnell ruiniert.

H) Scharfes Messer mit versenkbarer Schneide: Damit können Sie Verpackungen öffnen (häufig der schwierigste Teil beim Austauschen der Bremsklötze), Kabelbinder wieder verwenden etc.

I) Flickzeug: Wichtig, auch wenn Sie einen Ersatzschlauch dabei haben. Wenn Sie mit einem kaputten Schlauch nach Hause kommen, können Sie ihn in aller Ruhe vor dem Fernseher flicken und anschließend wieder als Ersatzschlauch verwenden. Flickzeug im Werkzeugkasten verhindert, dass Sie sich an Ihrem Flickzeug aus dem Notfallset vergreifen.

J) Reifenheber: Oft werden Sie einen Reifen auch ohne dieses Hilfsmittel in die Felge und aus ihr herausbekommen. Trotzdem lohnt sich die Anschaffung für gelegentlich störrische Reifen oder für die Augenblicke, in denen Ihre Daumen es nicht schaffen.

Nützliche Extras:

◎ Standpumpe: Zum Aufpumpen eines Schlauchs ist eine Standpumpe unschlagbar.

◎ Notizblock und Stift – um rasch ein verlorenes Teil zu skizzieren, die Druckwerte von Federung und Reifen zu notieren etc.

◎ Gummi- oder Kunststoffhammer: erhältlich in Eisenwarenhandlungen. Im Notfall ein Holzklotz.

◎ Werkzeug zum Messen der Kettenabnutzung: Dieses hat sich in kürzester Zeit ausgezahlt, denn es zeigt Ihnen, wann die Kette so weit abgenützt ist, dass sie andere Teile beschädigen könnte.

◎ Kombizange.

Werkzeug und Ausstattung

Werkzeug: Die Ersatzteilbox

Es empfiehlt sich, neben der Werkzeugkiste auch eine Ersatzteilbox anzulegen, damit Sie nicht mitten in einer Reparatur ins Fahrradgeschäft gehen müssen, um ein kleines Gummiteil zu besorgen. Was genau in diese Box sollte, hängt von Ihrem Fahrrad ab. Nachfolgend einige Vorschläge für den Anfang.

A) Zwei Schläuche in der für Ihr Rad passenden Größe: Wichtig sind auch die richtigen Ventile. Es können ohne weiteres alte, geflickte Schläuche sein.

B) Bremsklötze oder Bremsbeläge für Scheibenbremsen: Cantilever-Bremsen, Calliper-Bremsen und V-Bremsen arbeiten mit unterschiedlichen Klötzen. Noch schlimmer ist es mit Scheibenbremsen: Sie brauchen für jedes Fabrikat, Modell und Herstellungsjahr der Scheibenbremse einen anderen Belag. Lassen Sie ihn in der Plastikverpackung, bis Sie ihn brauchen, damit er nicht versehentlich mit Öl in Berührung kommt.

C) Zwei Bremskabel und ein Stück Kabelhülle: Es empfiehlt sich, einige Meter davon zu kaufen und dann jeweils die benötigte Länge abzuschneiden.

D) Zwei Schaltkabel und ein Stück Kabelhülle.

E) Muffen (die Endstücke für die Kabelhülle): Bremse und Schaltung brauchen Muffen in verschiedenen Größen – fünf Millimeter für die Bremse, vier Millimeter für die Schaltung.

F) Nietstifte (acht, neun oder zehn Gänge): Brauchen Sie nur, wenn Sie eine Shimano-Kette montiert haben.

G) Kabelbinder: Was haben wir nur gemacht, bevor es sie gab? Sie verbinden alles mit allem und dürfen in keinem Werkzeugkasten fehlen.

H) Isolierband: vorzugsweise schwarz.

Endkappen (ohne Abbildung): Sie kommen auf die Enden von Brems- und Schaltkabeln, sobald diese montiert und eingestellt sind und überschüssige Länge abgeschnitten ist. Sie verhindern das Ausfransen der Enden.

Pannenausrüstung für unterwegs

Das Pannenwerkzeug für unterwegs ist in diesem Päckchen, das Sie immer bei sich haben, in der Hoffnung, es nie zu benötigen. Bewahren Sie es getrennt vom normalen Werkzeug auf, und ersetzen Sie sofort alles, was Sie verbraucht haben.

Sie können Ihr Fahrrad noch so sorgfältig pflegen, irgendwann werden Sie unweigerlich eine Panne haben. Dies wird häufig als Grund genannt, warum das Rad nicht für den Weg zur Arbeit benutzt wird, dabei lassen sich die meisten Probleme ohne viel Aufwand beheben. In dieser Hinsicht haben Fahrräder gegenüber dem Auto auch den großen Vorteil, dass man sie schlimmstenfalls in den Kofferraum eines Autos packt, die Fahrt erst einmal beendet und das Problem in Angriff nimmt, wenn es einem gerade passt.

Es bieten sich weitere Lösungen an – zu Fuß nach Hause zu gehen dauert zwar recht lange, ist aber normalerweise möglich und kostenlos. Wenn Sie ein ordentliches Schloss bei sich haben und sich nicht fernab jeglicher Zivilisation befinden, lassen Sie das Rad abgeschlossen stehen und setzen den Weg mit öffentlichen Verkehrsmitteln fort. Sorgen Sie aber dafür, sich die Stelle gut zu merken, damit Sie das Rad auch wieder finden.

Sie werden immer versuchen, die Zeit, in der Sie das Pannenwerkzeug mit sich führen, und die Zeit, in der Sie tatsächlich damit arbeiten müssen, gegeneinander aufzurechnen. In der „Herumtragphase" verfluchen Sie das Zeug schon mal, weil Sie das Gefühl haben, Tonnen unnötigen Gewichts mitzuschleppen. In der „Nutzungsphase" hingegen verfluchen Sie sich selbst, weil Sie wichtige Dinge nicht eingepackt haben, die Frage des Gewichts ist in diesem Moment vergessen. Sie müssen selbst die Entscheidung treffen, wo das gute Mittelmaß liegt.

Pannenset

A) Ersatzschlauch in der richtigen Größe: natürlich mit dem passenden Ventil (dünnes Prestaventil oder dickes Schraederventil).

B) Pumpe mit dem für Ihr Ventil passenden Aufsatz: Mit einer Doppelhubpumpe wird der Reifen deutlich schneller gefüllt, weil sie sowohl beim Ziehen als auch beim Drücken wirkt. Sie ist zwar teurer, aber bei der ersten Reifenpanne werden Sie sich dazu beglückwünschen.

C) Flickzeug: Nehmen Sie Flickzeug mit, auch wenn Sie bereits einen Ersatzschlauch dabei haben. Es wiegt nicht viel und braucht kaum Platz. Sobald der Kleber einmal geöffnet wurde, trocknet er innerhalb von sechs Monaten aus, auch wenn er sorgfältig wieder verschlossen wurde. Ersetzen Sie den Kleber daher regelmäßig. Man kann ihn auch einzeln kaufen.

D) Reifenheber: Nehmen Sie lieber einen aus Plastik als aus Metall, da dieser die Felge beschädigen könnte.

E) Klappset mit Inbusschlüsseln und Schraubenziehern: Es hält alles schön beisammen und schützt die spitzen Werkzeuge, sodass Sie sich nicht verletzen, wenn Sie einmal auf die Tasche fallen. Durch den Griff lassen sich die Werkzeuge besser halten und Sie können leichter Druck damit ausüben, ohne sich die Hand zu verletzen. Es ist immer praktisch, so ein Set in der Tasche zu haben, denn man weiß nie, wofür man es auch sonst noch brauchen kann.

F) Kettenwerkzeug: und, falls Sie eine Shimano-Kette haben, die passenden Ersatz-Nietstifte. Es empfiehlt sich, den Umgang mit dem Werkzeug auszuprobieren, bevor Sie es im Ernstfall brauchen: Nehmen Sie sich etwas Zeit, mit einer ausgedienten Kette anhand der Anleitungen auf Seite 148 zu üben.

G) Kabelbinder: Ich kann Ihnen nicht genau sagen, warum Sie diese nützlich finden sollten, aber ich garantiere Ihnen, dass es eine Gelegenheit geben wird, wo das der Fall sein wird.

Universalklebeband: Stecken Sie es über die Luftpumpe, bis Sie es einmal brauchen (ohne Abbildung).

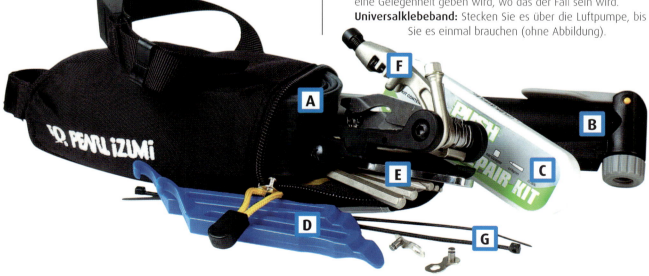

Werkzeug und Ausstattung

Ein gut sortierter Werkzeugsatz

Sobald Sie größere Aufgaben in Angriff nehmen, brauchen Sie spezielleres Werkzeug. Das meiste werden Sie eher im Fahrrad- als im Werkzeuggeschäft bekommen. Nachfolgend finden Sie einige Beispiele. Welches Werkzeug genau Sie brauchen, hängt von Ihrem Fahrradtyp ab. Nehmen Sie Ihr Rad nach Möglichkeit zum Werkzeugkauf mit, damit Sie das Richtige bekommen. Spezialwerkzeug kann recht teuer sein, und Sie werden es nicht oft brauchen. Falls Sie weitere Leute kennen, die gerne Ihre Fahrräder selbst reparieren, können Sie die gemeinsame Anschaffung von Werkzeug überlegen.

Bremsen

Scheibenbremsen: Hat Ihr Rad Scheibenbremsen, brauchen Sie Bremsflüssigkeit, um das System zu entlüften oder nachzufüllen. Beim Entlüftungsset können Sie mit Plastikschläuchen improvisieren oder ein komplettes Set kaufen, da die meisten Bremshersteller ihr eigenes Entlüftungsset anbieten. Kontrollieren Sie, welche Art Bremsflüssigkeit Sie brauchen – Mineralöl und DOT-Flüssigkeit sind nicht kompatibel.

Kabelbremse: Ein anständiger Kabelschneider zum sauberen Durchtrennen von Innenkabel und Kabelhülle ist wichtig.

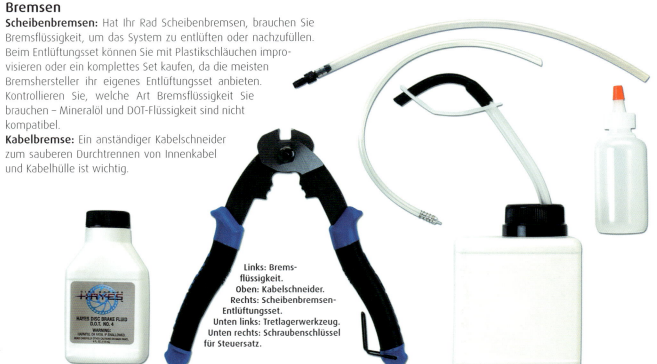

Links: Bremsflüssigkeit.
Oben: Kabelschneider.
Rechts: Scheibenbremsen-Entlüftungsset.
Unten links: Tretlagerwerkzeug.
Unten rechts: Schraubenschlüssel für Steuersatz.

Tretlagerwerkzeug

Das bei weitem Gängigste ist das Werkzeug mit Mehrfachverzahnung von Shimano. Zur Führung des Werkzeugs brauchen Sie auch einen großen verstellbaren Schraubenschlüssel. Bedenken Sie dabei, dass auf der rechten Seite des Rahmens ein gegenläufiges Gewinde ist. Das rechte Lager wird also durch Drehen im Uhrzeigersinn entfernt. Das linke Lager hat ein normales Gewinde und wird durch Drehen gegen den Uhrzeigersinn entfernt. Ältere Versionen dieses Werkzeugs haben in der Mitte ein kleineres Loch, gerade groß genug, dass die Achse hindurchpasst. Obgleich die Zähne bei neuerem Werkzeuge dieselbe Größe haben, wird die Achse nicht durch das Loch im Werkzeug passen, sodass Sie das neueste Modell kaufen müssen.

Steuersatz-Schraubenschlüssel

Diese brauchen Sie nur für ältere Steuersätze mit Gewinde, die es in drei Größen gibt: 32 Millimeter (früher die Standardgröße, heute kaum noch gebräuchlich), 36 Millimeter (noch als Übergröße bezeichnet, tatsächlich aber inzwischen die Standardgröße) und sehr selten 40 Millimeter. Heutzutage wird der typische Steuersatz oder der Steuersatz ohne Gewinde mit Standard-Inbusschlüsseln eingestellt, Sie brauchen dafür also keinen Steuersatz-Schraubenschlüssel.

Ein gut sortierter Werkzeugsatz

Kraftübertragung

Kettenreinigungsbürste: Bewahren Sie diese getrennt von Reinigungsbürsten auf, die Sie für Felgen oder Bremsscheiben verwenden, um nicht versehentlich Öl auf die Bremsfläche zu bringen.

Kassettenabnehmer und Zahnkranz-Zerlegewerkzeug: Der Kassettenabnehmer passt auf die Zähne des Verschlussrings in der Mitte der Kassette. Nun benötigen Sie einen verstellbaren Schraubenschlüssel, um das Werkzeug zu drehen. Das Zahnkranz-Zerlegewerkzeug passt um einen Zahnkranz und verhindert das Drehen der Kassette beim Entfernen des Verschlussrings. Zum Wiedereinsetzen der Kassette brauchen Sie das Zahnkranz-Zerlegewerkzeug nicht, da die Sperrklinke in der Mitte der Kassette verhindert, dass diese sich dreht.

Freilaufwerkzeug: Vor der Erfindung der Kassette waren Ritzel und Sperrklinke in einer Einheit kombiniert, die einfach auf die Hinterradnabe montiert war. Zum Abschrauben dieser Einheit brauchen Sie ein Freilaufwerkzeug. Bedenken Sie dabei aber, dass es ziemlich viele verschiedene Modelle gibt, einige mit Zähnen, andere mit zwei oder vier Stiften, die in Aussparungen des Freilaufs passen. Am üblichsten ist das hier abgebildete Shimano-Modell.

Kurbelabzieher: Er wird benötigt zum Abziehen von Kurbeln und Kettensatz, damit das Tretlager zugänglich wird. Hier abgebildet sehen Sie ihn in zwei Größen. Das Modell mit dem kleineren Kopf ist für ältere rechteckige Achsen. Das größere Modell für gezahnte Achsen mit größerem Durchmesser. Zur Betätigung des Kurbelabziehers brauchen Sie einen verstellbaren Schraubenschlüssel.

Räder

Konusschlüssel: Sie sind sehr dünn und passen daher in die schmalen Vertiefungen der Konen. Übliche Größen sind 13, 15 und 17 Millimeter, darauf kann man sich aber nicht verlassen – messen Sie die Vertiefungen aus, oder nehmen Sie Ihr Rad zum Kauf mit.

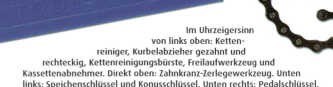

Im Uhrzeigersinn von links oben: Kettenreiniger, Kurbelabzieher gezahnt und rechteckig, Kettenreinigungsbürste, Freilaufwerkzeug und Kassettenabnehmer. Direkt oben: Zahnkranz-Zerlegewerkzeug. Unten links: Speichenschlüssel und Konusschlüssel. Unten rechts: Pedalschlüssel.

Speichenschlüssel: zur Regulierung der Speichenspannung. Sorgen Sie für eine gleichmäßige Spannung aller Speichen, damit das Rad rund läuft.

Pedale

Für praktisch jeden Pedaltyp brauchen Sie einen 15-mm-Schraubenschlüssel. Pedalschlüssel sind schmaler als normale Schraubenschlüssel, sodass sie in die Lücke zwischen Pedal und Kurbel passen. Zudem sind sie besonders lang, damit ausreichend Hebelwirkung entsteht, um die Pedale fest anzuziehen, sonst lockern diese sich mit der Zeit und schlagen beim Fahren die Kurbelgewinde aus, und die dann fällige Reparatur wird teuer! Gelegentlich gibt es Pedale ohne Grifffläche für den Schraubenschlüssel auf der Kurbelaußenseite. Bei solchen Pedalen setzen Sie ganz am Ende der Pedalachse, wo sie hinten aus der Kurbel kommt, einen Inbusschlüssel an. Dieser Inbusschlüssel braucht wegen der erforderlichen Hebelwirkung ebenfalls einen langen Griff.

Werkzeug und Ausstattung

Schmiermittel und Fett

Sauber und gut geschmiert halten alle Fahrradteile länger. Die verschiedenen Mittelchen für unterschiedliche Zwecke werden Ihnen den Eindruck vermitteln, viel Geld für die Fahrradkosmetik ausgeben zu müssen, Sie benötigen aber jeweils nur kleine Mengen. Ein Fläschchen Kettenschmieröl guter Qualität, sparsam verwendet, reicht ein Jahr lang und verdoppelt die Lebensdauer des Antriebs.

Kettenschmieröl: Unentbehrlich. Jeder hat seine bevorzugte Marke: Erkundigen Sie sich, welche Marke die Mechaniker in Ihrem Fahrradgeschäft verwenden. Für jedes Klima gibt es ein anderes Schmiermittel. Fahren Sie in sehr feuchtem Klima durch matschiges Gelände, benötigen Sie eine andere Sorte als in heißem und trockenem Klima. Für trockenes Klima braucht man ein trockenes Schmiermittel, damit der Antrieb weich läuft und wenig Schmutz anzieht. Unter feuchten Bedingungen und bei Matsch brauchen Sie ein feuchtes Schmiermittel, das klebriger ist und daher auch unter diesen Bedingungen hält. Es zieht aber mehr Schmutz an, seien Sie daher gewissenhaft mit der regelmäßigen Reinigung.

Wichtig bei Kettenschmieröl: Tragen Sie es nur auf eine saubere Kette auf. Öl auf einer verschmutzten Kette ist der erste Schritt zu einer klebrigen Schmiere, die sich über die teuren Teile des Antriebs verteilt. Wem die Zeit zum Reinigen der Kette fehlt, der hat auch nicht genügend Zeit, sie zu ölen. Jedes Öl, das Sie zum Schmieren der Kette benutzen, eignet sich auch als Mehrzwecköl für Kabel, Bremshalter und Kettenschaltungshalter – überall dort, wo zwischen zwei Metallteilen eine glatte Kontaktfläche entstehen soll.

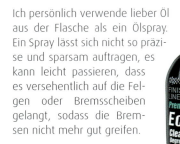

Ich persönlich verwende lieber Öl aus der Flasche als ein Ölspray. Ein Spray lässt sich nicht so präzise und sparsam auftragen, es kann leicht passieren, dass es versehentlich auf die Felgen oder Bremsscheiben gelangt, sodass die Bremsen nicht mehr gut greifen.

Reinigung: Fahrräder werden schmutzig, sind aber recht empfindliche Dinge. Normale Reinigungsmittel, wie Geschirrspüler, fördern die natürliche Neigung, Rost anzusetzen. Deshalb sind Spezialprodukte bedeutend besser – Autowaschprodukte eignen sich gut, probieren Sie es aber auch mit speziellen Fahrradreinigern. Sie enthalten Zusätze, die auf den gereinigten Teilen einen Schutzfilm hinterlassen.

Entfettungsmittel: Diese sind als Spray und in der Flasche erhältlich. Aus der Flasche können Sie sie mit einer Bürste sorgfältig und genau auftragen, anstatt wild herumzusprühen. Achten Sie besonders aufmerksam darauf, dass der Entfetter nicht in ein Lager eindringen kann, wo er jeglichem Fett den Garaus macht. Entfettungsmittel müssen nach der Anwendung eventuell abgespült werden. Lesen Sie hierzu die Packungsbeilage.

Schmiermittel: Der Unterschied zwischen Fett und Öl ist nicht jedem klar. Beides sind Schmiermittel, Fett ist jedoch fest und Öl flüssig. Fett ist klebriger und kann auf exponierten Fahrradteilen nicht verwendet werden; Schmutz setzt sich auf Fett an, bildet eine Art Schmirgelpaste und sorgt eher für die schnellere Abnutzung des Fahrrads als für einen runden Lauf. Fett benutzt man in geschlossenen Teilen wie den Radnaben. Solche weniger leicht zugänglichen Teile sollen länger halten und sauberer bleiben. Bei einer Panne können Sie praktisch jedes Fett nehmen, da Sie aber nur kleine Mengen benötigen, sollten Sie sich eine gute Marke im Fahrradgeschäft kaufen. Sobald Sie etwas mehr Übung

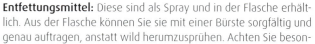

Schmiermittel und Fett

haben, sollten Sie sich eine Abschmierpresse zulegen. So bleiben Ihre Hände und der Fettspender sauber. Entscheiden Sie sich für ein sauberes und einfaches System, das oben auf die Tube geschraubt wird. Um auch den letzten Rest herauszudrücken, werden Sie aber normalerweise den Aufsatz abnehmen und die Tube aufschneiden.

Politur: Es mag etwas übertrieben erscheinen, aber eine Schicht Politur auf Rahmen und Gabel bildet eine glatte Fläche, die den Lack schützt und verhindert, dass sich zu schnell wieder eine neue Schmutzschicht ansammelt. Zudem wird der Lack beim nächsten Mal leichter zu reinigen sein. Sie können sich im Fahrradgeschäft eine spezielle Fahrradpolitur kaufen, Autopolitur eignet sich aber ebenfalls.

Speziallösungen

Wie beim Werkzeug beginnen Sie auch hier mit einer Grundausrüstung, die Sie mit wachsenden Aufgaben erweitern. Für Routinereparaturen brauchen Sie nur das Wichtigste und je nach Ihrem Fahrradtyp ist manches wahrscheinlich gänzlich verzichtbar.

Bremsflüssigkeit für die Scheibenbremse: Verwenden Sie nur die Flüssigkeit, die für Ihr Bremssystem angegeben ist. Es gibt zwei Arten – Mineralöl und DOT-Flüssigkeit. Beide Arten sind nicht untereinander austauschbar. Auf der Bremse ist angegeben, welche Sorte sie benötigen. Am häufigsten werden Sie es mit Shimano-Bremsen zu tun haben. Diese arbeiten mit Mineralöl, das man im Fahrradgeschäft in kleinen, praktischen Flaschen bekommt. Im hydraulischen Bremssystem des Fahrrads ist nur wenig Platz, daher werden Sie nie viel von der Flüssigkeit brauchen. DOT-Flüssigkeit, ein Standardprodukt für Autoteile, ist nach dem Öffnen der Flasche nicht unbegrenzt haltbar. Kaufen Sie daher eine kleine Menge und öffnen Sie die Flasche erst direkt vor Gebrauch.

Federungsöl: Es besitzt sowohl dämpfende als auch schmierende Eigenschaften, entscheidend ist sein „Gewicht" und dieses hängt von Marke und Modell Ihrer Gabel oder Ihres Hinterrad-Stoßdämpfers ab. Die Dämpfung erfolgt, wenn das Öl durch kleine Öffnungen gepresst wird. Leichteres und dünneres Öl (z.B. 5 WT) wird schneller durchgepresst. Schwereres und dickeres Öl (z.B. 15 WT) braucht dazu länger. Gabel oder Stoßdämpfer arbeiten nur mit dem richtigen Ölgewicht optimal. Beim Zerlegen von Gabel oder Stoßdämpfer lesen Sie bitte in der Gebrauchsanweisung nach (die Sie natürlich fein säuberlich in der Werkstatt aufbewahren). Sie können zwei Öle mit unterschiedlichem Gewicht mischen, um einen Zwischenwert zu erzielen, vermischen Sie aber nie verschiedene Marken.

Trennmittel (auch Ti-prep oder, wenn Sie es nicht im Fahrradgeschäft sondern im Eisenwarenhandel kaufen, Kupferpaste genannt): Es verhindert, das reaktive Metalle zusammenkleben und ist besonders für Titanteile wichtig, die mit allem, was sie berühren, reagieren und verkleben. Meiden Sie unbedingt Hautkontakt mit Trennmitteln.

Vaseline: Häufig am besten geeignet für Sattelstützen in Carbonrahmen. Beachten Sie die Empfehlungen des Herstellers.

Gewindekleber: Der Kleber wird überall dort verwendet, wo Schrauben sich nicht lockern sollen sowie zwischen Teilen, die korrodieren könnten, wenn Feuchtigkeit eindringt, beispielsweise Hinterradnaben. Die verschiedenen Farben zeigen die unterschiedliche Klebekraft an. Gewindekleber „Nr. 222" ist rot und eignet sich normalerweise für Gewinde bis sechs Millimeter Durchmesser (M6). Der gebräuchlichste Gewindekleber „Nr. 242" ist blau und wird für Schrauben von M6 aufwärts verwendet. Gewindekleber „Nr. 290" ist grün und eignet sich für Drehbolzen.

Federungsöl, Bremsflüssigkeit, Trennmittel und Gewindekleber

Ihre Werkstatt

Die größte Investition dürfte ein geeigneter Montageständer sein. Fast alle Arbeiten, die im Hauptteil dieses Buches erklärt werden, lassen sich leichter ausführen, wenn das Fahrrad ohne Bodenberührung sicher fixiert ist. Für bestimmte Reparaturarbeiten wie das Einstellen der Übersetzung, darf das Hinterrad keine Bodenberührung haben, sodass Sie die Pedale drehen können, um die Auswirkungen der wechselnden Übersetzung prüfen zu können. Hierfür ist ein Montageständer – oder etwas Vergleichbares – sehr wichtig.

Im Stehen arbeitet es sich leichter als am Boden hockend. Am besten befestigen Sie das Rad bei der Sattelstütze am Montageständer. Vermeiden Sie es nach Möglichkeit, es an den Rahmenrohren zu befestigen – diese sind dünn und könnten leicht verbeulen oder sogar verbiegen. Wischen Sie die Klemmbacken des Montageständers ab, bevor Sie das Fahrrad daran befestigen, um Lackschäden zu vermeiden. Wenn Ihre Platzmöglichkeiten beschränkt sind, entscheiden Sie sich für einen zusammenklappbaren Montageständer. Eine Stufe einfacher als ein kompletter Montageständer ist der Stützbock. Er hält das Hinterrad in der Luft und das Fahrrad gerade, und genau das brauchen Sie, um an Antrieb, Hinterrad, Vorder- und Hinterbremse zu arbeiten sowie bei allen wichtigen Reparatur- und Pflegetätigkeiten. Ein Stützbock ist im Vergleich zu einem Montageständer relativ preiswert. Wenn Sie nichts dergleichen haben, bitten Sie einen Freund, das Fahrrad zu halten und bei Bedarf das Hinterrad anzuheben.

Sie brauchen ausreichendes Licht, insbesondere für Feinarbeiten wie das Zentrieren der Räder. Die meisten Reparaturarbeiten sind mit Schmutz verbunden. Wenn Sie nicht im Freien arbeiten können, sollten Sie zum Schutz ein altes Leintuch unterlegen. Auch ausreichende Belüftung ist wichtig. Beim Arbeiten mit Lösungsmitteln oder Sprays müssen Sie für eine ausreichende Luftzirkulation sorgen, damit die chemischen Dämpfe keine schädliche Konzentration erreichen. Alles, was wirksam genug ist, um Ihrem Fahrrad gut zu tun, könnte für Sie selbst schädlich sein.

Dies gilt auch für Körperkontakt mit verschiedenen Substanzen. Das Tragen von Gummihandschuhen wie Mechaniker es tun, ist eine Überlegung wert. So sparen Sie viel Zeit, die Sie für die Reinigung der Hände bräuchten und reduzieren die Menge an Chemikalien, die Sie über die Haut aufnehmen. Bei vielen Arbeiten ist ein verdrecktes Teil zu entfernen und entweder zu reinigen oder zu ersetzen. Für die letzten Handgriffe brauchen Sie saubere Hände, denn Sie können nicht mit schmutzigen Händen ein sauberes Teil einbauen.

Die Ersatzteilbox

Es ist ausgesprochen ärgerlich, eine kleine Fahrradreparatur nicht beenden zu können, weil ein einfaches, aber ganz spezielles Teil fehlt. In Fahrradwerkstätten gibt es immer Regale voller Plastikschubladen, in denen eine Menge winziger Teile aufbewahrt wird, von denen viele nur für eine einzige spezielle Aufgabe benötigt werden. Diesen Luxus können Sie sich nicht leisten. Ihre Ersatzteilbox ist wichtig, muss aber wie ein guter Komposthaufen mit der Zeit wachsen und kann nicht komplett gekauft werden. Fangen Sie doch gleich mit dem Sammeln an. Als Ersatzteilbox eignet sich jeglicher Behälter, in dem Sie sämtliche Schrauben und Muttern sammeln, die bei einer Reparatur übrig bleiben. Wenn Ihnen nach Geschäftsschluss einmal die entscheidende Schraube zu einer Reparatur fehlt oder Ihnen ein wichtiges Teil, das Sie gerade wieder befestigen wollten, hinunterfällt und auf Nimmerwiedersehen unter dem Kühlschrank verschwindet, kann diese Box das rettende Teil enthalten. Die Box sollte fahrradtauglich sein, überzählige Holzschrauben und ausrangierte Verteilerkappen haben darin nichts verloren. Nützlich sind M5-Schrauben (fünf Millimeter Durchmesser) in Längen von zehn bis 45 Millimeter, Kurbelbolzen, Aheadset-Abschlusskappen, einige Unterlegscheiben, Ventilkappen, Kugellager und ausgemusterte Kettenteile. Wenn Sie Ersatzteile wie Kugellager oder Schrauben kaufen, nehmen Sie gleich ein zweites Päckchen mit, und deponieren Sie es für spätere Zeiten in der Box.

Drehmoment

Um zu prüfen, wie fest wir Schrauben anziehen, verwenden wir das Drehmoment. Hierfür gibt es zwei Methoden: die instinktive Methode nach dem gesunden Menschenverstand und die wissenschaftliche Methode. Beide haben ihre Vorteile. Früher teilte der Hersteller dem Mechaniker mit, wie fest Teile angezogen werden sollten, indem er die passende Schraube lieferte.

Empfindliche Teile, die an ihrem Platz bleiben sollen, aber nichts fixieren müssen, werden mit kleinen Schrauben geliefert. Die passenden Schraubenschlüssel sind so kurz, dass mit der geringen Hebelwirkung keine Schraube überdreht wird. Teile, die man fest anziehen soll, werden mit einer großen Schraube geliefert, an die man einen kräftigen Schraubenschlüssel ansetzen kann. Das funktionierte recht gut, bis die Radfahrer nach ständig leichterer Ausrüstung verlangten. Seither produzieren die Hersteller Bauteile mit weniger Spielraum für Fehler. Ein Beispiel: Ersetzt man Stahlschrauben durch Aluminiumschrauben spart man Gewicht ein und das Fahhrrad wird leichter. Aluminium ist aber deutlich weicher als Stahl, daher reagieren Aluminiumschrauben auf Überdrehen sehr viel intoleranter: Hat man sie überdreht, können sie ohne Vorwarnung abbrechen.

Durch das Überdrehen der Schrauben kann auch das Gewinde ausreißen, in das die Schraube gedreht werden soll. Dieses Problem hat man bei Aluminiumteilen häufig. Das Überdrehen von Schrauben, die beispielsweise den Lenkervorbau mit der Lenkstange verbinden, kann im Lenkervorbau das Gewinde beschädigen, sodass sich die Schraube sinnlos dreht, statt den Lenker zu sichern.

Beim entgegengesetzten Problem, dem zu geringen Andrehen von Schrauben, sind die Konsequenzen offensichtlicher: Das Teil, das gesichert werden sollte, klappert oder wird locker. Kurbelbolzen leiden häufig darunter – insbesondere der linke muss fester angezogen werden, als die meisten Leute meinen. Das erste Warnzeichen ist normalerweise ein regelmäßiges Quietschen beim Treten. Falls Sie dieses Geräusch ignorieren, lockern sich die Kurbelbolzen und die Kurbel kann sich auf der Tretlagerachse verschieben. Dies beschädigt die Berührungsfläche zwischen Tretlager und Kurbel, und selbst wenn Sie den Kurbelbolzen nachziehen, wird er sich ständig wieder lockern.

Folglich ist es heute wichtiger geworden zu wissen, wie stark jede Schraube angezogen werden muss. Dies gilt insbesondere für Federgabeln, deren Schrauben die beweglichen Teile verbinden und beim Fahren durch die Auf- und Abbewegung der Gabel ständig belastet sind. Inzwischen werden für viele Bauteile Angaben über das jeweilige Drehmoment der einzelnen Schrauben mitgeliefert.

Nachdem die Drehmomentangaben noch relativ neu sind, erfolgen die Angaben meist in Newtonmeter (Nm). Allerdings ist es Zweierlei, herauszufinden, wie stark eine Schraube angezogen werden soll, und dies dann auch zu bewerkstelligen. Es gibt für diesen Zweck aber ein passendes Werkzeug – den Drehmomentschlüssel. Er sieht aus wie ein Knarrenschraubenschlüssel und funktioniert auch ähnlich. Man steckt ihn auf Standardschraubköpfe und gibt das Drehmoment mittels Drehknopf unten am Griff ein. Anschließend wird der Schraubenschlüssel ganz normal zum Anziehen der Schraube benutzt. Ist die Schraube fest genug angezogen, hört man ein leises Klicken. Über diesen Punkt hinaus darf man nicht weiterdrehen.

Diese Werkzeuge sind einfach und zuverlässig im Gebrauch und in den meisten Fahrradgeschäften erhältlich. Eine gut ausgestattete Werkstatt hat zwei Drehmomentschlüssel. Einen kleinen für den Bereich von etwa vier bis 20 Newtonmeter und einen größeren für den Bereich von etwa 20 bis 50 Newtonmeter. Der kleinere wird für empfindliche Schrauben verwendet, wie Kabelklemmen und Befestigungsschrauben für Bremsscheiben, der größere eignet sich für Schrauben, die mehr Kraft erfordern, also beispielsweise Kurbelbolzen. Man sollte beide Größen haben, weil die Werkzeuge jeweils im Mittelbereich am besten funktionieren. Sie sind aber teuer, relativ empfindlich und man kann durchaus sagen, dass sie für einen Hobbybastler übertrieben sind.

Falls Sie selbst keinen Drehmomentschlüssel besitzen, sich aber einen ausleihen können, sollten Sie eine Auswahl an Schrauben Ihres Fahrrads damit auf den angegebenen Wert anziehen, um ein Gefühl dafür zu bekommen, wie stark Sie jeweils anziehen müssen. Auch viele Mechaniker üben auf diese Weise regelmäßig ihr Drehmomentgefühl.

Falls Sie ohne Drehmomentschlüssel arbeiten, achten Sie immer auf die Größe der Schrauben, die Sie anziehen, und nehmen diese als Richtwert für die erforderliche Kraftmenge. Kleine Schrauben werden mit kleinen Schraubenschlüsseln (oder dünnen Schraubenziehern) fest, aber nicht übertrieben fest angezogen. Haben Sie es bei empfindlichen Schrauben zu gut gemeint, reißt das Gewinde aus, der Schraubenkopf reißt ab oder die Kanten des Schraubenschlüssels runden sich ab. Große Schrauben, wie an Tretlagerschalen, werden mit klobigerem Werkzeug kraftvoll angezogen.

Die Drehmomentangaben suchen Sie am besten in der Bedienungsanleitung des Bauteils, das für Ihr spezielles Fabrikat und Modell passt. Zu neuen Fahrrädern wird ein ganzes Päckchen an Heftchen und Faltblättern zu allen Teilen des Fahrrads mitgeliefert. Fragen Sie beim Kauf danach. Wenn Sie diese Unterlagen nicht mehr haben, gehen Sie auf die Internetseite von Park Tools, um sich die entsprechenden Drehmomentspezifikationen anzuschauen. Sie finden diese hilfreiche Internetseite unter der Adresse www.parktool.com.

Bei allen Angaben zum Drehmoment wird vorausgesetzt, dass die Schraube gefettet wurde und sich leicht ins Gewinde eindrehen lässt und dass beide Gewindeseiten sauber und intakt sind. Eine verschmutzte, beschädigte Schraube lässt sich schwerer anziehen als eine saubere, was einen falschen Drehmomentwert ergibt.

Werkzeug und Ausstattung

Zwölf Routine-Sicherheits-Checks vor der Fahrt

Es mag aufwändig und auch etwas langweilig erscheinen, vor jeder Fahrt das Fahrrad durchzuchecken. Es dauert aber nur wenige Minuten und gelegentlich werden Sie diese Zeit als gute Investition empfinden, wenn Sie drohende Probleme rechtzeitig entdecken, die sich vor Beginn der Fahrt wesentlich einfacher beheben lassen, als auf halber Strecke. Durch die regelmäßige Beschäftigung mit Ihrem Rad wird dieses Ihnen zudem vertraut, und Sie werden viel schneller merken, wenn etwas nicht in Ordnung ist.

Specialized Enduro.

Zwölf Routine-Sicherheits-Checks vor der Fahrt

Es lohnt sich, Routine in der Überprüfung des Fahrrads zu bekommen. Gehen Sie immer in derselben Reihenfolge vor, dann können Sie nicht so leicht etwas vergessen. Günstig ist es auch, gleichzeitig im Kopf eine Checkliste abzuhaken, damit Sie alles für die Fahrt dabei haben. Der Bedarf hängt natürlich von der Länge der Fahrt ab, umfasst aber Dinge wie Flickzeug, ein Schloss (und den passenden Schlüssel!), Beleuchtungskörper, falls Sie erst im Dunkeln heimfahren, einen Helm, falls Sie einen tragen, und so weiter.

1) Schnellspanner: Überprüfen Sie, ob beide Reifen festgeschraubt sind. Die Schnellspanner müssen sicher nach oben geklappt sein und wie das Gabelblatt oder die Heckstrebe nach oben zeigen, da sie sich sonst verhaken und unbeabsichtigt öffnen können, wenn Sie das Rad anlehnen. Bei den meisten Hebeln steht auf der jeweiligen Seite „open" oder „close". Klappen Sie den Griff so, dass die Seite „zu" sichtbar ist.

2) Reifen: Kontrollieren Sie die Reifen auf glatte Stellen, Risse und spitze Gegenstände. Glassplitter oder Dornen, die einen platten Reifen verursachen, brauchen oft einige Zeit, bis sie sich durch den Reifenmantel gebohrt haben. Inspizieren Sie die Reifen regelmäßig und entfernen Sie Fremdkörper. Das ist öde, geht aber schneller als später einen platten Reifen zu flicken!

3) Speichen: Schauen Sie nach gebrochenen Speichen. Fahren Sie mit den Fingern vorsichtig über die Speichen auf beiden Seiten des Rades. Selbst eine einzige gebrochene Speiche schwächt das Rad spürbar. Sofortiges Ausbessern ist auch hierbei bedeutend einfacher als eine Reparatur unterwegs.

4) Vorderrad: Heben Sie das Rad vorne an und drehen Sie das Vorderrad. Es soll frei laufen und nicht in der Gabel hin und her wackeln.

5) Felgenbremsen (ohne Abbildung): Die Bremsklötze sollen den Reifen oder die Felge nicht berühren, wenn sich das Rad dreht. Schleifende Bremsklötze nutzen sich rasch ab und bremsen die Fahrt. Kontrollieren Sie die Position der Bremsklötze. Jeder Klotz sollte parallel zur Felge sitzen, so tief, dass er den Reifen nicht erfasst, aber nicht zu tief, da sonst ein Teil des Bremsklotzes unter der Felge hängen könnte.

6) Scheibenbremsen: Kontrollieren Sie die Bremsscheiben. Der Belag sollte auf beiden Seiten noch mindestens 0,5 Millimeter dick sein.

7) Bremshebel Vorderradbremse: Führen Sie vor jeder Fahrt einen einfachen Bremstest durch. Stellen Sie sich neben das Rad, schieben Sie es leicht vorwärts und betätigen Sie dann die Vorderradbremse. Das Vorderrad sollte stoppen, das Hinterrad sollte sich vom Boden heben. Ist dies nicht der Fall, fahren Sie nicht mit dem Rad!

8) Bremshebel Hinterradbremse: Führen Sie für die Hinterradbremse einen ähnlichen Test durch. Schieben Sie das Fahrrad vorwärts und betätigen Sie dann die Hinterbremse. Das Hinterrad sollte stoppen und über den Boden rutschen. Auch hier gilt: Ist dies nicht der Fall, fahren Sie nicht mit dem Rad.

9) Kette: Kontrollieren Sie den Antrieb. Die Kette soll sauber sein und glatt über die Gänge laufen, ohne vom Ritzel oder Kettensatz zu rutschen. Drehen Sie die Pedale rückwärts, und beobachten Sie, wie die Kette über den Umwerfer läuft. Unflexible Kettenglieder drücken den Umwerfer beim Lauf über die untere Führungsrolle nach vorne. Es empfiehlt sich, diese vor der Fahrt auszuwechseln, sonst könnten die Gänge unter Belastung durchrutschen.

10) Kabel und Schläuche: Prüfen Sie alle Kabel (Bremse und Schaltung) auf Knicke in der Außenhülle oder ausgefranste Stellen am Kabel. Ausgefranste Kabel sollten sofort ersetzt werden. Reinigen und ölen Sie rostige oder verschmutzte Kabel. Kontrollieren Sie hydraulische Schläuche auf Beschädigungen; inspizieren Sie die Verbindungsstellen zwischen Schlauch und Bremssattel und zwischen Schlauch und Bremshebel auf Ölaustritt.

11) Lenkervorbau: Kontrollieren Sie, dass Vorbau und Lenker fest sitzen. Stellen Sie sich vor das Vorderrad und nehmen Sie es zwischen die Knie. Versuchen Sie nun, den Lenker zu drehen. Er sollte sich nicht alleine bewegen können. Versuchen Sie auch, den Lenker im Vorbau zu verdrehen. Haben Sie Hörnchen am Lenker, stützen Sie sich auf die Hörnchen. Ziehen Sie alle lockeren Teile an der Lenkung an.

12) Pedale: Bei Flachpedalen kontrollieren Sie, dass diese sauber sind. Bei Klickpedalen prüfen Sie, ob Sie sich auf beiden Seiten beider Pedale ohne Probleme ein- und ausklinken können.

Schnellspanner müssen unbedingt richtig montiert werden – falls Sie es noch nie gemacht haben, lassen Sie es sich im Fahrradgeschäft zeigen.

Werkzeug und Ausstattung

Das regelmäßige Putzen

Das regelmäßige Putzen des Fahrrads ist die beste Gelegenheit, abgenutzte oder kaputte Teile zu entdecken, die Ihnen sonst eine Panne bescheren könnten – häufig auf einer wichtigen Fahrt. Hüten Sie sich jedoch vor Dampfstrahlreinigern. Diese Hochleistungsschläuche an den Tankstellen lassen das Fahrrad zwar ohne viel Mühe glänzend aussehen, aber auch bei größter Achtsamkeit gelangt dabei Wasser in Lagerdichtungen und spült das Fett heraus. Dadurch verkürzt sich die Lebensdauer von Tretlagern, Steuerung und weiteren Teilen grundlegend. Ich bevorzuge einen Eimer Wasser und einen alten Lappen – das dauert zwar etwas länger, dafür ist die Gefahr versehentlicher Beschädigungen geringer. Ganz allgemein empfiehlt es sich, mit den am stärksten verschmutzten Teilen zu beginnen und sich bis zu den saubereren vorzuarbeiten. So halten Sie den Nachputzaufwand gering.

Vollgefedertes Marin.

Das regelmäßige Putzen

Nehmen Sie die Räder ab. Wenn möglich, hängen Sie das Rad am Rahmen auf, sodass Sie alle Stellen gut erreichen. Geht das nicht, stellen Sie den Rahmen verkehrt herum auf Lenker und Sattel.

A) Fangen Sie bei der Kette an. Es ist nicht nötig, sie abzumontieren. Das beste Ergebnis mit dem geringsten Aufwand: Füllen Sie eine kleine Menge Entfetter in einen kleinen Becher. Mit einer in den Entfetter getauchten Zahn- oder Spülbürste reinigen Sie nun die Kette. Diese ist sauber genug, wenn Sie die Zahlen lesen können, die auf jedes Kettenglied aufgedruckt sind. Spülen Sie den Entfetter vorsichtig und sorgfältig ab.

B) Sind Ritzel und Kettensatz ölig, reinigen Sie diese mit Entfetter. Öl ist klebrig und zieht daher beim Fahren Schmutz von der Straße an. Dadurch nutzt sich der Antrieb mit der Zeit ab. Wie oben verwenden Sie eine kleine Menge Entfetter und arbeiten diesen mit einer Bürste vorsichtig in Ritzel und Kettensatz ein. Es ist sehr wichtig, anschließend alles gut abzuspülen, um den Entfetter zu entfernen.

Sobald alles sauber und trocken ist wird die Kette wieder geschmiert. Ich ziehe Öl in der Flasche einem Spray vor, weil das Öl aus der Flasche präziser aufgetragen werden kann. Lassen Sie das Öl etwa fünf Minuten einwirken, dann entfernen Sie alles überschüssige Öl mit einem sauberen Lappen. Zum Glück brauchen Sie sich um das Nachschmieren weiterer Antriebsteile keine Gedanken zu machen, da diesen die Schmiere ausreicht, die von der Kette auf den Ritzeln zurückbleibt.

C) Als Nächstes sind die Räder an der Reihe. Felgenbremsen funktionieren auf sauberen Felgen deutlich besser. Sie sammeln Schmutz von der Straße und von den Bremsklötzen auf, dadurch können die Klötze nicht mehr so gut auf den Felgen greifen. Geschirrspülmittel entfernt den Schmutz, spezielle Fahrradreiniger wirken aber besser und schützen die Felgen. Wischen oder sprühen Sie den Reiniger auf, lassen Sie ihn einwirken und reiben ihn dann ab – ideal hierfür eignen sich Geschirrspüllappen. Bei dieser Gelegenheit kontrollieren Sie die Bremsfläche gleich auf Beulen oder Risse. Sie bedeuten, dass die Felge abgenutzt ist und drin-

gend ausgetauscht werden muss. Bremsscheiben sollten mit einem speziellen Fahrradreiniger geputzt werden. Ölige Scheiben reinigen Sie mit Isopropylalkohol (aus der Apotheke), der keine Rückstände hinterlässt.

D) Nun zu den Bremsen. Bei Felgenbremsen lösen Sie die V-Bremsen, indem Sie den schwarzen Gummibalg zurückschieben und die gebogene Kabelführung aus Metall aus dem Bremshalter auf der Bremseinheit schieben. Putzen Sie die Flächen der Bremsklötze. Entfernen Sie Metallsplitter mit einem kleinen Schraubenzieher. Ist die Klotzfläche blank geworden, rauen Sie diese mit sauberem Sandpapier auf. Kontrollieren Sie, dass die Bremsklötze nicht übermäßig oder ungleichmäßig abgenutzt sind. Bei Scheibenbremsen wischen Sie den Bremssattel sauber. Kontrollieren Sie hydraulische Schläuche auf Ölaustritt. Werfen Sie einen Blick in den Bremsscheibenschlitz auf dem Bremssattel und überprüfen Sie, ob der Bremsbelag noch mindestens 0,5 Millimeter dick ist.

E) Die Pedale werden häufig vergessen. Bei Klickpedalen holen Sie mit einem kleinen Schraubenzieher kleine Steinchen aus dem Bereich des Auslösemechanismus. Denken Sie an beide Seiten der Pedale. Jedes Mal, wenn Sie sich mit Ihren Schuhen einklinken, geraten Split und Schmutz in die Federn und sammeln sich dort an, bis Sie sich irgendwann nicht mehr richtig ein- und ausklinken können. Schmieren Sie die beweglichen Teile sparsam mit leichtem Öl, Typ GT85 oder WD40.

F) Reiben Sie alle Reflektoren und Lampen sauber.

G) Reinigen Sie Rahmen und Gabel. Sie brauchen einen Schwamm und einen Eimer mit warmem Wasser, um anschließend alles abzuspülen. Alle Bauteile funktionieren besser und halten länger, wenn sie nicht unter einer Schmutzschicht verborgen sind. Zum Schluss werden sie kurz poliert. Eine Politur auf Wachsbasis trägt dazu bei, dass sich Schmutz nicht so leicht am Rahmen festsetzen kann. Auch der Sattel freut sich über etwas Politur. Montieren Sie die Räder wieder und schließen Sie die Bremsen an. Nun pumpen Sie die Reifen auf und damit ist alles erledigt.

Einfache regelmäßige Kettenreinigung

Es ist natürlich verlockend, der Kette erst Beachtung zu schenken, wenn sie sich in ein klapperndes öliges Gebilde verwandelt hat und sie dann mit scharfen Chemikalien, wie einem Entfetter, wieder funktionstüchtig zu machen. Falls Sie aber die Zeit erübrigen können, sie einmal pro Woche kurz zu reinigen, wird sie nie eine größere Überholung benötigen. Einmal pro Woche klingt viel, aber es dauert wirklich nur ein paar Minuten und schenkt der Kette ein längeres Leben. Der weitere Vorteil: Eine saubere Kette hinterlässt auf Ihren Hosenbeinen keine Ölflecken.

Lehnen Sie das Rad an eine Wand, die Kette liegt auf dem größten Kettenblatt und dem größten Ritzel. Sprühen Sie auf einen Lappen eine kleine Menge leichtes Schmiermittel – Super-Spray lube, GT 85 oder etwas in der Art. Wickeln Sie den Lappen

um das untere Kettenstück, wo es zwischen dem Ende des hinteren Umwerfers und dem Ende des Kettenblatts verläuft.

Halten Sie den Lappen dort fest und drehen Sie das Pedal einige Zeit rückwärts. Drehen Sie den Lappen um, und wiederholen Sie den Vorgang. Haben Sie den schlimmsten Schmutz entfernt, träufeln Sie eine kleine Menge gutes Kettenöl oben auf die Kette, während Sie das Pedal drehen. Verwenden Sie wirklich nur eine kleine Menge. Nun kommt das Wichtigste: Lassen Sie das Öl fünf Minuten lang einwirken, und reiben Sie dann mit einem sauberen Lappen überschüssiges Öl von der Kette. Dieses Nachwischen darf man keinesfalls vergessen, denn es verhindert, dass sich auf dem überschüssigen Öl in noch kürzerer Zeit noch mehr Schmutz ansammelt.

5 – Reifenpannen

In diesem Kapitel lernen Sie, ein Rad abzumontieren, Reifen und Schlauch zu entfernen, einen neuen Schlauch einzuziehen und das Rad sicher wieder zu montieren. Der Schwerpunkt liegt auf dem Hinterrad, da es anfälliger für Reifenpannen ist. Zudem ist das Abmontieren beim Hinterrad auch etwas komplizierter, weil es aus dem Antrieb befreit werden muss. Lassen Sie sich davon aber nicht entmutigen. Sobald Sie Reifenpannen selbst beheben können, sind Sie ihnen auch unterwegs nicht mehr hilflos ausgeliefert.

Reifenpannen

Reifenpannen werden am häufigsten als Grund genannt, warum das Fahrrad nicht für den Weg zur Arbeit benutzt wird. Das ist sehr schade, denn mit Reifen guter Qualität, die noch relativ wenig abgenutzt und gut aufgepumpt sind, wird man kaum Reifenpannen haben.

Viele Leute, die nach mehreren Jahren wieder aufs Fahrrad steigen, haben Reifenpannen als ständigen Begleiter des Radfahrens in Erinnerung, dabei hat sich in den letzten Jahren die Reifenqualität stark verbessert. Pannensichere Reifen sind zuverlässig, sie halten tausende von Kilometern und kosten nicht die Welt. Immer noch skeptisch? Dann beherzigen Sie die Tipps auf Seite 82, um das Risiko einer Reifenpanne möglichst gering zu halten.

Schnellspanner

Viele Fahrräder, die sich für Pendelfahrten gut eignen, sind mit Schnellspannern ausgerüstet. Diese haben Vor- und Nachteile. Bei einer Reifenpanne können Sie das Rad abnehmen und den Reifen flicken, ohne ständig einen Schraubenschlüssel dabei haben zu müssen. Andererseits bedeutet es aber auch, dass ein ungesichertes Rad von einem Gelegenheitsdieb geklaut werden kann, denn auch er benötigt dafür keinen Schraubenschlüssel. Solange Sie beide Räder immer mit einem Schloss sichern ist das kein Problem, aber es erfordert etwas mehr Wachsamkeit und Sicherungsmaßnahmen.

Man kann Schnellspanner durch Modelle ersetzen, die einen Inbusschlüssel zum Öffnen benötigen oder sogar durch noch raffiniertere Exemplare, die sich nur mit einem individuellen Werkzeug öffnen lassen, das zu dem jeweiligen Schnellspanner gehört – für die Nutzung in der Stadt eine gute Sache. Wenn Sie Ihr Rad einmal in die Werkstatt bringen, dürfen Sie diesen Schlüssel nicht vergessen, sonst kann dort das Rad nicht abgenommen werden.

Hinsichtlich der Geschwindigkeit, in der Sie das Rad abnehmen können, geht aber nichts über einen Schnellspanner, und bei richtiger Verwendung befestigen sie das Rad ohne Werkzeug. Wichtig ist das Erlernen der korrekten Nutzung. Das häufigste Problem ergibt sich, wenn man einfach nur den Hebel zudreht, bis er sich fest anfühlt. Das kann nicht funktionieren, weil sich der Hebel so nicht sicher genug anziehen lässt.

Der Schnellspannhebel hat an einem Ende einen Nockenmechanismus und am anderen Ende eine Gewindemutter – die Hutmutter. Die korrekte Montage des Schnellspanners erfolgt in zwei Schritten. Zum ersten Anziehen hält man den Hebel fest und zieht die Hutmutter per Hand an. Anschließend wird der Schnellspanner gesichert, indem man den Hebel so nach oben klappt, dass der Hebelgriff über die Mitte des Achsenendes zeigt. Dadurch wird das Ende des Schnellspanners ausreichend über die Außenseiten der Gabel angezogen und sichert das Rad. Sollten Sie Zweifel haben, lassen Sie Ihr Werk im Fahrradgeschäft kontrollieren. Schnellspanner funktionieren gut, vorausgesetzt man hat alles richtig gemacht.

Es gibt ausgefallene, sehr leichte Schnellspanner. Viele Fahrradfahrer bevorzugen aber die Modelle von Shimano, die sehr gut verarbeitet sind mit perfektem Nockenmechanismus und Ihr Rad sicherer halten als einige der ausgefallenen und teureren Alternativen.

DIE SICHERE MONTAGE VON SCHNELLSPANNERN

Schritt 1: Öffnen Sie den Schnellspannhebel durch Wegklappen vom Rahmen. Nun sollte er so locker sein, dass Sie den Hebel halten und die Hutmutter am anderen Ende mit ein paar Drehungen lösen können. Das Rad sollte sich jetzt von den Ausfallenden entfernen lassen. Manche Vorderräder haben am unteren Ausfallende einen Abschlussrand. In diesem Fall muss die Hutmutter soweit gelöst werden, dass dieser Abschlussrand frei liegt.

Schritt 2: Die Hutmutter, die Fläche des Nockenmechanismus und beide Kontermuttern sollten tiefe, scharfe Auszackungen haben, die auf den weichen Flächen des Ausfallendes greifen. Auf jeder Seite befindet sich eine kleine Stahlfeder – die so genannte Wickelfeder. Diese beiden Federn sollten sich auf der Außenseite des Rahmens befinden und nach innen zur Nabe schauen. Drücken Sie das Rad fest in das Ausfallende, damit die Achse so weit innen wie möglich ist.

Schritt 3: Halten Sie den Schnellspannhebel so, dass er in einem Winkel von 90 Grad zum Rad absteht. Ziehen Sie die Hutmutter mit der Hand fest. Schließen Sie den Hebel, indem Sie ihn zuklappen (er soll nicht verdreht werden). Der Hebel soll so locker sein, dass er sich per Hand schließen lässt, aber doch so fest, dass er auf Ihrer Handfläche einen Abdruck hinterlässt, wenn Sie ihn schließen. Lässt er sich zu leicht schließen, klappen Sie den Hebel auf, ziehen Sie die Mutter eine Vierteldrehung fester und wiederholen den Vorgang.

Das Abmontieren des Hinterrads

Das Flicken eines Reifens erfolgt in drei Schritten – Rad abnehmen, Schlauch flicken oder austauschen und Rad wieder montieren.

Der schwierigste Teil beim Flicken eines Lochs im Hinterrad: Wie bekommt man das Rad aus der Kette, denn diese ist um die Kassette geschlungen. Um sich die Sache so weit wie möglich zu erleichtern, sollten Sie die Schaltung so stellen, dass die Kette auf dem kleinsten Kettenblatt und dem kleinsten Ritzel liegt. Ist der Reifen so platt, dass Sie nicht mehr fahren können, stellen Sie sich neben das Fahrrad, heben das Hinterrad an, schalten um und fassen dann nach unten und drehen die Pedale, damit die Kette an die richtige Stelle springt.

Stellen Sie das Fahrrad auf den Kopf. Dies ist die einzige Gelegenheit, wo Sie dies tun sollten, also machen Sie das Beste daraus. Auf Asphalt oder Beton legen Sie etwas möglichst Weiches unter den Sattel – ein Stück Papier, eine alte Plastiktüte, Ihre Mütze oder irgendetwas anderes. So verhindern Sie, dass die Oberfläche zerkratzt.

DAS ABMONTIEREN DES HINTERRADS

Schritt 1: Haben Sie ein Hinterrad mit Muttern, lösen Sie die Radmuttern auf beiden Seiten. Befinden sich Unterlegscheiben zwischen Mutter und Rahmen, ziehen Sie diese ab, damit sie nicht am Rahmen haften bleiben. Haben Sie Schnellspannhebel, lösen Sie diese, indem Sie den Hebel nach außen klappen. Nun halten Sie die Mutter fest und drehen den Hebel mit einigen Umdrehungen ab. Sollten Sie nicht sicher sein, wie Schnellspannhebel funktionieren, lesen Sie Seite 76.

Schritt 2: Stellen Sie sich hinter das Fahrrad. Nehmen Sie den hinteren Umwerfer wie oben abgebildet, ziehen Sie den Umwerferkörper (A) nach hinten und schieben Sie gleichzeitig die Öse hinter der Spannungs-Führungsrolle (B) nach vorne – das ist die Führungsrolle, die beim normal stehenden Fahrrad dem Boden am nächsten wäre.

Schritt 3: Heben Sie das Rad nach oben aus den Ausfallenden. Das Ziehen des Umwerfers nach hinten sollte ausreichend Spiel in der Kette ergeben haben, um das Hinterrad ohne zu viel Kraft nach oben heben zu können – vielleicht müssen Sie leicht daran rütteln. Ist das Ausfallende erst einmal frei, drehen Sie das Rad oben leicht nach rechts. Nun sollten Sie es komplett nach oben aus der Kette heben können.

Das Abmontieren des Vorderrads

Das ist bedeutend einfacher als beim Hinterrad! Stellen Sie auch hierzu das Fahrrad auf den Kopf. Außer bei Scheibenbremsen lösen Sie die Bremsen, damit der Reifen zwischen den Bremsklötzen hindurchpasst. Scheibenbremsen können Sie erst einmal ignorieren. Lösen Sie die Radmuttern oder den Schnellspanner. In beiden Fällen werden Sie die Befestigungen nach dem Lockern durch mehrfaches Drehen lösen müssen. Unten an den Ausfallenden befinden sich kleine Abschlussränder. Deren Aufgabe ist es, das Rad zu halten, selbst wenn sich die Befestigung während des Fahrens löst. Bei Schnellspannern bedeutet dies, dass Sie an einem Ende des Schnellspanners die Mutter halten und den Hebel am anderen Ende einige Male drehen müssen, bis genügend Platz ist. Dann ziehen Sie das Rad nach oben heraus und lösen dabei die Achse vom Ausfallende.

Vorderräder sollten keine Probleme bereiten.

Reifenpannen

Das Ab- und Aufmontieren von Reifen

Das Abmontieren von Reifen und Schlauch ist beim Vorder- und Hinterrad identisch. Es gibt allerdings einige Kombinationen von Reifen und Rad, die sich etwas schwerer voneinander trennen lassen.

Normalerweise lassen sich breitere Reifen leichter entfernen als schmale Reifen, Mountainbike-Reifen leichter als die Reifen von Hybrid- oder Rennrädern und Reifen in Normalgröße leichter als die kleineren Modelle von Einkaufs- und Klapprädern.

Am schnellsten sind Sie wieder fahrbereit, wenn Sie einen neuen Schlauch einziehen und den alten bei Gelegenheit flicken und zu Ihrem Ersatzschlauch machen. Falls Sie Reifenpannen auf dem Weg zur Arbeit fürchten, nehmen Sie immer einen Ersatzschlauch in der passenden Größe mit, um jederzeit für den Notfall vorbereitet zu sein. Die passende Größe können Sie an der Seitenwand des Reifens ablesen – die Standardgröße bei Mountainbikes ist 26 Zoll, bei Hybridrädern 700C. Der Durchmesser ist dabei viel ent-

DAS ABMONTIEREN EINES REIFENS

Schritt 1: Das Abmontieren eines Reifens ist am einfachsten, wenn der Schlauch nur noch wenig Luft enthält. Selbst wenn der Reifen ein Loch hat, empfiehlt es sich, auch noch die Restluft herauszulassen. Bei Schrader-Ventilen nehmen Sie die Ventilkappe ab und drücken den Stift in der Mitte des Ventils nach unten – mit dem Fingernagel oder einem kleinen Schraubenzieher sollte es klappen. Bei Presta-Ventilen nehmen Sie die Ventilkappe ab, schrauben oben die Fingermutter einige Umdrehungen auf und drücken sie nach unten.

Schritt 2: Während Sie den Ventilstift nach unten drücken drehen Sie den Reifen und massieren ihn mit den Händen, bis Sie keine Luft mehr entweichen hören. Fahren Sie mit der Hand auf einer Reifenseite ganz herum, und schieben Sie den Reifen von der Felgenwand, sodass er in der Vertiefung in der Mitte der Felge direkt über den Speichenlöchern sitzt wie abgebildet. So entsteht zusätzliche Entspannung im Reifenwulst und der Reifen lässt sich leichter herausnehmen.

Schritt 3: Halten Sie das Rad so, dass die Reifenseite, auf der Sie den Reifenwulst gelockert haben, zu Ihnen schaut und die gelockerte Stelle nahe bei Ihnen ist. Beginnen Sie in Ventilnähe, und heben Sie den Reifenwulst nach oben. Wählen Sie den Bereich klein genug, dann sollte der Reifenwulst nach oben und über den Seitenrand der Felge zu heben sein. Sobald Sie den Reifen ein Stück aus der Felge gehoben haben, lassen Sie ihn nach unten los, sodass er außen über die Felge hängt.

Schritt 4: Arbeiten Sie sich vorsichtig um den Reifen. Beginnen Sie dort, wo Sie bereits ein Stück herausgehoben haben und heben Sie jeweils ein weiteres Stück heraus, bis der gesamte Reifen auf einer Seite aus der Felge hängt. Greifen Sie in den Reifen und ziehen sie den Schlauch heraus. Rütteln Sie am Ventil, bis es sich von der Felge löst, sodass der Schlauch komplett herauskommt. Nun dürfte die andere Seite des Reifens problemlos aus dem Rad zu nehmen sein.

Schritt 5: Sollten Sie feststellen, dass Sie den Reifen nicht mit der Hand herausheben können, müssen Sie einen Reifenheber benützen. Beginnen Sie mit einem einzigen Reifenheber. Wählen Sie eine Stelle, die nicht in Ventilnähe ist und in einer Linie mit einer Speiche liegt. Schieben Sie den Reifenwulst von der Felge fort und schieben Sie den Reifenheber gerade in den Spalt unter dem Reifenwulst. Klappen Sie den Reifenheber vorsichtig nach außen, bis Sie das andere Ende unter eine Speiche klemmen und damit sichern können.

Schritt 6: Direkt neben dem Reifenheber, den Sie bereits platziert haben, und in einer Linie mit der übernächsten Speiche schieben Sie den zweiten Reifenheber unter den Reifenwulst und klappen ihn zurück, sodass Sie das Ende wiederum hinter der Speiche einhängen können. Verfahren Sie im gleichen Abstand mit dem dritten Reifenheber ebenso. Ziehen Sie dann den mittleren der drei Reifenheber heraus, und platzieren Sie ihn im selben Abstand von Reifenheber Nummer zwei. Fahren Sie fort, bis der Reifen aus der Felge hängt.

Das Ab- und Aufmontieren von Reifen

scheidender als die Breite, daher decken die meisten Schlauchdurchmesser mehrere Breiten ab. Ein 700C-Schlauch beispielsweise passt für Reifenbreiten von 28 bis 38 Millimeter. Man muss sich auch mit einer Reihe verschiedener Ventiltypen herumschlagen. Die gängigen Typen sind Presta-Ventile (die dünnen Ventile für Rennräder) und Schrader-Ventile (Autoventile). Für das Radfahren an sich ist der Ventiltyp unerheblich, es ist aber sinnvoll, an beiden Reifen dieselben Ventile zu verwenden, weil viele Luftpumpen nur eine Sorte aufpumpen.

Beim Einziehen des Schlauchs, insbesondere wenn es ein alter geflickter Schlauch ist, werden Sie meinen, er sei viel zu dick, um in den Reifen zu passen. Keine Panik, das ist ganz normal. Achten Sie lediglich darauf, das scheinbare „Zuviel" möglichst gleichmäßig einzupassen und nicht am Schluss ein großes Stück übrig zu behalten und dieses an einer einzigen Stelle in den Reifen zu stopfen.

Wir zeigen Ihnen hier, wie Sie den Reifen ohne Reifenheber abmontieren. Sie sollten diesen äußerst nützlichen Kniff aus zwei Gründen erlernen. Erstens brauchen Sie nicht daran zu denken, ständig einen Reifenheber bei sich zu haben, wenn Sie so vergesslich sind wie ich, ist dies bereits ein großer Vorteil.

Zweitens kann es auch bei großer Sorgfalt passieren, dass man den Schlauch mit dem Reifenheber beschädigt, wenn man sich abmüht, den Reifen aus oder in die Felge zu bekommen. Bei einem Schlauch, den Sie ohnehin ausrangieren möchten, macht das nichts, aber es ist schon äußerst ärgerlich, einen neuen Schlauch zu beschädigen, noch bevor man überhaupt damit gefahren ist. Bevor Sie also zum Reifenheber greifen, sollten Sie es immer ohne probieren. Allerdings gibt es immer wieder Reifen, die auch den kräftigsten Daumen Widerstand leisten, das ist aber kein Grund zum Verzweifeln.

DAS AUFZIEHEN DES REIFENS

Schritt 1: Haben Sie den Reifen von der Felge genommen, untersuchen Sie ihn innen sorgfältig, um herauszufinden, was das Loch verursacht hat. Dieser Schritt ist sehr wichtig, wird aber häufig außer Acht gelassen. Schauen Sie sich auch die Außenseite gründlich an und entfernen Sie jegliche Fremdkörper. Überprüfen Sie, ob das Felgenband alle Speichenköpfe/Speichenlöcher bedeckt.

Schritt 2: Nun können Sie den Reifen wieder montieren. Stecken Sie eine Seite des Reifens per Hand vorsichtig in die Felge, sodass der eine Reifenwulst rundherum gut in der Felge sitzt – das sollte ohne Reifenheber gelingen. Pumpen Sie in den neuen Schlauch (oder den geflickten alten Schlauch) etwas Luft – normalerweise wird er in diesem Stadium immer schon zu stark aufgepumpt, wodurch das Einpassen der anderen Reifenseite erschwert wird.

Schritt 3: Schauen Sie, wo das Ventilloch ist, klappen Sie dann die lose Seite des Reifens zurück, sodass Sie das Loch sehen können. Drücken Sie das Ventil durch das Ventilloch und anschließend den restlichen Schlauch wieder in den Reifen. Der Schlauch kann Ihnen etwas zu groß vorkommen, besonders wenn er neu ist. Verteilen Sie ihn möglichst gleichmäßig im Reifen, ohne größere Beulen.

Schritt 4: Beginnend am Ventilloch setzen Sie den losen Reifenwulst in die Felge. Anfangs geht es leicht und wird dann zunehmend knapper. In dieser Phase kann es hilfreich sein, wieder etwas Luft aus dem Schlauch zu lassen. Verstauen Sie den Schlauch gut im Reifen, damit nichts unter den Reifenwulst gerät. Wenn nur noch wenige Zentimeter des Reifens außerhalb der Felge sind, heben Sie mit beiden Daumen jeweils ein kleines Stück Reifen hoch und in die Felge.

Schritt 5: Je schwieriger es nun wird, desto mehr Luft lassen Sie aus dem Reifen. Streichen Sie über die gegenüberliegende Seite des Reifens, damit der Reifenwulst von der Innenfläche der Felge abhebt und gut in die Felge gleitet, was Ihnen etwas mehr Platz verschafft. Falls Sie doch auf Reifenheber zurückgreifen müssen, heben Sie damit jeweils nur ein sehr kleines Stück des Reifens an, um den Wulst so wenig wie möglich dehnen zu müssen. Sie sollten nur mit einem einzigen Reifenheber arbeiten.

Schritt 6: Sobald Sie den gesamten Reifen wieder in der Felge haben, drücken Sie das Ventil gerade nach oben in den Reifen, damit der Schlauch nicht unter dem Reifenwulst eingeklemmt wird. Ziehen Sie dann das Ventil wieder aus der Felge. Pumpen Sie den Reifen auf den Wert auf, der auf der Reifenwand angegeben ist. Sollte der Ventilkörper mit einer Mutter ausgestattet sein, drehen Sie diese nun per Hand wieder auf. Setzen Sie die Ventilkappe auf. Auf Seite 80 finden Sie eine Anleitung zum Montieren von Hinter- und Vorderrad.

Reifenpannen

Das Montieren des Hinterrads

Nachdem das Loch im Reifen behoben ist, müssen Sie das Hinterrad wieder am Fahrrad montieren. Diese Vorstellung wird Sie möglicherweise entmutigen! Aber keine Panik, es ist bedeutend einfacher, als Sie glauben.

Wichtig ist, den Vorgang einmal in aller Ruhe zu üben, damit Sie sich im Fall einer Panne schon sicherer fühlen.

Haben Sie diese Aufgabe vier- oder fünfmal erledigt, werden Sie rückblickend gar nicht mehr verstehen, was Sie daran so aufregend gefunden haben. Während das Rad noch kopfüber steht, überprüfen Sie, dass der Umwerfer möglichst weit von der Mitte des Fahrrads entfernt eingestellt ist. Hierzu müssen Sie zur Schaltung hinunterfassen und solange probieren, bis der Umwerfer in der richtigen Position ist. Stellen Sie sich nun hinter das Fahrrad, das Rad in der rechten Hand, die Kassette ist links.

DAS MONTIEREN DES HINTERRADS

  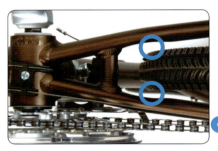

Schritt 1: Als Nächstes müssen Sie in der Kettenschlaufe für die Kassette Platz schaffen. Nehmen Sie den Umwerfer mit der linken Hand und legen Sie Ihren Zeigefinger auf den vordersten Höcker des Umwerfers. Legen Sie den linken Daumen auf die Öse hinter der Führungsrolle (beim auf dem Kopf stehenden Fahrrad ist diese am weitesten vom Boden entfernt). Halten Sie den Daumen ruhig, ziehen Sie den Finger zurück und öffnen Sie den Umwerfer.

Schritt 2: So entsteht in der Kette eine großzügige Schlaufe. Führen Sie das Hinterrad zurück in den Rahmen zwischen die Bremsen. Gehen Sie auf den kleinsten Zahnkranz der Kassette, damit er oben auf der kleinsten Kettenschlaufe sitzt. Sobald Kette und Zahnkranz ineinander greifen, führen Sie die Achse in die Ausfallenden, am meisten Aufmerksamkeit verlangt dabei das Ausfallende in Kassettennähe. Drücken Sie das Rad fest hinein, damit es unten sicher in den Ausfallenden sitzt.

Schritt 3: Überprüfen Sie die Position des Rades. Zwischen Reifen und Rahmen sollte ein gleichmäßiger Abstand sein. Prüfen Sie bei der Hintergabelstrebe und der Kettenstrebe. Falls nötig, schieben Sie die Achse leicht in die Ausfallenden. Ziehen Sie die Radmuttern oder Schnellspanner fest an. Wenn Sie nicht mehr genau wissen, wie die Schnellspanner funktionieren, lesen Sie auf Seite 76 nach. Schließlich befestigen Sie die Bremsen wieder. Drehen Sie das Hinterrad, um zu kontrollieren, dass die Bremsen nicht schleifen.

Das Montieren des Vorderrads

Dies ist bedeutend einfacher als das Montieren des Hinterrads, aber der erste Versuch kann ebenfalls entmutigend sein. Das Rad steht kopfüber und Sie senken das Rad in die Gabel. Haben Sie Scheibenbremsen, führen Sie die Bremsscheibe vorsichtig in die Lücke im Bremssattel. Setzen Sie die Achse in die Ausfallenden und rütteln Sie am Rad, um zu überprüfen, dass die Achse möglichst weit darin bleibt. Hat Ihr Fahrrad eine Achse mit Muttern, kontrollieren Sie, ob eine Unterlegscheibe am äußeren Ende jedes Ausfallendes ist und ziehen Sie dann die Achsmuttern fest an. Hat Ihr Fahrrad einen Schnellspanner, ziehen Sie diesen fest an (sehen Sie auf Seite 76 nach, falls Sie unsicher sind, wie das geht). Kontrollieren Sie jetzt, ob der Abstand zwischen Reifen und Gabel auf beiden Seiten gleich ist.

Falls der Abstand auf einer Seite größer ist, lösen Sie die Achsmuttern oder den Schnellspanner, wackeln Sie am Rad, um es zu zentrieren, und ziehen Sie es dann wieder fest an. Zum Schluss befestigen Sie die Bremsen wieder! Dies wird leicht vergessen. Drehen Sie das Rad, um zu sehen, ob es frei läuft und um zu kontrollieren, dass die Bremsklötze weder an der Felge festsitzen noch auf den Reifen hängen.

Pannenausrüstung

Die Pannenausrüstung muss so klein und leicht sein, dass es Ihnen nichts ausmacht, sie immer dabei zu haben, sie soll aber auch das Wichtigste für den Notfall enthalten. Man kann natürlich nicht jede Eventualität berücksichtigen, einige Grundwerkzeuge erweisen sich für die meisten Fälle als ausreichend.

Falls Sie eine Panne haben und Ihnen für die Reparatur das nötige Werkzeug fehlt, schieben Sie das Rad entweder ins nächste Fahrradgeschäft oder Sie schließen es ab, setzen die Fahrt mit einem öffentlichen Verkehrsmittel fort und kommen später mit dem passenden Werkzeug zurück.

Die häufigste Panne, mit der Sie es zu tun haben werden, ist ein Loch im Reifen. Am besten üben Sie das Flicken eines Lochs in aller Ruhe, sodass Sie es nicht bei einer Panne in Kälte und Dunkelheit zum ersten Mal machen müssen. Bei einer Probereparatur zu Hause können Sie auch gleich alles in Ihre Pannenausrüstung packen, was Sie zum Flicken benötigen.

Am leichtesten werden Sie mit einem platten Reifen am Straßenrand fertig, indem Sie einen neuen Schlauch einziehen. Entsorgen Sie den kaputten Schlauch aber nicht, sondern nehmen Sie ihn mit nach Hause, suchen und flicken Sie das Loch und nehmen den Schlauch künftig als Ersatzschlauch mit. Minipumpen sind die einzig vernünftige Lösung für unterwegs. Zwar kostet das Aufpumpen eines Reifens mehr Mühe als mit einer großen Pumpe, aber Sie werden die Pumpe hoffentlich mehr spazieren fahren als benutzen. Prüfen Sie den Ventiltyp. Viele Pumpen sind zwar inzwischen so ausgestattet, dass sie auf jeden Ventiltyp passen, aber falls dies bei Ihrer Pumpe nicht der Fall ist, sorgen Sie für den passenden Aufsatz.

Die meisten Minipumpen werden mit Klammern geliefert, mit denen die Pumpe am Rahmen befestigt werden kann. Das ist sinnlos, solange Sie Ihr Fahrrad gelegentlich abgeschlossen irgendwo abstellen müssen, denn es wird immer jemanden geben, der nicht widerstehen kann und mit der Pumpe davonspaziert. Zum Glück sind die Pumpen so klein, dass sie gut in die Tasche passen. Mir persönlich gefallen die Pumpen mit integriertem Druckmesser. Dieser ist zwar nicht besonders genau, aber man hat bei der nervtötenden Beschäftigung des Reifenaufpumpens ein Ziel vor Augen.

Hat Ihr Fahrrad Räder mit Muttern, müssen Sie einen Schraubenschlüssel dabei haben, um die Räder abmontieren zu können. Vorder- und Hinterrad haben häufig Muttern unterschiedlicher Größe – das Hinterrad zumeist 15 Millimeter, das Vorderrad 13, 14 oder 15 Millimeter. Mehrfachschlüssel (verschiedene Größen auf einem flachen Metallstück) scheinen eine reizvolle Option zu sein, sind in der Praxis aber eher verwirrend als hilfreich: durch ihre Form sind sie unhandlich und man hat nie genug Hebelwirkung, um Muttern fest genug anzuziehen. Ein kleiner verstellbarer Schraubenschlüssel ist eine deutlich bessere Lösung – kaufen Sie in einem Werkzeuggeschäft oder Eisenwarenladen ein Teil in guter Qualität.

Ein Sortiment an Inbusschlüsseln ist unverzichtbar. Sie können damit den Sattel höher oder tiefer stellen, gelockerte Muttern nachziehen oder Zusatzteile montieren. Am besten sind Klapp-sets mit verschiedenen Größen, die gut aufgehoben sind, wenn man sie nicht braucht. Für die meisten Probleme werden Sie mit einem Grundset mit 4-, 5- und 6-mm-Inbusschlüsseln und zusätzlich einem Schlitz- und einem Kreuzschlitzschraubenzieher gut ausgerüstet sein. Wie bei den Schweizer Messern werden die Modelle immer umfangreicher, aber es kommt ein Punkt, wo sie einfach zu schwer werden und im Gebrauch unhandlich sind.

Ein Kettenwerkzeug ist nützlich, wenn man damit umgehen kann – bitten Sie im Fahrradgeschäft um eine ausrangierte alte Kette, mit der Sie üben können. Die Seiten 146 und 147 zeigen Ihnen das Öffnen und Zusammenbauen einer Kette. Fahren Sie mit einer Shimano-Kette, müssen Sie einen besonderen Ersatzstift dabei haben, um berechtigte Hoffnung hegen zu dürfen, die Kette wirklich selbst reparieren zu können. Es gibt sie in verschiedenen Größen, je nach der Anzahl Zahnkränze auf Ihrer Kassette. Auf Seite 148 finden Sie weitere Einzelheiten. Der letzte Punkt auf der Liste mag übertrieben erscheinen, aber Gummihandschuhe wiegen fast nichts und nehmen in der Pannenausrüstung auch keinen Platz weg. Sie schützen aber vor gröberen Verschmutzungen mit Fett und Schmiere, wenn Sie am Straßenrand etwas reparieren müssen. Bei den Händen fängt es an, dann holen Sie Werkzeug aus Ihrer Tasche und bedecken es mit Schmiere, legen die Hände auf den Lenker, der ebenfalls Schmutzspuren zurückbehält, die Sie dann beim Losfahren an den Händen finden. Wenn Sie auf Handschuhe verzichtet haben, werden Sie sich ärgern.

Packen Sie die gesamte Notfallausrüstung in eine gesonderte Tasche, damit Sie zu Hause nicht in Versuchung kommen, schnell einen Inbusschlüssel herauszuholen. In einer Tasche bleibt alles trocken, korrodiert nicht und ein festes Material wie Cordura verhindert auch, dass das Werkzeug unterwegs Löcher bohrt. Mit der Zeit wird die Notfallausrüstung anwachsen. Meine enthält immer einige Kabelbinder, die auch bei allen anderen Arten von Notfällen gute Dienste leisten.

Checkliste für die Notfallausrüstung

- Ersatzschlauch (in der richtigen Größe und mit dem passenden Ventil)
- Pumpe
- Flickzeug
- Schraubenschlüssel in der richtigen Größe, falls Sie Radmuttern haben
- Inbusschlüssel – zumindest in den Größen vier, fünf und sechs Millimeter
- Kettenwerkzeug (falls nötig mit den entsprechenden Shimano-Ersatzstiften)
- Gummihandschuhe oder Feuchttücher

So verhindern Sie Reifenpannen

Reifenpannen lassen sich leichter verhindern als reparieren. Befolgen Sie die nachfolgenden einfachen Schritte, und Sie werden bedeutend weniger Reifenpannen haben. Einige Maßnahmen haben zudem günstige Nebenwirkungen – voll aufgepumpte Reifen rollen glatter und nutzen sich langsamer ab, bekommen aber auch nicht so schnell einen Platten, was Geld und Energie spart.

- Achten Sie stets auf voll aufgepumpte Reifen. Weiche Reifen werden viel schneller platt als feste Reifen. Ein harter Reifen rollt über einen Glassplitter, ohne dass dieser sich wie in einen weichen Reifen bohren kann. Der maximale Druck, den Ihr Reifen verträgt, ist auf der Reifenwand angegeben. Verwenden Sie eine richtige Fahrradpumpe mit einem Druckanzeiger – die Pumpen an den Tankstellen sind nicht so genau, weil sie für Autoreifen mit einem viel größeren Volumen gedacht sind.
- Inspizieren Sie regelmäßig die Laufflächen beider Reifen. Glassplitter, Steinchen und Ähnliches brauchen häufig ein paar Wochen, bis sie sich den Weg durch den dicken Reifengummi gebahnt haben. Wenn Sie regelmäßig alles Verdächtige entfernen, hat es keine Chance, sich festzusetzen.
- Tauschen Sie abgenutzte Reifen aus. Wenn erst einmal ein Großteil des Profils abgenutzt ist, wird die Lauffläche rissig und schadhaft, und Fremdkörper können sich wiederum leichter festsetzen.
- Benutzen Sie pannensichere Reifen. Sie sind in den letzten Jahren bedeutend wirksamer geworden und reduzieren die Reifenpannen beträchtlich. Eine Extraschicht eines festen Materials unter dem Profil lässt nur noch die spitzesten Glassplitter, Steine oder Sonstiges durch. Diese Reifen sind aber nicht absolut sicher, gelegentlich werden Sie trotzdem eine Panne haben. Kommen Sie also nicht auf die Idee, das Pannenhilfeset zu Hause zu lassen, auch wenn sich die Häufigkeit von Reifenpannen deutlich reduzieren wird.
- Sollten Sie den Eindruck bekommen, mehr als genug Reifenpannen zu haben, gönnen Sie sich Schläuche, die mit Reifendichtmittel vorgefüllt sind. Bekommt diese Schläuche ein Loch, fließt das Dichtmittel in das Loch und versiegelt es. Die vorgefüllten Schläuche sind sehr viel angenehmer als die Modelle, bei denen Sie das Material selbst in den Schlauch füllen müssen. Es gibt verschiedene Marken. Die Dichtmittel sind für kleinere Löcher sehr gut geeignet, bei einem größeren Riss sind sie jedoch ungeeignet. Sie quellen dann aus dem Schlauch und verteilen sich überall, wo Sie es nicht haben möchten. In diesem Fall putzen Sie das Dichtmittel vom Fahrrad, bevor es antrocknet.
- Kontrollieren Sie auch immer die Seitenwände der Reifen auf kleine Schnitte oder Spalten, aus denen der Schlauch unter Belastung hervorquellen könnte.
- Falls Sie häufig viel Gewicht transportieren, zum Beispiel schwere Körbe oder ein Kind, fahren Sie mit Reifen des größten Durchmessers, der zu Ihrem Rad und dem Rahmen passt.
- Vermeiden Sie es, direkt im Rinnstein zu fahren, denn dort sammeln sich häufig größere Glassplitter an. Auf der Straße selbst bewegen Sie sich in einem Bereich, in dem Autoreifen ständig alle Steine und Rückstände zerdrücken, sodass sie zu klein werden, um großen Schaden anzurichten. Bedenken Sie aber auch, in welche Gefahr Sie sich bringen, wenn Sie in Schlangenlinien fahren, um Glassplittern auszuweichen. Autofahrer achten nicht so genau auf die Straßenoberfläche und rechnen daher nicht damit, dass sie plötzlich auf ihre Spur ausweichen.

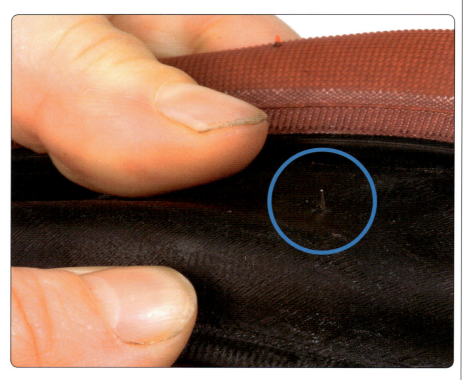

Glas, Dornen und Reißnägel können sich langsam durch den Reifen arbeiten.

Reifenpannen: Ein Loch im Reifen flicken

Das Flicken eines Lochs im Reifen ist eigentlich nicht sehr kompliziert – nur beim ersten Mal am Straßenrand kann es zu einem kleinen Albtraum werden. Zudem ist es eine Tatsache und keine Einbildung, dass Reifenpannen vorzugsweise bei Regen auftreten: Nasser Gummi lässt sich leichter schneiden, daher sind die Reifen bei Regen anfälliger. Wenn möglich ziehen Sie bei einem Loch im Reifen einen neuen Schlauch ein, nehmen den kaputten Schlauch mit nach Hause, reparieren ihn und benutzen Sie ihn als Ersatzschlauch.

Ein Loch flicken

Bevor Sie ein Loch flicken können, müssen Sie es erst einmal gefunden haben. Prüfen Sie die Lauffläche des Reifens, bevor Sie ihn abnehmen – möglicherweise entdecken Sie die Ursache noch im Reifenprofil. Behalten Sie den verdächtigen Bereich im Auge, während Sie den Reifen vom Rad abmontieren. So haben Sie schon eine Vorstellung davon, wo Sie mit der Suche beginnen können. Sind Sie unsicher, wie Sie den Schlauch am besten aus dem Reifen bekommen, lesen Sie auf Seite 78 bis Schritt 4. Beim Ersetzen des Schlauchs folgen Sie denselben Anleitungen und verwenden statt eines neuen Schlauchs den geflickten.

Haben Sie den kaputten Schlauch vollständig aus dem Reifen und vom Rad entfernt, pumpen Sie ihn auf. Dabei wird der Schlauch dicker und größer und ist schließlich so groß, dass Sie sich nicht vorstellen können, dass er jemals in den Reifen gepasst hat. Sie müssen viel Luft in den Schlauch pumpen, um das Loch gut zu erkennen, der Schlauch sollte sechs bis acht Zentimeter dick sein.

Möglicherweise hören Sie Luft aus dem Loch entweichen, wodurch dieses leicht zu finden ist. Sollte dies nicht der Fall sein, streichen Sie vorsichtig über die Schlauchfläche. Sollten Sie noch immer keinen Anhaltspunkt haben, führen Sie den Schlauch langsam an Ihrem Gesicht vorbei, da die Haut hier empfindlicher ist und Sie den Luftzug leichter spüren. Haben Sie das Loch noch immer nicht entdeckt, müssen Sie auf den traditionellen Eimer Wasser zurückgreifen. Tauchen Sie nach und nach immer ein kleines Stück Schlauch ins Wasser, drücken Sie ihn leicht und achten Sie auf Luftblasen im Wasser. Bei einem kleinen Loch sind es möglicherweise nur ein oder zwei kleine Bläschen. Lassen Sich auch das Ventil nicht aus – sollten sich dort Luftblasen bilden, setzen Sie einen neuen Schlauch ein. Haben Sie das Loch noch immer nicht gefunden, pumpen Sie den Schlauch noch stärker auf und versuchen Sie Ihr Glück erneut. Selbst wenn Sie ein Loch gefunden haben, prüfen Sie auch den restlichen Schlauch, denn es könnte noch mehr Löcher geben. Nachdem Sie den ganzen Schlauch kontrolliert haben, lassen Sie die restliche Luft heraus.

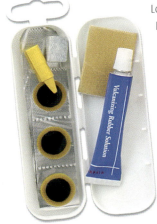

Flickzeug braucht nicht viel Platz, sorgt aber dafür, dass Sie rasch wieder fahrbereit sind.

Sobald Sie das Loch entdeckt haben, markieren Sie es sofort, indem Sie es beispielsweise mit einem Kugelschreiber einkringeln. Trocknen Sie den Schlauch gegebenenfalls ab. Enthält Ihr Flickzeug ein Stück Sandpapier, rauen Sie damit den Bereich um das Loch etwas auf, damit der Kleber besser darauf hält, aber übertreiben Sie es nicht. Nehmen Sie den Kleber und verteilen Sie ihn vorsichtig um das Loch. Am besten beginnen Sie auf dem Loch und führen den Kleber dann spiralförmig nach außen. Seien Sie großzügig damit, um keinen Fleck auszulassen. Achten Sie darauf, dass der mit Kleber bedeckte Bereich etwas größer ist als der Flicken. Lassen Sie den Kleber vollständig antrocknen. Das dauert mindestens fünf Minuten, bei Kälte bis zu zehn Minuten. Der Flicken hält nicht, wenn der Kleber noch feucht ist.

Der Flicken selbst befindet sich zwischen zwei Lagen, normalerweise durchsichtiges Plastik über dem Flicken und Folie unter dem Flicken. Es ist wichtig, dass Sie die Unterseite des Flickens beim Hantieren nicht berühren, da das Hautfett seine Klebefähigkeit vermindern würde. Ziehen Sie die Folie von der Unterseite ab, lassen Sie die Plastikschicht aber noch dran, damit Sie den Flicken halten können.

Legen Sie den Flicken nun sorgfältig auf die mit Kleber bestrichene Fläche. Verändern Sie nichts mehr daran, sobald er Kontakt mit dem Kleber hat. Nun ziehen Sie den Plastikstreifen ab und drücken die Kanten sorgfältig an. Halten Sie den Flicken fest auf den Schlauch gedrückt, damit er trocknen kann. Der Plastikstreifen ist normalerweise unterteilt, sodass Sie Ihn aufbrechen und abziehen können, aber ich verzichte normalerweise darauf, denn auch bei größter Sorgfalt kann es passieren, dass Sie auch den Flicken wieder mit abziehen. Vom Gewicht her macht es sich nicht negativ bemerkbar, wenn Sie den Plastikstreifen auf dem Flicken lassen. Enthält Ihr Flickzeug ein Stückchen Kreide, reiben Sie etwas Kreide auf den überschüssigen Kleber, damit er nicht an der Innenseite des Reifens festkleben kann. Das ist aber nicht sehr wichtig. Keine Sorge also, falls Sie keine Kreide haben. Belasten Sie den Flicken nicht, indem Sie den Schlauch probehalber aufpumpen – er klebt erst dann richtig, wenn der Luftdruck ihn gegen die Reifeninnenseite drückt.

Bei Kälte können Sie die Klebekraft des Klebers etwas unterstützen, indem Sie den Kleber zwischen Ihren Handflächen wärmen. Ist es so kalt, dass Sie die Hände in die Taschen stecken müssen, klemmen Sie sich die Tube zwischen Arm und Körper. Kontrollieren Sie, dass der Flicken flach auf dem Schlauch anliegt und lassen Sie ihn ein paar Minuten ruhen, bis der Kleber so gut hält, dass Sie mit dem Schlauch hantieren können, ohne den Flicken wieder abzureißen.

6 – Die Bremsen

Den Bremsen Ihres Fahrrads sollten Sie mehr Aufmerksamkeit schenken als allen anderen Komponenten zusammen. Häufiges, auch plötzliches und entsprechend kraftvolles Bremsen gehört untrennbar zum Radfahren in der Stadt. Haben Sie gelernt, wie Ihre Bremsen funktionieren und wie man sie am besten einstellt, können Sie selbst immer für eine optimale Bremskraft sorgen. Häufiges Radfahren verschleißt die Bremsklötze relativ schnell, sodass Sie bald im Austauschen der Klötze Übung haben werden.

Die Bremsen: Funktionsweise

Wenn es an Ihrem Fahrrad etwas gibt, was wirklich immer gut funktionieren muss, so sind es die Bremsen. Zum Glück lassen sie sich auch am einfachsten warten – alles ist gut sichtbar, und falsche Einstellungen machen sich sofort bemerkbar.

Bevor Sie sich Gedanken über die Unterschiede der verschiedenen Bremstypen machen, betrachten Sie erst einmal deren Gemeinsamkeiten. Felgenbremsen, V-Bremsen und Scheibenbremsen funktionieren alle, indem Sie ein spezielles Material gegen ein rotierendes Rad drücken, entweder gegen die Felge oder gegen eine Scheibe in der Mitte des Rads. Wenn Sie regelmäßig mit dem Rad fahren, ist der einzige wirklich große Feind des wirksamen Bremsens eine Verschmutzung der Bremsflächen. Jeglicher Schmutz, der sich zwischen den Bremsflächen absetzen kann, verschlechtert die Bremsfunktion und verschleißt die Flächen, was teuer werden kann. Die wichtigste Wartung des Bremssystems ist eine regelmäßige Inspektion der Felgen oder Bremsscheiben und der Bremsklötze oder Bremsbeläge.

Felgenbremsen verschmutzen leichter als Scheibenbremsen. Die Felgen befinden sich näher am Boden, wo sie nass und schmutzig werden, und auch näher an den Reifen, von denen Schmutz auf die Bremsflächen geschleudert wird. Eine Bremsscheibe ist vergleichsweise sicher und weit genug von den Reifen entfernt, um nicht so rasch zu verschmutzen.

Welcher Bremshebel betätigt welche Bremse?

Jeder Bremshebel betätigt nur eine Bremse. Welcher Hebel für welche Bremse zuständig ist, hängt im Allgemeinen davon ab, auf welcher Straßenseite gefahren wird, die Bremsen werden also je nach Land unterschiedlich montiert. Hierfür gibt es einen guten Grund: Man geht normalerweise davon aus, dass das schwierigste Manöver, das ein Radfahrer im Verkehr zu bewältigen hat, das Abbiegen über die Gegenfahrbahn ist. Beim Zeichengeben strecken Sie einen Arm aus, sodass nur noch eine Hand bremsen und lenken kann, während Sie auf eine Lücke im Verkehr warten. In diesem Fall ist es besser, die Hinterradbremse als die Vorderradbremse zu benutzen. In Großbritannien kreuzt man beim Rechtsabbiegen die Gegenfahrbahn, nur die linke Hand befindet sich also am Lenker, und daher betätigt der linke Bremshebel die Hinterradbremse. In Deutschland und allen anderen Ländern, in denen rechts gefahren wird, ist die Bremshebelanordnung normalerweise umgekehrt, dort betätigt also der rechte Bremshebel die Hinterradbremse.

Bevor man an einem Rad hantiert und ein fremdes Rad fährt, sollte man dies aber überprüfen, denn bei einigen Fahrrädern könnten die Bremshebel nicht so angeordnet sein, wie man es erwartet. Welcher Bremshebel zu welcher Bremse gehört ist auch wichtig zu wissen, weil Sie leicht über den Lenker absteigen könnten, wenn Sie die Vorderbremse zu stark betätigen. Es ist ganz einfach, die Bremshebel zuzuordnen: Verfolgen Sie das Kabel, das vom Bremshebel abgeht – oder bei hydraulischen Bremsen den Bremsschlauch – bis zum Ende.

Verschmutzte Bremsklötze von Felgenbremsen können das Aluminium der Felge aufreiben, bis der Punkt erreicht ist, wo die Felge dem Druck des Reifens auf die Felgeninnenwand nicht mehr standhält. Ist die Felge einmal so stark abgenutzt, muss sie ausgetauscht werden, wobei der Kauf eines neuen Rads die billigste Methode ist.

Regelmäßige Reinigung der Bremsflächen

Die meiste Aufmerksamkeit erfordern Felgenbremsen. Wer in der Stadt wohnt, wird bald entdecken, dass sich auf den Felgen eine schwarze Schicht aufbaut. Diese Schicht bildet sich aus den Autoabgasen, sie verschleißt die Felgen und führt dazu, dass die Bremsklötze auf der Felge rutschen, anstatt zu greifen und das Rad sicher zum Halten zu bringen. Das Problem ist: Dieser Schmutz muss regelmäßig entfernt werden. Die Häufigkeit hängt vor allem vom Wetter ab – Regen beispielsweise verwandelt die Abgase in eine Schmiere, die fest auf den Felgen haftet. Um diese Schicht zu entfernen, ist vor allem eine Menge Muskelarbeit erforderlich. Regelmäßiges Putzen bevor die Schicht dicker wird, erleichtert die Arbeit.

Für die Felgenreinigung eignet sich die raue Seite von Nylon-Scheuerschwämmen am besten. Sie scheuern den Schmutz ab, sind aber nicht so hart, dass sie das Aluminium der Felgen beschädigen. Auch mit einem Putzlappen oder einem Geschirrtuch funktioniert die Felgenreinigung gut.

Sie werden eine gewisse chemische Unterstützung benötigen. Ein fettlösendes Geschirrspülmittel in warmem Wasser ist besser als nichts, doch ein spezieller Fahrradreiniger ist deutlich wirkungsvoller. Nützt dies alles nichts, greifen Sie zu einem richtigen Entfetter. Schrubben Sie die Felgen, bis sie vollständig schmutzfrei sind, und reiben Sie sie anschließend mit einem sauberen Lappen trocken.

Die Bremsen: Vergleich von Felgen- und Scheibenbremsen

Dieses Kapitel ist in Abschnitte für die verschiedenen Bremsen unterteilt. Die Grundunterscheidung erfolgt zwischen zwei Bremstypen: den Felgenbremsen, bei denen die Radfelge als Bremsfläche dient, und den Scheibenbremsen, die eine gesonderte Scheibe in der Radmitte als Bremsfläche benutzen. Felgenbremsen gibt es seit vielen Jahren, Scheibenbremsen sind bei Fahrrädern noch etwas Neues.

FELGENBREMSEN (V-, Cantilever- und Calliper-Bremsen)

Die Felgenbremsen unterteilen sich in drei Grundtypen. Rennräder – mit sehr leichten Rahmen und Rennlenkern – nutzen herkömmliche Calliper-Bremsen. Diese sind einfach und leicht, aber nicht sehr stark, also eher für allmähliches als für kraftvolles, plötzliches Bremsen gebaut. Dieser Bremstyp ist in der Wartung, einschließlich des Auswechselns der Bremsklötze und Bremszüge, am einfachsten.

Fahren Sie ohne Schutzbleche, brauchen diese Bremsen besondere Pflege, da alle Bremshalter direkt über der Reifenmitte sitzen. Somit befinden sie sich direkt in der Schusslinie von allem, was von der Straße hochgeschleudert wird.

V-Bremse.

V-Bremsen sind bei Mountainbikes und Hybridrädern noch immer am meisten verbreitet, auch wenn sie bei Mountainbikes langsam von den Scheibenbremsen abgelöst werden. Die V-Bremsen wurden ursprünglich als Ersatz für die Cantilever-Bremsen mit dem Argument eingeführt, das Austauschen der Bremsklötze sei bei ihnen einfacher als bei den Cantilever-Bremsen. Es ist zwar tatsächlich nicht kompliziert, beim ersten Mal aber trotz allem eine knifflige Angelegenheit.

Cantilever-Bremsen findet man üblicherweise an Tourenrädern und Cross-Rennrädern sowie an älteren Mountainbikes und Hybridrädern. Die Bremsklötze sind haltbar, es dauert allerdings eine Weile, bis das Bremssystem korrekt eingestellt ist, der Bremszug teilt sich direkt über der Bremseinheit, und der Winkel, den die beiden Teile zueinander einnehmen, ist für die wirksame Funktion der Bremse entscheidend. Gegenwärtig gibt es keine große Auswahl, wenn man die Bremseinheit austauschen möchte, es gibt nur sehr billige oder sehr teure Modelle. Zum Glück funktionieren auch die billigen Modelle sehr gut.

Cantilever-Bremse.

SCHEIBENBREMSEN (mechanisch und hydraulisch)

Scheibenbremsen arbeiten mit der abgespeckten Technologie von Motorradbremsen. Ursprünglich wurden sie nur bei Mountainbikes verwendet, schleichen sich aber vermehrt auch bei Hybridrädern ein. Ein wichtiges Argument für den Einbau in Mountainbikes ist ihre größere Bremskraft im Vergleich zu V-Bremsen. Ein durchschnittlicher Fahrradpendler wird aber tatsächlich eine

Calliper-Bremse.

bei weitem höhere Kilometerleistung erbringen als ein Wochenend-Mountainbiker, der nur ein- oder zweimal pro Monat mit dem Rad fährt. Fahrradpendler wissen daher den weiteren Vorteil der Scheibenbremsen zu schätzen: Die Felgen werden nicht abgenutzt. Unter diesem Gesichtspunkt ist eine separate Bremsscheibe sehr sinnvoll.

Bei mechanischen Scheibenbremsen wird der Bremsbelag im Bremssattel durch ein Kabel auf die Bremsscheibe gedrückt. In vielerlei Hinsicht sind mechanische Bremsscheiben für das Radfahren in der Stadt perfekt geeignet. Viele Teile sind die gleichen wie bei V-Bremsen, und sie passen auf denselben

Mechanische Scheibenbremse.

Scheibenträger am Rahmen und an der Gabel wie hydraulische Bremsen.

Hydraulische Bremsen sind noch stärker und werden hauptsächlich bei Mountainbikes verwendet. Anstelle eines Kabels zur Betätigung der Kolben sind Bremssattel und Bremshebel durch einen dünnen Schlauch verbunden, der mit nicht komprimierbarem Öl gefüllt ist. Durch Anziehen der Bremshebel werden die Beläge zusammengedrückt und bremsen dadurch die Bremsscheibe.

Hydraulische Scheibenbremse.

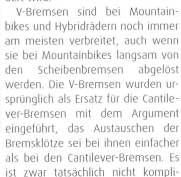

Die Bremsen

V-Bremsen: So heißen die einzelnen Teile

Oft wird gefragt, wofür das „V" bei V-Bremse steht. Es steht für „vertikal" – die Position der Bremseinheit. Diese Bremsen sind auch als „vertikale Zugbremse" bekannt. Sie sind leicht und leistungsstark und können mit etwas Übung problemlos eingestellt werden. Entscheidend ist die korrekte Position der Bremsklötze, zudem müssen die Kabel in gutem Zustand gehalten werden. Für fast alle Tätigkeiten, vom Einstellen bis zum Austauschen der Bremsklötze und Bremskabel, braucht man nur ein paar Inbusschlüssel und einen Kabelschneider.

V-Bremsen: So heißen die einzelnen Teile

A) Die erfolgreiche Einstellung der Bremse hängt davon ab, dass der Bremsklotz im richtigen Winkel auf die Felge trifft. Diesen Winkel stellt man in erster Linie durch Verschieben des Bremsklotzes auf der Bremseinheit ein. Der Bremsklotz besteht aus einem Gummiklotz und einem Metallbolzen mit Gewinde. Verschieden gebogene Unterlegscheiben werden über den Bolzen geschoben und mit einer Inbusmutter fixiert. Bevor die Inbusmutter ganz fest angezogen wird, kann wegen der unterschiedlichen Formen der Unterlegscheiben der Winkel des Bremsklotzes verändert werden. Sobald der richtige Winkel eingestellt ist, können Sie die Inbusmutter fest anziehen und der Bremsklotz bleibt genau dort, wo er soll. Diese kurze Beschreibung klingt sehr einfach, bei den ersten Versuchen werden Sie aber etwas Zeit brauchen, um die richtige Stellung zu finden.

B) Die Bremseinheit dreht sich um einen Bolzen, der aus dem Rahmen steht und als Bremshalter bezeichnet wird. Jede Einheit kann sich nur kreisförmig um den Bremshalter bewegen. Durch Betätigen des Bremshebels wird das Bremskabel durch die Kabelhülle gezogen und zieht seinerseits die beiden Bremseinheiten oben zusammen. Da die Radfelge zwischen den beiden Bremseinheiten rotiert, werden beim Zusammenziehen der Bremsen die Bremsklötze an die Felge gepresst und stoppen das Rad.

C) Nachdem Sie gebremst haben, müssen Sie den Bremshebel wieder losgelassen. Im selben Augenblick müssen sich auch die Bremsklötze wieder von der Felge lösen. Dies ist die Voraussetzung für eine neuerliche Bremsung. Wenn dies nicht geschieht, schleifen sie beim Weiterfahren an der Felge. Die flexiblen Kabel können die Bremsen zwar zusammenziehen, aber sie können sie nicht wieder von der Felge lösen. Hierfür ist jede Bremse mit einer speziellen Feder ausgerüstet. Wenn Sie den Bremshebel betätigen, spüren Sie den Widerstand, der von der Feder kommt. Sobald Sie den Hebel dann aber wieder loslassen, sodass sich das Kabel lockert, lässt die Feder jeder Einheit die Bremsklötze von der Felge springen. Jetzt ist die Bremse wieder für die nächste Bremsung bereit. Normalerweise kann man die Feder außen an der Bremse sehen (im Bild gegenüber). Aber keine Sorge, falls Sie die Feder an Ihrem Fahrrad nicht entdecken können. Wahrscheinlich verfügt es dann über Bremsen, die mit einer Schraubenfeder ausgestattet sind. Diese befindet sich, von außen unsichtbar, unten in der Bremseinheit.

D) Die Feder muss recht lang und dünn sein, daher braucht dieses sensible Teil jede Unterstützung um seine Aufgabe erfüllen zu können. Die Feder dient nicht nur dazu, die Bremsklötze wieder von der Felge zu lösen, sondern sie holt darüber hinaus auch das Kabel zurück, das beim Bremsen in Richtung Bremse geschoben wurde, und stellt den Bremshebel zurück in die Ausgangsposition, damit er wieder bremsbereit ist.

Jegliche Reibung im Kabel kann die Funktionstüchtigkeit der Bremse beeinträchtigen. Störend sind auch Knicke im Kabel oder der Kabelhülle. Sobald Schmutz in die Kabelhülle gelangt ist und die Öffnung verstopft, durch die das Innenkabel laufen soll, lässt es sich nicht mehr glatt durchschieben. Da der meiste Schmutz von den Reifen hochspritzt, ist jede Bremse mit einem schwarzen Faltenbalg aus Gummi umhüllt. Er schützt den Teil des Kabels zwischen den Bremseinheiten, der dem Reifen am nächsten ist.

E) Kurz bevor das Bremskabel die Bremseinheit erreicht, läuft es in eine gebogene Metallröhre, das sogenannte Führungsröhrchen. So wird gewährleistet, dass das Kabel weich in die Bremseinheit eingeführt wird. Das letzte Ende der Kabelführung ist zugespitzt und passt genau in das drehbare Lager auf der Bremseinheit. Es sitzt in einer speziellen keilförmigen Öffnung, was bei Spannung im Kabel ein Herausspringen des Führungsröhrchens aus der Kabelführung verhindert, die Bremsen können sich also nicht spontan lösen.

F) Jede Bremseinheit hat ihre eigene Rückholfeder. Zieht man den Bremshebel, geht man davon aus, dass die Federn gleichmäßig arbeiten und die Bremsklötze die Felge auf beiden Seiten gleichzeitig berühren. Dies ist aber häufig nicht der Fall, da eine Feder etwas kräftiger sein kann als die andere und ihren Bremsklotz länger von der Felge fernhält. Dadurch bewegt sich die Bremseinheit mit der schwächeren Feder zuerst an die Felge, und die andere wirkt erst, wenn der erste Bremsklotz bereits gegen die Felge gepresst wird. So entsteht ungleicher Druck auf die Felge, die bei jedem Bremsvorgang zu einer Seite verzogen wird. Zur Korrektur kann die Federkraft jeder Bremseinheit getrennt so nachgestellt werden, dass beide Bremsen gleichzeitig wirken. Folgen Sie der Anleitung auf Seite 95 zum Justieren der Bremseinheiten.

Das Führungsröhrchen fügt sich in eine keilförmige Öffnung, daher können sich die Bremsen nie spontan lösen.

Die Bremsen

V-Bremsen: Quick-Release-Verschluss

V-Bremsen haben einen Quick-Release-Verschluss, daher können Sie das Rad ab- und anmontieren, ohne die Luft aus dem Reifen lassen zu müssen. Vergessen Sie nicht, die Bremsen nach dem Wiedereinsetzen des Rads wieder anzuschließen!

Durch das Lösen und Wiederanschließen der Bremsen verändert sich deren Einstellung nicht. Es ist also einfach, ein Rad wieder zu montieren, da anschließend kein Nachstellen der Bremsen erforderlich ist. Es gibt allerdings einen wichtigen Punkt zu beachten: Beim Wiedereinsetzen des Rads müssen Sie unbedingt überprüfen, dass es vollständig und mittig in den Ausfallenden sitzt. Haben Sie das Hinterrad versehentlich schräg montiert, berühren die Bremseinheiten die Felge nicht im richtigen Winkel, die Bremsklötze können am Rad schleifen oder unter der Felge hängen und zwischen die Speichen geraten. Trotz des Quick-Release-Verschlusses der Bremsen sollten Sie nicht zu schnell vorgehen und anschließend die korrekte Bremsfunktion kontrollieren.

DAS LÖSEN DER BREMSE

Schritt 1: In der Mitte zwischen den beiden Bremseinheiten verläuft der Bremszug durch einen kleinen schwarzen Faltenbalg aus Gummi. Ziehen Sie diesen zum Kabelklemmbolzen, sodass das Ende des Führungsröhrchens frei liegt. Die Bremseinheiten müssen zusammengedrückt werden, damit im Kabel etwas Spiel entsteht. Sobald Sie die Einheiten zusammengedrückt haben, halten Sie sie von oben mit einer Hand so nah es geht an der Felge.

Schritt 2: Während Sie die Bremsen zusammengedrückt halten, ziehen Sie das Führungsröhrchen vom Kabelklemmbolzen ab und nach oben aus dem Drehlager. Das Ende des Führungsröhrchens löst sich aus der keilförmigen Öffnung, und Sie können das Kabel oben aus dem Schlitz in der Kabelführung ziehen. Gelegentlich muss man leicht daran rütteln, um es frei zu bekommen. Sobald sich das Führungsröhrchen aus der Kabelführung gelöst hat, springen die Bremseinheiten vollständig vom Rad zurück.

Schritt 3: Zum Wiederanschließen des Kabels die Bremseinheiten zusammenziehen und das Führungsröhrchen in die Kabelaufnahme schieben. Eventuell muss man die Einheiten sehr fest zusammendrücken, damit sich das Kabelstück, das aus dem Führungsröhrchen führt, in den engen Schlitz oben auf der Kabelaufnahme schieben lässt. Achten Sie darauf, dass das Ende des Führungsröhrchens aus der Kabelaufnahme heraussteht, wie es auf der Abbildung zu sehen ist. Drehen Sie das Rad und prüfen Sie, dass der Reifen nicht an den Bremsklötzen schleift.

So lässt sich das Führungsröhrchen auch dann leicht lösen, wenn die Bremsen sehr fest eingestellt sind

Dies ist ein recht häufiges Problem, besonders bei Kälte oder wenn die Hände nicht groß genug sind. Verursacht werden kann das Problem auch durch Bremskraftbegrenzer, die auf die Bremszüge der Vorderbremse montiert werden, damit die Bremse nicht so stark gezogen werden kann, dass das Vorderrad blockiert und Sie über den Lenker fliegen. Der Bremskraftmodulator besteht aus einer Feder in einer kleinen Metalltrommel auf dem Kabel. Diese Feder begrenzt die Kraft, mit der Sie den Bremshebel betätigen können. Keine sehr ausgefeilte Lösung, aber wirksam. Leider kann dies aber auch bedeuten, dass Sie die Bremseinheiten nicht fest genug zusammendrücken können, um sie zu lösen. Dafür gibt es folgende Abhilfe: Stellen Sie die Bremsen wie immer ein, sorgen Sie aber dafür, dass nach abgeschlossener Einstellung der Kabelspannung noch mindestens vier Millimeter Kabel an der Einstellhülse des Bremshebels frei liegen. Wenn Sie nun die Bremsen lösen möchten, lösen Sie die Kontermutter von der Einstellhülse und drehen die Einstellhülse in den Bremshebel, wodurch etwas Spannung aus dem Bremskabel genommen wird. Drücken Sie die Bremseinheiten zusammen und lösen Sie sie wie oben. Beim Wiederanschließen der Bremsen gehen Sie wie oben vor. Dann drehen Sie die Einstellhülse wieder aus dem Bremshebel und ziehen das Kabel fest an. Sobald alles richtig eingestellt ist, klemmen Sie den Verschlussring wieder an den Bremshebel, um ein Lockern der Einstellhülse zu verhindern. Das klingt komplizierter, als es ist, und ist bedeutend einfacher, als mit dem Zusammendrücken der Bremseinheiten zu kämpfen.

V-Bremsen: Die wirksamste Einstellung

Beim Betätigen des Bremshebels sollen die Bremsklötze die Felge berühren, sobald der Hebel den halben Weg zum Lenker zurückgelegt hat. Die Bremsklötze selbst müssen so eingestellt sein, dass sie flach und rechtwinklig auf die Felge treffen und zwar vorne etwas früher als hinten. Dadurch wird das Quietschen der Bremsen verhindert.

Wichtig ist, wie sich die Bremse beim Betätigen des Hebels anfühlt. Dieser sollte leicht und ohne Widerstand zu ziehen sein, und Sie sollten am Hebel spüren können, wann der Bremsklotz die Felge berührt.

Sind die Bremszüge verschmutzt, sodass das Kabel nur mit Mühe durch die Kabelhülle gleitet, werden Ihre Finger nicht spüren können, was mit der Bremse geschieht, es ist aber wichtig, dass die Kabel ein eindeutiges Signal weiterleiten. Lassen sich Ihre Bremsen nur schwer betätigen, sollten Sie die Kabel austauschen. Siehe Seite 96.

Andererseits sollen die Bremsklötze nach vollzogener Bremsung und Loslassen des Bremshebels leicht wieder von der Felge springen, sodass Sie ohne den Widerstand von schleifenden Bremsklötzen weiterfahren können. Lösen sich die Bremsklötze nur schwerfällig, ist es höchste Zeit, die Bremseinheit einer Wartung zu unterziehen und den Zustand der Kabel zu überprüfen. Siehe Seite 100.

Nun zum tatsächlichen Bremsweg. Beim Betätigen der Bremshebel soll das Fahrrad schnell, aber kontrolliert zum Stehen kommen, möglichst ohne zu schlingern. Dreht sich das Rad trotz aller Bemühungen und angezogenem Brenmshebel weiter, muss der Zustand der Bremsklötze unbedingt überprüft werden, denn dies kann im Straßenverkehr zu gefährlichen Situationen führen. Selbst bei noch ausreichender Stärke sind die Bremsklötze möglicherweise nicht mehr voll funktionsfähig, weil sie verschmutzt oder ungleichmäßig abgenutzt sind. Siehe Seite 86.

Darauf sollten Sie achten

Eines der häufigsten Probleme mit den Bremsklötzen bei V-Bremsen ist der ungleichmäßige Verschleiß. V-Bremsen sind leistungsstark und können die Klötze kraftvoll gegen die Felge drücken. Im Nebeneffekt verschleißen die Bremsklötze recht schnell.

Während des Bremsvorgangs nähert sich die Bremseinheit der Felge immer weiter, je dünner die Klötze werden. Die Bremseinheit bewegt sich in einem Bogen um ihren Drehpunkt, daher verändert sich allmählich die Höhe, in der der Bremsklotz auf die Felge trifft. Selbst wenn die Bremsklötze ursprünglich perfekt eingestellt waren, ist es also erforderlich, dass sie regelmäßig überprüft werden. Nur so kann sichergestellt werden, dass die Bremsklötze die Felge weiterhin flach und mittig berühren, wie es für eine effektive Bremsung erforderlich ist.

Verschleißen die Bremsklötze ohne nachgestellt zu werden, können sie so stark aushöhlen, dass der untere Teil die Felge nicht mehr berührt. Das ist in zweierlei Hinsicht problematisch. Zum einen ist die Fläche der Bremsklötze ohnehin ziemlich klein. Zwei Klötze vorne und hinten, jeweils etwa von der Größe eines Daumenabdrucks sind nicht viel, um Sie zuverlässig zum Stehen zu bringen. Das Zweite ist ein längerfristiges Problem. Abgenutzt wird nur der Teil des Bremsklotzes, der die Felge berührt. Der Teil, der nutzlos darunter hängt, verschleißt nicht. Über einen gewissen Zeitraum bildet sich dadurch unten am Bremsklotz ein Rand, der beim Bremsen unter die Felge gerät und beim Loslassen des Bremshebels an der Unterseite der Felge hängen bleibt, sodass sich die Bremseinheit nicht glatt lösen kann.

Es ist auch für Radfahrer, die keine Profis in Sachen Reparatur sind, leicht zu erkennen, ob sich die Bremsklötze ungleich abnutzen. Dazu müssen Sie sich bei gezogenem Bremshebel anschauen, wie die Bremsklötze auf die Felge treffen. Die gesamte Fläche des Bremsklotzes soll die Felge berühren, wenn eine optimale Bremsleistung erreicht werden soll. Hängt ein Teil des Bremsklotzes sichtbar unterhalb der Felge, besteht dringender Handlungsbedarf.

Wird dies rechtzeitig entdeckt, und es hat sich noch kein Rand gebildet, genügt es, die Bremsklötze nachzustellen, sodass sie die Felge wieder vollständig berühren. Beachten Sie die Anleitung für das Nachstellen der Bremsklötze auf Seite 93. Hat sich bereits ein Rand gebildet, gibt es zwei Möglichkeiten:

Der leichtere Weg ist, die Bremsklötze gegen neue auszutauschen (siehe Seite 98). Ist der Rand noch sehr klein und der übrige Bremsklotz noch dick genug, kann man die Bremsklötze begradigen. Nachdem die Bremsklötze entfernt wurden, schneiden Sie hierzu den Rand mit einem scharfen Messer vom Bremsklotz ab.

Die Klötze sind zu klein, um sie beim Schneiden sicher in der Hand zu halten zu können. Stellen Sie den Bremsklotz daher hochkant auf eine harte Unterlage und schneiden Sie von oben nach unten. Glätten Sie die Fläche so gut es geht, dann montieren Sie die Klötze wieder anhand der weiteren Anleitung auf Seite 98.

Sollten Sie mit der richtigen Einstellung der Bremsen zu kämpfen haben, überprüfen Sie, ob das Rad möglicherweise einen Achter hat. Drehen Sie das Rad langsam und beobachten Sie auf einer Seite den Abstand zwischen Bremsklotz und Felge. Dieser Abstand sollte ständig gleich bleiben. Wackelt die Felge beim Drehen von einer Seite zur anderen, folgen Sie der Anleitung auf Seite 180, damit das Rad gerade läuft, bevor Sie etwas an den Bremsklötzen verändern.

Die Bremsen

V-Bremsen: Das Einstellen der Bremskabel

Planen Sie genügend Zeit ein für das Montieren neuer Bremszüge und Bremsklötze, denn beides sind knifflige Arbeiten. Möglicherweise werden Sie zwischendurch auch ein Ersatzteil kaufen müssen. Nach dem Montieren neuer Teile sind auf jeden Fall die Bremsen nachzustellen, damit sie richtig funktionieren und bei geringstem Kraftaufwand die beste Bremsleistung erbringen.

Auch bei zunehmendem Verschleiß der Bremskabel sind die Bremsklötze nachzustellen. Dabei wird die nachlassende Spannung in den Bremskabeln korrigiert, um die Bremsklötze wieder näher an die Felge zu bringen. Die letzte Feineinstellung erledigen Sie mit der Einstellhülse. Sollten Sie unsicher sein, wie diese funktioniert, lesen Sie die Schritt-für-Schritt-Anleitung weiter unten. Haben Sie erst einmal etwas Selbstvertrauen bei der Bremseinstellung gewonnen, wird Ihnen auch die Feineinstellung ohne große Probleme gelingen. Dabei nehmen Sie Spiel aus dem Kabel, bis das Bremsgefühl Ihren Wünschen entspricht.

Wenn Sie die Bremsen optimal einstellen möchten, sollten die Bremsklötze so nah an der Felge sitzen, dass das Rad zum Stehen kommt, sobald Sie den Bremshebel halb zum Lenker gezogen haben. Andererseits sollen die Bremsklötze so viel Abstand von der Felge haben, dass sie beim Fahren nicht an der Felge schleifen und Sie dadurch abbremsen und die Bremsklötze unnötig verschleißen.

Die erfolgreiche Einstellung hängt zum Teil davon ab, ob die Felgen ausreichend rund sind. Wackeln Sie beim Fahren von einer Seite zur anderen, wird es schwierig sein, die Bremsklötze so zu positionieren, dass sie wirksam bremsen, ohne zu schleifen. Prüfen Sie zuerst, wie rund die Räder tatsächlich laufen. Heben Sie das Fahrrad an einer Seite hoch, drehen Sie das Rad langsam und schauen Sie genau auf eine Seite des Rads. Konzentrieren Sie sich dabei auf die Lücke zwischen dem Bremsklotz und der Metallfelge. Läuft das Rad perfekt rund, verändert sich diese Lücke nicht, während sich das Rad dreht. Eine geringfügige Bewegung ist akzeptabel und unvermeidlich – es sei denn, das Rad ist noch brandneu. Verändert sich die Größe dieser Lücke bei einer Radumdrehung aber um mehr als wenige Millimeter, wird das Einstellen der Bremsklötze ein Kampf. In diesem Fall zentrieren Sie am besten erst das Rad, bevor Sie versuchen, die Bremsklötze einzustellen. Fühlen Sie sich dieser Aufgabe gewachsen, lesen Sie die Anleitung auf Seite 180. Mit zunehmender Übung wird Ihnen das Zentrieren der Räder immer besser gelingen, entscheiden Sie daher selbst, was Sie sich zutrauen. Sie können auch ohne Weiteres die Räder im Fahrradgeschäft zentrieren lassen und anschließend die Bremsen selbst einstellen. Mit stets gut zentrierten Rädern können Sie nicht nur die Bremsen wirksam einstellen – zentrierte Räder sind auch stabiler und halten länger.

DAS EINSTELLEN DER BREMSKABEL

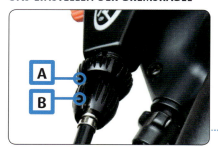

Schritt 1: Drehen Sie das Rad, und beobachten Sie die Lücke zwischen Bremsklötzen und Felge. Berühren die Bremsklötze die Felge, ist das Kabel zu straff. Mit der Einstellhülse (B) auf dem Bremshebel können Sie die Spannung etwas lockern. Drehen Sie den Verschlussring (A) vom Hebelkörper, dann drehen Sie die Einstellhülse im Uhrzeigersinn zum Hebelkörper hin, um das Kabel zu lockern, bis sich das Rad frei drehen kann. Den Verschlussring wieder zurückdrehen und am Hebelkörper festklemmen.

Schritt 2: Möglicherweise können Sie mit der Einstellhülse die Einstellung nicht zufriedenstellend vornehmen. Wenn Sie die Hülse ganz hineindrehen und die Bremsklötze noch immer die Felgen berühren, müssen Sie an der Bremseinheit ein Stück Kabel herauslassen. Das Kabel wie auf der Abbildung gezeigt halten und den Kabelklemmbolzen mit einem 5-mm-Inbusschlüssel lösen. Etwa fünf Millimeter Kabel herauslassen und das Bremskabel wieder fest anziehen. Nun die Feineinstellung mit der Einstellhülse vornehmen.

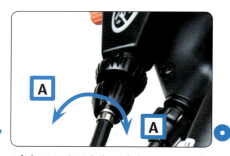

Schritt 3: Zieht sich der Hebel zu weit zurück, bevor die Bremsklötze greifen, drehen Sie den Verschlussring vom Hebelkörper ab, drehen anschließend die Einstellhülse gegen den Uhrzeigersinn, um sie vom Hebelkörper abzuschrauben, und ziehen das Kabel (A) fest. Anschließend den Verschlussring wieder am Hebelkörper festklemmen. Droht die Einstellhülse vom Hebelkörper abzufallen, gehen Sie zu Schritt 2, schieben aber das Kabel weiter hinein, statt es herauszulassen.

V-Bremsen: Die Position der Bremsklötze

Entscheidend bei den Bremsklötzen ist, dass sie die Felge möglichst kraftvoll und mit möglichst viel Fläche berühren. Der erste Einstellversuch wird Ihnen sehr langwierig erscheinen. Keine Sorge – mit zunehmender Übung gelingt es schneller.

Wichtig ist, die Inbusschraube, die den Bremsklotz sichert, so weit zu lösen, dass sich die Bremsklötze bewegen lassen. Sie müssen den ganzen Bremsklotz im Schlitz der Bremseinheit nach oben und unten verschieben und drehen können. Bei leicht gelockerter Inbusschraube lassen sich die Bremsklötze dank der geschwungenen Unterlegscheiben relativ leicht verschieben, sodass sich der Winkel verändert, in dem sie auf die Felge treffen. Ist dies gelungen, ziehen Sie die Inbusschraube wieder fest an, damit die Bremsklötze an der gewünschten Stelle bleiben. Um dies zu überprüfen, nehmen Sie den Bremsklotz und versuchen ihn kräftig zu verdrehen. Lässt er sich bewegen, müssen Sie die Inbusschraube noch fester anziehen.

Nachfolgend eine Sammlung häufiger Fehler:

Zu hoch
Der Bremsklotz sollte die Felge mittig berühren, sodass über dem Bremsklotz genauso viel von der Felge zu sehen ist wie unter dem Klotz. Auf diesem Bild sitzt der Bremsklotz zu hoch, er schleift am Reifen und eine Reifenpanne wird nicht lange auf sich warten lassen.

Zu tief
Dieser Bremsklotz sitzt zu tief. Der untere Teil des Bremsklotzes befindet sich unter der Felge und wird daher weniger abgenutzt als der übrige Bremsklotz. So kann sich ein Rand bilden, und die Bremse funktioniert nicht mehr gut.

Auftreffwinkel nicht 90 Grad
Der Bremsklotz soll so auf die Felge treffen, dass der Gewindebolzen aus Metall, mit dem er an der Bremseinheit befestigt ist, einen Winkel von 90 Grad zur Felge beschreibt. Hier trifft der Klotz von oben, anstatt im rechten Winkel auf die Felge.

Die Bremsklötze liegen unterschiedlich hoch
Die Bremsklötze wurden in unterschiedlicher Höhe eingestellt: Von vorne betrachtet, sollte die Position der Bremsklötze auf beiden Seiten gleich aussehen. Ungleich montierte Bremsklötze verziehen die Felge beim Bremsen.

Das Rad ist nicht gerade ausgerichtet
Hier wurde die Ausrichtung des Rads vor der Einstellung der Bremsklötze nicht kontrolliert. Das Rad sitzt näher an der einen Seite der Gabel. Vor der Einstellung der Bremsen sollten Sie immer die Ausrichtung des Rads kontrollieren.

Verdrehter Bremsklotz
Von der Seite gesehen soll der Bremsklotz der Krümmung der Felge folgen. Dieser Bremsklotz ist verdreht, er ist hinten höher als vorne. Die Klötze werden sich ungleich abnutzen.

Vorspur
Die Lücke zwischen dem Bremsklotz und der Felge soll hinten etwa einen bis zwei Millimeter größer sein als vorne.
Diese sogenannte „Vorspur" verhindert ein Quietschen der Bremsen. Sie trägt auch dazu bei, die Vibrationen beim Bremsen zu verringern, bei einer Notbremsung ist eine direkte Bremsreaktion immer günstiger. Die Vorspur muss bei den Bremsklötzen der Vorder- und der Hinterbremse eingestellt werden.

Die Bremsen

Einstellhülsen und Verschlussringe

Sie werden sich vielleicht wundern, dass diesen Kleinteilen Ihres Fahrrads eine ganze Seite gewidmet wird. Es sind aber wichtige Hilfsmittel, um die Spannung in den Brems- und Schaltzügen perfekt einzustellen.

Es gibt viele Gelegenheiten, bei denen die präzise Einstellung der Kabelspannung am Fahrrad wichtig ist. Das beste Beispiel ist die Indexierung des hinteren Umwerfers: Die Spannung im Schaltzug muss so eingestellt werden, dass sich bei jedem Umschalten die Kette präzise von einem Ritzel auf den nächsten bewegt. Die Spannung in den Bremszügen sollte so eingestellt werden, dass die Bremsklötze auf der Felge oder der Bremsscheibe greifen, sobald der Bremshebel halb bis zum Lenker gezogen wurde.

Für diese Feineinstellungen könnten Sie natürlich das Schalt- oder Bremskabel aus dem Kabelklemmbolzen lösen, das Kabel etwas verlängern oder verkürzen und dann den Kabelklemmbolzen wieder fest anziehen. Einige alte oder billige Fahrräder sowie Kinderräder haben beispielsweise noch keine Einstellhülse. Dies ist aus mehreren Gründen aber unbefriedigend. Zum einen ist es recht schwierig, die benötigte Kabellänge genau zu beurteilen und dann diese Position zu halten, während man das Kabel wieder befestigt. Falls zudem mehrere Versuche bei der Einstellung erforderlich sind, muss die Klemmschraube mehrmals gelöst und angezogen werden, wobei sie jedes Mal etwas gequetscht und geschädigt wird. An dieser Stelle franst das Kabel zudem leicht aus, daher ist es am besten, jede Schädigung zu vermeiden. Auch Schnelleinstellungen sind nicht möglich, weil man immer Werkzeug dafür benötigt.

Mit Einstellhülsen lässt sich die Kabelspannung schnell, präzise und problemlos nachstellen.

Die Einstellhülse (B) am Bremshebel ist am einfachsten zu verstehen. Auf der Abbildung ist sie der Teil, durch den das Bremskabel in den Bremshebel läuft. Die kelchförmige Einstellhülse hat am Ende ein Gewinde und einen Außenring. Die Kabelhülle passt genau in diesen Außenring, das Kabel läuft durch die Hülse weiter. Der Extraring auf dem Gewindeteil (A) ist der Verschlussring. Sie können ihn momentan noch ignorieren.

Außen ist die Einstellhülse gerändelt, das heißt sie ist mit kleinen Kerben versehen und dadurch mit der Hand leichter zu greifen und zu drehen. Durch das Gewinde bewegt sich die gesamte Einstellhülse beim Drehen in und aus dem Bremshebel. Drehen Sie die Einstellhülse aus dem Bremshebel, ist zwischen dem Ende der Kabelhülle und dem Bremshebel mehr Platz. Das Innenkabel muss eine etwas längere Strecke zurücklegen. Das Innenkabel selbst ist aber nicht länger geworden, daher wird es über die geringfügig längere Strecke etwas fester gespannt. Dreht man die Einstellhülse weiter in den Bremshebel, wird das Kabel lockerer.

Haben Sie die ideale Position für die Einstellhülse gefunden, soll sie sich nicht beim nächsten Schlagloch, über das Sie fahren, wieder lockern. Dafür gibt es den Verschlussring. Während Sie die Hülse einstellen, drehen Sie den Verschlussring so, dass er den Bremshebel nicht berührt. Haben Sie die Einstellung abgeschlossen, drehen Sie ihn wieder zurück und klemmen ihn gegen den Bremshebel, um jede weitere Bewegung zu verhindern.

Bei Schaltkabeln funktioniert es genauso: Dreht man die Hülse aus dem Schalthebel oder Umwerfer, wird das Kabel straffer; dreht man sie in den Schalthebel oder Umwerfer, wird das Kabel lockerer. Gibt es sowohl auf dem Schalthebel als auch auf dem Umwerfer eine Einstellhülse, können Sie die eine oder andere benutzen. Auch die Einstellhülsen für die Schaltkabel haben eine Vorrichtung, die verhindert, dass sich die Hülse lockert. Ihre Funktion ist allerdings nicht so offensichtlich. Beim gängigsten Modell ist die gesamte Einstellhülse von einer Plastikhülle bedeckt, in der innen eine kleine Feder sitzt, die die Hülle auf den Umwerfer drückt. Aussparungen in der Hülle passen in die Einsattelung auf dem Umwerfer, sodass sich die Einstellhülse nicht einfach drehen kann, solange die Hülle nicht leicht vom Umwerfer angehoben wird. Die Einstellhülse auf dem Schalthebel funktioniert genauso.

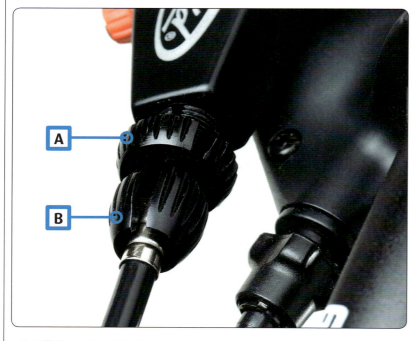

Einstellhülse am Bremshebel

V-Bremsen: Ausgleichschrauben

Jede V-Bremse ist unten mit einer Ausgleichschraube ausgestattet, normalerweise einer Kreuzschlitzschraube, hin und wieder aber auch einer kleinen Inbusschraube.

Mit der Ausgleichschraube wird die Federspannung eingestellt.

Das Ende dieser Schraube sitzt fest am Ende der Bremsrückholfeder, sodass die Feder gegen die Schraube gedrückt wird, sobald sich die Bremse an die Felge presst. Durch Drehen an der Ausgleichschraube verändert sich die Vorspannung der Feder, ihr Ansatzpunkt verschiebt sich um die Einheit, um eine stärkere Federwirkung zu erzielen oder wird für eine schwächere Federwirkung gelockert. Das Schwierige dabei ist, sich zu merken, in welche Richtung man die Schraube drehen muss, um den gewünschten Effekt zu erzielen.

Durch Drehen der Ausgleichschraube im Uhrzeigersinn (A), wird sie weiter in die Bremse gedrückt, was die Vorspannung der Feder erhöht, sodass sie mehr Sprungkraft bekommt und den Bremsklotz von der Felge stößt. Durch Drehen der Ausgleichschraube gegen den Uhrzeigersinn (B) entfernt sich die Feder weiter von der Bremse, die Vorspannung der Feder verringert sich und der Bremsblock kommt näher an die Felge heran.

Da beide Bremseinheiten oben durch ein Kabel miteinander verbunden sind, beeinflusst eine Veränderung an der Ausgleichschraube beide Einheiten: Wird eine Bremse von der Felge entfernt, rückt zum Ausgleich die andere Bremse näher heran.

Bevor Sie die Ausgleichschrauben einstellen, schauen Sie sich die Bremseinheit von vorne an. Sind die Ausgleichschrauben schlecht eingestellt, zeigen die Bremsen an einer Seite nach außen, statt parallel und vertikal positioniert zu sein. Der Abstand zwischen den Bremsklötzen und der Felge ist ungleich, einer sitzt möglicherweise näher an der Felge als der andere, oder der Abstand ist gleich, aber ein Bremsklotz schleift an der Felge. Um das Problem zu korrigieren, machen Sie die Ausgleichschraube ausfindig. Fangen Sie bei der Einheit an, die näher an der Felge sitzt und drehen Sie die Ausgleichschraube ein paar Umdrehungen im Uhrzeigersinn. Sie müssen den Bremshebel jedes Mal anziehen und loslassen, wenn Sie mit der Ausgleichschraube die Feder einstellen. Schauen Sie sich nun wieder den Winkel an, den die beiden Einheiten beschreiben. Durch das Nachstellen sollte sich der zuvor nähere Bremsklotz von der Felge weiter entfernt haben und der andere Klotz näher herangezogen worden sein.

Für Verwirrung sorgt bei den Ausgleichschrauben deren unterschiedliche Wirkung – manchmal scheinen ein paar Umdrehungen gar nichts zu bewirken, manchmal erfolgt bereits durch eine Viertelumdrehung eine grundlegende Veränderung. Sie müssen etwas experimentieren und die Ausgleichschraube jeweils nur eine Viertelumdrehung verändern, um die Mittelstellung herauszufinden.

Bremskraftmodulation

Modulation ist nur ein ausgefallenes Wort für „wie weit das Kabel sich beim Betätigen des Bremshebels bewegt". Diese Strecke hängt ab vom Abstand zwischen dem Punkt, an dem das Kabel am Hebelblatt ansetzt, und dem Drehpunkt, um das dieses Blatt sich dreht. Durch einen größeren Abstand wird mehr Kraft erzielt, aber der Hebelweg verlängert sich. Bei einigen Bremshebeln kann man die Modulation einstellen. In der Abbildung reguliert die rote Fingermutter auf dem Hebel die Position der Kabelaufnahme. Durch Drehen der Fingermutter im Uhrzeigersinn bewegt sich die Kabelaufnahme weiter vom Drehpunkt des Bremshebels fort, sodass mehr Kabel durch den Hebel läuft, wenn das Hebelblatt bewegt wird, Drehen gegen den Uhrzeigersinn bewirkt das Gegenteil. Stellen Sie die Bremskraftmodulation so ein, dass ein für Sie bequemer Hebelweg entsteht. Was Sie als bequem empfinden, hängt von der Größe der Hand ab.

Die Bremsen

V-Bremsen: Ein Kabel einziehen

Bedenken Sie vorab bitte die Vorteile eines guten Kabelschneiders. Hier zahlt sich Geiz nicht aus.

Ein wirklich guter Kabelschneider kostet mindestens 30 Euro, und es ist natürlich verlockend, stattdessen eine alte Kneifzange, Blechschere oder etwas Ähnliches zu verwenden. Das Ergebnis Ihrer Arbeit hängt aber stark davon ab, wie sauber Kabelhülle und Innenkabel geschnitten sind. Kabelschneider müssen ein Kabel mit einem einzigen Schnitt glatt abschneiden können. Wenn Sie sich Stück für Stück durch das Kabel beißen, werden Sie mit einem ausgefransten Ende dastehen, das nicht sauber in die Kabelhülle passt. Beim Blick in das abgeschnittene Ende der Hülle sollten Sie einen sauberen Kreis sehen, es darf kein Metall hineinhängen. Die Hülle ist innen komplett mit einer Teflonröhre verkleidet. Diese wird beim Durchschneiden des Kabels gerne gequetscht und verstopft das Ende der Hülle. Mit einem scharfen Messer können Sie die Hülle an beiden Seiten öffnen.

DAS EINZIEHEN EINES KABELS

Schritt 1: Das Kabel mit einem Kabelschneider abschneiden. Wichtig ist ein glatter Schnitt, denn ein ausgefranstes Ende würde die Kabelhülle beim Durchziehen innen beschädigen. Das Kabel sitzt zwischen der Bremseinheit (oben) und der Unterlegscheibe unter dem Kabelklemmbolzen. Die Unterlegscheibe ist normalerweise so geformt, dass sie sich nicht mit dem Klemmbolzen dreht und dadurch eine Kabelbeschädigung verhindert. Lösen Sie den Kabelklemmbolzen, und ziehen Sie das Kabel heraus.

Schritt 2: Lösen Sie das Führungsröhrchen aus dem Drehlager, indem Sie es nach oben wegziehen und dabei das Kabel aus dem Schlitz im Lager nach außen abziehen. Ziehen Sie erst den schwarzen Faltenbalg aus Gummi vom Kabelende ab und anschließend das Führungsröhrchen aus Metall. Bleibt etwas von der Auskleidung zurück, diese ebenfalls abziehen und in das Führungsröhrchen zurückdrücken. Ziehen Sie aus jedem Abschnitt der Kabelhülle Stück für Stück das alte Kabel heraus. Die Kabelhülle bleibt an Ort und Stelle.

Schritt 3: Am Bremshebel ziehen Sie die Kabelhülle vom Hebel ab, sodass die Einstellhülse zugänglich wird. Sie besteht aus zwei Teilen – der Einstellhülse selbst und einem Verschlussring, der alles schön an seinem Platz hält. Beide Teile sind geschlitzt wie der Hebelkörper. Drehen Sie den Verschlussring vom Hebelkörper ab, drehen Sie dann die Einstellhülse und den Verschlussring so, dass alle Schlitze übereinanderliegen. Sollte Ihnen die Funktion der Einstellhülse nicht klar sein, lesen Sie auf Seite 94 nach.

Schritt 4: Den Bremshebel zum Lenker ziehen und das Kabel vorsichtig aus den übereinanderliegenden Schlitzen ziehen. Halten Sie den Bremshebel weiter angezogen, und rütteln Sie am Kabelnippel, damit er aus der kegelförmigen Öffnung im Bremshebel rutscht. Dazu müssen Sie das Kabel mit dem kleinen Schlitz in der Kabelaufnahme übereinanderbringen. Die Kabelaufnahme falls nötig säubern. Den Bremshebel wieder loslassen.

Schritt 5: Nachdem das alte Kabel entfernt ist, kontrollieren Sie sorgfältig jeden Abschnitt der Kabelhülle. Achten Sie auf Knicke und auf Teile, wo die Plastikhülle abgenutzt ist oder Abschnitte, die sehr knapp sind. Ersetzen Sie schadhafte Teile Stück für Stück, und denken Sie jeweils an die Muffen.

Schritt 6: Bei dem neuen Kabel einen kleinen Tropfen Öl auf die Verbindung zwischen Kabel und Nippel geben. Den Bremshebel bis an den Lenker zurückziehen und dort festhalten. Den Nippel durch Rütteln wieder in die Kabelführung im Hebel drücken, das Kabel in die übereinanderliegenden Schlitze im Bremshebel, der Einstellhülse und dem Verschlussring ziehen. Leicht an der Einstellhülse drehen, damit das Kabel nicht mehr herausrutschen kann, dann den Bremshebel loslassen.

V-Bremsen: Ein Kabel einziehen

Auch eine Handvoll Muffen gehört unbedingt in Ihren Werkzeugkasten. Es gibt sie in zwei Größen: Fünf Millimeter ist die richtige Größe für Bremskabel und normalerweise vier Millimeter für Schaltkabel.

Muffen sind wichtig, weil sie ein Abspreizen der Kabelenden unter Belastung verhindern und dafür sorgen, dass die Enden jedes Kabelabschnitts sauber in den Kabelanschlag, die Einstellhülse oder das Führungsröhrchen passen.

Das Ende jedes Kabelabschnitts braucht eine Muffe, ausgenommen das Ende des letzten Abschnitts, wo die Außenhülle in das Führungsröhrchen führt. Hier ist eine Muffe nur dann erforderlich, wenn sie genau passt. Sollte es Ihnen nicht gelingen, eine Muffe einzupassen, weil das Ende des Führungsröhrchens zu schmal ist, ist bei Ihrem Fahrrad keine Muffe vorgesehen und auch nicht erforderlich.

Es ist auch sinnvoll, einige Endkappen im Werkzeugkasten zu haben. Man braucht sie, um sie über das fertige Kabelende zu stülpen. Mit einer Zange werden sie fest zusammengedrückt, damit sie nicht abfallen können.

Endkappen verhindern das lästige Ausfransen oder Aufdröseln eines Kabels, das im Übrigen auch schmerzhaft sein kann, denn ausgefranste Kabel sind scharf, und man sticht sich nur allzu leicht damit in die Finger. Endkappen sind nur für den Einmalgebrauch geeignet.

Wenn am selben Kabel zu einem späteren Zeitpunkt wieder Arbeiten ausgeführt werden müssen, dann müssen die Endkappen abgeschnitten und weggeworfen werden. Es empfiehlt sich, das neue Kabel beim Einziehen zu schmieren, damit es in der Kabelhülle nicht korrodiert. Aber nicht übertreiben, wirklich nur ganz leicht schmieren.

Schritt 7: Das Kabelende nach und nach wieder durch jeden Abschnitt der Kabelhülle ziehen (bei der Vorderbremse gibt es nur einen Abschnitt). In jeden Kabelanschlag eine Muffe fest einpassen. Achten Sie beim Durchziehen des Kabels darauf, dass es glatt durch die Kabelhülle läuft. Gibt es beim Durchziehen Probleme, ziehen Sie das Kabel noch einmal heraus, kontrollieren die Kabelhülle und tauschen fragwürdige Abschnitte aus.

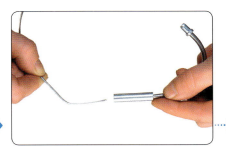

Schritt 8: Ist das Kabel durch die Kabelhülle gefädelt, führen Sie es sorgfältig durch das gebogene Führungsröhrchen. Sollte dies nicht gelingen, ziehen Sie das Kabel wieder heraus und biegen es etwa drei Zentimeter vor dem Ende leicht, anschließend versuchen Sie es erneut. Das Führungsröhrchen gut auf das Kabel schieben, den schwarzen Faltenbalg aus Gummi wieder locker über das Kabel, aber noch nicht über das Ende der Kabelführung schieben.

Schritt 9: Das Ende des Bremskabels unter die Kabelklemmschraube zwischen die Unterlegscheibe und die Bremseinheit schieben. In der Unterlegscheibe oder der Bremseinheit befindet sich eine Rille, die Ihnen die richtige Stelle zeigt. Das Kabel weitgehend straffziehen. Das Führungsröhrchen in die Kabelaufnahme in der Bremseinheit schieben. Überprüfen Sie, dass das Ende des Führungsröhrchens aus der Kabelaufnahme herausschaut. Die schwarze Gummimanschette über das offene Ende des Führungsröhrchens schieben.

Schritt 10: Das lockere Kabelende durchziehen, bis die Bremsklötze die Felge fast berühren. Die Kabelklemmschraube anziehen. Kraftvoll den Bremshebel betätigen, um das Kabel einzuspielen. Sollte es nun so locker sein, dass der Bremshebel fast bis zum Lenker zurückgezogen werden kann, lösen Sie die Kabelklemmschraube, ziehen wieder so viel Kabel durch, dass die Bremsklötze die Felge fast berühren, und ziehen die Kabelklemmschraube anschließend wieder an. Kabel in einer Länge von zehn Zentimetern abschneiden.

Schritt 11: Das Kabel benötigt nun eine Feineinstellung. Das Rad anheben und vorsichtig drehen. Berühren die Bremsklötze nur an einer Seite das Rad, drehen Sie an der Ausgleichschraube dieser Seite jeweils nur eine Viertelumdrehung. Bei der Feineinstellung der Ausgleichschraube müssen Sie den Bremshebel immer wieder anziehen und loslassen. Zur Einstellung der Ausgleichschraube lesen Sie auch Seite 95.

Schritt 12: Stellen Sie die Kabelspannung ein (siehe Seite 92). Drehen Sie das Rad vorsichtig und ziehen dann den Bremshebel. Wenn beide Bremsklötze an der Felge schleifen, ist das Kabel zu locker. Bewegt sich der Bremshebel schon zu weit, bevor die Klötze greifen, ist das Kabel zu straff. Drehen Sie den Verschlussring vom Bremshebel ab. Die Einstellhülse im Uhrzeigersinn drehen, um die Klötze von der Felge zu lösen, gegen den Uhrzeigersinn drehen, um sie näher an die Felge zu bringen. Den Verschlussring am Bremshebel anbringen.

Die Bremsen

Bremsklötze montieren

Das Montieren neuer Bremsklötze dürfte die sinnvollste Art sein, den Umgang mit Werkzeug auf dem Weg zum künftigen Fahrradmechaniker zu üben.

Bei allen Vorteilen der V-Bremsen – sie sind einfach und relativ preiswert – haben sie doch auch eine Achillesferse: Die Bremsklötze verschleißen recht schnell. Sie können dies etwas reduzieren, indem Sie die Felgen immer schön sauber halten (siehe Seite 73), das Austauschen der Bremsklötze wird aber trotz allem mehrmals im Jahr nötig sein, daher zahlt es sich schnell aus, wenn man dies selbst macht, denn Sie sparen sich die Werkstattkosten.

Auf den Verschleiß der Bremsklötze weisen mehrere Anzeichen hin. Am deutlichsten ist ein Nachlassen der Bremsleistung oder das plötzliche unangenehme Quietschen beim Betätigen der Bremshebel. Beachten Sie diese Anzeichen und gehen Sie über solche Warnhinweise nicht gedankenlos hinweg! Sie sagen Ihnen, dass der gesamte Gummianteil der Bremsklötze verbraucht ist und beim Bremsen nun der Metallbolzen der Bremsklötze gegen die Felge gedrückt wird. So können Sie nicht mehr richtig bremsen, gefährden dadurch sich und andere und die Felge wird außerdem in kürzester Zeit beschädigt sein, was zu einer teuren Angelegenheit werden kann.

Warten Sie nicht auf diese Anzeichen komplett abgenutzter Bremsklötze, sondern wechseln Sie die Klötze rechtzeitig aus. Hier zahlt sich Sparsamkeit nicht aus, denn neue Bremsklötze sind bedeutend preiswerter als die Reparatur von Schäden, die komplett abgenutzte Bremsklötze an anderen Teilen verursachen können.

Bei guten Bremsklötzen ist immer eine Verschleißanzeige in Form einer aufgedruckten oder aufgeprägten Linie oder eines Pfeils vorhanden. Bremsklötze, die ursprünglich mit Schlitzen versehen waren, sind abgenutzt, sobald das Ende der Schlitze erreicht ist. In allen anderen Fällen sollten Sie die Klötze austauschen, sobald Sie nur noch die Hälfte ihrer ursprünglichen Stärke messen.

Anders als bei Scheibenbremsen, wo jedes Fabrikat, Modell und jeder Jahrgang nur mit seinem speziellen Bremsbelag kompatibel ist, sind die Ersatzbeläge von V-Bremsen praktisch universell. Sie können also Bremsklötze jedes Herstellers für Ihre Bremseinheit verwenden.

Diese allgemeine Kompatibilität macht Bremsklötze relativ preiswert, sie hat allerdings auch einen Nachteil: Die Hersteller kennen die genaue Größe und Form der Felgen oder die Maße der Bremseinheit an Ihrem Fahrrad nicht, daher wird jede Bremseinheit mit einer Auswahl von Unterlegscheiben unterschiedlicher Größe geliefert, damit Sie die Position aller möglichen Bremsklötze genau anpassen können.

Das Montieren neuer Bremsklötze ist eine etwas knifflige Aufgabe, und das scheint manche Leute davon abzuhalten, neue Bremsklötze selbst anzubringen. Es ist wichtig, die Anleitung zum Zusammenbau der Unterlegscheiben genau zu befolgen. Das Unterlegscheiben-Set besteht aus flachen, gebogenen und gewölbten Unterlegscheiben. Zur sicheren Montage achten Sie bitte immer darauf, dass eine gewölbte Unterlegscheibe in einer Rundung zu liegen kommt und dass eine flache Unterlegscheibe stets dem Bremsklotz, der Inbusmutter und einer Seite der Bremseinheit zugewandt ist.

NEUE BREMSKLÖTZE

Schritt 1: Mit einem Inbusschlüssel – fast immer fünf Millimeter – die Mutter entfernen, die den alten Bremsklotz sichert. Entfernen Sie alle Unterlegscheiben unter der Mutter, dann rütteln Sie am Bremsklotz hinter der Bremseinheit, um ihn zusammen mit den übrigen Unterlegscheiben, die zwischen Bremseinheit und Bremsklotz montiert waren, herauszuholen. Den anderen Bremsklotz ebenso entfernen.

Schritt 2: Vor dem Montieren der neuen Bremsklötze ist es wichtig, die korrekte Ausrichtung der Bremseinheiten zu kontrollieren. Von vorne betrachtet (wie auf der Abbildung) sollen sie parallel und senkrecht sein.

Schritt 3: Sind die Bremseinheiten nicht parallel, lösen Sie den Kabelklemmbolzen und verkürzen oder verlängern das Kabel, bis sie parallel sind. Den Kabelklemmbolzen wieder fest anziehen. Bei leicht gebogenen Bremseinheiten müssen Sie die korrekte Position abschätzen.

Bremsklötze montieren

Schritt 4: Sind die Bremseinheiten parallel, stehen aber zur einen oder anderen Seite heraus, korrigieren Sie den Winkel mit der Ausgleichschraube. Bei der Bremseinheit, die näher an der Felge sitzt, drehen Sie die Ausgleichschraube vorsichtig jeweils eine Viertelumdrehung und betätigen dabei jeweils den Bremshebel, um die Ausgleichschraube zu stabilisieren. Wenn Sie sich unsicher fühlen, lesen Sie auf Seite 95 nach.

Schritt 5: Nun schauen Sie das Sortiment an Unterlegscheiben durch, das bei den neuen Bremsklötzen dabei ist. Zwischen Bremseinheit und Bremsklotz brauchen Sie eine vertiefte und eine gewölbte Unterlegscheibe. Sie können zwischen zwei Größen wählen – einer dicken und einer dünnen vertieften Unterlegscheibe. Entscheiden Sie sich für die Größe, mit der der Bremsklotz genau zwischen Bremseinheit und Felge passt.

Schritt 6: Die vertieften Unterlegscheiben kommen als Erstes so auf die Bremsklötze, dass die Vertiefung zu sehen ist. Als nächstes kommt die gewölbte Unterlegscheibe, die Wölbung passt in die Vertiefung der ersten Unterlegscheibe. Versuchen Sie, den Bremsklotz zwischen Bremseinheit und Felge einzupassen. Haben Sie den Eindruck, die gebogene Unterlegscheibe in der anderen Größe würde besser passen, nehmen Sie den Bremsklotz ab und tauschen sie aus.

Schritt 7: Schieben Sie den Gewindebolzen des Bremsklotzes durch den Bremshebel. Schieben Sie eine gewölbte Unterlegscheibe über den Gewindebolzen, die gewölbte Seite weist zu Ihnen und die flache Seite zum Bremsklotz. Nun schieben Sie die restlichen vertieften Unterlegscheiben mit der gebogenen Seite zur gewölbten Unterlegscheibe auf. Fügen Sie alle restlichen Unterlegscheiben hinzu und ziehen Sie dann die Inbusschraube locker an.

Schritt 8: Solange die Inbusmutter noch etwas locker ist, kann dank der gebogenen Unterlegscheibe der Bremsklotz verschoben werden, um den Winkel einzustellen, in dem er die Felge berührt. Auch die Höhe des Bremsklotzes können Sie verstellen, indem Sie den gesamten Bremsklotz in dem Schlitz auf der Bremseinheit nach oben oder unten verschieben. Richtig positioniert sollte der Bremsklotz auf die Mitte der Felge treffen und parallel zu ihr sein.

Schritt 9: Vorne soll der Bremsklotz etwas näher an der Felge sitzen als hinten, sodass zwischen dem Ende des Bremsklotzes und der Felge ein Abstand von einem bis zwei Millimeter ist, wenn der Klotz vorne die Felge berührt. Haben Sie die richtige Position gefunden, ziehen Sie die Inbusmutter fest an. Rütteln Sie fest am Bremsklotz. Bewegt er sich, ziehen Sie die Inbusmutter fester an. Die Feineinstellung der Kabel entnehmen Sie Seite 92.

Cartridge-Bremsklötze

Cartridge-Bremsklötze sind zweiteilig. Die Bremsfläche aus Gummi ist ein gesonderter Klotz im Metallschuh, dem Teil, der auf der Bremseinheit befestigt ist. Der Klotz gleitet von hinten in den Schuh und wird durch einen Haltestift befestigt.
Um die Klötze auszutauschen ziehen Sie den Haltestift mit einer Zange oben heraus und schieben den Gummiklotz einfach nach hinten. Auf dem neuen Klotz ist möglicherweise „rechts" oder „links" angegeben. Die Klötze haben hinten auch einen Schlitz, an dem sie durch den Haltestift gesichert werden. Schieben Sie ihn daher vom anderen Ende hinein.
Sie müssen durch das Loch für den Haltestift schauen und den Klotz verschieben, bis Sie an der anderen Seite Licht sehen. Stecken Sie den Haltestift fest hinein und überprüfen Sie, dass das Ende unten ein kleines Stück aus dem Metallschuh schaut. Die Öffnung im Schuh, in die Sie den Gummiklotz schieben, muss nach hinten zeigen.

Die Bremsen

V-Bremsen: Wartung

Bremseinheiten sind relativ preiswert und werden normalerweise komplett mit Bremsklötzen geliefert. Daher empfiehlt es sich, die gesamte Bremseinheit zu ersetzen, wenn Sie die Bremsen warten und feststellen, dass die Klötze stark abgenutzt sind.

Die Kompatibilität ist kein großes Problem, da V-Bremsen an jedes Fahrrad mit einem Bremshalter auf dem Rahmen oder der Gabel passen.

Erstes Anzeichen für eine erforderliche Wartung der Bremsen: Die Rückholfeder hat Mühe, die Klötze weich von der Felge springen zu lassen, wenn Sie den Bremshebel loslassen. Bei einer gründlichen Wartung tauschen Sie die Bremskabel, oder reinigen und schmieren Sie sie zumindest. Die Abbildungen zeigen eine Vorderradbremse, die Wartung der Hinterradbremsen erfolgt aber genauso.

DIE WARTUNG VON V-BREMSEN

Schritt 1: Der erste Schritt ist das Entfernen der Bremsen mit dem Quick-Release-Verschluss – siehe Seite 90. Nehmen Sie sich die Zeit, den Zustand des Bremskabels zu überprüfen. Verfolgen Sie das Kabel bis zum Hebel zurück und achten Sie auf Knicke im Kabel oder der Kabelhülle, Löcher in der Hülle oder ein ausgefranstes Kabel. Schadhafte Kabel oder Kabelhüllen müssen ausgetauscht werden (siehe Seite 96).

Schritt 2: Schneiden Sie das Kabelende ab, und lösen Sie die Kabelklemmschraube so weit, dass Sie das Kabel unterhalb der Kabelklemmschraube herausziehen können. Normalerweise liegt zwischen der Kabelklemmschraube und dem Kabel eine spezielle Unterlegscheibe. Die hier abgebildete Unterlegscheibe hat zwei kleine Klemmen auf jeder Seite eines Zapfens auf der Bremseinheit. Sie verhindern, dass sich die Unterlegscheibe verdreht und dadurch das Kabel beschädigt, wenn es gelöst oder festgezogen wird.

Schritt 3: Nachdem das Kabel von der Einheit gelöst wurde, können Sie die Bremseinheiten entfernen. Die Bremsbefestigungsschraube sitzt ganz unten auf jeder Bremseinheit, und es kann anfangs etwas schwer sein, sie zu drehen. Die Schraubenköpfe verschmutzen leicht. Ist dies der Fall, säubern Sie sie zuerst sorgfältig mit einem kleinen Schraubenzieher, damit der Inbusschlüssel gut greift. Entfernen Sie die Schrauben komplett.

Schritt 4: Nun ziehen Sie die Bremseinheit vom Bremssockel. Dazu ist möglicherweise etwas Überzeugungsarbeit erforderlich, besonders, wenn sie schon lange nicht mehr entfernt wurde. Ist sie sehr widerspenstig, ziehen Sie die Einheit mit einer Hand kräftig vom Rahmen weg und drehen mit der anderen Hand die Einheit vorwärts und rückwärts – als würden Sie die Bremsen erst betätigen und dann lösen.

Schritt 5: Nun ist die Bremseinheit zugänglich und kann geputzt werden. Verwenden Sie hierzu eine kleine Bürste und etwas Fahrradreiniger oder Entfetter, wenn sie sonst nicht sauber wird. Säubern Sie das Loch im schwenkbaren Teil der Bremse, das durch die Bremseinheit führt. Haken Sie die Feder oben hinter der Öse auf dem Bremshebel aus. Führen Sie die Feder vor und zurück, um zu sehen, wie die beiden Teile des Bremshebels sich gegeneinander bewegen. Träufeln Sie etwas Öl dazwischen, und wischen Sie den Rest ab.

Schritt 6: Reinigen Sie den Bremssockel. Ist er rostig, nehmen Sie einen kleinen Streifen Nass- und Trockenschleifpapier und reiben ihn glatt. Säubern Sie die drei kleinen Öffnungen im Rahmen neben dem Bremssockel. Träufeln Sie einen kleinen Tropfen Öl auf den Bremssockel, und verteilen Sie das Öl.

V-Bremsen: Wartung

Hinterradbremsen funktionieren im Prinzip genau wie Vorderradbremsen, nur dass für die Verbindung vom Bremshebel zur Bremse ein längeres Kabelstück erforderlich ist. Da dieses Kabel länger sein muss als das Kabel zu den Vorderradbremsen, ist es möglich, dass es schneller zu Beeinträchtigungen der Bremswirkung durch Schmutz kommt. Zusätzlich reagieren die Hinterradbremsen auch empfindlicher, wenn die Bremsklötze abgenutzt sind.

Die Wartung der Bremseinheit beeinflusst die Position der Bremsklötze nicht. Dies hat die angenehme Folge, dass sie nicht nachgestellt werden müssen.

Möglicherweise ist aber ein Nachstellen der Ausgleichschrauben erforderlich. Das ist vor allem dann wahrscheinlich, wenn einige Zeit zuvor eine der Bremseinheiten schwergängig war und mittels Ausgleichschraube nachgestellt wurde. Sind nun beide Seiten der Bremseinheit gereinigt und wieder leichtgängig, ist ein erneutes Nachstellen zwingend erforderlich.

Wenn Sie neue Bremsklötze benötigen, dann ist das keine ganz einfache Angelegenheit. Betrachtet man die verschiedenen angebotenen Produkte rein äußerlich, dann kann man kaum einen Unterschied zwischen billigen und teuren erkennen, und man weiß eigentlich nicht, wofür man das zusätzliche Geld ausgibt.

Der Hauptunterschied ist: Die Teuren sind genauer gearbeitet, sie lassen sich daher sehr viel problemloser präzise einstellen und halten diese Einstellung länger.

Ein weiterer Vorteil ist die längere Lebensdauer von Federn, Schrauben und Unterlegscheiben, die auch nicht korrodieren. Der Kauf neuer Bremsklötze ist also eine Mehrausgabe, die sich in vielfacher Hinsicht lohnt.

Schritt 7: Als Nächstes schauen Sie sich die Rückseite der Bremseinheit genau an. Hinten steht ein kurzer Bolzen mit etwa einem Millimeter Durchmesser und fünf Millimetern Länge heraus. Schieben Sie die Bremseinheit wieder auf den Bremssockel. Sobald sie sich nah am Rahmen befindet, achten Sie darauf, dass dieser kleine Bolzen genau in das mittlere der drei kleinen Löcher neben dem Bremssockel passt. Drehen Sie die Bremseinheit um ihren Drehpunkt und kontrollieren Sie dabei, ob sie glatt läuft.

Schritt 8: Die Befestigungsschrauben der Bremsen dürfen sich mit der Zeit nicht lockern, insbesondere bei den Vorderbremsen. Geschieht dies doch, schnellen die Bremsen vorne aus den Drehpunkten, anstatt zu bremsen, was äußerst gefährlich ist! Geben Sie einen kleinen Tropfen Gewindekleber auf die Gewinde jeder Bremse. Auf der Abbildung sehen Sie, dass die Feder lose ist. Achten Sie darauf, die Befestigungsschrauben vor dem Wiedereinsetzen der Feder sicher anzuziehen.

Schritt 9: Ziehen Sie die Feder wieder zur Bremseinheit hinauf, und lassen Sie den oberen Teil der Feder hinten in die Befestigungsöse gleiten. Die Fläche zwischen Feder und Öse mit einem kleinen Tropfen Öl schmieren.

Schritt 10: Drücken Sie den Bremsklotz mit der Bremseinheit gegen die Felge, und lassen Sie dann los. Die Bremse soll sich glatt bewegen und weich zurückspringen. Ist sie holprig, entfernen Sie sie nochmals, säubern und fetten Sie sie erneut und setzen sie wieder zusammen. Den Vorgang ab Schritt 3 mit der anderen Bremseinheit wiederholen.

Schritt 11: Entfernen Sie die Kabelklemmschraube vollständig, und säubern Sie Gewinde, Schraubenkopf, Unterlegscheibe und den oberen Teil der Bremseinheit. Setzen Sie die Schraube mit einem Tropfen Öl auf dem Gewinde wieder ein, und platzieren Sie die geformte Unterlegscheibe so, dass sie sich nicht um die Schraube drehen kann. Das Bremskabel wieder unter die Unterlegscheibe gleiten lassen. Eine Rille in der Unterlegscheibe und/oder der Bremseinheit zeigt Ihnen die richtige Stelle an.

Schritt 12: Das Bremskabel unter der Klemmschraube durchziehen, bis die Bremsklötze die Felge fast berühren, dann die Klemmschraube fest anziehen. Eine neue Endkappe montieren und das lose Kabel hinter die Federöse klemmen. Testen Sie die Bremseneinstellung durch kräftiges Ziehen des Bremshebels. Die Bremse sollte greifen, wenn der Hebel etwa den halben Weg zum Lenker zurückgelegt hat. Einzelheiten zur Kabeleinstellung finden Sie auf Seite 96.

Die Behandlung quietschender Bremsen

Quietschende Bremsklötze sind ärgerlich. Wegen des Lärms überlegen Sie zweimal, ob Sie wirklich bremsen müssen. Das Quietschen kommt und geht, und wenn Sie glauben, Sie hätten es beseitigt, ist es plötzlich wieder da. Alle Bremstypen leiden darunter, zum Glück werden aber die meisten Geräusche durch dieselben wenigen Ursachen hervorgerufen. Felgenbremsen, V-Bremsen, Cantilever-Bremsen und Calliper-Bremsen – für alle gilt dieselbe Behandlungsmethode. Nur bei Scheibenbremsen ist ein etwas anderes Vorgehen erforderlich.

Felgenbremsen

- Am häufigsten sind verschmutzte Bremsflächen schuld. Beim Radfahren in der Stadt nehmen die Felgen eine klebrige schwarze Schmutzschicht auf. Hat sich diese Schicht am Aluminium der Felgen festgesetzt, verhindert sie, dass die Bremsklötze gut greifen können. Sie gleiten stattdessen über die Fläche und verursachen dieses schreckliche Geräusch. Verschmutzte Felgen nutzen die Bremsklötze zudem rasch ab. Das beste Hilfsmittel ist ein Spülschwamm aus Nylon – er schrubbt ausreichend, ohne die Felgen zu zerkratzen. Widerspenstige Verschmutzungen müssen mit Fahrradreiniger oder sogar Entfetter entfernt werden.
- Schmutz auf den Felgen überträgt sich rasch auf die Fläche der Bremsklötze. Sollten Ihre Bremsen nicht mehr ausreichend fest bremsen, kontrollieren Sie die Bremsklötze und entfernen Sie jeglichen Fremdkörper mit einem scharfen Messer. Kleinere Partikel, die im Einzelnen nicht zu erkennen sind, machen die Bremsfläche hart und glatt anstatt griffig – schleifen Sie mit neuem Sandpapier leicht über die Bremsfläche.
- Auch ohne offensichtliche Verschmutzungen werden Bremsklötze mit der Zeit schwergängiger, insbesondere, wenn das Fahrrad meist im Freien steht. Wenn Fahrräder so selten gefahren werden, dass die Bremsklötze praktisch nicht abgenutzt werden, sollten diese trotzdem alle paar Jahre ausgewechselt werden.
- Quietschen die Bremsen auch noch nach dem Reinigen der Bremsflächen, werfen Sie einen Blick auf die Ausrichtung der Bremsklötze. Alle Felgenbremsen, ob V-, Cantilever- oder Calliper-Bremsen, sollten auf die gleiche Art eingestellt werden. Der vordere Teil des Bremsklotzes soll die Felge etwas früher berühren als der hintere Teil des Klotzes. Dies wird als „Vorspur" bezeichnet und ist für geräuschloses Bremsen wichtig. Der Unterschied sollte einen bis zwei Millimeter betragen. Die Einstellmethoden sind je nach Bremstyp unterschiedlich, lesen Sie den jeweiligen Abschnitt über die Ausrichtung der Bremsklötze – auf Seite 98 für V-Bremsen, auf Seite 111 für Cantilever-Bremsen und auf Seite 104 für Calliper-Bremsen.
- Hat keiner der bisherigen Schritte geholfen, prüfen Sie die Bremseinheit(en). Rütteln Sie an jeder Bremse. Gelegentlich ist etwas Spiel vorhanden, alles, was aber über drei Millimeter liegt, könnte für das Quietschen verantwortlich sein. Prüfen Sie, ob die Bremseinheiten sicher am Rahmen befestigt sind. Häufig hilft es, die Bremseinheit abzubauen, die Fläche zwischen Bremseinheit und Rahmen zu säubern und zu ölen und die Einheit wieder zu montieren.

Quietschende Bremsen sind ärgerlich, aber leicht zu behandeln.

Scheibenbremsen

- Scheibenbremsen leiden weniger unter verschmutzten Flächen als Felgenbremsen, denn die Bremsscheibe ist weiter von der Straße entfernt als die Felge. Deshalb sollte man sie aber trotzdem nicht vernachlässigen. Ölig gewordene Bremsscheiben und Bremsbeläge gleiten übereinander, ohne das Rad abzubremsen. Säubern Sie Bremsscheiben mit Fahrradreiniger oder Isopropylalkohol. Tauschen Sie verschmutzte Bremsbeläge aus.
- Vielfach hört man die Ansicht, quietschende Scheibenbremsen solle man mit einem Klecks Fett behandeln, der auf die Rückseite des Bremsbelags aufgetragen wird. Ich möchte von dieser Lösung abraten, denn durch die Wärmeentwicklung beim Bremsen wird das Fett schmelzen und sich möglicherweise auf die Bremsflächen vorarbeiten.
- Prüfen Sie die Ausrichtung der Bremssättel sehr sorgfältig. Drehen Sie das Rad und kontrollieren Sie, dass die Bremsscheibe an keiner Seite des Bremssattelschlitzes schleift, abgesehen von dem dadurch verursachten teuflischen Krach verschleißt durch diesen Kontakt auch die Bremsscheibe.
- Hat das Reinigen der Flächen und die Ausrichtung des Bremssattels nicht geholfen, wird das Problem wahrscheinlich dadurch verursacht, dass die Scheibenbremsenträger am Rahmen oder der Gabel nicht ganz glatt oder parallel sind. Fräst man sie glatt, dürfte das Problem behoben sein. Dies ist aber eine Aufgabe für das Fahrradgeschäft, denn das passende Werkzeug ist recht teuer in der Anschaffung.

Die Felgen auf Verschleiß kontrollieren

Das beste Argument für Scheibenbremsen und gegen Felgenbremsen beim Radfahren in der Stadt ist das Verschleißtempo verschmutzter Felgen. Das häufige Bremsen in der Stadt ist harte Arbeit für die Bremsflächen. Ein plötzlicher Bruch der Felgenseitenwand ist ein extrem erschreckendes Ereignis. Wegen des Drucks im Reifen geben die Seitenwände unvermittelt nach. Im ersten Moment denkt der Betroffene häufig, es sei auf ihn geschossen worden, denn er hört einen lauten Knall und liegt auf der Straße.

Die Felgenwände werden mit der Zeit immer dünner, bis ein Teil der Seitenwand schließlich zu dünn ist, um den Reifen noch halten zu können. Bei einem plötzlichen Bremsvorgang ist es dann so weit: Sobald ein Teil der Felge nachgibt, hält auch der nächste Abschnitt nicht mehr und innerhalb des Bruchteils einer Sekunde ist die Seitenwand zum größten Teil weggerissen. Dadurch bekommt der Schlauch ein Loch und dies führt normalerweise dazu, dass die Bremse blockiert und man stürzt.

Felgen können auch beim Reifenaufpumpen nachgeben. Der zusätzliche Reifendruck auf die Felgeninnenseite kann ausreichen, um die Felge endgültig zusammenbrechen zu lassen. Sie werden fürchterlich erschrecken, und die zerfetzten Felgenteile können Ihnen um die Ohren fliegen.

Einige neuere Felgen sind mit Markierungen versehen, die anzeigen, wann die Felge abgenutzt ist. Die Felge hat eine von innen heraus gebohrte kleine Öffnung, die aber nicht ganz durchgeht. Ein aufgeklebter Pfeil auf der Felge zeigt an, wo das Loch zu sehen sein wird. Wenn sich die Seitenwand abnutzt, wird außen die Öffnung sichtbar; schauen Sie genau hinein, dann können Sie bis auf den Reifen durchsehen. Jetzt ist es höchste Zeit für eine neue Felge. Bei einer anderen Art von Verschleißanzeiger für die Felge ist über die gesamte Bremsfläche auf der Felge eine Rille gefräst. Sobald sich die Felge bis zur Grundlinie der Rille abgenutzt hat, sollte sie ausgetauscht werden. Für die bessere Erkennbarkeit hat die Rille eine andere Farbe als die Felgenwand. Eine silberne Felge hat beispielsweise eine schwarze Rille und eine schwarze Felge eine silberne Rille.

Haben die Felgen keine Verschleißanzeige, prüfen Sie den Zustand der Felgenwand, indem Sie mit dem Finger darüber fahren. Sie sollte flach und glatt sein, ohne Einkerbungen und Grate. Kontrollieren Sie beide Seiten, denn die eine Seitenwand kann stärker abgenutzt sein als die andere. Wellige, vorgewölbte oder verschrammte Felgen sind reif für eine Erneuerung. Sehen die Felgen verdächtig aus, lassen Sie sich im Fahrradgeschäft beraten, haben Sie öfter verschlissene Felgen gesehen, werden Sie es selbst beurteilen können. Falls Sie bei der Kontrolle Risse in der Felgenwand entdecken, fahren Sie keinesfalls noch mit dem Rad. Wichtig ist auch die Kontrolle der Verbindungsstelle, wo die beiden Enden der Felge aufeinander treffen. Diese Stelle befindet sich normalerweise direkt gegenüber der Ventilöffnung. Bei Felgen guter Qualität ist die Seitenwand gefräst. Die Wand wird etwas zu dick gemacht und in einer Schlaufe zusammengeschweißt. So entsteht eine perfekt flache Fläche. Billigere Felgen werden einfach zusammengesteckt, wobei man sich darauf verlässt, dass die Speichenspannung im fertig montierten Rad die verbundenen Enden gut zusammenhalten wird.

Manchmal treffen die Enden nicht genau zusammen, in der Felge bildet sich eine Beule, die gegen die Bremsklötze schlägt. Kleine Unvollkommenheiten lassen sich glatt feilen, aber wenn die Verbindungsstelle um mehr als 0,5 Millimeter hervorsteht, sollten Sie die Felge im Fahrradgeschäft anschauen lassen, denn zu kräftiges Feilen schwächt diese Stelle nur. Achten Sie auch auf Risse um die Speichenlöcher und das Ventilloch. Diese sind weniger gefährlich, aber auch in diesem Fall sollte die Felge ersetzt werden.

Felgen kann man auf zweierlei Art ersetzen. Die billigste Lösung ist normalerweise, ein ganzes Rad neu zu kaufen und den alten Reifen, den Schlauch und das Felgenband wieder zu verwenden. Bei einem Hinterrad müssen Sie (oder Ihr Fahrradgeschäft) auch die Kassette (Ritzel) vom alten auf das neue Rad umbauen, da bei einem Hinterrad die Gangschaltung nicht dabei ist. Ist jedoch nur die Felge abgenutzt und die Nabe von guter Qualität und noch in einwandfreiem Zustand, möchten Sie vielleicht das Rad mit der neuen Felge und neuen Speichen auf die alte Nabe setzen. Der Zusammenbau eines Rads verlangt einige Übung, daher überlässt man ihn besser dem Fahrradgeschäft. Falls Sie aber sehr tüchtig sind und sich diese Arbeit zutrauen, kaufen Sie sich ein Buch über das Zusammenbauen von Rädern und machen sich an die Arbeit. Ein Umbau ist die teurere Lösung, weil Sie die Arbeitskosten zahlen müssen, aber Sie können eine Felge besserer Qualität nehmen, und ein ordentliches, manuell zusammengebautes Rad hält länger als ein serienmäßig produziertes Rad.

Einkerbungen, Grate und gewölbte Bremsflächen deuten auf abgenutzte Felgen hin. Sollten Sie Risse in der Seitenwand finden, fahren Sie unter keinen Umständen mehr mit dem Rad.

Die Bremsen

Calliper-Bremsen: Die Einstellung

Um optimal zu funktionieren, müssen Calliper-Bremsen so eingestellt werden, dass das Rad sauber zwischen den Bremsklötzen läuft, ohne an einem der Klötze zu schleifen.

Die Klötze müssen aber so nah an der Felge sitzen, dass sie das Rad zum Halten bringen, sobald der Bremshebel etwa den halben Weg zum Lenker zurückgelegt hat.

Sie sollten den Bremshebel nicht ganz an den Lenker zurückziehen können, denn in diesem Fall würde die Bremskraft nicht ausreichen, um das Fahrrad sicher zum Stehen zu bringen. Manche Radfahrer haben gerne etwas Spiel im Hebel bevor die Bremsklötze greifen, da sie den Hebel so besser im Griff haben.

Diese Einstellung funktioniert aber nur, wenn die Räder im Rahmen gut zentriert sind. Prüfen Sie, ob der Abstand zwischen Reifen und Rahmen oder Gabel auf beiden Seiten des Rads gleich groß ist, und korrigieren Sie ihn falls nötig.

DAS EINSTELLEN EINER CALLIPER-BREMSE

Schritt 1: Bevor Sie mit dem Einstellen beginnen, prüfen Sie, dass das Kabel weder eingeklemmt noch verschmutzt ist. Lösen Sie die Kabelklemmschraube so weit, dass sie das Kabel nicht mehr hält. Ziehen Sie vorsichtig an dem Kabel, und drücken Sie gleichzeitig den Bremshebel. Sie sollten einen Zug nach oben spüren. Beim Loslassen des Bremshebels sollte das Kabel sanft zurückgezogen werden. Fühlt sich das Kabel unflexibel an, wechseln Sie es aus (siehe Seite 106).

Schritt 2: Prüfen Sie die Lage des Kabels unter der Kabelklemmschraube. Die richtige Lage wird immer durch eine Einkerbung angezeigt und es gibt immer eine – häufig speziell geformte – Unterlegscheibe zwischen Kabel und Klemmschraube. Drücken Sie die Bremsklötze mit einer Hand auf die Felge, mit der anderen Hand ziehen Sie eventuell lockeres Kabel durch. Das Kabel loslassen, die Bremsklötze aber weiterhin festhalten und die Kabelklemmschraube fest anziehen.

Schritt 3: Ziehen Sie mehrfach kräftig am Bremshebel, um lockere Stellen im Kabel zu verteilen. Möglicherweise können Sie den Bremshebel nun bis zum Lenker ziehen. In diesem Fall müssen Sie überschüssiges Kabel erneut am Bremssattel durchziehen. Das Kabel direkt an der Stelle halten, an der es aus der Kabelklemmschraube herausführt, die Klemmschraube mit einigen Umdrehungen lösen, lockeres Kabel durchziehen und anschließend die Kabelklemmschraube wieder fest anziehen.

Schritt 4: Prüfen Sie den Abstand zwischen Bremsklötzen und Felge. Drehen Sie das Rad langsam. Die Klötze sollen die Felge nicht berühren. Ziehen Sie den Bremshebel – er sollte sich etwa halb bis zum Lenker ziehen lassen. Für kleinere Einstellungen die Einstellhülse verwenden. Dreht man die Einstellhülse aus dem Bremssattel, sitzen die Klötze näher an der Felge, dreht man die Einstellhülse in den Bremssattel, entfernen sich die Klötze von der Felge. Probieren Sie aus, welche Position am besten ist.

Schritt 5: Es kann sein, dass ein Bremsklotz die Felge berührt, der andere nicht. Neuere Bremssättel haben eine Ausgleichschraube, mit der man den Winkel des gesamten Bremssattels nachstellen kann. Versuchen Sie sich zu erinnern, in welche Richtung die Ausgleichschraube zu drehen ist; probieren Sie es aus, denn die unterschiedlichen Mechanismen wirken gegensätzlich. Drehen Sie die Schraube nur wenig jeweils eine Viertelumdrehung bis die Felge mittig zwischen den Bremsklötzen läuft.

Schritt 6: Möglicherweise steht ein Bremsklotz weiter von der Felge ab, als sich mit der Ausgleichschraube korrigieren lässt, oder der Bremssattel hat keine Ausgleichschraube. In diesem Fall müssen Sie den gesamten Bremssattel einstellen. Halten Sie ihn wie abgebildet und lösen Sie die Befestigungsschraube, bis der Bremssattel frei beweglich ist. Die Position korrigieren und die Befestigungsschraube wieder fest anziehen. Falls eine Ausgleichschraube vorhanden ist, die Feineinstellung damit vornehmen.

Calliper-Bremsen: Bremsklötze montieren

Die Bremsklötze nutzen sich bei Calliper-Bremsen nicht so schnell ab wie bei V-Bremsen, verlangen aber ebenfalls eine gelegentliche Wartung.

Beim Mechanismus der Calliper-Bremse wirkt auf die Bremsklötze weniger Kraft ein als bei einer V-Bremse, es ist daher wichtig, sich gute Bremsklötze zu leisten und sie bei Verschleiß auszutauschen. Calliper-Bremsen sind der Typ unter den drei unterschiedlichen Felgenbremsen, bei denen sich die Bremsklötze am einfachsten austauschen lassen. Reinigen Sie die Felgen bei dieser Gelegenheit gründlich, und kontrollieren Sie sie auf Verschleiß (siehe Seite 103).

Es gibt nur zwei Befestigungsmittel für die Bremsklötze, meist sind es 4-mm- oder 5-mm-Inbusschrauben, einige brauchen aber auch 10-mm-Inbusschrauben. Nachdem Sie die alten Bremsklötze entfernt haben, werden Sie vielleicht feststellen, dass sie noch gebrauchsfähig sind. Entfernen Sie mit einem scharfen Messer alle Metall- oder Glassplitter. Die Fläche anschließend mit Sandpapier glätten und die Klötze wie neue Klötze montieren.

BREMSKLÖTZE MONTIEREN

Schritt 1: Zuerst werden die alten Bremsklötze entfernt. Die hintere Schraube lösen und den Klotz nach unten herausziehen. Die Bremsfläche kontrollieren. Sind die Klötze noch brauchbar, werden sie wie oben beschrieben gesäubert und dann wieder wie weiter unten beschrieben montiert.

Schritt 2: Falls Sie Bremsklötze mit Ersatzbelägen haben, wird die Schraube auf der Rückseite des Belags gelöst. Nun sollte sich der alte Belag nach hinten aus dem Bremsschuh schieben lassen. Die Bremsschuhe säubern, den neuen Belag hineinschieben und die Schraube wieder befestigen. Es ist sehr wichtig, die Bremsklötze richtig einzusetzen: Die Öffnung soll gegen die Fahrtrichtung weisen.

Schritt 3: Prüfen Sie, ob es Markierungen für die korrekte Ausrichtung der neuen Klötze gibt. Entweder ist „links" und „rechts" angegeben, oder der Klotz ist gebogen, wobei sich die Biegung der Felge anpassen muss. Bei dem Klotz können Unterlegscheiben dabei sein. Vertiefte Unterlegscheiben sind so zu montieren, dass die flache Seite an der Brake flock zu liegen kommt. Die gewölbte Unterlegscheibe wird so montiert, dass die Wölbung in die Vertiefung der zuvor angebrachten Unterlegscheibe passt.

Schritt 4: Den Bremsklotz einpassen. Er soll parallel zur Felge liegen, weder so hoch, dass er den Reifen berührt, noch so tief, dass ein Teil davon unter der Felge hängt. Die Biegungen der Unterlegscheiben ermöglichen geringfügige Korrekturen am Winkel. Haben Sie den Klotz richtig platziert, halten Sie ihn dort mit einer Hand und ziehen die Schraube mit einem Inbusschlüssel oder Schraubenschlüssel fest.

Schritt 5: Als Nächstes die Vorspur prüfen. Hierzu die Bremse betätigen und auf den Abstand zwischen Felge und Bremsklotz achten. Der Klotz soll die Felge vorne etwas früher berühren als hinten mit einem Unterschied von etwa einem Millimeter. Ist dies nicht der Fall, lockern Sie die Befestigungsschraube ein wenig, korrigieren den Winkel und ziehen die Schraube wieder fest an. Kontrollieren Sie, ob der Bremsklotz nun beim Anziehen und Loslassen des Bremshebels auf der richtigen Höhe sitzt.

Schritt 6: Falls die neuen Bremsklötze eine andere Stärke haben als die alten Klötze, muss der Abstand zwischen Bremsklotz und Felge nachgestellt werden. Es sollte nur eine kleinere Nachstellung nötig sein, also verwenden Sie die Einstellschraube auf dem Bremssattel. Lockern Sie den Verschlussring so weit, dass er nicht stört, dann regulieren Sie den Abstand mit der Einstellhülse (Details siehe Seite 104). Anschließend den Verschlussring wieder befestigen.

Die Bremsen

Calliper-Bremsen: Kabel einziehen

Bei Rennrädern greifen selbst neue Bremsklötze nicht so kraftvoll wie bei V-Bremsen oder Scheibenbremsen. Sorgen Sie deshalb für einen guten Zustand der Kabel, um das bestmögliche Bremsergebnis zu erzielen.

Insbesondere die hintere Bremse hat ein langes Kabel, und beide Bremszüge verlaufen unter dem Lenkerband, sodass sie um enge Biegungen führen. Sobald sich die Qualität der Kabel verschlechtert, werden Sie merken, dass die Bremshebel zunehmend schwer zu betätigen sind und die Bremsklötze beim Loslassen des Bremshebels nicht mehr so leicht von der Felge springen. Das Einziehen neuer Kabel wirkt in diesem Fall Wunder. Eine geknickte oder beschädigte Kabelhülle sollte gleichzeitig mit dem Innenkabel ausgetauscht werden. Messen Sie die neuen Kabellängen an den alten Kabelstücken ab, und schneiden Sie die Enden gerade ab. Neue Kabelhüllenstücke benötigen an jedem Ende eine Muffe. Eine Ausnahme ist der Abschnitt, wo die Kabelhülle in den Bremssattel führt.

DAS EINZIEHEN VON BREMSKABELN

Schritt 1: Überprüfen Sie zuerst, dass Sie das richtige Bremskabel haben, Rennräder brauchen ein anderes Kabel als die weit verbreiteten Mountainbikes, sie haben einen Birnennippel am Ende statt eines Tonnennippels. Haben Sie das richtige Kabel, schneiden Sie von dem alten Bremskabel das Ende ab. Hierzu brauchen Sie einen guten Kabelschneider, eine Kneifzange reicht nicht, damit franst das Kabel möglicherweise aus.

Schritt 2: Das Bremskabel aus der Kabelhülle ziehen. Sie können die Kabelhülle wieder verwenden, prüfen Sie aber jeden Abschnitt, durch den das Kabel geführt wird, da jedes Teilstück ersetzt werden muss, das geknickt oder gequetscht ist oder dessen schützender Plastiküberzug beschädigt ist. Auch wenn sich das Kabel nur mühsam durchschieben lässt, empfiehlt es sich, die Kabelhülle zu ersetzen.

Schritt 3: Beim Lenker angekommen, müssen Sie den Bremshebel zurückziehen, um Zugang zu seinem Innenleben zu bekommen. Schieben Sie das Kabel Richtung Bremshebel durch die Hülle, sobald ein längeres Stück durchgekommen ist, ziehen Sie das Ganze heraus. Beim Herausziehen des letzten Stücks genau darauf achten, wo sich die Kabelaufnahme befindet, in die das neue Kabel montiert werden muss.

Schritt 4: Nun kommt der knifflige Teil. Das neue Kabel muss in den Bremshebel montiert werden. Mit einem sauber abgeschnittenen, nicht ausgefransten neuen Kabel sollte es gelingen. Den Bremshebel weiterhin zum Lenker gezogen halten und nun das Kabel in die Kabelaufnahme im Bremshebel fädeln. Sobald es durchgezogen ist, fühlen Sie das Loch hinten am Bremshebel. Unter dem Lenkerband müssten Sie den Bremsmantel sehen können, sodass Sie eine Vorstellung davon haben, wonach Sie suchen. Das Kabel durchziehen.

Schritt 5: Sobald das Kabel aus der Kabelhülle schaut, ziehen Sie es durch, bis nur noch die letzten zehn Zentimeter aus dem Hebel ragen. Bei zum Lenker gezogenem Bremshebel geben Sie einen Tropfen Öl auf dieses letzte Kabelstück und ziehen es dann vollständig durch. Bei der Vorderradbremse führt das Kabel direkt in die Bremse. Beim Verlegen des Kabelzugs für die Hinterradbremse darauf achten, dass ausreichend Spiel in der Kabelhülle ist, um den Lenker frei bewegen zu können. Das Kabel ölen, wenn Sie es durch die Kabelhülle ziehen.

Schritt 6: Das Kabel auf dem Bremssattel in die Einstellhülse führen. Etwa bis zur Hälfte durchschieben (siehe Seite 94). Schauen Sie sich die Kabelklemmschraube genau an. Wo das Kabel liegen soll, ist eine deutliche Vertiefung. Das Kabel platzieren und die Bremsklötze gegen die Felge drücken. Das Kabel durchziehen, um es zu straffen. Das Kabel loslassen, die Bremsklötze an der Felge lassen und die Kabelklemmschraube festziehen. Die Anleitung zur abschließenden Feineinstellung finden Sie auf Seite 104.

Neue Kabelhülle und Lenkerband

Beim Austauschen des Bremsinnenzugs werden Sie möglicherweise feststellen, dass das Kabel nur widerwillig durch den ersten Abschnitt der Kabelhülle gleitet – dieser führt bei der hinteren Bremse vom Bremshebel unter dem Lenkerband zum Rahmen oder direkt in die Bremseinheit der vorderen Bremse. In diesem Fall müssen Sie das Lenkerband abziehen und sowohl die Kabelhülle als auch den Innenzug erneuern. Eine lästige Arbeit, aber die Bremsleistung wird sich deutlich verbessern.

Es gibt noch weitere Gelegenheiten, bei denen Sie den ersten Abschnitt der Kabelhülle austauschen müssen. Möglicherweise möchten Sie den Lenker höher stellen, aber die Kabelhülle ist nicht lang genug. Vielleicht haben Sie aber auch beschädigte oder geknickte Stellen in der Kabelhülle festgestellt, die einen Austausch nötig machen.

In jedem Fall brauchen Sie zuvor ein neues Lenkerband. Zwar kann man das alte wieder verwenden, aber aufgrund der selbstklebenden Rückseite reißt es beim Abziehen häufig und liegt auch nicht wieder gut an, wenn man es entfern hat und es dann erneut um den Lenker wickelt. Gönnen Sie sich, auch wenn es nicht unbedingt nötig sein sollte, ein neues Band, Ihr Fahrrad wird damit auch schöner aussehen.

Die besten Ergebnisse erreichen Sie, wenn Sie das ganze Band erneuern. Ziehen Sie das alte Band vorsichtig ab und versuchen Sie, möglichst viel von der Klebeschicht mit zu entfernen. Nehmen Sie die Kappen an den Lenkerenden ab. Säubern Sie den Lenker so gut es geht, achten Sie aber darauf, ihn nicht zu zerkratzen, denn kleine Kratzer können der Ausgangspunkt für Materialrisse sein.

Nun können Sie sich mit dem Bremskabel und der Kabelhülle beschäftigen. Die alte Kabelhülle muss aus der Rückseite des Bremshebels herausgezogen werden. Achten Sie darauf, ob das Kabel in einer Muffe endet, in diesem Fall dürfen Sie nicht vergessen, auch bei der neuen Kabelhülle wieder eine Muffe einzusetzen.

Die neue Kabelhülle abmessen, sehr sauber und glatt abschneiden, sodass kein Metallrest in die Öffnung der Kabelhülle hängt. Falls nötig, weitere Kabelteile erneuern und das Innenkabel einziehen. Das Kabel straffziehen, unter der Kabelklemmschraube befestigen und kräftig am Bremshebel ziehen, um die neue Kabelhülle in Betrieb zu nehmen. Falls das Kabel anschließend etwas zu locker ist, die Kabelklemmschraube noch einmal lösen, das Kabel wieder straffziehen und die Schraube fest anziehen.

Möglicherweise ist es etwas schwierig, die neue Kabelhülle gut in den Bremshebel einzupassen. In diesem Fall kann es hilfreich sein, die Schraube zu lockern, mit der der Bremshebel am Lenker befestigt ist, um der Kabelhülle etwas mehr Platz zu bieten. Diese Schraube kann an zwei Stellen sitzen. Ziehen Sie den Bremshebel zum Lenker, und schauen Sie von vorne darauf. Wenn Sie dort den Kopf einer Inbusschraube sehen – häufig fünf Millimeter –, müsste es mit einem Inbusschlüssel zu bewerkstelligen sein.

Ist die Befestigungsschraube nicht im Bremshebel, befindet sie sich wahrscheinlich seitlich am Hebel unter der Gummihülle. Auch hier ist es zumeist eine 5-mm-Inbusschraube, und zwar an der Außenseite des Hebels (am rechten Hebel rechts und am linken Hebel links). Diese Befestigungsschraube lockern, die Kabelhülle einpassen und anschließend die Befestigungsschraube wieder fest anziehen. Sichern Sie den Bremsmantel mit Isolierband vorne am Lenker. Drei Streifen auf jeder Seite sollten genügen.

Nun wird das Lenkerband wieder angebracht. Hinter dem Bremshebel beginnen. Die neue Packung Lenkerband enthält möglicherweise auch einige extra kurze Streifen. Ist dies nicht der Fall, schneiden Sie zwei etwa sieben Zentimeter lange Streifen vom Lenkerband ab. Den Bremshebelüberzug aus Gummi zurückklappen und einen waagerechten Streifen von einer Seite des Lenkers zur anderen wickeln. Halten Sie die Bremshüllen beiseite.

Fangen Sie nun am unteren Ende des Lenkers an, einen Streifen nach unten zur Innenseite des Lenkers zu wickeln, wobei etwa die Hälfte der Bandbreite das Ende des Lenkers überlappt. So wickeln, dass jede neue Wicklung ein Drittel der vorherigen Schicht überdeckt. Beim Bremshebel angekommen, bis zu dem kurzen Streifen wickeln, den Sie bereits angebracht haben und dann diagonal nach unten in einer Schicht. Widerstehen Sie der Versuchung, das Band noch einmal nach unten zurückzuwickeln, da der Lenker hinter dem Bremshebel sonst sehr unförmig wird.

Sind Sie oberhalb vom Bremshebel angekommen, wickeln Sie gerade hinauf zur Mitte des Lenkers, und lassen Sie das Band etwa fünf Zentimeter vor dem Vorbau enden. Schneiden Sie das Band so ab, dass es unter dem Lenker endet und kleben Sie es dann mit schwarzem Isolierband sauber fest. Gelegentlich enthält die Packung Lenkerband kleine Plastikkabelbinder, das ist aber eine ziemliche Tüftelarbeit und lohnt sich nicht, mit Isolierband hält es besser.

Haben Sie das Band sorgfältig um den unteren Teil des Lenkers gewickelt, stellen Sie vielleicht fest, dass genügend Band da ist, um auf der Oberseite enger zu wickeln. Dadurch wird der Lenker bei aufrechterem Sitzen bequemer. Klappen Sie die Enden des Lenkerbands jeweils in die Enden des Lenkers, und stecken Sie anschließend die Endkappen wieder auf. Diese lassen das Ende des Lenkers nicht nur ordentlich aussehen, sondern verhindern auch, dass Sie sich bei einem Sturz daran verletzen können.

Die Bremsen

Die Wartung von Calliper-Bremsen

Beim Fahren ohne Schutzbleche bekommen Calliper-Bremsen alles ab, was die Reifen von der Straße aufwirbeln. Der Schmutz setzt sich auf den Bremshaltern fest und verhindert die freie Beweglichkeit der Bremsen. Die Wartung der Bremsen gehört zu den Aufgaben, die schlimmer aussehen, als sie sind, und nach deren Erledigung sich das gute Gefühl einstellt, etwas für die spürbare Optimierung des Fahrrads getan zu haben.

Die Bremsen werden wie die Schaltung durch eine Kombination aus Kabel und Feder betätigt. Kabel sind leicht und kraftvoll, sie eignen sich sehr gut zur Signalübertragung durch sämtliche Biegungen vom Lenker zur Bremse, können aber nur ziehen, nicht schieben. Nachdem das Kabel die Bremsklötze an die Felgen gezogen hat, wird der Bremshebel losgelassen, und man vertraut darauf, dass eine Feder im Bremssattel die Klötze von der Felge in ihre ursprüngliche Position zurückholt, damit man weiterfahren kann. Nun sind aber unsere Hände normalerweise sehr viel kräftiger als dieses kleine Drahtstück, das für die Rückholarbeit zuständig ist. Das Ergebnis: Sobald die Bremssättel verschmutzt und klebrig geworden sind, lassen sich zwar die Bremsen über den Bremshebel noch immer betätigen, aber sie springen zunehmend widerwillig von der Felge zurück. Steht das Fahrrad eine Zeit lang ungenutzt herum, wird das Betätigen der Bremshebel anschließend Schwerarbeit. Zum Glück ist es nicht schwierig, den Schmutz zu entfernen und ein wenig Öl aufzutragen. Je früher Sie dies tun, desto wirksamer ist es. Schmutz, der länger nicht entfernt wird, lässt Bremshalter, Unterlegscheiben und Bremssattel korrodieren. Sind die aneinander reibenden Flächen erst einmal rau und beschädigt, ist kaum noch etwas zu retten.

Man kann die Bremssättel schnell abwischen, ohne sie dazu vom Rad abmontieren zu müssen, es ist aber auch kein Problem, sie komplett abzunehmen, um dann auch hinter dem Bremssattel alles zu säubern. Eine alte Zahnbürste hat hierfür die ideale Größe. Bei geringfügig verschmutzten Bremsen probieren Sie es zuerst mit klarem Wasser, aber wenn Sie bei Nässe oder in der Stadt geradelt sind, werden Sie vermutlich etwas Stärkeres brauchen, beispielsweise einen Fahrradreiniger. Bei wirklich hartnäckigen, angetrockneten Verschmutzungen, die ein Zeichen dafür sind, dass Sie sich doch Schutzbleche zulegen sollten, probieren Sie es mit Entfetter. Füllen Sie eine kleine Menge in einen Becher, tauchen Sie die Zahnbürste ein, und schrubben Sie alles sauber. Ein Entfetter-Spray ist für diese Aufgabe viel zu ungenau und verschwenderisch, denn hier ist eine präzise Anwendung gefragt. Vergessen Sie nicht, hinterher alles sorgfältig abzuspülen. Auch beim Schmieren der Bremshalter ist es wie beim Entfetter besser, kein Spray sondern Öl aus der Flasche zu verwenden. Achten Sie besonders darauf, nicht das kleinste bisschen Öl auf die Bremsklötze zu bringen, denn es würde sich sehr bald auf den Felgen verteilen, und Sie würden den Großteil Ihrer Bremskraft einbüßen. Die Lücken, die geschmiert werden sollten, sieht man am besten bei abmontiertem Bremssattel. Drücken Sie die Bremsklötze zusammen, als wollten Sie sie an die Felge drücken und beobachten Sie, wie sich der Bremsmechanismus bewegt. Überall dort, wo zwei Teile des Bremssattels aneinanderstoßen, muss der Zwischenraum geschmiert werden. Etwas Öl in die Lücke träufeln und die Bremseinheiten mehrfach zusammendrücken und lösen, damit sich das Öl verteilen kann. Anschließend überschüssiges Öl abwischen. Möglicherweise stellen Sie nach dem Abmontieren des Bremssattels, wenn Sie mit dessen Reinigung beginnen, fest, dass er zu sehr korrodiert ist und sich die Wartung nicht mehr lohnt. In diesem Fall tauschen Sie ihn aus. Um die richtige Größe zu kaufen, messen Sie den Abstand zwischen der Mitte des Lochs, in dem der Bremssattel festgeschraubt wird und der Mitte einer Bremsfläche auf der Felge. Diesen Abstand nennt man drop.

Vordere Calliper-Bremse – Brompton Klapprad

Die Wartung der Calliper-Bremseinheiten

Sind Ihre Calliper-Bremsen verschmutzt, sind die Bremshebel träge, oder springen die Bremsen nicht sofort von der Felge, wenn Sie den Bremshebel loslassen? Dann folgen Sie diesen Wartungsanleitungen.

Arbeiten Sie immer nur an einer Bremse – so können Sie sich immer wieder die komplette Bremse anschauen, wenn Sie beim Zusammenbau nicht weiterwissen. Besonders sorgfältig sollten Sie Verschmutzungen in der Umgebung der Rückholfeder entfernen. Zwischen der Feder und den Bremsarmen ist nicht viel Platz, daher genügt bereits eine kleinere Verschmutzung, um die Feder schwergängig zu machen. Zu einer kompletten Wartung gehört die Montage neuer Bremsklötze und eines neuen Bremskabels. Wenn Sie schon Ihr Werkzeug auspacken, können Sie mit geringem zeitlichem Mehraufwand gleich alles erledigen. Neue Bremsklötze liegen leichter auf der Felge und verringern deren Verschleiß, was sich auf ihre Lebensdauer positiv auswirkt.

DIE WARTUNG DER CALLIPER-BREMSEINHEITEN

Schritt 1: Zuerst schneiden Sie das Ende des Bremskabels ab, lösen die Kabelklemmschraube und ziehen Bremskabel und Kabelhülle aus der Einstellhülse. Haben Sie vor, ein neues Kabel und eventuell auch eine neue Kabelhülle zu montieren, folgen Sie hierzu den Anleitungen auf den Seiten 106 und 107.

Schritt 2: Lösen Sie die Befestigung des Bremssattels am Rahmen, es ist entweder eine 5-mm-Inbusschraube oder eine 10-mm-Mutter. Falls Sie beide Bremsen gleichzeitig auswechseln, vertauschen Sie vorne und hinten nicht. Der Bremsbolzen, der hinten aus der vorderen Calliper-Bremse durch die Gabel führt, ist etwas länger. Säubern Sie die Befestigungsschraube – diese 5-mm-Inbusschraube heißt Hülsenmutter – und kontrollieren Sie sie auf Risse.

Schritt 3: Drehen Sie den Bremssattel um, und schauen Sie sich die Rückseite an, die normalerweise nicht zu sehen ist. Dort sammelt sich aber gerne Schmutz an. Säubern Sie sie gründlich mit Entfetter und Fahrradreiniger und einer Scheuerbürste. Von hier aus ist die Rückholfeder gut zu sehen. Auch in diesem Bereich alles gründlich reinigen, damit sich die Feder frei bewegen kann. Drücken Sie die Bremsklötze mehrmals zusammen, um Fremdkörper und Verschmutzungen zu entfernen.

Schritt 4: Drehen Sie den Bremssattel so, dass Sie die Oberseite sehen, und schrubben Sie auch diese gründlich. Drücken und lösen Sie auch jetzt wieder mehrmals die Bremsarme, und entfernen Sie alle Verschmutzungen. Spülen Sie den Entfetter gründlich ab. Geben Sie einen Tropfen Öl in die Zwischenräume zwischen den einzelnen Teilen des Bremsmechanismus, und drücken Sie die Bremsbacken zusammen. Überschüssiges Öl abwischen. Nun sollte der Bremssattel viel geschmeidiger sein.

Schritt 5: Geben Sie einen Tropfen Öl auf die Befestigungsschraube des Bremssattels, und schieben Sie die Schraube wieder durch Rahmen/Gabel. Denken Sie daran, alle Unterlegscheiben wie zuvor zwischen Bremssattel und Rahmen anzubringen, denn sie sorgen dafür, dass sich der Bremssattel hinten nicht am Rahmen/an der Gabel verklemmt. Die Befestigungsschraube wieder einsetzen.

Schritt 6: Den Bremssattel wie auf der Abbildung halten, damit das Rad mittig zwischen den Bremsklötzen läuft, und die Befestigungsschraube fest anziehen. Am Bremssattel rütteln, um zu testen, ob die Befestigungsschraube fest genug sitzt. Das Bremskabel wieder durch die Einstellhülse und dann unter die Unterlegscheibe des Klemmbolzens führen. Die Bremsklötze an der Felge halten, überschüssiges Kabel durchziehen und den Klemmbolzen fest anziehen. Die abschließenden Feineinstellungen entnehmen Sie Seite 106.

Die Bremsen

Cantilever-Bremsen

Cantilever-Bremsen findet man noch bei vielen Citybikes und älteren Mountainbikes. Sie sind aber nicht nur als Anachronismus zu betrachten. Auch bei neuen Tourenrädern kommen sie bevorzugt zum Einsatz, weil die Bremsklötze deutlich länger halten als bei V-Bremsen und auch ohne ständiges Nachstellen auskommen.

Cantilever-Bremse mit separatem Verbindungskabel (link wire)

Achten Sie darauf, die richtigen Bremshebel für Cantilever-Bremsen zu benutzen, denn sie sind mit V-Bremshebeln nicht kompatibel. Bei V-Bremshebeln ist zwischen dem Bremshebellager und der Kabelaufnahme, in der der Kabelnippel sitzt, ein größerer Abstand. Daher wird bei V-Bremsen ein längeres Kabelstück durch den Hebel gezogen als bei einer Cantilever-Bremse. Den Unterschied sehen Sie, wenn Sie den Bremshebel einer V-Bremse mit dem einer Cantilever-Bremse vergleichen. Der Abstand zwischen dem Bremshebellager und der Kabelaufnahme muss bei einer Cantilever-Bremse etwa 30 Millimeter betragen, damit sie gut funktioniert.

Cantilever-Bremsklötze haben zwar normalerweise eine längere Lebensdauer als die Bremsklötze von V-Bremsen, können sich aber schließlich auch abnutzen und sollten daher jeden Monat überprüft werden.

Kontrollieren Sie die Abnutzung, und suchen Sie dazu oben auf dem Klotz eine Verschleißanzeige. Dies ist normalerweise ein schwarzer Strich, der auf die dunkle Klotzfläche gestempelt und daher schlecht zu erkennen ist. Sie fühlen den Strich mit dem Fingernagel leichter als ihn mit bloßem Auge zu erkennen. Möglicherweise wird der Verschleiß auch nicht angezeigt: In diesem Fall tauschen Sie die Bremsklötze aus, bevor sie bis hinunter zu den Rillen abgenutzt sind, die in die Blöcke eingelassen sind. Warten Sie zu lange, so riskieren Sie einen Verschleiß bis zum Metallbolzen, um den der Bremsklotz geformt ist. Dieser Bolzen zerkratzt die Oberfläche der Felgen. Auch wenn die Bremsklötze keine sichtbaren Verschleißspuren zeigen, müssen sie alle paar Jahre erneuert werden, da der Gummi hart wird und dann nicht mehr so gut greift. Das trifft besonders dann zu, wenn Sie Ihr Fahrrad im Freien oder in Außengebäuden unterstellen, in denen es im Winter sehr kalt wird.

Man muss sich genau anschauen, wie der Bremsklotz auf die Bremseinheit geklemmt ist, um zu verstehen, wie die Bremse funktioniert. Ein Sortiment von Bolzen, Inbusmuttern und gebogenen Unterlegscheiben muss in der richtigen Reihenfolge zusammengesetzt werden und ermöglicht dadurch eine sehr genaue Einstellung der Bremsklötze. Die maximale Bremskraft wird erzielt, wenn die Bremsklötze so montiert werden, dass sie die Felge flach und im rechten Winkel berühren, und zwar vorne etwas früher als hinten.

Zur korrekten Montage werden die Bremsklötze von einer Ringschraube (C) gehalten. Die Nase des Bremsklotzes führt durch ein Loch in der Ringschraube und diese wiederum durch eine gebogene Unterlegscheibe und anschließend durch einen Schlitz in der Bremseinheit. Auf der anderen Seite der Bremseinheit befindet sich eine weitere gebogene Unterlegscheibe und danach eine Mutter. Beim Anziehen dieser Mutter wird die Ringschraube durch die Bremseinheit gezogen, drückt die Nase des Bremsklotzes gegen die erste gebogene Unterlegscheibe und fixiert sie sicher.

Das bedeutet: Durch Lösen der Mutter am Ende der Ringschraube lässt sich die Position des Bremsklotzes zweckmäßig verändern. Die Ringschraube kann in dem Schlitz auf der Bremseinheit nach oben und unten bewegt werden, sodass der Bremsklotz weiter oben oder unten auf die Felge trifft. Die Nase kann durch die Ringschraube geschoben werden, wodurch sich der Bremsklotz zur Felge hin oder von ihr fort bewegt. Die Nase kann in der Ringschraube gedreht werden, wodurch der Bremsklotz in einem Winkel auf die Felge trifft. Man kann auch die Ringschraube auf den gebogenen Unterlegscheiben drehen, sodass erst die Spitze oder erst das Ende des Bremsklotzes die Felge berührt. Nutzen Sie diese Flexibilität für eine sehr präzise Einstellung der Bremsklötze.

Die wichtigste Justierung des Bremskabels bei einer Cantilever-Bremse ist die Einstellung des Hauptkabels, wo dieses sich direkt über der Bremseinheit zweiteilt. Die Teilung kann durch einen Kabelteiler (straddle hanger) erfolgen, der auf das Kabel montiert wird, durch ein Verbindungskabel, das über den Kabelhalter von einer Bremseinheit zur anderen verläuft (straddle wire), oder durch ein separates Verbindungskabel (A), durch welches das Hauptkabel verläuft und dann an der Bremseinheit befestigt wird (link wire). In jedem Fall ist es wichtig, dass die beiden Arme des Verbindungsseils oder die beiden Arme des Querzugs in einem Winkel von 90 Grad zueinander verlaufen.

Cantilever-Bremsen: Die Bremsklötze

Durch eine regelmäßige Kontrolle der Bremsklötze entdecken Sie verschlissene Klötze, bevor diese Schaden anrichten können. Aufmerksamkeit zahlt sich aus.

Bremsklötze sind häufig mit einer Verschleißanzeige ausgestattet. Diese ist recht klein, daher müssen Sie den Bremsklotz säubern und ihn aus der Nähe betrachten. Hat der Bremsklotz eingeschnittene Schlitze, ist er abgenutzt, sobald das Ende dieser Schlitze erreicht ist.

Sie brauchen aber mit dem Austauschen nicht so lange zu warten, bis der Bremsklotz sichtbare Verschleißzeichen aufweist.

Bremsen, die an Wirksamkeit verloren haben, sprechen mit neuen Bremsklötzen sofort wieder besser an.

Bei diesem Arbeitsgang scheint man einen Umweg zu gehen. Zuerst werden die alten Bremsklötze entfernt und anschließend die neuen provisorisch eingesetzt. Nun wird geprüft, ob der Bremszug korrekt montiert ist. Erst dann geht es mit der Ausrichtung von Bremsklötzen und Felge weiter.

BREMSKLÖTZE MONTIEREN

Schritt 1: Mit einem Inbusschlüssel das Ende des Klemmbolzens halten und mit einem 10-mm-Schraubenschlüssel wie abgebildet die Mutter lösen, die hinter der Bremseinheit verborgen ist. Ein paar Umdrehungen dürften reichen. Sie muss nur so locker sein, dass Sie die Nase des alten Bremsklotzes aus dem Loch in der Ringschraube herausnehmen und im Austausch sofort den neuen Bremsklotz einsetzen können. Vollständig hineindrücken und die Mutter gerade so fest anziehen, dass er nicht verrutscht.

Schritt 2: Nun mit dem Klemmbolzen das Verbindungskabel justieren. Stellen Sie die Höhe des Kabelteilers und die Länge des Verbindungskabels so ein, dass die beiden Kabelarme einen Winkel von 90 Grad bilden. Der Link-Wire-Typ ist viel einfacher einzustellen: Man löst die Kabelklemmschraube (B, Seite 110) verkürzt oder verlängert den Zug, bis die beiden Kabelarme einen Winkel von 90 Grad beschreiben und zieht die Schraube wieder fest. Auf den meisten Verbindungskabeln finden Sie hilfreiche Führungslinien.

Schritt 3: Nun zur Ausgleichsschraube (A, oben), von denen Cantilever-Bremsen nur eine einzige besitzen. Ziehen Sie den Bremshebel, und beobachten Sie die Bremsen. Sitzt eine näher an der Felge, ist ein Nachstellen erforderlich. Sitzt die Bremse mit der Ausgleichsschraube näher an der Felge, drehen Sie die Schraube im Uhrzeigersinn, um die Federspannung zu erhöhen und ziehen die Bremse nach außen. Ist diese Bremseinheit weiter von der Felge entfernt, drehen Sie die Ausgleichschraube gegen den Uhrzeigersinn.

Schritt 4: Nachdem die Bremseinheit nun korrekt eingestellt ist, zurück zu den Bremsklötzen. Langsam die Mutter auf der Rückseite der Bremseinheit lösen, damit sich die Bremsklötze bewegen lassen. Jeden Klotz so weit hineindrücken, bis er die Felge mittig zwischen dem oberen und dem unteren Felgenrand in einem Winkel von 90 Grad berührt. Sie können den Winkel der Klötze anhand der Biegungen der Unterlegscheiben und der Länge des Schlitzes verändern, in dem die Klemmschraube sitzt.

Schritt 5: Vorne sollte der Bremsklotz etwa einen Millimeter näher an der Felge sein als hinten. Diese sogenannte „Vorspur" verhindert das Quietschen der Bremsen. Sie können sich diesen Arbeitsgang – Bremsklotz und Felge im Auge behalten und den Winkel des Bremsklotzes vorne etwas näher an der Felge einstellen als hinten – erleichtern, indem Sie ein Stück Pappe hinten unter den Bremsklotz klemmen.

Schritt 6: Den Bremsklotz halten und die 10-mm-Mutter vorsichtig anziehen. Sobald die Mutter hält, die Ringschraube mit einem 5-mm-Inbusschlüssel halten und die 10-mm-Mutter festziehen. Rütteln Sie an dem Bremsklotz, um zu kontrollieren, ob er fest sitzt. Lässt er sich noch bewegen, ziehen Sie die Schraube fester an. Nach dem Montieren der Bremsklötze müssen Sie den Bremszug eventuell noch einmal nachstellen – siehe Seite 112 und 113.

Die Bremsen

Cantilever-Bremsen: Bremszüge auswechseln

Neue Bremszüge sorgen für eine preiswerte, aber deutliche Optimierung des Fahrrads. Der Weg dorthin ist allerdings steinig, denn Sie müssen auch die Bremsklötze neu einstellen, damit die Bremsen optimal funktionieren. Richten Sie sich also auf eine zeitintensive Arbeit ein.

Es gibt zwei verschiedene Arten von Bremszügen – den Link-Wire-Typ und den Straddle-Wire-Typ (siehe Seite 110), wobei der ursprüngliche der Straddle-Wire-Typ war. Dabei ist der Bremszug auf einen Kabelteiler, einen dreieckigen Metallträger auf dem Bremszug, montiert. Ein separates Verbindungskabel läuft über einen Haken am Kabelteiler, jedes Ende ist mit einer Bremseinheit verbunden. Diese Form wurde inzwischen weitgehend vom Link-Wire-Typ abgelöst, da bei diesem Typ die Verbindungskabel sicherer sind. Reißt beim Straddle-Wire-Typ ein Bremskabel, wird das Verbindungskabel (eben das „straddle wire") von den Federn der Bremseinheit auf den Reifen gezogen, das Rad blockiert, und man stürzt. Das Verbindungskabel beim Link-Wire-Typ löst sich, ohne sich im Rad zu verfangen.

Die Justierung beim Straddle-Wire-Typ ist im Prinzip dieselbe, nur kniffliger. Der Kabelteiler (der „straddle hanger") muss genau auf dem Bremszug positioniert werden, sodass beide Seiten des Verbindungskabels einen Winkel von 90 Grad zueinander haben. Nach beendeter Einstellung ist es sehr wichtig, den Klemmbolzen auf dem Kabelteiler wieder festzuziehen, was bei der kniffligen Arbeit gerne vergessen wird.

Die folgende Anleitung zeigt Ihnen den Vorgang bei dem üblicheren Link-Wire-Typ. Sollten Sie eine Bremse vom Straddle-Wire-Typ haben, spricht aber nichts dagegen, diese durch einen Link-Wire-Typ zu ersetzen. Nehmen Sie das Fahrrad zum Kabelkauf mit, damit Sie die richtige Größe bekommen.

Jede Bremseinheit ist separat mit einem Arm des Bremszugs verbunden. Ziehen Sie auf der Seite mit Quick-Release-Verschluss das Ende des Verbindungskabels wie abgebildet nach unten aus der Bremseinheit.

BREMSZÜGE BEI CANTILEVER-BREMSEN AUSTAUSCHEN

Schritt 1: Lösen Sie wie oben das Verbindungskabel mittels Quick-Release-Verschluss von der Bremseinheit. An der anderen Seite schneiden Sie das Kabelende ab und lösen die Kabelklemmschraube, um das Kabel unten herausziehen zu können. Sie sollten das v-förmige Verbindungskabel komplett aus dem Bremszug ziehen. Falls es weder geknickt noch ausgefranst ist, heben Sie es zur Wiederverwendung auf, es unterliegt keinem großen Verschleiß.

Schritt 2: Das alte Kabel aus jedem Teil der Kabelhülle ziehen, aber mit dem Rahmen verbunden lassen. Schauen Sie sich die Teile, an denen Sie arbeiten, jeweils genau an. Finden Sie ausgefranste oder beschädigte Stellen, nehmen Sie diese vorsichtig heraus und schneiden ein Ersatzstück von der Kabelhülle. Wo bisher Muffen waren, fügen Sie auch in die neue Hülle wieder Muffen ein.

Schritt 3: Beim Bremshebel angekommen, drehen Sie den Verschlussring auf der Einstellhülse vom Hebelkörper ab, sodass Sie die Einstellhülse leicht verstellen können. Bringen Sie die Schlitze auf der Einstellhülse und auf dem Verschlussring in eine Linie mit den Schlitzen auf dem Bremshebelkörper. Das alte Kabel vorsichtig aus den Schlitzen ziehen.

Cantilever-Bremsen: Bremszüge auswechseln

Schritt 4: Bei gezogenem Bremshebel müssten Sie den Nippel des alten Bremszugs aus der Kabelaufnahme im Bremshebel ziehen können. Der Nippel sitzt in der keilförmigen Öffnung, und Sie müssen das Kabel mit dem keilförmigen Schlitz übereinanderbringen. Falls nötig die Kabelaufnahme säubern und anschließend das neue Kabel einsetzen.

Schritt 5: Schieben Sie das neue Kabel vorsichtig wieder in die Schlitze im Bremshebel, in der Einstellhülse und dem Verschlussring, und drehen Sie dann den Verschlussring leicht zu, damit das Kabel nicht herausrutschen kann. Die Einstellhülse so drehen, dass sie etwa zur Hälfte im Bremshebel sitzt. Das Kabel durch die Kabelhülle schieben und auf jedes Kabelstück in der Kabelhülle einen Tropfen Öl geben.

Schritt 6: Nun führen Sie das Kabel zur Bremse zurück durch den Kabelteiler. Wie Sie sehen, ist das Loch in dieser Verbindungsstelle zweigeteilt. Von einer Seite lässt sich das Kabel sehr viel leichter durchschieben, weil diese Öffnung mit der Austrittsöffnung auf einer Linie liegt. Schieben Sie das Kabel durch dieses Ende und ziehen Sie es dann herüber, sodass es im anderen Teil der Öffnung verbleibt.

Schritt 7: Das freie Kabelende wieder unter die Kabelklemmschraube führen und dabei ziemlich locker lassen. Anschließend den anderen Arm des Verbindungskabels auf der gegenüberliegenden Bremseinheit montieren. Nun das Kabel an der Kabelklemmschraube so weit durchziehen, bis die beiden Arme des Verbindungskabels einen Winkel von 90 Grad zueinander haben. Die Kabelklemmschraube fest anziehen.

Schritt 8: Möglicherweise müssen anschließend die Bremsklötze nachgestellt werden, damit diese im rechten Winkel und mit Vorspur auf die Felge treffen. Mit einem 5-mm-Inbusschlüssel halten Sie vorne die Ringschraube und lockern mit einem 10-mm-Schraubenschlüssel die Mutter hinten auf der Ringschraube so weit, dass Sie die Bremsklötze verschieben können. Ist die richtige Position der Klötze erreicht, halten Sie die Ringschraube mit dem Inbusschlüssel und ziehen die Mutter fest an – siehe weitere Einzelheiten auf Seite 111.

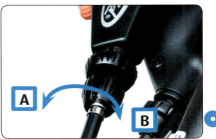

Schritt 9: Falls die Bremsklötze die Felge berühren, drehen Sie die Einstellhülse im Uhrzeigersinn in den Bremshebel (B), um das Kabel zu lockern. Bewegt sich der Bremshebel zu weit, bevor die Bremsklötze auf der Felge greifen, drehen Sie die Einstellhülse gegen den Uhrzeigersinn (A), um das Kabel zu straffen. Ist die Einstellung korrekt, den Verschlussring gegen den Bremshebelkörper klemmen. Testen Sie nun die Bremse. Ziehen Sie den Bremshebel, das Rad sollte stehen, sobald der Hebel halb zum Lenker gezogen ist.

Den Winkel des Verbindungskabels justieren

Entscheidend ist der Winkel, in dem das Kabel die beiden Bremseinheiten verbindet, da er bestimmt, wie kraftvoll die Bremsklötze beim Bremsen gegen die Felge gedrückt werden. Das Nachstellen dieses Kabelwinkels sorgt für einen kürzeren Bremsweg, anschließend müssen Sie aber eventuell auch die Bremsklötze nachstellen.

Schritt 1: Das Verbindungskabel sitzt zu tief. Die Mutter hinten auf jeder Bremseinheit lösen und die Bremsklötze von der Felge wegziehen. Die Kabelklemmschraube lösen, das Kabel durchziehen, die Schraube wieder fest anziehen und die Klötze justieren.

Schritt 2: Das Verbindungskabel sitzt zu hoch. Die Kabelklemmschraube lösen, das Kabel lockern, bis der Winkel zwischen den Verbindungskabeln 90 Grad beträgt, die Schraube wieder fest anziehen und die Bremsklötze näher an der Felge justieren.

Schritt 3: Genau richtig! Abgebildet ist ein Link-Wire-Typ, aber für den Straddle-Wire-Typ gilt dasselbe Prinzip. Verändern Sie die Position des Kabelteilers, bis beide Seiten im Winkel von 90 Grad aufeinander treffen.

Die Funktion von Scheibenbremsen

Der Hauptunterschied zwischen Scheiben- und Felgenbremsen ist ganz eindeutig die Bremsfläche. Bei der Scheibenbremse wird eine separate Bremsscheibe verwendet, die auf der Radnabe montiert ist. Die Bremsbeläge befinden sich in einem Bremssattel, der entweder am Ende der Gabel oder hinten am Rahmen sitzt. Der Durchmesser der Bremsscheibe ist viel kleiner als der Felgendurchmesser, daher hat die Bremse eine deutlich geringere Hebelwirkung und muss kraftvoller sein, um dieselbe Bremswirkung zu erzielen. Aus den Bremssätteln lässt sich aber eine Menge Kraft herausholen.

Die Bremssättel sind fast am Ende der Streben in der Nähe des Rahmenteils befestigt, durch den die Achse führt, und können sich auch bei voller Bremskraft nur wenig biegen. Die Bremsscheibe besteht aus einem sehr harten Material, daher können auch die Bremsbeläge sehr hart und zudem sehr dünn sein, sodass sie sich beim Bremsen nicht zusammendrücken.

Es gibt zwei verschiedene Arten von Scheibenbremsen – mechanische und hydraulische.

Die hydraulischen Bremsen nutzen die Technologie von Motorrädern und Autos, die Bremsbeläge werden durch Öl auf die Scheiben gepresst. Durch Betätigen des Bremshebels wird hydraulisches Öl durch die dünnen Schläuche der Bremssättel gedrückt. Da dieses Öl nicht komprimierbar ist, reagieren die Kolben sofort auf den Druck. Die Kolben befinden sich, einander gegenüberliegend, in den Bremssätteln. Wird nun das Öl hinter ihnen herausgedrückt, werden sie aus den Bremssätteln herausgedrückt und die Kolben bewegen sich aufeinander zu. Auf jedem Kolben sitzt oben ein Bremsbelag, sodass die Bremsscheibe zwischen den Belägen eingeklemmt wird und das Rad zum Halten bringt.

Mechanische Scheibenbremsen galten lange Zeit als Stiefkind, teurer und schwerer als V-Bremsen, aber nicht so kraftvoll wie die hydraulischen Bremsen. In den letzten Jahren haben sich diese mechanischen Bremsen aber deutlich verbessert. Sie wirken weniger einschüchternd als die hydraulischen Bremsen, da ihre Bremszüge einen vertrauten Anblick bieten. Es werden dieselben Bremshebel und Bremszüge wie bei den V-Bremsen verwendet, und sie sind auch kompatibel. Auch hier wirken die Bremssättel, indem sie die Bremsscheibe zwischen zwei Paar Bremsbelägen festhalten, normalerweise bewegt sich aber nur einer der Bremsbeläge. Der Kolben befindet sich auf dem Bremssattelkörper in einer spiralförmigen Spur. Wird nun der Bremszug gezogen, bewegt sich der Kolben seitwärts zur Bremsscheibe, innen befinden sich sehr genau arbeitende kleine Mechanismen.

Bei beiden Bremstypen können die Beläge mit Öl oder Fett verschmutzen. Achten Sie sorgfältig darauf, dass weder die Beläge noch die Bremsscheibe mit etwas Öligem in Berührung kommen, ein weiterer Grund, für die Kette Öl aus der Flasche und kein Spray zu verwenden. Die Beläge von Scheibenbremsen sind normalerweise viel haltbarer als die Bremsklötze von V-Bremsen. Das Material der Bremsscheibe ist viel härter als das Aluminium der Felgen, sodass auch der Belag härter sein kann. Würde man den Bremsbelag einer Scheibenbremse für eine Felgenbremse verwenden, wäre die Felge in kürzester Zeit verschlissen. Durch das härtere Material kann der Belag auch während der Fahrt die Bremsscheibe berühren, ohne dass sich das Tempo spürbar reduziert. Über Schleifgeräusche beim Fahren brauchen Sie sich bei einer Scheibenbremse also keine Sorgen zu machen. Die Bremsbeläge können sich ungleichmäßig abnutzen und sollten erneuert werden, sobald ein Belag an einer Stelle weniger als 0,5 Millimeter misst. Zur Überprüfung müssen Sie die Beläge eventuell herausnehmen, siehe Seite 116. Reicht die Stärke doch noch aus, montieren Sie die Beläge wieder. Reinigen Sie die Bremsscheiben jedes Mal, wenn Sie neue Bremsbeläge montieren. Achten Sie genau darauf, den richtigen Belag für Ihre Bremse zu kaufen, denn Montage und Form variieren zwischen den Marken und auch zwischen den Modellen einer Marke, ja sogar von Jahr zu Jahr. Nehmen Sie die alten Beläge zum Kauf mit. Nach der Montage müssen die neuen Beläge eingefahren werden, da sie erst nach mehrmaligem Bremsen richtig arbeiten. Sind die neuen Beläge montiert, suchen Sie sich eine Stelle, wo Sie auch ohne volle Bremskraft sicher fahren können. Fahren Sie langsam, ziehen Sie die Bremse und bringen Sie das Rad zum Stehen. Wiederholen Sie dies bei zunehmender Geschwindigkeit, bis Sie mit der Bremsleistung zufrieden sind. Hierzu können zehn oder zwanzig Wiederholungen nötig sein.

Die Beläge von Scheibenbremsen sind hart und dünn.

Die Bremskabel mechanischer Scheibenbremsen

Mechanische Scheibenbremsen sind wegen ihrer einfachen Wartung beliebt. Sie arbeiten mit denselben Bremshebeln und Bremskabeln wie die V-Bremsen.

Die meisten mechanischen Scheibenbremsen funktionieren nach demselben Prinzip – das Kabel bewegt nur einen Bremsbelag und zwar den, der am weitesten vom Rad entfernt ist und als primärer Bremsbelag bezeichnet wird. Durch Betätigen des Hebels wird dieser Belag auf die Bremsscheibe gedrückt, verdreht sie leicht und neigt sie zu dem anderen, dem unbeweglichen Belag. Zieht man etwas fester am Hebel, wird die Bremsscheibe zwischen beiden Belägen eingeklemmt und bringt das Rad zum Stehen. Der feste Belag benötigt eine sehr sorgfältige Einstellung. Er soll so nah wie möglich an der Bremsscheibe sitzen, damit diese sich möglichst wenig neigen muss. Es soll aber auch ausreichend Spielraum vorhanden sein, damit der Belag nicht ständig an der Scheibe schleift.

DAS JUSTIEREN DES SCHEIBENBREMSKABELS

Schritt 1: Sie brauchen ein neues Kabel, wenn das bisherige Knicke aufweist und nicht mehr gut reagiert. Die Kabel der Vorder- und Hinterbremse funktionieren gleich, das hintere Kabel ist aber länger und muss daher öfter ausgewechselt werden, weil es unter stärkerer Reibung leidet. Um das Kabel auszuwechseln, schneiden Sie das Kabelende ab und lösen die Kabelklemmschraube. Das Kabel nach hinten aus der Kabelhülle herausziehen, beginnend am Bremshebel.

Schritt 2: Die Kabelhülle komplett kontrollieren. Beschädigte Teile oder solche, durch die das Kabel schlecht gleitet, ersetzen. Die neue Kabelhülle jeweils sehr sauber abschneiden, sodass kein Metallfaden in die Öffnung hängt. Mit einem scharfen Messer die Verkleidung in der Kabeldichtung öffnen. Nun alle neuen Teile der Kabelhülle am Fahrrad montieren.

Schritt 3: Am Bremshebel den Verschlussring der Einstellhülse und dann die Einstellhülse selbst drehen, bis die Schlitze von Verschlussring, Einstellhülse und Hebel in einer Linie liegen. Ziehen Sie den Bremshebel zum Lenker und das Kabel vorsichtig aus den Schlitzen. Rütteln Sie am Kabelnippel, um ihn aus der Kabelaufnahme am Bremshebel zu lösen, und montieren Sie dort den Nippel des neuen Kabels. Anschließend führen Sie das Kabel wieder durch die Schlitze im Hebel, im Verschlussring und der Einstellhülse.

Schritt 4: Das neue Kabel durch die komplette Kabelhülle schieben. Am Bremssattel angekommen, fädeln Sie das Kabel in die Einstellhülse (falls dort eine ist) und dann unter die Kabelklemmschraube. Unter der Kabelklemmschraube ist eine deutliche Vertiefung, die anzeigt, wo das Kabel hingehört. Die Kabelklemmschraube anziehen, das Kabel durchziehen und anschließend mehrfach den Bremshebel betätigen, damit sich das Kabel einspielt.

Schritt 5: Die Kabelklemmschraube erneut lockern. Während Sie nun das Kabel durchziehen, drücken Sie mit der anderen Hand den Bremshebel, sodass der primäre Bremsbelag die Bremsscheibe fast berührt. Sobald er nah an der Bremsscheibe angekommen ist, ziehen Sie die Kabelklemmschraube fest an. Die Feineinstellungen des Abstands zwischen dem primären Bremsbelag und der Bremsscheibe führen Sie mit der Einstellhülse am Bremshebel durch – siehe Seite 94.

Schritt 6: Zum Schluss wird der unbewegliche Bremsbelag eingestellt. Mit einem 5-mm-Inbusschlüssel gelangen Sie durch das Rad zur Rückseite des Bremssattels. Drehen Sie den Inbusschlüssel im Uhrzeigersinn, wenn der Belag näher an die Bremsscheibe soll und umgekehrt, um ihn etwas zu entfernen. Anschließend nehmen Sie den Inbusschlüssel heraus, um das Rad drehen und kontrollieren zu können, ob der Belag an der Bremsscheibe schleift. Überschüssiges Kabel abschneiden und eine Endkappe montieren.

Die Bremsen

Die Montage von Bremsbelägen bei mechanischen Scheibenbremsen

Die Beläge von Scheibenbremsen halten normalerweise viel länger als die Bremsklötze von Felgenbremsen. Sie können aus härterem Material gefertigt werden.

Achten Sie darauf, die passenden Ersatzbeläge zu kaufen – Montage und Form können variieren. Nehmen Sie die alten Beläge zum Kauf mit. Nach der Montage müssen neue Beläge „eingefahren" werden. Haben Sie also neue Beläge montiert, suchen Sie sich einen Platz, wo Sie sicher fahren können. Fahren Sie anfangs langsam, betätigen Sie die Bremsen, und bringen Sie das Rad zum Stehen.

Wiederholen Sie dies bei zunehmender Geschwindigkeit, bis die Bremsleistung zufriedenstellend ist. Hierfür können zehn oder zwanzig Versuche nötig sein. Bei der Verschleißprüfung der Beläge kontrollieren Sie immer beide Bremsbeläge, da sie sich häufig ungleich abnutzen. Hat ein Belag an einer Stelle eine Stärke von weniger als 0,5 Millimeter, sollten beide ausgewechselt werden.

DIE MONTAGE VON BREMSBELÄGEN

Schritt 1: Montieren Sie das Rad aus dem Rahmen, und schauen Sie sich den Bremssattel an. In der Regel werden die Beläge mit einem Haltebolzen gehalten, der durch den Bremssattel und Löcher in beiden Belägen führt. Normalerweise wird der Bolzen durch eine Vorrichtung gehalten, entweder ist eine Federklammer vorhanden oder der Splint muss, wie auf dieser Abbildung zu sehen, erst gerade gebogen werden, um durch das Loch zu passen.

Schritt 2: Den Haltebolzen herausziehen und sicher verwahren, denn Sie müssen am Schluss alles wieder montieren. In einigen Fällen sind es auch zwei Haltebolzen. Merken Sie sich genau, wie die alten Beläge im Bremssattel montiert sind, bevor Sie diese entfernen.

Schritt 3: Ziehen Sie die Beläge vorsichtig heraus, entweder an den kleinen Henkeln, die aus dem Schlitz stehen, oder Sie ziehen an den Ecken der Beläge. Falls Sie unsicher sind, welche Ersatzbeläge Sie kaufen müssen, nehmen Sie die alten zum Kauf mit.

Schritt 4: Die Beläge sind eventuell mit einer Haltefeder versehen, notieren Sie sich deren Position und Ausrichtung, und montieren Sie sie wieder zusammen mit den neuen Belägen. Beim Montieren der neuen Beläge achten Sie bitte darauf, dass sich die beiden Federarme neben den Belägen befinden, nicht über der Bremsfläche. Am einfachsten ist es, die Feder zwischen den Belägen einzuklemmen und dann beide Beläge gleichzeitig in den Schlitz zu schieben. Das ist einfacher, als jeden Belag einzeln einzupassen.

Schritt 5: Die neuen Beläge wieder so weit in den Bremssattel schieben, dass die Löcher im Belag und die Löcher der Haltebolzen im Bremssattel übereinanderliegen. Den Haltebolzen (oder die beiden Haltebolzen) wieder montieren, dabei die Enden umbiegen oder die Federklammer anbringen, damit die Haltebolzen sich nicht lockern können. Dann kräftig an den Belägen ziehen, um sie sicher zu platzieren.

Schritt 6: Das Rad wieder einsetzen, dabei die Bremsscheibe in den Zwischenraum zwischen den Bremsbelägen einpassen. Möglicherweise müssen Sie das Kabel nachstellen, weil neue Beläge dicker sind als alte. Drehen Sie das Rad. Es sollte frei laufen. Es ist aber in Ordnung, wenn Sie den Belag leicht an der Bremsscheibe schleifen hören. Sollte die Bremsscheibe schleifen oder der Bremshebel sich zum Lenker zurückziehen lassen, ohne zu bremsen, lesen Sie die Anleitungen zur Justierung auf Seite 115.

Die Montage von Bremsbelägen bei mechanischen Scheibenbremsen / Die Montage von Bremsbelägen bei hydraulischen Scheibenbremsen

Die Montage von Bremsbelägen bei hydraulischen Scheibenbremsen

Bremsbeläge, die weniger als ein Drittel ihrer ursprünglichen Stärke haben, müssen ersetzt werden. Montieren Sie neue Beläge, wenn die alten 0,5–1 Millimeter dick sind.

Ebenfalls ersetzen müssen Sie die Bremsbeläge dann, wenn sie mit Öl in Berührung gekommen sind. Die Montage ist bei den meisten Modellen weitgehend gleich, daher ist ein allgemeiner Überblick sinnvoll, auch wenn jedes Modell seine Eigenheiten hat. Bevor Sie die alten Beläge entfernen, sollten Sie sich den Bremssattel sehr genau anschauen. Wenn Sie nicht gerade mit einem fotografischen Gedächtnis gesegnet sind, fertigen Sie eine Skizze an, die Ihnen später als Orientierung dient.

Leider hat jede Marke und jedes Modell andere Beläge. Sie müssen also genau das richtige Modell kaufen, und es empfiehlt sich die Anschaffung eines zusätzlichen Ersatzpaars. So kommen Sie nicht in Bedrängnis, falls dieser Typ einmal gerade nicht vorrätig ist.

DAS MONTIEREN DER BREMSBELÄGE

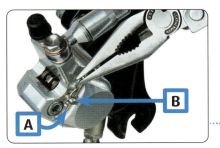

Schritt 1: Die Beläge werden durch eine Art Haltebolzen gesichert. Bei Shimano-Bremsen ist es normalerweise ein Splint, den man mit einer Zange gerade biegen muss, bevor er sich herausziehen lässt. Die abgebildeten Hope-Bremsen haben am Ende des Haltebolzens (B) eine Federklammer (A), die mit einer Zange abgezogen wird, damit man die Halteschraube lösen kann.

Schritt 2: Nach dem Entfernen der Halteschraube die Bremsbeläge aus den Schlitzen ziehen. Sie lassen sich entweder wie hier abgebildet nach unten aus dem Bremssattel ziehen oder nach oben aus dem Schlitz im Bremssattel. Bei einigen Modellen befindet sich zwischen den Belägen eine Feder. Verwahren Sie diese, und merken Sie sich ihre Position. Falls der linke Belag sich vom rechten unterscheidet, bringen Sie eine Markierung an, um sie später wieder richtig montieren zu können.

JUSTIERUNG

Schritt 3: Der neue Belag wird dicker sein als der alte, daher müssen Sie die Kolben mit der Hand in den Bremssattel zurückdrücken, ohne sie dabei zu beschädigen. Bei einer flachen Kolbenfläche ist ein Reifenheber aus Kunststoff ein ideales Hilfsmittel. Schauen Sie sich alles sorgfältig an, bevor Sie loslegen, und wählen Sie Ihr Werkzeug mit Bedacht. Drücken Sie in der Mitte fest auf beide Kolben, damit beide die gleiche Position im Bremssattel haben.

Schritt 4: Den Bremssattel innen sorgfältig säubern. Kann sich Schmutz zwischen Kolben und Bremssattel festsetzen, werden die Kolben undicht, sodass sie Öl verlieren und Luft eindringen kann. Das ideale Hilfsmittel ist ein Wattestäbchen. Auch ein sehr sauberer Lappen eignet sich gut. Verwenden Sie keine scharfen Lösungsmittel oder Bremsflüssigkeit, die die empfindliche Kolbendichtung beschädigen würde. Wasser ist perfekt. Bei Bedarf geben Sie ein mildes Reinigungsmittel dazu.

Schritt 5: War zwischen den alten Belägen eine Feder montiert, setzen Sie diese auch wieder zwischen die neuen Beläge, und prüfen Sie deren Ausrichtung, falls der linke und der rechte Belag unterschiedlich sind. Beläge und Feder zusammenhalten und darauf achten, dass die Federarme neben und nicht auf der Fläche der Bremsbeläge liegen. Die Beläge in die Schlitze im Bremssattel schieben und so hineindrücken, dass sich die Löcher im Bremsbelag auf einer Linie mit den Löchern der Haltebolzen befinden.

Schritt 6: Die Haltebolzen wieder anbringen und anschließend die Feder oder die P-Clips montieren oder die Enden der Splinte umbiegen, damit diese nicht herausfallen können. Die Beläge nach außen ziehen, um zu kontrollieren, ob Sie sicher montiert sind. Das Rad wieder einsetzen. Den Bremshebel mehrmals betätigen, um ihn wieder einzuspielen. Die Beläge müssen eingefahren werden, unternehmen Sie also eine Testfahrt und bremsen Sie bei allmählich zunehmender Geschwindigkeit, bis die Bremsen gut greifen.

Die Bremsen

Das Entlüften hydraulischer Bremsen

Das Entlüften hydraulischer Bremsen ist keine Arbeit, die regelmäßig durchgeführt werden müsste. Solange das Bremssystem versiegelt bleibt, brauchen Sie sich zumeist gar nicht darum zu kümmern. Sollte die Versiegelung jedoch in irgendeiner Form gestört worden sein, sodass Luft eindringen kann, muss entlüftet werden. Beispiel: Sie schneiden ein Stück vom Schlauch, um ihn zu kürzen, oder beschädigen einen Schlauch. Bei starker Beanspruchung des Fahrrads, schnellem Fahren und plötzlichem Abbremsen oder dem Transport schwerer Lasten, verschleißt die Bremsflüssigkeit eventuell, weil sie zu oft sehr stark erhitzt wird.

Hydraulische Bremsen funktionieren entweder mit DOT-Flüssigkeit (Kraftfahrzeugstandard) oder mit Mineralöl. Jedes Bremssystem braucht die richtige Flüssigkeit, die Flüssigkeiten sind nicht austauschbar und dürfen nicht vermischt werden. Auf dem Bremshebel steht, welche Flüssigkeit das Bremssystem benötigt. Der Vorgang ist bei beiden Flüssigkeiten gleich, DOT ist etwas langlebiger, bei starker Beanspruchung hält es ein Jahr, bei normalem Gebrauch vier Jahre. Mineralöl hält nicht so lange, verfärbt sich aber bei Verschleiß und zeigt damit an, dass es ausgewechselt werden muss. Öffnen Sie alle sechs Monate den Deckel des Flüssigkeitsbehälters, schauen Sie sich die Bremsflüssigkeit an und wechseln Sie diese, falls sie trüb aussieht. Glauben Sie nicht, Sie müssten die Bremsen regelmäßig entlüften – die Bremsleistung verbessert sich dadurch nicht, solange nicht tatsächlich eine Beeinträchtigung vorliegt. Sollten Sie Ihre Bremsflüssigkeit regelmäßig entlüften müssen, ist etwas nicht in Ordnung. Suchen Sie an allen Verbindungsstellen nach Undichtigkeiten, und inspizieren Sie die Schläuche sorgfältig. Der kleinste Riss in einem Schlauch lässt Öl entweichen und Luft eindringen, wodurch sich die Bremsen schwammig anfühlen.

Unabhängig vom Flüssigkeitstyp wird immer an derselben Stelle entlüftet: Sie öffnen das System, um Luftblasen entweichen zu lassen und füllen Öl nach, dann dichten Sie das System wieder ab, ohne Luft darin zu lassen. Nachfolgend allgemeine Richtlinien, gefolgt von speziellen Beispielen. Rüsten Sie sich gut aus. Das Wichtigste sind ein, manchmal auch zwei kurze Plastikschläuche, um am einen Ende Öl in das System zu pumpen und am anderen Ende überschüssiges Öl vom Entlüftungsnippel abzuleiten. Bei geöffnetem Flüssigkeitsbehälter fließt überschüssiges Öl oben heraus und Sie brauchen viele Lappen, um alles aufzuwischen. Bremsflüssigkeit ist korrosiv und schädigt den Lack, wenn sie auf Rahmen oder Gabel läuft. Die einfachsten Anschlüsse findet man bei Shimano und Hope, diese haben einen einfachen Entlüftungsnippel, über den man einen Plastikschlauch stülpen kann. Für andere Bremstypen benötigt man einen speziellen Anschluss. Beim Kauf der Bremsen oder des Fahrrads müssten Sie, falls die Bremsen schon montiert waren, den passenden Anschluss erhalten haben.

Manchmal ist dies aber nicht der Fall, deshalb bestellen Sie zur Vorbereitung der Entlüftung den passenden Anschluss im Fahrradgeschäft. Ein Plastikschlauch ist einfacher zu bekommen, weil er in Eisenwarenhandlungen immer vorrätig ist. Nehmen Sie den Anschluss oder das Fahrrad mit, um die richtige Größe zu bekommen. Die normalen Entlüftungsnippel – beispielsweise bei Hope-Bremsen – haben dieselbe Größe wie die Entlüftungsnippel für Autobremsen. Sie können also einen Entlüftungsschlauch beim Kfz-Zubehör kaufen.

Plastikspritzen sind sehr nützlich, um das Öl ins System zu pumpen. Man kann improvisieren und die Plastikschläuche über flexible Plastikflaschen stülpen, dabei rutscht man jedoch schnell ab, sodass Luft ins System gerät und die Entlüftungsaktion scheitert.

Ist die Spritze mit Öl gefüllt, halten Sie sie mit der Spitze nach oben und drücken Sie leicht, damit die Luftblasen nach oben steigen. Das mag Ihnen etwas merkwürdig vorkommen, aber es funktioniert. Sobald sich alle Luft oben gesammelt hat, diese in einen sauberen Lappen spritzen, sodass die Spritze wirklich nur noch Öl enthält.

Überschüssiges Öl entweicht aus einem der Schläuche, befestigen Sie daher eine Flasche am Ende, um dieses Öl aufzufangen. Benutzen Sie keine dünne Plastiktüte für DOT-Flüssigkeit, denn es ist erschreckend, wie schnell die Bremsflüssigkeit das Plastik zum Schmelzen bringt. Das Befestigen ist nötig, damit die Flasche bei zunehmendem Ölgewicht nicht herunterfällt, überall hinspritzt und die Entlüftung verdirbt.

Alle Systeme haben an den Enden von Bremshebel und Bremssattel jeweils einen Anschluss. Einige Systeme werden besser vom Bremssattel aus befüllt, sodass überschüssiges Öl beim Bremshebelende austritt.

Andere, wie Hope und Shimano, befüllt man besser am Bremshebel, sodass überschüssiges Öl am Entlüftungsnippel beim Bremssattel entweicht. Erkundigen Sie sich im Fahrradgeschäft, oder schauen Sie in der Bedienungsanleitung nach, welche Methode für Ihr Fahrrad passend ist.

Durch Luftblasen werden Scheibenbremsen schwammig.

Shimano-Deore-Bremsen entlüften

In unserem Beispiel sehen Sie hydraulische Shimano-Deore-Bremsen. Alle hydraulischen Bremsen funktinieren im Prinzip gleich, haben aber verschiedene Entlüftungsmethoden. Beachten Sie daher immer die speziellen Herstellerangaben zu Ihrem System.

Das Öl ist in Einmalpackungen erhältlich, jede enthält die Ölmenge für eine Befüllung. Das ist praktisch, denn so kann die Packung nicht herumstehen und Wasser absorbieren.

Bedenken Sie, dass Sie frisches Mineralöl in den Behälter gießen! Wickeln Sie zuerst vorsorglich einen Lappen oder ein Geschirrtuch um den Hebel. Der Entlüftungsnippel ist schmaler als die Standardgröße für Autos, daher benötigen Sie einen schmaleren Plastikschlauch, den Sie in der Eisenwarenhandlung bekommen. Sie können auch ein Entlüftungsset kaufen. Durchsichtiges Plastik ist am besten, weil Sie das Öl und Luftblasen sehen können, die aus dem Entlüftungsnippel entweichen.

DAS ENTLÜFTEN VON SHIMANO-DEORE-BREMSEN

Schritt 1: Zuerst montieren Sie das Rad ab, anschließend die Bremsbeläge der zu entlüftenden Bremse, um sie nicht durch eventuell verschüttetes Öl zu verschmutzen. Beim Entlüften der Hinterbremse montieren Sie auch das Vorderrad ab für den Fall, dass aus dem Behälter am Bremshebel Öl entweicht.

Schritt 2: Lösen Sie die Befestigungsschrauben des Bremshebels, und drehen Sie den Hebel so, dass die obere Abdeckung des Flüssigkeitsbehälters horizontal liegt. Eventuell müssen Sie hierzu den Lenker etwas verdrehen. Nehmen Sie die obere Abdeckung des Behälters und den Gummischutz ab, und legen Sie beides auf einem Blatt Papier beiseite, damit es sauber bleibt.

Schritt 3: Shimano empfiehlt, den Bremssattel abzumontieren und an den Bremshebel zu hängen. Das Entlüften funktioniert aber auch dann gut, wenn das Fahrrad abgestützt steht, sodass der Bremshebel höher als der Bremssattel ist. Um den Entlüftungsnippel einen 8-mm-Ringschraubenschlüssel anlegen und dann einen Plastikschlauch über den Nippel schieben. Das andere Ende mit Klebeband in der Öffnung einer Flasche befestigen und diese Flasche mit Klebeband am Rahmen oder an der Gabel befestigen.

Schritt 4: Schieben Sie die Kolben vorsichtig in die Bremssättel zurück, am besten mit einem Reifenheber. Mit sauberer Pappe festklemmen. Die Pappe so oft falten, bis sie fest genug hält. Den Entlüftungsnippel eine Viertelumdrehung öffnen. Vorsichtig den Bremshebel betätigen und dabei den Flüssigkeitsbehälter auffüllen.

Schritt 5: Auf den Schlauch drücken, damit die Luft nach oben steigt und aus dem geöffneten Behälter entweichen kann. Manchmal hilft es auch, den Behälter etwas zu schütteln. Den Entlüftungsnippel schließen und den Bremshebel vorsichtig betätigen, damit die Luftblasen besser aufsteigen können. Öl nachfüllen und weiter den Bremshebel betätigen, bis er schwergängiger wird und nur noch ein Viertel seines Weges zurücklegt.

Schritt 6: Den Bremshebel zurückziehen, den Entlüftungsnippel schließen, den Bremshebel loslassen, den Behälter bis oben füllen und Gummischutz und Verschluss anbringen. Beim Aufsetzen des Verschlusses wird Flüssigkeit austreten, seien Sie also darauf vorbereitet, diese aufzufangen. Die Schrauben des Behälters festziehen. Den Schlauch vom Entlüftungsnippel abziehen und den Verschluss schließen. Die gefaltete Pappe entfernen und Bremsklötze und Rad montieren. Testweise mehrfach den Bremshebel betätigen.

7 – Der Antrieb

Dieses Kapitel befasst sich mit dem Antrieb – allen Teilen des Fahrrads also, von denen die Pedalkraft auf das Hinterrad übertragen wird. Es wird erklärt, wie man die Schaltung am besten einstellt, damit sie glatt und rasch umschaltet, und wie verschlissene oder beschädigte Teile ausgewechselt werden. Die einzelnen Teile des Antriebs sind relativ einfach, aber sie sind den Elementen ausgesetzt. Um wirksam funktionieren zu können, sollten sie geschmiert werden. Der Antrieb sollte auch regelmäßig geputzt werden, sonst bilden Öl und Schmutz eine Art Schleifpaste, die sich rasch in die Komponenten des Antriebs fressen kann.

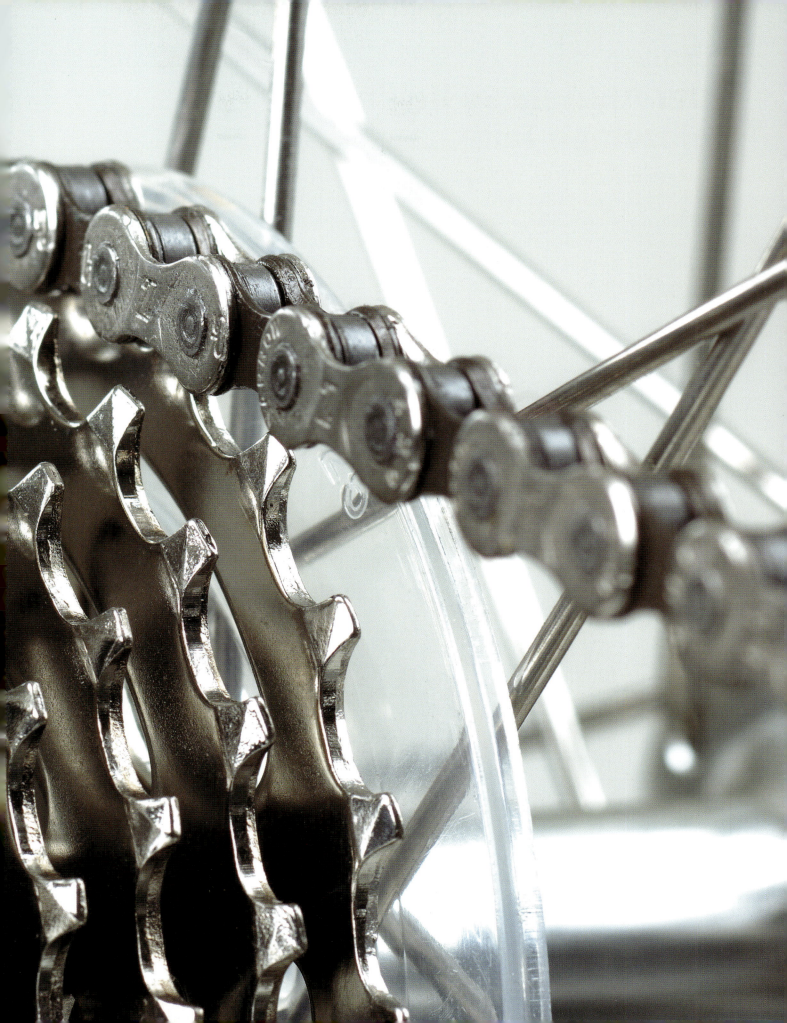

Der Antrieb: So heißen die einzelnen Teile

Bevor Sie mit einer Reparatur beginnen, müssen Sie alle Teile des Antriebs benennen können; dadurch wird es deutlich einfacher, im Fahrradgeschäft die benötigten Ersatzteile zu kaufen. Jeder Mechanismus kann von Fahrrad zu Fahrrad anders aussehen, aber machen Sie sich nicht zu viele Gedanken über die äußerlichen Details der verschiedenen Bauteile: Letztlich erfüllen alle dieselbe Funktion. Mit jedem der hier vorgestellten Teile befassen wir uns später in diesem Kapitel noch genauer.

A) Schalthebel

So schön es ist, unter einer Vielzahl von Gängen wählen zu können, sollten Sie doch in der Lage sein, in einen Gang zu schalten, ohne die Hände vom Lenker nehmen zu müssen. Mit den Schalthebeln haben Sie das Steuerelement genau dort, wo Sie es brauchen – direkt unter den Händen. Die Schalteinheit kann in den Bremshebel integriert sein, wodurch ein etwas leichterer Verbund entsteht, als durch zwei getrennte Einheiten. Es gibt aber auch einige Vorteile, wenn Brems- und Schalthebel separat montiert sind, da man dann jeden unabhängig vom anderen justieren und auch austauschen kann, wenn einer verschlissen oder kaputt ist.

B) Kabel und Kabelmantel

Sie werden häufig vernachlässigt, dabei ist es viel einfacher, sie auszutauschen, als Sie vermuten. Die Erneuerung von Kabel und Kabelmantel ist die billigste und wirksamste Methode, die Schaltung sehr viel „bissiger" zu machen. Sie werden nicht nur das Gefühl haben, schneller fahren zu können, sondern der Antrieb wird auch deutlich weniger verschleißen. Neue Schaltzüge lassen die Kette sauber über Zahnkranz und Kettenblatt gleiten, ohne ständig daran zu reiben und so zu verschleißen. Der Innenzug ist der Metalldraht, der vom Schalthebel zum Umwerfer verläuft. Der Kabelmantel ist die (normalerweise schwarze) in Abschnitte unterteilte Röhre mit Plastiküberzug, in der das Kabel verläuft. Diese Außenhülle schützt das Kabel und führt es um Biegungen und Kurven.

C) Kettensatz

Der Kettensatz ist ein Satz Zahnräder auf der rechten Seite des Fahrrads zusammen mit dem Pedalarm, an dem er sitzt. Die einzelnen Zahnräder heißen Kettenblätter. Ein Fahrrad hat ein, zwei oder drei Kettenblätter. Bei Rennrädern sind es normalerweise zwei, bei Hybridrädern und Mountainbikes drei Kettenblätter. Fahrräder mit Nabenschaltung haben vorne nur ein Kettenblatt. Ebenso wie der übrige Antrieb verschleißen auch die Kettenblätter, die nicht billig sind. Ihre Lebensdauer lässt sich aber durch regelmäßiges Putzen verlängern.

D) Kassette

Alle Zahnkränze (Ritzel) in der Mitte des Hinterrads. Fahrräder mit Kettenschaltung haben fünf, sechs, sieben, acht, neun oder zehn Ritzel zwischen Rahmen und Hinterrad. Haben alle Ritzel eine ähnliche Größe und werden Richtung Hinterrad nur wenig größer, ist auch das Übersetzungsverhältnis sehr ähnlich, und jeder Gang ist nur wenig schwerer oder leichter als der benachbarte. Bei Hybridrädern und Mountainbikes decken die Kassetten meist einen größeren Bereich ab, entsprechend größer sind die Unterschiede zwischen den einzelnen Gängen.

E) Schaltwerk (hinterer Umwerfer)

Dieses raffinierte Bauteil wird vom rechten Schalthebel am Lenker mittels Schaltkabel aktiviert und führt die Kette über die Ritzel. Die Kabelbewegungen sind klein und präzise, daher hängt die Qualität der Schaltung vom Zustand der Kabel und der Feineinstellung der Kabelspannung ab.

Das Schaltwerk erfüllt noch eine zweite nützliche Funktion – die untere der beiden Führungsrollen hält die Kette gespannt, sodass man eine Kette verwenden kann, die so lang ist, dass sie um das größte Ritzel läuft, ohne herunterzuhängen, wenn auf ein kleines Ritzel umgeschaltet wird.

F) (Vorderer) Umwerfer

Der Umwerfer ist ein wesentlich einfacheres Bauteil als das Schaltwerk, da es nur eine einzige Funktion zu erfüllen hat: Beim Betätigen des linken Schalthebels schiebt der Umwerfer die Kette seitlich über den Kettensatz.

Dieser einfache Mechanismus braucht kaum Aufmerksamkeit, Wartung und Auswechslung sind normalerweise unkompliziert. Das Schwierigste ist meist, das passende Ersatzteil zu bestellen, da es verschiedene Größen gibt, die sich nach der Rahmengröße und der Kabelführung richten.

Der Antrieb

Das Schaltwerk: Ein Überblick

Das Schaltwerk ist in vielerlei Hinsicht der komplizierteste Mechanismus des Fahrrads und wirkt leicht einschüchternd. Dabei verrichtet er eine relativ einfache Arbeit. Das Einstellen mag die ersten Male recht schwierig erscheinen, mit zunehmender Übung jedoch wird es Ihnen leichter gelingen, die Schaltung nach ihren Wünschen einzustellen.

Das Schaltwerk reagiert auf Signale, die über den Schaltzug vom Lenker übertragen werden. Dieses Schaltkabel hat einen langen Weg zurückzulegen und die Signale, die Änderungen der Kabelspannung, sind sehr klein und präzise, daher ist eine genaue Einstellung äußerst wichtig. Auch ein sauberes, geschmiertes und nicht ausgefranstes Kabel ist hilfreich. Verschlissene Drehpunkte auf alten Schaltwerken verstellen sich oft willkürlich und lassen sich daher kaum exakt einstellen.

Die sichtbarsten Teile des Schaltwerks sind die beiden Führungsrollen, kleine schwarze (oder gelegentlich rote) Zahnräder, unter dem Schaltwerkkörper, um die sich die Kette windet. Sie sehen identisch aus, erfüllen aber zwei völlig unterschiedliche Aufgaben. Die obere Führungsrolle – die Leitrolle – ist in erster Linie dafür zuständig, die Kette seitlich über die Ritzel zu führen.

Die untere Führungsrolle (auch als Spannrolle bezeichnet) sieht zwar ähnlich aus, hat aber eine völlig andere Funktion. Sie zieht die Kette ständig nach hinten und hält sie dadurch gespannt. So ist es möglich, Ritzel verschiedener Größe zu verwenden, ohne dass die Kette entweder bis zum Boden hängt, wenn ein kleines Ritzel benutzt wird, oder für ein großes Ritzel zu kurz ist.

Das Schaltwerk muss sich seitlich über die Ritzel bewegen können. Vier Hauptdrehpunkte auf dem Schaltwerk ermöglichen dies, indem sie den Mittelteil des Schaltwerks mit den Gelenken an jedem Ende verbinden. Dies sind einfache senkrechte Stifte. Die beiden vorderen sind besser zugänglich als die beiden hinteren, aber alle vier müssen regelmäßig geschmiert werden.

Zwischen den vier Drehpunkten im Schaltwerk sitzt eine Feder. Ihre Aufgabe ist es, das Schaltwerk so zusammenzuziehen, dass es die Kette zum kleinsten Ritzel zieht, wenn Sie die Kabelspannung lockern. Ist die Feder verschmutzt, kann sie das Schaltwerk nicht zurückziehen, und die Kette läuft nur über die kleineren Ritzel.

Der Schalthebel funktioniert, indem er die Spannung im Kabel erhöht und lockert. Das Schaltwerkkabel ist das längste Kabel am Fahrrad und verlangt daher mehr Aufmerksamkeit. Jeglicher Schmutz im Kabel hemmt die Schaltung und gestaltet genaue Justierungen schwierig.

Am häufigsten treten Schaltungsprobleme im letzten Kabelabschnitt zwischen Schaltwerk und Rahmen auf. Hier verläuft das Kabel durch ein kurzes Stück Kabelmantel in scharfen Biegungen nah am Boden und steht so weit heraus, dass es sich verfangen kann. Es empfiehlt sich, diesen Teil des Kabelmantels immer gleichzeitig mit dem Innenkabel zu erneuern. Achten Sie dabei auch darauf, dass die Kabelhülle lang genug ist. Sie sollte in einer sanften Biegung vom Rahmen zum Schaltwerk und in gerader Linie in die Einstellschraube hinten am Schaltwerk führen. Das deutlichste Zeichen dafür, dass der alte Kabelmantel zu kurz war, ist ein Knick direkt an der Einstellschraube. Denken Sie auch an die Muffen, in jedes Ende des Kabelmantels gehört eine Muffe.

In allen Anleitungen für das Justieren der Kabelspannung heißt es, man solle sich auf die richtige Umschaltung zwischen den beiden kleinsten Ritzeln konzentrieren. Das ist auch richtig, weil zwischen allen Ritzeln und zwischen den Einraststufen im Schalthebel die Abstände genau gleich sind. Stimmen die beiden kleinsten, sollten auch die übrigen automatisch korrekt eingestellt sein.

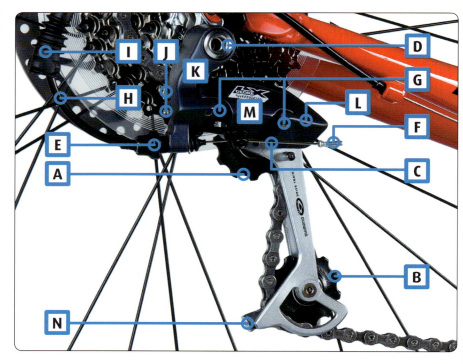

124

Das Schaltwerk im Einzelnen

Das Schaltwerk verdient besondere Erwähnung. Bei korrekter Behandlung sorgt es für perfektes und präzises Schalten, wird es jedoch vernachlässigt oder ungenau eingestellt, rächt sich dies sehr schnell. Das Schaltwerk hat die Aufgabe, die Kette präzise von Zahnkranz zu Zahnkranz zu transportieren, wenn Sie in einen anderen Gang schalten, und die übrige Zeit von der Mitte des gewählten Zahnkranzes senkrecht herunterzuhängen und dabei den Pedalen beim Treten möglichst wenig Widerstand zu leisten.

Das Schaltwerk sieht recht kompliziert aus, wurde in seiner heutigen Form aber bereits vor über 50 Jahren entwickelt. Campagnolo brachte 1951 ein sogenanntes „Gran Sport"-Modell heraus, das man sofort als direkten Vorläufer der modernen Version erkennt (auf der gegenüberliegenden Seite).

A) Leitrolle: Sie kontrolliert die Position der Kette, indem sie diese seitlich über die Ritzel führt, wenn Sie den Schalthebel verstellen.

B) Spannrolle (unten)**:** Sie sieht zwar aus wie die Leitrolle, hat aber eine andere Aufgabe. Sie ist gefedert, sodass sie die Kette immer nach hinten straffzieht.

C) Hinterer Schaltzug: Er zieht beim Betätigen der Schalthebel die Kabelklemme zur Einstellschraube, zieht das Schaltwerk auseinander und bewegt dadurch die Leitrolle zu den größeren Ritzeln.

D) Befestigungsbolzen für das Schaltwerk: Er verbindet Schaltwerk und Rahmen.

E) Einstellschraube: Sie dient zum Justieren der Kabelspannung und zur Indexierung der Gänge, sodass jedes Einrasten des Schalthebels das Kabel genau unter einen Zahnkranz positioniert.

F) Endkappe: Sie schützt das Kabel vor dem Ausfransen.

G) Vordere Drehpunkte: Um diese Drehpunkte dreht sich das Schaltwerk. Parallel zu diesen beiden Drehpunkten gibt es zwei weitere auf der Rückseite des Schaltwerks.

H) Kabelmantel: Er führt das Schaltkabel weich durch die Schlaufe vom Kabel zur Einstellschraube und ist so beweglich, dass sich das Schaltwerk ungehindert bewegen kann.

I) Gummimanschette: Sie verhindert das Eindringen von Schmutz ins Kabel. Auf der Abbildung wurde sie über den Kabelmantel zur Seite geschoben, damit man die Einstellschraube sieht.

J) Endanschlagschrauben: Sie können so eingestellt werden, dass das Schaltwerk die Kette über die gesamte Kassette, aber nicht darüber hinaus bewegen kann. Es besteht also keine Gefahr, dass die Kette in den Zwischenraum zwischen Kassette und Rahmen oder zwischen Kassette und Rad fällt.

K) Hinteres Gelenk: Es ist an den Rahmen geschraubt und bewegt sich beim Gangwechsel nicht.

L) Vorderes Gelenk: Mit ihm ist der Schwingarm verbunden, der sich beim Straffen und Lockern des Kabels seitlich bewegt.

M) Feder: Sie ist nicht zu sehen, befindet sich aber im Schaltwerkkörper.

N) Ösen: Sie verhindern das Herausspringen der Kette aus dem Schwingarm.

Rapid-Rise-Schaltwerk – auch bekannt als Low-Normal-Schaltwerk

Alle hier gezeigten Anleitungen beziehen sich auf Schaltwerke mit „Normalzug", bei denen durch eine höhere Kabelspannung von einem kleineren auf einen größeren Zahnkranz umgeschaltet wird. So funktioniert der überwiegende Teil der Schaltwerke. Es gibt aber auch einige Schaltwerke, die gegenläufig arbeiten, zunehmende Kabelspannung zieht die Kette auf einen kleineren Zahnkranz. Über die angeblichen Vorteile sind unterschiedliche Begründungen in Umlauf, keine ist aber wirklich schlüssig.

In vielerlei Hinsicht ist ein Rapid-Rise-Schaltwerk mit einem normalen Schaltwerk identisch, und die Teile sind kompatibel. Es werden dieselben Kabel verwendet, sie werden genauso am Rad montiert, und man kann sogar dieselben Schalthebel verwenden, nur die Ziffern zählen rückwärts, der erste Gang ist in diesem Fall also ein hoher Gang, und der siebte oder achte Gang ist ein kleiner Gang, die Funktion selbst verändert sich jedoch nicht. Die Anleitungen auf Seite 126 zur Justierung der Kabelspannung sind aber so nicht anwendbar, weil eine höhere Spannung den gegenteiligen Effekt hat.

Sie müssen also bedenken, dass alle Einstellungen vom niedrigsten und nicht vom höchsten Gang ausgehen. Beginnen Sie die Kabeleinstellung also, wenn die Kette über den größten Zahnkranz läuft, da dies die Ausgangsposition ist, denn hier läuft die Kette, während keinerlei Spannung im Kabel ist. Prüfen Sie, ob die Kabelspannung richtig ist, indem sie in den nächst höheren Gang schalten. Schaltet die Kette nicht um oder bewegt sich nur widerwillig, ist das Kabel zu locker und die Spannung muss durch Drehen an der Einstellschraube gegen den Uhrzeigersinn erhöht werden.

Der Antrieb

Das Schaltwerk: Das Justieren der Kabelspannung

Zu den wichtigsten Dingen, die Sie bei Ihrem Fahrrad lernen können, gehört das Justieren der Kabelspannung am Schaltwerk. Sie benötigen dazu keinerlei Spezialwerkzeug, und es gelingt relativ schnell. Allerdings ist etwas Übung erforderlich, bis man weiß, welche Auswirkungen die Einstellung jeweils haben wird.

Das Schaltwerk sollte sofort auf den rechten Schalthebel reagieren und die Kette weich über die Ritzel führen, sobald Sie umschalten. Die Kabelspannung muss also sehr genau justiert werden, damit die Positionen auf den Ritzeln genau mit den Einstellungen am Schalthebel übereinstimmen.

Der Abstand zwischen den einzelnen Zahnkränzen ist sehr klein, daher ist auch nur sehr wenig Kabelzug erforderlich, um die Kette auf das nächste Ritzel zu legen, und ein klein wenig zu viel oder zu wenig Spannung macht sich deutlich bemerkbar. Die richtige Spannung ist nicht nur beim Umschalten wichtig, sondern sie sorgt auch beim Treten dafür, dass die Kette gerade und senkrecht vom Kettenblatt zur Leitrolle läuft, wodurch sie weniger verschleißt und das unangenehme Klappern vermieden wird.

Zuerst prüfen Sie, ob die Endanschlagsschrauben richtig justiert sind. Sie werden es vielleicht seltsam finden, damit anzufangen, aber es erspart Ihnen später eine Menge Ärger. Sind diese Schrauben nicht korrekt eingestellt, finden Sie auf den Seiten 132 und 133 eine genaue Justieranleitung.

Es kann sein, dass es Ihnen nicht gelingt, die Gänge präzise zum Umschalten zu bringen, obgleich Sie den Anweisungen folgen. Haben Sie es mehrfach vergeblich versucht, muss wahrscheinlich erst ein anderes Problem behoben werden, bevor Sie die Kabelspannung korrekt einstellen können. Mögliche Ursachen sind der Zustand des Schaltkabels (ausgefranste oder verschmutzte Kabel lassen sich nur schwer einstellen) und die Ausrichtung der Schaltwerkaufhängung, siehe dazu Seite 134.

Zunehmend vertraut wird Ihnen bald die Justierung der Kabelspannung mittels der Einstellschraube werden. Drehen Sie die Schraube in einer Richtung, nimmt die Kabelspannung zu, in die andere Richtung lässt die Spannung nach.

Bei fast allen Einstellschrauben wird der Teil, an dem man dreht, von einer kleinen Plastikhülle bedeckt. So lässt sich einerseits die Schraube besser greifen, sie ist dadurch aber auch mit einer verborgenen Rüttelschutzvorrichtung ausgestattet. Dies ist eine winzige Feder, die die Plastikhülle auf das Schaltwerk drückt, wobei sowohl die Hülle als auch das Schaltwerk ineinander greifende Zähne haben, sodass sich die Einstellschraube nicht selbsttätig verstellen kann. Gewöhnen Sie sich beim Verstellen der Einstellschraube an, die Plastikhülle etwas vom Schaltwerk wegzuschieben, damit die Zähne nicht verschleißen. Bei jeder Viertelumdrehung werden Sie das Einschnappen der Zähne spüren – nach beendeter Einstellung rütteln Sie leicht an der Einstellschraube, um die Zähne wieder zu fixieren.

In der Anleitung wird angegeben, die Justierung solle immer bei den beiden kleinsten Zahnkränzen vorgenommen

DAS JUSTIEREN DER KABELSPANNUNG IM SCHALTWERK

Schritt 1: Zuerst prüfen Sie, ob die Endanschlagsschrauben korrekt eingestellt sind. Drehen Sie die Pedale, und schalten Sie auf das kleinste Ritzel. Ohne weiter die Pedale zu drehen, den Teil des Schaltwerks, der mit der Leitrolle verbunden ist, wegdrücken. So wird etwas Spannung aus dem Schaltkabel genommen. Einen Abschnitt des Kabelmantels, der in einen Kabelanschlag führt, nehmen und wie abgebildet vom Kabelanschlag weg und dann aus dem Langloch im Kabelanschlag herausziehen.

Schritt 2: Nun müsste das Kabel so locker sein, dass es die Position des Schaltwerks nicht beeinflusst. Drehen Sie die Pedale, und beobachten Sie die Kette. Sie sollte problemlos auf das kleinste Ritzel fallen. Von hinten betrachtet sollte sich die Leitrolle direkt unter dem kleinsten Ritzel befinden. Falls die Kette nicht auf das kleinste Ritzel fällt oder sich zu weit bewegt, müssen Sie die obere Endanschlagsschraube justieren bevor Sie zum nächsten Schritt gehen, siehe dazu Seite 132.

Schritt 3: Als Nächstes prüfen Sie die Justierung der unteren Endanschlagsschraube. Mit der rechten Hand drehen Sie weiter das Pedal, halten das Schaltwerk hinten und drücken mit dem linken Daumen die Leitrolle Richtung Rad wie auf Seite 133 bei Schritt 1 abgebildet. Die Kette sollte in der Kassette immer weiter nach oben steigen bis zum größten Zahnkranz und dort glatt laufen. Ist dies nicht der Fall, justieren Sie die unteren Endanschlagsschrauben, siehe dazu Seite 133.

Der Antrieb: Das Justieren der Kabelspannung

werden. Die Abstände zwischen den Zahnkränzen und zwischen den Schaltschritten im Schalthebel sind jeweils gleich. Haben Sie diese beiden richtig eingestellt, sollte die Indexierung auch für die übrige Kassette funktionieren.

Für diese Aufgabe ist ein Montageständer wichtig. Besitzen Sie keinen, dann bitten Sie einen Freund, im passenden Moment das Hinterrad anzuheben. Sie müssen das Hinterrad drehen und umschalten können, um die Auswirkungen der Einstellung zu kontrollieren. Nur im Notfall stellen Sie das Fahrrad auf den Kopf, denn das Schaltwerk hängt anders und das wirkt sich auf die Justierung aus.

Falls Ihnen die richtige Einstellung der Kabelspannung nicht gelingt

Diese Einstellung braucht zwar eine gewisse Übung, aber wenn es Ihnen gar nicht gelingen will, die richtige Kabelspannung zu justieren, sollten Sie prüfen, ob möglicherweise andere Probleme ein weiches Umschalten der Kette verhindern.

Häufig ist ein verschmutztes oder geknicktes Schaltkabel der Auslöser der Schwierigkeiten. Ist ein Kabel nicht sauber und geschmeidig, haftet es am Kabelmantel, wenn Sie die Kabelspannung lockern, und die Kette hängt zwischen zwei Zahnkränzen. Auf Seite 128 finden Sie die Anleitung für das Austauschen des Schaltkabels.

Starker Verschleiß von Kassette oder Kette kann ebenfalls ein Grund dafür sein, dass sich das Schaltwerk nicht justieren lässt. Die Kette kann sich dann nicht problemlos auf einen Zahnkranz legen und rutscht herum, auch wenn Sie eine genaue Einstellung vorgenommen haben. Auf Seite 154 finden Sie einige Tipps, wie Sie den Verschleiß der Kette prüfen können. In einem solchen Fall gibt es keine Alternative zum Austausch der abgenutzten Teile.

Schritt 4: Sobald die Endanschlagschrauben alle justiert sind, richten Sie das Kabel wieder zurecht. Sie müssen das Schaltwerk erneut Richtung Rad drücken, um nochmals Spannung aus dem Kabel zu nehmen. Sollte es Ihnen nicht gelingen, den zurückgeschobenen Kabelmantel wieder in den Kabelanschlag zu führen, prüfen Sie, ob alle anderen Abschnitte des Mantels richtig in ihren Kabelanschlägen oder Einstellschrauben sitzen, denn manchmal rutschen sie heraus.

Schritt 5: Nun probieren Sie aus, wie Sie den Schalthebel drehen müssen, damit das Kabel lockerer wird. Halten Sie den Kabelmantel an einer exponierten Stelle und ziehen Sie ihn vorsichtig vom Rahmen weg. Halten Sie ihn dort und betätigen Sie den rechten Schalthebel. Sie werden merken, dass das Kabel mit jedem Einrasten entweder straffer oder lockerer wird. Schalten Sie Schritt für Schritt durch den gesamten Übersetzungsbereich und dann in die Position zurück, in der das Kabel ohne Spannung ist.

Schritt 6: Drehen Sie vorsichtig die Pedale. Die Kette sollte glatt auf dem kleinsten Ritzel laufen. Liegt die Kette nicht auf dem kleinsten Ritzel, ist das Kabel zu straff. Drehen Sie die Einstellschraube allmählich wie abgebildet in das Schaltwerk, dabei sollte sich die Schraube von hinten gesehen im Uhrzeigersinn drehen. Drehen Sie weiter, bis die Kette glatt auf dem kleinsten Ritzel läuft und die Leitrolle direkt unter diesem Ritzel hängt.

Schritt 7: Drehen Sie die Pedale und den Schalthebel eine Stufe weiter. Die Kette sollte glatt auf den nächstgrößeren Zahnkranz umschalten. Falls Sie dies nicht oder nur mühsam tut, ist die Kabelspannung zu gering. Drehen Sie die Einstellschraube gegen den Uhrzeigersinn jeweils eine halbe Umdrehung. Verstellen Sie den Schalthebel, sodass die Kette wieder auf das kleinste Ritzel springt, und versuchen Sie dann erneut, die Einstellschraube so zu verstellen, dass die Kette glatt umschaltet.

Schritt 8: Möglicherweise ist das Kabel viel zu locker und lässt sich mit der Einstellschraube nicht justieren, obgleich diese schon ganz aus dem Schaltwerk gedreht ist. In diesem Fall drehen Sie die Einstellschraube etwa bis zur Hälfte wieder in das Schaltwerk. Lösen Sie die Kabelklemme und ziehen Sie etwa fünf Millimeter Kabel durch. Die Kabelklemme wieder fest anziehen und mit Schritt 7 fortfahren.

Schritt 9: Springt nun die Kette glatt vom kleinsten auf das nächste Ritzel und zurück, schalten Sie in den zweitkleinsten Gang und schauen sich Kette und Zahnkranz von hinten an. Stellen Sie das Schaltwerk mit der Einstellschraube so ein, dass sich die Kette senkrecht direkt unter dem zweiten Zahnkranz befindet. Anschließend schalten Sie am besten durch alle Gänge und kontrollieren, ob sie korrekt funktionieren.

Das Schaltwerk: Die hohe Kunst des Kabelauswechselns

Ist die Schaltung noch immer unwillig, obgleich Sie versucht haben, das Schaltwerk zu justieren, sollten Sie das Schaltkabel erneuern. Das gilt auch, wenn die korrekte Einstellung des Schaltwerks extrem schwierig ist. Gleitet das Kabel nicht glatt durch den Kabelmantel, wird es die eingestellte korrekte Spannung nicht halten.

Erneuern Sie das Kabel, wenn es ausgefranst aussieht oder der Kabelmantel geknickt oder anderweitig beschädigt ist. Am häufigsten geschieht dies an den Stellen, wo der Kabelmantel den Schalthebel oder das Schaltwerk erreicht. Erneuern Sie alle beschädigten Teile des Kabelmantels, und ersetzen Sie das Endstück bei jedem Austausch des Innenkabels.

Träges Schalten ist ein klarer Hinweis darauf, dass Sie ein neues Kabel benötigen, damit die Schaltung nicht wie von Geisterhand umschaltet, statt zu warten, bis Sie den Schalthebel betätigen. Das Kabel vom Schalthebel zum Schaltwerk erfordert regelmäßige Aufmerksamkeit. Ist es von Schmutz blockiert oder stark gebogen, kommt beim Schaltwerk kein klarer Auftrag an, auf welchem Zahnkranz die Kette liegen soll.

Die Innenkabel haben eine Standardgröße, 1,1 Millimeter, mit einem kleinen senkrechten Nippel am Ende. Die Standardlänge passt beim Schaltwerk reichlich und beim Umwerfer sehr reichlich.

Auch die Kabelmäntel werden in einer Einheitsgröße von vier Millimetern angeboten. Denken Sie daran, sich ausreichend Muffen zu beschaffen (das sind die Kappen aus Kunststoff oder Metall, die auf das Ende der Außenhülle gesteckt werden), von denen jeweils eine an jedes Ende jedes Kabelmantelteils gehört.

Der Kabelmantel ist robust und muss mit einem Kabelschneider geschnitten werden. Versuchen Sie bitte nicht, mit einer Zange herumzupfuschen, denn das Ende der Kabelhülle muss sehr sauber und gerade geschnitten sein. Die Innenverkleidung wird durch das Schneiden oft etwas gequetscht und verschließt dann das offene Ende. Sie werden es mit einem scharfen Messer öffnen müssen. Formen Sie die Enden der Kabelhülle, bis Sie schön rund sind, bevor Sie die Muffen montieren. Die Muffen sollen nicht auf den Kabelmantel gequetscht werden, sie sollen nur aufgesteckt werden.

Zwar ist jeder Schalthebel anders, das Schaltkabel wird aber bei allen Modellen auf die gleiche Art abmontiert. Fangen Sie mit den folgenden drei Schritten an, und lesen Sie dann die weitere Anleitung auf Seite 129 für Triggershifter, auf Seite 130 für Rennrad-Schalthebel und auf Seite 131 für Drehgriffschalter. Nach dem Einziehen des Kabels müssen Sie die Kabelspannung justieren. Wie das geht, können Sie auf Seite 126 nachlesen.

DAS ENTFERNEN DES SCHALTKABELS

Schritt 1: Schalten Sie das Schaltwerk auf das kleinste Ritzel. Schneiden Sie vom alten Kabel die Endkappe ab, und lösen Sie die Kabelklemme. Schauen Sie sich zuvor gut an, wie das Kabel unter die Kabelklemme gehört. Das Kabel von unten herausziehen. Den Teil des Kabelmantels, der in die Einstellschraube hinten auf dem Schaltwerk führt, vorsichtig zurückziehen und von der Einstellschraube lösen.

Schritt 2: Das kurze Stück Kabelmantel vom Innenkabel ziehen. Ist über der Einstellhülse eine Gummimanschette, diese ebenfalls abziehen, den restlichen Kabelmantel belassen. Ziehen Sie nun das Innenkabel durch, und arbeiten Sie sich dabei allmählich zum Schalthebel vor. Beim Schalthebel ziehen Sie einen Teil des Kabelmantels aus dem Schalthebel, sodass nur noch das Innenkabel aus dem Schalthebel hängt.

Schritt 3: Inspizieren Sie die Kabelhülle. Alle Teile, die beschädigt oder geknickt sind müssen ausgetauscht werden, und es empfiehlt sich, das letzte Stück in jedem Fall auszutauschen. Messen Sie die neuen Kabelstücke am alten Kabel ab. Die Enden sauber und gerade abschneiden. Mit einem scharfen Messer die Innenverkleidung öffnen. In jedes Ende jedes Abschnitts eine 5-mm-Muffe einsetzen und die neuen Kabelstücke am Rad montieren. Nun auf der entsprechenden Seite für Ihren Schalthebel weiter lesen (siehe weiter oben).

Triggershifter

Bei einem Triggershifter ist oben ein Hebel für den Zeigefinger und unten ein Hebel für den Daumen.

Bevor Sie das Kabel vom Triggershifter abmontieren, probieren Sie aus, welche Auswirkungen das Umschalten hat. Ziehen Sie vorsichtig am offenen Kabelende und betätigen Sie erst den einen, dann den anderen Schalthebel. In der einen Richtung wird das Kabel in den Schalthebel gezogen und gestrafft, in der anderen Richtung wird es lockerer. Schalten Sie weiter, bis das Kabel so weit aus dem Schalthebel gekommen ist, wie es geht, dies ist die Kabelposition ohne Spannung.

Die Abdeckung des Schalthebels ist mit ein paar kleinen Kreuzschlitzschrauben befestigt, die oben auf dem Schalthebel gut zu sehen sind. Der Schalthebel zeigt auch den jeweiligen Gang an. Bei einigen Modellen ist beim Auswechseln der Abdeckung etwas Vorsicht geboten. Das Anzeigedisplay kann mit ein paar kleinen Kunststoffstiften mit der Abdeckung verbunden sein, die aus dieser Abdeckung etwas hervorstehen und vorsichtig entfernt werden müssen, um nicht abzubrechen.

EIN KABEL AN EINEN TRIGGERSHIFTER MONTIEREN

Schritt 1: Die obere Abdeckung des Schalthebels hat zwei Kreuzschlitzschrauben. Drehen Sie diese vollständig heraus. Sie bleiben gerne im Kunststoff des Schalthebels stecken und müssen vorsichtig herausgezogen werden. Ziehen Sie die obere Abdeckung des Schalthebels ab, aber sehr vorsichtig, denn der Kunststoff ist sehr spröde. Nun sehen Sie das Innenleben des Schalthebels und wo das Kabel aus dem Mechanismus kommt.

Schritt 2: Halten Sie das Kabel dort, wo es aus dem Schalthebel kommt, und drücken Sie es vorsichtig nach innen. Dadurch wird der Kabelnippel aus der kleinen Kabelaufnahme herausgedrückt, in der er sitzt. Sollte er etwas klemmen, ist es manchmal hilfreich, das Kabel leicht zu drehen, damit die Drähte, aus denen es besteht, enger zusammengedreht werden. Das Kabel komplett aus dem Schalthebel ziehen.

Schritt 3: Ziehen Sie das neue Kabel ein, indem Sie es wieder in die Kabelaufnahme und dann direkt aus der Austrittsöffnung des Schalthebels führen. Ziehen Sie das gesamte Kabel durch, und achten Sie darauf, dass das Kopfstück fest in der Kabelaufnahme sitzt. Achten Sie darauf, dass das Kabel nicht auf den Boden hängen kann, während Sie arbeiten, da es sonst verschmutzt.

Schritt 4: Kontrollieren Sie die Schaltung. Ziehen Sie vorsichtig am Kabel, wo es aus dem Schalthebel kommt, und betätigen Sie dann abwechselnd jeden Schalthebel. Sie werden merken, wie das Kabel vorsichtig durch Ihre Finger gezogen wird und sich die Spannung dann nach und nach wieder löst. Sie können sehen, wie sich die Innenteile des Schalthebels drehen. Zurückschalten auf die Kabelposition ohne Spannung. Die Abdeckung aufsetzen, die Schrauben wieder einsetzen und vorerst nur so weit anziehen, dass sie halten.

Schritt 5: Ziehen Sie das neue Innenkabel nach und nach durch jeden Abschnitt des Kabelmantels bis ins Schaltwerk. Geben sie zum Durchziehen einen Tropfen Öl auf alle Teilstücke, die im Kabelmantel verbleiben. Erneuern Sie alle Gummimanschetten. Ziehen Sie das letzte Kabelstück vorsichtig durch den Kabelmantel zwischen Schaltwerk und Rahmen und anschließend in die Einstellschraube hinten auf dem Schaltwerk.

Schritt 6: Führen Sie das Kabel unter die Kabelklemme. Eine Vertiefung zeigt an, wo es hingehört. Das gesamte lockere Kabel durchziehen und die Kabelklemme anziehen. Drehen Sie die Pedale, und schalten Sie die Kette auf die größeren Zahnkränze und dann zurück in die Kabelposition ohne Spannung, um die Kabellänge einzuspielen. Die Kabelklemme lösen, wieder lockeres Kabel durchziehen, die Kabelklemme wieder anziehen und eine Endkappe aufstecken. Anschließend wird die Kabelspannung justiert, siehe dazu Seite 126.

Der Antrieb

Kabelmontage an Rennrad-Schalthebeln

Shimano-Total-Integration-Schalthebel (STI), kombinierte Schalt-Bremshebel, waren für Rennräder eine Offenbarung, denn nun konnte man schalten, ohne die Hände vom Lenker nehmen zu müssen, um zu einem Schalthebel am Unterrohr zu greifen.

Es gibt zwei Arten von Schalthebeln. Der eine besteht aus zwei separaten Teilen. Schwingen beide Teile nach innen zur Mittelachse, wird das Kabel in den Schalthebel gezogen; wird nur der Teil, der am nächsten am Lenker sitzt, zur Seite gedrückt, wird das Kabel gelöst. Durch wiederholtes Drücken dieses Hebels nach innen bekommt das Kabel mehr Spiel. Der zweite Typ hat nur einen Hebel.

Schwingt dieser seitlich Richtung Mittelachse, erhöht sich die Kabelspannung. Der Bremshebel hat seitlich einen Daumenknopf. Durch wiederholtes Drücken dieses Knopfes wird Kabel gelöst, bis die Kabelposition ohne Spannung erreicht ist. Die Anleitung auf dieser Seite beginnt, nachdem Sie das alte Schaltkabel aus dem Schaltwerk gelöst haben. Folgen Sie den drei Schritten auf Seite 128.

SO WIRD DAS KABEL AN STI-SCHALTHEBELN MONTIERT

 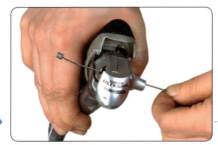 

Schritt 1: Testen Sie die Hebelwirkung. Ziehen Sie das Schaltkabel vorsichtig Richtung Mittelachse. Betätigen Sie beide Hebel in jede Richtung, dabei sollten Sie spüren, dass in einer Richtung das Kabel Richtung Hebel gezogen wird und sich in der anderen Richtung nach und nach lockert. Falls das Kabel herumspringt oder nur widerwillig in einer Schaltposition liegen will, ist der Schalthebel abgenutzt und muss erneuert werden. Das Kabel durch wiederholtes Betätigen des Hebels komplett lockern.

Schritt 2: Ziehen Sie den Bremshebel zum Lenker. Dadurch wird die Austrittsöffnung für das Kabel sichtbar. Es befindet sich direkt gegenüber der Eintrittsöffnung, wo der Kabelmantel in den Schalthebel führt. Dort ist eventuell eine schwarze Kunststoffabdeckung, die Sie abziehen. Drücken Sie das freigelegte Kabel in den Schalthebel, so taucht auf der anderen Seite der Nippel auf. Ziehen Sie das neue Kabel durch den Schalthebel, aber lassen Sie den Bremshebel erst los, wenn es komplett durchgezogen ist, weil es sonst verknickt.

Schritt 3: Ziehen Sie das Kabel nach und nach wieder durch jeden Abschnitt des Kabelmantels bis zum Schaltwerk. Führen Sie es durch die Einstellschraube hinten am Schaltwerk. Montieren Sie das Kabel unter die Kabelklemme. Das Schaltwerk oder die Kabelklemme sind mit einer Vertiefung versehen, die anzeigt, wo das Kabel liegen soll. Das gesamte lockere Kabel durchziehen und anschließend die Kabelklemme mit der linken Hand festziehen. Eine Endkappe aufstecken. Es folgt die Justierung der Kabelspannung, siehe dazu Seite 126.

Zugangswinkel des Schaltwerks

Prüfen Sie, in welchem Winkel das Schaltwerk hängt. Die Führungsrolle soll sich nahe unterhalb der Ritzel befinden, aber nicht so nah, dass die Rolle in einem der Gänge an den Ritzeln schleift. Zwischen den Ritzeln und der Führungsrolle soll ein Abstand von der Länge zweier Kettenglieder bleiben. Justieren Sie diesen Abstand mit der B-Schraube. Durch Drehen im Uhrzeigersinn vergrößert sich der Abstand, durch Drehen gegen den Uhrzeigersinn rückt die Führungsrolle näher an die Ritzel. Sitzt sie zu nah, klappert sie beim Fahren an den Ritzeln. Bei einem zu großen Abstand wird das Schalten schwerfällig, weil die Kette beim Umschalten zur Seite abweicht, anstatt auf das nächste Ritzel zu gleiten.

Mittels B-Schraube setzen Sie die Führungsrolle nahe an die Ritzel, durch Drehen der Schraube justieren Sie anschließend den Abstand wie gewünscht.

Kabel an Drehgriffschaltern montieren

Drehgriffschalter wirken leicht abschreckend, weil man nicht in sie hineinschauen kann. Aber lassen Sie sich nicht entmutigen, es gibt bestimmte Regeln, die Ihnen bei der Kabelerneuerung helfen.

Bevor Sie das Kabel aus dem Schalthebel entfernen können, müssen Sie es vom Schaltwerk lösen. Haben Sie das bisher noch nie gemacht, folgen Sie den Anleitungen auf Seite 128.

Das Kabel lässt sich nur entfernen, wenn der Schalter in der Kabelposition ohne Spannung steht, was bei der Kette der Position auf dem kleinsten Ritzel entspricht. Um dies zu testen, halten Sie das Kabel dort, wo es aus dem Schalthebel kommt und ziehen vorsichtig. Betätigen Sie den Schalthebel. In einer Richtung werden Sie spüren, dass das Kabel in den Hebel gezogen wird. Beim Betätigen in die andere Richtung lockert sich das Kabel nach und nach. Drehen Sie den Hebel so weit es geht, um möglichst viel Kabel zu lockern, und lassen Sie es in der lockersten Position.

KABEL AN DREHGRIFFSCHALTERN MONTIEREN

Schritt 1: Suchen Sie oben auf dem Schalthebel nach einem Kabeldurchlass, normalerweise einem schwarzen oder grauen Rechteck. Nehmen Sie dieses ab, oder schieben Sie es zur Seite, und schauen Sie in den Schalthebel. Sie sehen entweder den Kopf des Nippels, den Kopf einer 2,5-mm-Inbusschraube oder eine schwarze Schutzkappe aus Kunststoff über den halben Nippel. Falls es ein Gewindestift ist, entfernen Sie diesen komplett. Eine Schutzkappe aus Kunststoff heben Sie mit einem kleinen Schraubenzieher vorsichtig aus.

Schritt 2: Falls Sie keinen Kabeldurchlass entdecken können, befindet sich der Nippel möglicherweise versteckt unter dem Gummigriff, siehe dazu den besonderen Hinweis weiter unten. Haben Sie ihn gefunden, drücken Sie das freie Kabel, das aus der Einstellschraube hängt in den Schalthebel, dann taucht der Nippel im Griff auf. Ziehen Sie nun das Kabel komplett aus dem Drehgriffschalter.

Schritt 3: Schieben Sie das neue Kabel durch den Drehgriffschalter, ohne ihn zu bewegen. Ein ausgefranstes Kabel wird sich nicht gut durchziehen lassen, schneiden Sie es deshalb sehr sauber ab. Den Gewindestift (falls vorhanden) und die Schutzkappe wieder montieren. Ziehen Sie das Kabel wieder durch jeden Abschnitt des Kabelmantels, durch die Einstellschraube am Schaltwerk und unter die Kabelklemme. Lockeres Kabel durchziehen und die Kabelklemme festziehen. Eine Endkappe aufstecken. Das Justieren der Kabelspannung finden Sie auf Seite 126.

Drehgriffschalter-Grundmodelle

Es gibt Drehgriffschalter ohne abnehmbaren Kabeldurchlass. Bei diesen Modellen ist der Nippel unter dem Rand des Gummigriffs verborgen. Schalten Sie den rechten Drehgriff auf die höchste Ziffer und ziehen Sie den Gummigriff vorsichtig bis unter die Ziffernanzeige zurück. Sie sehen den Nippel, drücken Sie das Kabel durch die Einstellschraube, damit der Nippel aus dem Schalthebel tritt. Achten Sie darauf, nicht umzuschalten, bevor Sie das neue Kabel wieder eingezogen haben, da Sie den Eintritt für das Kabel nur in der Kabelposition ohne Spannung erreichen.

Den Gummigriff zurückschieben, falls er keine kleine Öffnung für den Nippel hat.

Der Antrieb

Das Schaltwerk: Das Einstellen der Einstellschraube H

Die Einstellschraube H am Schaltwerk, auch als „obere" Endanschlagschraube bezeichnet, soll verhindern, dass sich das Schaltwerk so weit über die Kassette bewegt, dass die Kette auf einer Seite von der Kassette fällt, was zum Glück normalerweise ohnehin nicht passiert.

Der Schalthebel soll die Kette nur von einem Zahnkranz auf den nächsten springen lassen und nicht weiter. Der Schaden durch ein unbeabsichtigtes Fehlschalten wäre aber so groß, dass man dieses Risiko nicht eingehen kann und die Schaltwerke zur Absicherung mit einer Endanschlagschraube ausstattet.

Es gibt immer wieder Gelegenheiten, bei denen es schwierig ist, die Auswirkungen der Kabelspannung und der Einstellschrauben voneinander zu trennen. Daher ist es am einfachsten, das Schaltwerkkabel komplett außer Eingriff zu bringen, sodass es keinerlei Spannung aufweist, und das Schaltwerk per Hand zu bewegen. So versteht man den Vorgang besser.

Jede Einstellschraube wirkt sich nur auf ein Ende der Kassette aus. Die Einstellschraube H beeinflusst das Schaltwerk auf dem Weg zum kleinsten Ritzel. Sitzt diese Endanschlagschraube zu weit außen, könnte die Kette vom Ende der Kassette in die Lücke zwischen Kassette und Rahmen fallen. Beim Fahren wäre das gefährlich – die Kette würde sich unter Druck verklemmen, und Sie könnten stürzen.

Die Einstellschraube kann auch zu weit innen eingestellt sein, wodurch das Schaltwerk die Kette nicht auf das kleinste Ritzel führen kann. Dies wird zwar keinen Sturz verursachen, kann aber ärgerlich sein. Erreicht die Kette den kleinsten Zahnkranz nicht, fehlt Ihnen der höchste Gang, und Ihr Fahrtempo ist eingeschränkt.

Selbst wenn die Einstellschraube nur wenig zu weit innen sitzt, kann es Probleme geben. Um glatt zu laufen, muss die Kette vertikal von jedem Zahnkranz hängen. Läuft sie in einem leichten Winkel, klappert sie störend, und der Antrieb verschleißt schneller. Die Justierung der Kabelspannung wird zudem schwieriger, weil die Kette selbst dann nicht auf das kleinste Ritzel fällt, wenn Sie die Kabelspannung mit der Einstellschraube lockern.

Sind die Endanschlagschrauben richtig justiert, verstellen sie sich nicht, müssen aber nach einem Zusammenstoß oder Sturz eventuell nachgestellt werden. Fällt das Fahrrad auf die rechte Seite, wird das Schaltwerk möglicherweise leicht nach innen Richtung Rad gestoßen, wodurch sich die Position des Schaltwerks zu den Zahnkränzen verändern kann.

DAS EINSTELLEN DER EINSTELLSCHRAUBE H

Schritt 1: Die Pedale drehen und mit dem Schalthebel auf den kleinsten Zahnkranz der Kassette schalten. Mit der rechten Hand das Pedal weiter drehen und mit der linken Hand die Führungsrolle Richtung Hinterrad drücken. Hierzu einen Finger hinten um das Schaltwerk legen und das Schaltwerk von vorne mit dem Daumen vorsichtig wegdrücken, wie auf der Abbildung gezeigt. Sobald die Kette auf dem größten Zahnkranz liegt, das Pedal anhalten.

Schritt 2: Nun ist das Schaltkabel ganz locker. Verfolgen Sie es zurück bis zu einer Stelle, wo der Kabelmantel in einen Kabelanschlag führt. Den Kabelmantel aus dem Kabelanschlag ziehen, dann das Innenkabel aus dem Schlitz im Kabelanschlag durch Rütteln herausziehen. Ist das Kabel gelöst, können Sie das Schaltwerk mit der Hand frei bewegen. Die Pedale wieder drehen. Nun sollte die Kette automatisch in die Ausgangsposition auf den kleinsten Zahnkranz zurückfallen.

Schritt 3: Von hinten gesehen soll die Kette vertikal vom Zahnkranz zur Führungsrolle laufen. Sitzt die Führungsrolle zu weit außen (rechts von der Zahnkranzmitte), drehen Sie die Einstellschraube H im Uhrzeigersinn, bis die Führungsrolle direkt darunter sitzt. Befindet sich die Führungsrolle zu weit innen, drehen Sie die Einstellschraube gegen den Uhrzeigersinn, bis beide übereinander liegen. Abschließend drücken Sie das Schaltwerk so, dass die Kette auf dem größten Zahnkranz liegt, und schließen das Kabel wieder an.

Das Schaltwerk: Das Einstellen der Einstellschraube L

Das Einstellen der „unteren" Endanschlagschraube, der Einstellschraube L, ist etwas kniffliger als bei der „oberen" Endanschlagschraube (Einstellschraube H). Bei der „oberen" reicht es, die Kabelspannung herauszunehmen und die Feder des Schaltwerks dazu zu bringen, den Mechanismus nach außen auf den kleinsten Zahnkranz zu setzen. Bei der „unteren" Endanschlagschraube müssen Sie das Schaltwerk per Hand an die gewünschte Stelle drücken.

Man könnte das Schaltwerk zwar vom Kabel herüberziehen lassen, dabei lässt sich der Vorgang aber nicht so gut beobachten. Führen Sie es manuell durch, und das Schaltwerk erreicht den Zahnkranz nicht, wissen Sie, dass dieses Problem nichts mit der Kabelspannung zu tun hat.

Es ist zu schwierig, das Schaltwerk an der richtigen Stelle zu halten und dann die Einstellschraube L so weit hineinzudrehen, bis sie an ihre Öse innen im Schaltwerk stößt. Bedeutend einfacher ist es, das Schaltwerk so weit herüberzuziehen, wie es geht, es dann loszulassen, sodass es in die Neutralposition zurückfällt, die Einstellschraube L nachzustellen, wieder zu testen und diesen Vorgang zu wiederholen, bis die Einstellung genau richtig ist.

Identifizieren Sie zuvor die Einstellschraube L. Wenn sich beide Endanschlagschrauben hinten auf dem Schaltwerk befinden, ist es fast immer die untere, sollte aber mit einem „L" gekennzeichnet sein. Die Aufschrift ist normalerweise sehr klein und häufig schwarz auf dunklem Hintergrund.

Es empfiehlt sich, diese Einstellung sehr genau vorzunehmen. Kann sich die Kette zu weit bewegen, könnte sie am Ende in die Lücke zwischen Kassette und Speichen fallen und würde sich während der Fahrt in eine höchst wirksame Kettensäge verwandeln, die alle erreichbaren Speichen durchtrennt. Ein ebenso spektakulärer wie teurer Unfall ist die Folge! Ebenfalls unerwünscht: Die Kette könnte sich verklemmen und für einen Sturz sorgen.

Ist die Einstellschraube L zu weit innen eingestellt, ist dies in erster Linie ärgerlich. Entweder kann die Kette den größten Zahnkranz nicht erreichen, sodass Ihnen ein leichter Gang fehlt, oder sie schafft es nur mit Mühe, klappert ständig und schaltet möglicherweise selbsttätig um.

Es empfiehlt sich, im Rahmen der Einstellung der Einstellschraube L auch die Ausrichtung des Schaltwerks zu kontrollieren. Für alle, die dies noch nie gemacht haben, liefert Seite 134 eine genaue Erläuterung. Besonders sollten Sie auf den Abstand zwischen den Speichen und dem unteren Teil des Schaltwerk-Schwingarms achten. Ist das Schaltwerk nach innen gebogen, besteht die Gefahr, dass es sich in den Speichen verfängt, das Rad blockiert und der untere Teil des Schaltwerks abreißt. Dies geschieht am ehesten, wenn auf die Pedale starker Druck ausgeübt wird: Das Hinterrad kann sich verformen, und die Teile berühren sich.

DAS EINSTELLEN DER EINSTELLSCHRAUBE L

Schritt 1: Halten Sie das Schaltwerk wie abgebildet (haben Sie bereits die Einstellschraube H justiert, ist es dieselbe Bewegung wie zuvor). Suchen Sie nach einer bequemen Stellung, Sie müssen mit der rechten Hand das Pedal drehen und das Schaltwerk mit der linken Hand betätigen. Legen Sie den Zeigefinger hinten um das Schaltwerk und drücken Sie den Vorderteil des Schaltwerks von sich weg. Weiter das Pedal drehen.

Schritt 2: Die Kette soll das Schaltwerk über die Kassette zum größten Zahnkranz führen. Die Kette soll sich problemlos auf diesen Zahnkranz legen, aber nicht hinten über die Kassette in die Lücke zwischen Kassette und Speichen fallen können. Sollte dies unter Druck geschehen, könnte die Kette die Speichen durchtrennen und damit unter Umständen das Hinterrad zerstören.

Schritt 3: Wenn Sie die Kette über das Ende des größten Zahnkranzes hinausdrücken können, müssen Sie die Bewegung des Schaltwerks begrenzen. Drehen Sie die Pedale, und lassen Sie die Kette auf den kleinsten Zahnkranz zurückfallen. Drehen Sie die Einstellschraube L im Uhrzeigersinn eine halbe Umdrehung, und testen Sie diese Einstellung. Kann die Kette den größten Zahnkranz nicht erreichen, lösen Sie die Einstellschraube L gegen den Uhrzeigersinn, um dem Schaltwerk etwas mehr Bewegungsfreiheit zu geben.

Das Schaltwerk: Das Ausfluchten der Schaltwerkaufhängung

Vom Schaltwerk wird viel erwartet. Es soll präzise und unmittelbar schalten. Vor allem aber müssen Sie sich darauf unter allen Umständen verlassen können. Es lohnt sich also, dieses Bauteil gut zu pflegen.

Eines der häufigsten Probleme, dem meist keine Beachtung geschenkt wird, ist das Ausfluchten der Schaltwerkaufhängung (dem Teil am Rahmen, an dem das Schaltwerk befestigt wird). Die Gangschaltung ist so eingerichtet, dass sie gut funktioniert, wenn die beiden Führungsrollen genau vertikal unter den Zahnkränzen hängen. Diese vertikale Ausfluchtung kann durch einen Sturz zunichte gemacht werden, wird aber häufig übersehen. Man steht auf, klopft sich den Staub von der Kleidung, schaut das Fahrrad an, und wenn alles unbeschädigt aussieht, fährt man weiter. Das kann unangenehm werden. Hat sich das Schaltwerk durch einen Sturz nach innen gebogen, kann zwar die Gangschaltung noch funktionieren, aber alles hängt zu sehr nach innen.

Wenn Sie das nächste Mal in einem niedrigen Gang bergauf fahren oder an einer Ampel lossprinten und auf einen größeren Zahnkranz umschalten wollen, springt die Kette stattdessen aus der Kassette und gerät ins Hinterrad, während Sie kräftig in die Pedale treten. Das Ergebnis ist höchstwahrscheinlich ein Sturz, bei dem Sie sich verletzen und am Hinterrad ein größerer Schaden entsteht.

Die Gangschaltung funktioniert am besten, wenn die Zahnkränze mit den Führungsrollen gut ausgefluchtet sind. Die Kette verdreht sich nicht, wenn Sie über die Zahnkränze läuft, und die Führungsrollen bewegen sich in die vorgesehene Richtung und werden nicht in die Zahnkränze gedrückt, was bei einer verbogenen Aufhängung passieren kann.

Um die Ausfluchtung zu kontrollieren, schauen Sie sich das Schaltwerk von hinten an, so sehen Sie es am deutlichsten. Zahnkränze, Kette und Führungsrolle sollten eine senkrechte Linie bilden. Beim häufigsten Problem ist die Aufhängung verbogen, und die untere Führungsrolle hängt näher am Rad, wie in der Abbildung unten rechts.

Es ist auch nicht ungewöhnlich, dass die Aufhängung oder das Schaltwerk verdreht und nicht verbogen sind, sodass Sie bei gerader Sicht auf die Zahnkränze die Fläche der Führungsrollen sehen statt der Kante. Um präzise schalten zu können, müssen die Führungsrollen flach und senkrecht zu den Zahnkränzen sitzen. Da dies ein häufiges Problem ist, zeichnen sich Aluminiumrahmen guter Qualität durch eine auswechselbare Aufhängung aus.

Es gibt so viele verschiedene Arten von Aufhängung wie Fahrradtypen, und selbst innerhalb eines Fabrikats und Modells können sie sich je nach Herstellungsjahr wieder unterscheiden. Nehmen Sie die alte Aufhängung zum Kauf mit, damit Sie auch wirklich das richtige Modell bekommen. Nur selten sind die Modelle untereinander austauschbar.

Hat Ihr Fahrrad keine austauschbare Aufhängung, muss der Rahmen zurückgebogen werden. Bei großer Sorgfalt können Sie dies selbst machen, aber falls Sie unsicher sind, gehen Sie ins Fahrradgeschäft. Normalerweise haben Sie einige Aufhängungen abgebrochen, bevor Sie wissen, wie weit Sie biegen dürfen – ein kostspieliges Experiment. Wird diese Arbeit nicht gut durchgeführt, ist die Aufhängung anschließend labiler als zuvor.

Trauen Sie sich zu, die Aufhängung selbst zurechtbiegen zu können, schrauben Sie das Schaltwerk vom Rahmen ab. Es kann mit dem Kabel verbunden bleiben und braucht auch nicht aus der Kette gelöst zu werden, lassen Sie es einfach unter der Kettenstrebe hängen. Lassen Sie zur Stütze des Rahmens das Rad im Ausfallende. Halten Sie die Aufhängung mit einem großen verstellbaren Schraubenschlüssel. Sie brauchen einen Hebel von etwa 30 Zentimeter, damit es gut funktioniert. Greifen Sie mit dem verstellbaren Schraubenschlüssel so weit auf das Ausfallende wie möglich. Das ist etwas knifflig, weil die Zahnkränze gerne im Weg sind. Biegen Sie die Aufhängung wieder gerade. Es ist sehr wichtig, dies sofort in einer Bewegung zu schaffen. Sie sollten auf jeden Fall vermeiden, die Aufhängung vor- und zurückzubiegen, um die richtige Stelle zu finden, denn dann wird sie endgültig abbrechen. Sobald die Aufhängung gerade ist, gehen Sie nach der Anleitung auf Seite 136, Schritt 5, vor, um das Schaltwerk wieder zu montieren. Ist die Aufhängung korrekt ausgefluchtet, müssen Sie wahrscheinlich die Kabelspannung nachstellen und anschließend die Endanschlagschrauben kontrollieren. Die Position des Schaltwerks im Verhältnis zum Rahmen wird sich geändert haben, sodass die bisherige Justierung nicht mehr korrekt ist.

Diese Aufhängung ist verbogen!

Die Wartung des Schaltwerks

Das Schaltwerk erledigt die Arbeit der Gangschaltung, und da es in Bodennähe hängt, können sich kleine Äste und Schmutz darin verfangen. Zudem ist es das Teil, auf dem das Fahrrad zuerst landet, wenn es auf die rechte Seite fällt.

Falls Sie bei einem Sturz noch Zeit zum Nachdenken haben, lassen Sie das Fahrrad auf die linke Seite fallen, das ist deutlich preiswerter! Auch wenn Sie das Rad einmal hinlegen müssen oder es in den Kofferraum packen, sollten Sie es immer auf die linke Seite legen. Sollte die Schaltung noch immer unwillig sein, obgleich Sie die Endanschlagschrauben und die Kabelspannung justiert haben, ist es Zeit, das Schaltwerk zu säubern und zu schmieren. Die Einzelteile des Schaltwerks müssen sich ungehindert bewegen können, damit die Schaltung präzise erfolgen kann. Die Drehpunkte, an denen die einzelnen Teile zusammentreffen, funktionieren sauber und leicht geölt am besten.

- Nehmen Sie das Hinterrad ab, damit alles gut zugänglich wird. Hängen Sie das Fahrrad so auf, dass der hintere Teil nicht auf dem Boden steht, oder stellen Sie das Fahrrad auf den Kopf.
- Wischen Sie das Schaltwerk ab. Falls es sehr ölig ist, geben Sie etwas Entfetter oder Fahrradreiniger in eine Schüssel und tauchen einen Lappen oder eine Bürste hinein. Das funktioniert besser und verursacht weniger Schmutz, als es mit einem Entfetterspray zu probieren. Entfernen Sie allen Schmutz, es kann sein, dass Sie mehrmals nachspülen müssen, bis es glänzend sauber ist.
- Sie müssen das Schaltwerk durch alle Gänge bewegen, um es zugänglich zu machen, was ohne Hinterrad deutlich einfacher ist. Betätigen Sie den rechten Schalthebel – steht das Rad auf dem Kopf, müssen Sie hierzu unter den Lenker fassen – damit sich das Schaltwerk möglichst weit von Ihnen fort Richtung Mittelachse des Fahrrads bewegt. Säubern Sie alles, was Sie erreichen können. Fahren Sie mit der Bürste innen in das Schaltwerk und säubern Sie die Feder, damit der Schmutz aus der Mechanik entfernt wird.
- Säubern Sie die Führungsrollen (A). Hier sammeln sich Öl und Schmutz an. Kratzen Sie mit einem Schraubenzieher möglichst viel ab, und schrubben Sie anschließend die Rollen sauber.
- Kontrollieren Sie den Verschleiß des Schaltwerks. Die Zähne der Führungsrollen sollten oben flach sein. Fassen Sie das Schaltwerk unten und rütteln Sie es zu sich her. Es sollte sich biegen und nicht frei herumklappern oder schlagen. In diesem Fall ist es Zeit für ein neues Schaltwerk.
- Ölen Sie die Drehpunkte (B). Das Schaltwerk hat mindestens vier Drehpunkte. Tropfen Sie etwas Öl in die Mitte der Führungsrollen und in die Lücken zwischen den einzelnen Teilen des Schaltwerks einschließlich der Gelenke, in denen sich das Schaltwerk am Rahmen dreht, und der Stelle, wo der Schaltwerkkörper den Arm (E) mit den Führungsrollen teilt. Haben Sie alles geölt, bewegen Sie die Teile, damit das Öl eindringen kann. Verschieben Sie das Schaltwerk, als würde es umschalten, und lassen Sie es anschließend mehrmals zurückspringen. Überschüssiges Öl abwischen, das Hinterrad wieder montieren und nicht vergessen, die Bremsen wieder anzuschließen.

Falls Sie Ihrem Fahrrad etwas Gutes tun möchten, montieren Sie das Schaltwerk ab (siehe Seite 136), und reinigen Sie es gründlich. Lösen Sie die Bolzen, mit denen die Führungsrollen befestigt sind, entfernen Sie diese und nehmen Sie das Rückteil des Schaltkäfigs ab, um zwischen dem Schaltkäfig und den Führungsrollen alles zu säubern. Drücken Sie die Lager (C) aus der Mitte der Führungsrollen, reinigen und ölen Sie diese, und montieren Sie sie wieder. Vertauschen Sie die obere und untere Führungsrolle nicht, denn sie haben normalerweise eine unterschiedliche Größe. Auf der Führungsrolle kann (wie auf der Abbildung) die Drehrichtung angegeben sein. Setzen Sie die Rollen so ein, dass sie sich beim Treten in Pfeilrichtung bewegen. Sie erreichen dies, indem Sie die Führungsrolle so in das Schaltwerk schrauben, dass der Pfeil nach außen zeigt. Ein häufiger Fehler: Die Rückseite des Schaltkäfigs (D) wird umgekehrt montiert. Achten Sie darauf, sie so zu montieren, dass die Form zum Vorderteil des Schaltkäfigs passt, der am Schaltwerk befestigt ist.

Mit einer kleinen Bürste schrubben Sie den Schmutz innen aus dem Schaltwerk und ölen die Drehpunkte. Das Schaltwerk wieder montieren, dabei können Sie sich an die Anleitung auf Seite 136 für die Montage eines neuen Schaltwerks halten.

Der Antrieb

Die Montage eines neuen Schaltwerks

Es gibt viele gute Gründe, das Schaltwerk auszuwechseln. Der wichtigste und dringlichste ist, dass es bei einem Sturz abgebrochen ist.

Auch wenn das Schaltwerk nicht abgebrochen ist, kann ein Austausch nötig sein. Am häufigsten ist dies dann der Fall, wenn es nach vielen hundert Schaltvorgängen abgenutzt ist. Die Drehpunkte eines Schaltwerks verschleißen mit der Zeit, das Schalten wird träge, da die Führungsrolle nur widerstrebend auf Änderungen der Kabelspannung reagiert. Fassen Sie den Schaltkäfig unten und rütteln Sie ihn seitlich vom und zum Hinterrad. Biegt er sich dabei etwas, ist das in Ordnung, aber falls Sie spüren, dass der Schaltkäfig schlägt, sollten Sie das Schaltwerk erneuern.

Diese Arbeit geht am einfachsten mit möglichst viel Kettenspiel. Schalten Sie daher hinten auf das kleinste Ritzel, während Sie gleichzeitig vorne die Kette vom kleinsten Kettenblatt in die Lücke zwischen Kettensatz und Rahmen fallen lassen.

DIE MONTAGE EINES NEUEN SCHALTWERKS

Schritt 1: Entfernen Sie die Endkappe vom Kabel. Lösen Sie die Kabelklemme, und ziehen Sie das Kabel aus der Einstellschraube. Falls Sie dasselbe Kabel wieder verwenden möchten, brauchen Sie es nicht weiter zu entfernen. Allerdings kann sich herausstellen, dass das neue Schaltwerk anders konfiguriert ist und ein längeres Kabel benötigt.

Schritt 2: Zum Entfernen der Kette ist es besser, das Schaltwerk und nicht die Kette zu zerlegen. Das Zerlegen der Kette dauert länger, und das zerlegte Kettenglied wird labil. Lockern Sie zuerst den Bolzen der Führungsrolle (oben). Entfernen Sie die Spannungsrolle (unten) vollständig.

Schritt 3: Schieben Sie die Spannungsrolle nach vorne. Sie hat auf jeder Seite eine Unterlegscheibe. Verlieren Sie diese beiden Scheiben nicht, sie fallen beim Herausziehen der Führungsrolle gerne hinunter.

Schritt 4: Drehen Sie die Rückseite des Schaltkäfigs leicht, damit Sie die Kette herausziehen können, ohne sie öffnen zu müssen. Lösen Sie den Befestigungsbolzen, mit dem das Schaltwerk am Rahmen befestigt war. Entsorgen Sie das alte Schaltwerk.

Schritt 5: Lösen Sie am neuen Schaltwerk den Bolzen der Führungsrolle, und entfernen Sie die Spannungsrolle. Halten Sie das Schaltwerk kopfüber. Montieren Sie das Schaltwerk auf die Kette, und legen Sie die Kette über die Führungsrolle. Drehen Sie die hintere Platte des Schaltkäfigs, damit die Kette unter die Metallöse passt. Bringen Sie die Kette in die richtige Position, indem Sie die Spannungsrolle von oben einsetzen. Sorgen Sie dafür, dass die Kette durch beide Ösen führt, damit sie zwischen Öse und Führungsrolle läuft.

Schritt 6: Montieren Sie den Befestigungsbolzen der Spannungsrolle. Beide Bolzen der Führungsrolle fest anziehen. Das Schaltwerk im Uhrzeigersinn drehen, und ziehen nach hinten ziehen, bis der Befestigungsbolzen mit der Rahmenaufhängung ausgefluchtet ist. Das Schaltwerk an den Rahmen schrauben. Beim Festziehen des Bolzens das Schaltwerk im Uhrzeigersinn drehen, damit die B-Öse oder B-Schraube auf der Rückseite hinter der richtigen Öse an der Rahmenaufhängung sitzt. Sie verhindert, dass das Schaltwerk zu weit nach vorne schwingt.

So verbessern Sie die Schaltleistung

Häufig weiß man nicht so recht, wo man bei der Justierung der Schaltung anfangen soll. Träges Schalten kann durch eine Kombination mehrerer, teils anhaltender, teils vorübergehender Faktoren verursacht werden. Insbesondere das Schaltwerk ist darauf angewiesen, dass alles perfekt eingestellt ist, damit die einzelnen Komponenten zusammenarbeiten können.

Das Justieren der Gänge ist auch deshalb knifflig, weil sie sich unter Druck anders verhalten. Schaltvorgänge, die beim Test in der Garage perfekt wirken, können sich beim wirklichen Fahren ganz anders darstellen. Gelegentlich ist es auch umgekehrt: Im Fahrradgeschäft werden die Gänge nicht so eingestellt, wie Sie es sich vorstellen, dann fahren Sie los, und es klappt bestens.

Die Kabelspannung justieren

Sind Sie mit der Schaltung unzufrieden, ist es am vernünftigsten, Sie fangen mit dem Justieren der Kabelspannung an. Schalten Sie den rechten Schalthebel durch alle Gänge in die Neutralposition (bei Standard-Schaltwerken hohe Gänge, bei Rapid-Rise-Schaltungen niedrige Gänge) und dann auf den danebenliegenden Zahnkranz.

Sitzt die Kette nicht vertikal unter dem Zahnkranz oder schaltet nicht präzise, werden Sie mit dem Justieren Problem haben, siehe dazu Kabelspannung Seite 126.

Die Ausfluchtung der Aufhängung kontrollieren

Schalten Sie auf den kleinen Zahnkranz, stellen Sie sich hinter das Fahrrad, und betrachten Sie die Kette. Sie sollte in einer geraden senkrechten Linie hinten vom Zahnkranz und um die Führungsrollen laufen. Sind die Führungsrollen Richtung Hinterrad nach innen gebogen, liegt ein Problem mit der Ausfluchtung der Aufhängung vor, siehe dazu Seite 134.

Kabel und Kabelmäntel erneuern oder reinigen

Bleibt die Schaltung trotz korrekter Kabelspannung und Ausfluchtung träge, könnte das Schaltkabel verschmutzt, geknickt oder korrodiert sein. Auch ein beschädigter Kabelmantel kann die Ursache sein, denn das Innenkabel gleitet nicht ungehindert durch den Mantel, wenn dieser gequetscht oder geknickt ist. Überprüfen Sie vor allem das kurze Stück zwischen Schaltwerk und Rahmen, denn es wird besonders stark beansprucht.

Schaltkabel und Kabelmäntel gehören zu den preiswertesten Teilen am Fahrrad, ein Austausch belastet das Haushaltsbudget also kaum. Zudem ist er nicht kompliziert, und man wird durch einen unmittelbaren Erfolg belohnt: eine bessere Schaltung.

Auf der Seite 128 können Sie nachlesen, wie ein neues Schaltkabel eingezogen wird. Bei jedem Schalthebeltyp – Rapid Fire oder Drehgriffschalter bei Fahrrädern mit flachem Lenker oder Brems-Schalthebel (STI) an Rennradlenkern – wird das Kabel anders montiert. Nach dem Montieren vom Schalthebel zum Schaltwerk werden aber alle auf die gleiche Weise justiert.

Das Schaltwerk reinigen oder erneuern

Ein sauberes und gut geschmiertes Schaltwerk funktioniert besser. Auf Seite 135 finden Sie Wartungshinweise. Putzen Sie das Schaltwerk gründlich, und ölen Sie es. Anschließend überschüssiges Öl abwischen, denn dieses würde nur wieder Schmutz anziehen. Ein verschlissenes Schaltwerk schaltet schwerfällig. Es braucht seine Zeit, um von einem Zahnkranz auf den nächsten zu gelangen und springt nicht elegant über die Zahnkränze, sobald der Impuls vom Schalthebel kommt.

Falls Sie nach dem Reinigen des Schaltwerks keine Verbesserung feststellen, könnten die Drehpunkte, mit denen die beweglichen Teile miteinander verbunden sind, verschlissen sein. Um dies zu testen, greifen Sie das Schaltwerk unten, wo die Spannungsrolle angebracht ist. Rütteln Sie unten am Schaltkäfig. Das Schaltwerk kann sich leicht biegen, auch ein neues Schaltwerk wird sich etwas bewegen lassen, aber Sie sollten kein Klappern oder Klicken spüren. Beides würde bedeuten, dass die Drehpunkte so weit abgenutzt sind, dass es Zeit für ein neues Schaltwerk ist.

Schalthebel erneuern

Haben alle bisherigen Maßnahmen nicht gefruchtet, überprüfen Sie, ob der Schalthebel präzise Signale weitergibt. Schalten Sie auf einen großen Zahnkranz und betätigen Sie dann den Schalthebel, als würden Sie auf einen kleinen Zahnkranz umschalten, drehen Sie dabei aber nicht an den Pedalen. So wird die Spannung aus dem Kabel genommen. Ziehen Sie den Teil des Kabelmantels zwischen Lenker und Rahmen nach vorne hoch und aus dem Kabelanschlag. Schieben Sie den Mantel Richtung Fahrradrückseite. So wird das Kabel dort freigelegt, wo es in den Schalthebel führt. Nehmen Sie das Kabel und ziehen Sie es vorsichtig vom Schalthebel fort. Nun den Schalthebel betätigen und kontrollieren, ob beim Schalten in die eine und die andere Richtung jeweils ein kleines Kabelstück angezogen und dann problemlos wieder gelöst wird. Falls die Schaltung durchrutscht oder Rasterstufen auslässt, ist eine Wartung oder ein Austausch erforderlich, siehe dazu Seite 148 bis 157. Wieder in die Kabelposition ohne Spannung schalten, um den Kabelmantel wieder in den Kabelanschlag zu montieren, dann das Fahrrad hinten anheben und die Pedale drehen, bis die Kette einen Zahnkranz gefunden hat.

Kassette und Kette auf Verschleiß kontrollieren

Sollte die Kette wahllos von einem Gang in den nächsten springen oder unter Druck durchrutschen, prüfen Sie, ob Kette und Kassette abgenutzt sind. Auf Seite 154 finden Sie Angaben dazu, wie Sie den Zustand Ihrer Kette prüfen können. Kassette und Kette nutzen sich gleichermaßen ab, daher sollten sie immer gemeinsam erneuert werden. Auch ein steifes Kettenglied kann die Ursache sein. Auf Seite 147 können Sie nachlesen, wie Sie dies feststellen und behandeln können.

Der Antrieb

Der Umwerfer: Das Justieren der Kabelspannung

Befolgen Sie diese einfachen Schritte, damit die Kette beim Schalten zügig über das Kettenblatt läuft und beim Fahren nicht am Schaltkäfig klappert. Dieses Klappern gehört zu den ärgerlichsten Geräuschen, weil es nur in bestimmten Gängen auftritt und dann auf geheimnisvolle Art verschwunden ist, sobald Sie Zeit haben, sich damit zu beschäftigen.

Erscheint Ihnen die Schaltung zu langsam, oder sind einige Gänge sehr geräuschvoll, justieren Sie anhand der weiter unten genannten drei Schritte die Kabelspannung. In neunzig Prozent der Fälle wird das Problem damit behoben sein. Klappert es bei bestimmten Gängen noch immer, sollten Sie sich den Zustand des Schaltkabels und des Schaltwerks genauer anschauen, es ist möglicherweise nicht perfekt mit den Kettenblättern ausgefluchtet. Es kann auch verbogen oder völlig abgenutzt sein.

Umwerfer sammeln gerne Wasser und Straßenschmutz an, die vom Hinterrad hochspritzen, insbesondere, wenn Sie ohne Schutzbleche unterwegs sind. Sollten Sie Probleme beim Justieren der Kabelspannung haben, kontrollieren Sie zuerst den Umwerfer. Ist er stark verschmutzt, kann er die Kette nicht glatt über den Kettensatz führen. Auf Seite 144 finden Sie Tipps, wie Sie den Umwerfer putzen oder austauschen können. Schauen Sie in den Schaltkäfig und suchen Sie nach Rillen, die anzeigen, wo die Kette am Metall des Schaltkäfigs gescheuert hat. Starke Grate im Schaltkäfig zeigen, dass es Zeit für einen Austausch ist, denn die Kette kann daran festhängen und wird nicht problemlos von einem Kettenblatt zum nächsten geleitet.

Im Gegensatz zum Schaltwerk ist beim Umwerfer die Einstellschraube nicht am Schaltmechanismus, sondern am linken Schalthebel angebracht. Für das Justieren der Kabelspannung spielt es keine Rolle, wie weit das Kabel von der Einstellschraube entfernt ist. Sie ist lediglich etwas schwieriger erreichbar, wenn man versucht, den Schaltkäfig genau zu platzieren. Eine Ausnahme sind Rennräder, die nicht an jedem Kabelende eine Schaltung haben. Diese befindet sich links in der Mitte des Unterrohrs, wo das Kabel aus dem Kabelmantel kommt. Drehen Sie die Einstellschraube außen nach oben, um die Spannung zu erhöhen, und nach unten, um sie zu verringern.

Beim Justieren des Umwerferkabels müssen Sie wissen, welchen Effekt das Schalten auf die Kabelspannung hat. Schauen Sie sich an, wo der Kabelmantel aus dem Schalthebel kommt, und verfolgen Sie diesen zurück. An einer Stelle schaut ein Stück bloßes Innenkabel aus dem Kabelmantel. Nehmen Sie dieses in der Mitte und ziehen Sie es vorsichtig vom Fahrradrahmen fort. Während Sie die Spannung im Kabel halten, schalten Sie. Sie werden spüren, wie sich die Kabelspannung beim Schalten verändert. Probieren Sie aus, was Sie tun müssen, damit das Kabel straffer oder lockerer wird.

DAS JUSTIEREN DER KABELSPANNUNG AM UMWERFER

Schritt 1: Schalten Sie so, dass die Kabelspannung möglichst gering ist, und drehen Sie die Pedale. Die Kette sollte auf das kleinste Kettenblatt fallen. Ist dies nicht der Fall, lesen Sie auf Seite 139 nach. Die Pedale weiterdrehen und auf einen mittleren Gang schalten. Die Kette sollte auf das mittlere Kettenblatt gehoben werden. Ist dies nicht der Fall, ist die Kabelspannung zu gering. Schalten Sie wieder auf die lockerste Position, lösen Sie die Kabelklemme, ziehen Sie lockeres Kabel durch und ziehen Sie die Kabelklemme wieder fest.

Schritt 2: Es folgt die Feineinstellung des Kabels. Sie lassen die Kette auf dem mittleren Kettenblatt und schalten mit dem rechten Schalthebel auf den größten Zahnkranz am Hinterrad. Die Kette läuft zwischen den zwei Platten des vorderen Schaltkäfigs. Achten Sie auf den Abstand zwischen der Kette und der hinteren Platte, die sich näher am Rahmen befindet. Im Idealfall sollte dieser an der engsten Stelle ein bis zwei Millimeter betragen.

Schritt 3: Mittels der Einstellschraube am Schalthebel (bei Rennrädern auf der linken Seite am Unterrohr) wird die Kabelspannung justiert. Durch Drehen gegen den Uhrzeigersinn wird die Spannung erhöht, und der Schaltkäfig rückt näher an die Kette. Durch Drehen an der Einstellschraube im Uhrzeigersinn wird der Abstand größer. Haben Sie diesen Abstand richtig eingestellt, treten Sie in die Pedale und versuchen, auf das große Kettenblatt zu schalten. Die Kette sollte problemlos wechseln. Falls nicht, lesen Sie nach auf Seite 139 oder 143 oben.

Der Umwerfer: Die Endanschlagschrauben

Die Endanschlagschrauben begrenzen den Bewegungsspielraum des Umwerfers, sodass die Kette nicht an einer Seite vom Kettenblatt fallen kann.

Es gibt zwei unterschiedliche Schrauben: Die untere Endanschlagschraube (Einstellschraube L) sorgt dafür, dass der Umwerfer nicht zu weit nach innen schwingt; die obere Endanschlagschraube (Einstellschraube H) sorgt dafür, dass die Kette sich nicht zu weit nach außen bewegt. Sie müssen herausfinden, welche Schraube „L" und welche „H" ist. Sie müssen nicht unbedingt so angeordnet sein wie auf dieser Abbildung. Die untere Schraube ist mit einem „L" gekennzeichnet, aber die Buchstaben sind oft klein und undeutlich. Eventuell müssen Sie den Umwerfer oben säubern, um die Schrauben zu identifizieren. Eine weitere Kennzeichnung können drei parallele Striche unterschiedlicher Größe sein, die den Kettensatz darstellen. Das bedeutet, die Schraube neben dem kürzesten Strich justiert den Umwerfer in Bezug auf das kleinste Kettenblatt und die Schraube neben dem langen Strich in Bezug auf das größte.

DIE ENDANSCHLAGSCHRAUBEN H UND L

Schritt 1: Zuerst schalten Sie die Kette vorne auf das mittlere Kettenblatt und hinten auf den größten Zahnkranz. Überprüfen Sie, ob die Schaltung in der Mitte der drei Positionen steht. Achten Sie genau auf den Abstand zwischen der Kette und der Rückseite des vorderen Schaltkäfigs. Er ist nicht sehr deutlich zu erkennen, sollte aber ein bis zwei Millimeter betragen.

Schritt 2: Stimmt der Abstand zwischen Kette und Schaltkäfig nicht, müssen Sie die Kabelspannung justieren. Suchen Sie am linken Schalthebel die Einstellschraube (hier abgebildet ist ein Rapid-Fire-Schalthebel, dies gilt aber auch für andere Typen). Drehen Sie die Einstellschraube gegen den Uhrzeigersinn nach außen, um den Umwerfer weiter nach außen zu verstellen, und im Uhrzeigersinn, um ihn weiter nach innen zu verstellen.

Schritt 3: Ist die Kabelspannung korrekt eingestellt, drehen Sie die Pedale und schalten hinten auf den kleinsten Zahnkranz. Die Pedale weiterdrehen und in einen höheren Gang schalten. Die Kette sollte auf die größten Kettenblätter wechseln. Wechselt sie nicht bis zur Einstellschraube H, muss diese entspannt werden. Prüfen Sie genau, welche Schraube die richtige ist – bei Ihrem Fahrrad kann dies die entgegengesetzte Schraube zu der hier abgebildeten sein – und lösen Sie die Einstellschraube H (gegen den Uhrzeigersinn).

Schritt 4: Sobald die Kette auf dem großen Kettenblatt liegt, müssen Sie dafür sorgen, dass sie sich nicht zu weit bewegt. Lassen Sie die Kette auf dem großen Kettenblatt und drehen die Einstellschraube H vorsichtig im Uhrzeigersinn, bis Sie spüren, dass Sie den Umwerfer berühren. Dann drehen Sie wieder eine halbe Umdrehung zurück, damit ein kleiner Abstand bleibt. Drehen Sie die Pedale, und testen Sie die Einstellung, indem Sie hinunter auf das mittlere Kettenblatt und dann wieder auf das große Kettenblatt schalten.

Schritt 5: Drehen Sie die Pedale und versuchen Sie, auf das kleinste Kettenblatt hinunter zu schalten. Die Kette sollte rasch auf dieses Kettenblatt fallen. Ist dies nicht der Fall, drehen Sie die Einstellschraube L zurück. Schauen Sie auch hier wieder genau nach Markierungen. Drehen Sie die Einstellschraube L im Uhrzeigersinn jeweils eine halbe Umdrehung, und probieren Sie die Einstellung aus, indem Sie versuchen, auf das kleinste Kettenblatt zu schalten. Wiederholen Sie den Vorgang, bis die Kette leicht auf das Kettenblatt wechselt.

Schritt 6: Wechselt die Kette problemlos auf das kleine Kettenblatt, sorgen Sie dafür, dass der Umwerfer sich nicht zu weit bewegt. Lassen Sie die Kette vorne auf dem kleinen Kettenblatt, und schalten Sie hinten auf den größten Zahnkranz. Prüfen Sie den Abstand zwischen der Kette und der Rückseite des vorderen Umwerfers. Drehen Sie die Einstellschraube weiter hinein, bis der Abstand etwa zwei Millimeter beträgt.

Der Antrieb

Neue Kabel für Rapid-Fire-Schalthebel

Rapid-Fire-Schalthebel findet man häufig an flachen Lenkern. Sie sind einfach zu bedienen, und die Schaltung funktioniert auch bei Regen oder sonstigem Schlechtwetter zuverlässig.

Es gibt zwei Grundtypen. Schalthebel, die unter dem Lenker hängen, wie hier abgebildet, haben am äußeren Ende normalerweise einen kleinen Kabeldurchlass. Schalthebel, die oben auf dem Lenker sitzen, funktionieren genauso, das Kabel ist aber leichter zugänglich, da die Abdeckung des Schalthebels durch Lösen von zwei Kreuzschlitzschrauben oben abgenommen werden kann. Passen Sie gut auf diese winzigen Schrauben auf. Sobald Sie die Abdeckung entfernt haben, gilt dasselbe Prinzip wie weiter unten: Der Schalthebel soll sich in der Kabelposition ohne Spannung befinden, damit das alte Kabel entfernt und das neue Kabel montiert werden kann. Passen Sie beim Wiederanbringen der Abdeckung gut auf. Ist sie mit einer beweglichen Anzeige für die Gänge ausgerüstet, müssen Sie diese vorsichtig durch Rütteln wieder gut platzieren, bevor Sie die Schrauben befestigen.

DAS MONTIEREN EINES NEUEN KABELS FÜR DEN UMWERFER BEI RAPID-FIRE-SCHALTHEBELN

Schritt 1: Schalten Sie mit dem oberen Hebel (oder Daumenknopf) in die Kabelposition ohne Spannung, während Sie die Pedale drehen. Falls Sie nicht sicher sind, die lockerste Kabelposition erreicht zu haben, ziehen Sie ein exponiertes Stück des Schaltkabels in beide Richtungen, um spüren zu können, welche Auswirkung das Schalten auf die Kabelspannung hat. Schneiden Sie die Endkappe am alten Kabel des Umwerfers ab, lösen Sie die Kabelklemme, und ziehen Sie das Kabel von unten heraus.

Schritt 2: Das Kabel Stück für Stück aus dem Kabelmantel ziehen. Beobachten Sie dabei, wie jeder Abschnitt funktioniert, damit Sie wissen, wie Sie das neue Kabel einziehen müssen. Inspizieren Sie dabei auch den Kabelmantel – jedes beschädigte, geknickte oder zu kurze Teil sollten Sie erneuern. Zum Zuschneiden der neuen Kabelstücke brauchen Sie einen guten Kabelschneider und für jedes Ende jedes Kabelstücks eine Muffe. Weitere Informationen zum Kabelmantel finden Sie auf Seite 145.

Schritt 3: Beim Schalthebel angekommen ziehen Sie den Kabelmantel an der Stelle ab, wo er im Schalthebel verschwindet und ziehen das gesamte Kabel durch, sodass es aus dem Schalthebel heraushängt.

Schritt 4: Viele Rapid-Fire-Schalthebel haben nur eine Austrittsöffnung, direkt gegenüber der Stelle, wo der Kabelmantel den Schalthebel erreicht. Sollte dies nicht der Fall sein, entfernen Sie jegliche Abdeckung. Das abgebildete Modell hat einen Durchlass mit einer Kreuzschlitzschraube, die Sie entfernen müssen. Sitzt Ihr Schalthebel oben auf dem Lenker, entfernen Sie die obere Abdeckung vollständig durch Lösen der beiden Kreuzschlitzschrauben. Passen Sie gut auf die Schrauben auf, sie sind sehr klein und verschwinden gerne.

Schritt 5: Schieben Sie das neue Kabel in den Schalthebel. Solange der Hebel noch in der Kabelposition ohne Spannung steht, schaut der Kabelnippel aus dem Schalthebel. Ziehen Sie das alte Kabel komplett heraus, ohne umzuschalten, und ziehen Sie das neue Kabel genauso ein. Taucht das Kabelende auf, ziehen Sie es durch den gesamten Schalthebel und sorgen mit einem kräftigen Zug dafür, dass der Nippel im Schalthebel einrastet.

Schritt 6: Das Kabel nun durch den Kabelmantel bis zum Umwerfer ziehen und unter der Kabelklemme befestigen. Eine Vertiefung zeigt an, wo das Kabel hingehört. Ziehen Sie mit einer Hand lockeres Kabel durch, und ziehen Sie dann mit der anderen Hand die Kabelklemme fest. Stecken Sie eine Endkappe auf, und lesen Sie auf Seite 138, wie die Kabelspannung justiert wird.

Neue Kabel für Rennrad-Schalthebel

Die vorderen Schaltkabel für STI-Schalthebel halten jahrelang, weil sie um keine engen Biegungen geführt und nicht so stark beansprucht werden wie die hinteren Schaltkabel.

Der Austrittspunkt des Kabels ist unter der Schalthebelkappe verborgen. Um diese Stelle zugänglich zu machen, müssen Sie den Hebel gerade zum Lenker zurückziehen. Die Öffnung befindet sich auf der Außenseite des Hebelblatts, direkt gegenüber der Stelle, wo der Kabelmantel in den Hebel führt. Das Kabel kann nur herausgezogen werden, wenn der Schalthebel so gestellt ist, dass das Kabel ohne Spannung ist.

Es gibt zwei Arten von STI-Schalthebeln. Beim ersten Typ ist der Hebel zweigeteilt. Schwenkt man beide nach innen Richtung Mittelachse des Fahrrads wird das Kabel gestrafft. Schwenkt man nur das hintere Teil Richtung Mittelachse, wird das Kabel gelockert. Beim zweiten Typ gibt es einen Hebel, der nach innen geschwenkt wird, um das Kabel zu straffen. Mit einem Daumenknopf auf der Innenseite der Kappe wird die Spannung aus dem Kabel genommen.

DIE MONTAGE EINES NEUEN KABELS BEI STI-SCHALTHEBELN

Schritt 1: Schalten Sie in die Kabelposition ohne Spannung, indem Sie den Innenhebel (oder Daumenknopf) wiederholt betätigen und dabei die Pedale drehen. Überprüfen Sie, ob Sie an der richtigen Stelle angekommen sind, indem Sie an dem Kabel ziehen, das am Unterrohr oder Oberrohr entlangführt, während Sie die Gänge in beide Richtungen umschalten. Schneiden Sie die Endkappe vom alten Kabel ab, lösen Sie die Kabelklemme, und ziehen Sie das Kabel unten heraus.

Schritt 2: Ziehen Sie das Ende des Kabelmantels aus dem Hebel, wodurch das Innenkabel freigelegt wird. Ziehen Sie das Kabel aus dem Kabelmantel, indem Sie es vollständig bis zum Hebel durchziehen. Beobachten Sie, welchen Weg es nimmt, damit Sie es später wieder richtig einziehen. Inspizieren Sie dabei auch den Kabelmantel, denn alle beschädigten oder zu kurzen Teile sollten erneuert werden. Nähere Informationen zum Kabelmantel finden Sie auf Seite 145.

Schritt 3: Ziehen Sie den Hebel Richtung Lenker. Sie können nun sehen, wo das Kabel in den Hebel führt – es kommt direkt gegenüber heraus und kann nur entfernt werden, wenn der Hebel in der Kabelposition ohne Spannung ist. Entweder sehen Sie eine kleine Austrittsöffnung oder eine kleine schwarze Kunststoffabdeckung, die entfernt werden muss. Hierzu werden Sie eine Zange brauchen.

Schritt 4: Schieben Sie das alte Kabel durch den Hebel, bis der Nippel an der Außenseite des Hebels auftaucht. Sobald Sie ihn sehen können, nehmen Sie ihn und ziehen das Kabel heraus. Falls das Kabel nicht auftaucht, liegt das höchstwahrscheinlich daran, dass Sie im falschen Gang sind. Überprüfen Sie das, und schalten Sie gegebenenfalls um. Sollte das Kabel im Schalthebel ausfransen, hilft es meist, es vorsichtig zu verdrehen.

Schritt 5: Ziehen Sie das neue Kabel durch den Hebel, bis der Nippel fest eingerastet ist. Montieren Sie Durchlässe etc. wieder. Überprüfen Sie die korrekte Funktion des Schalthebels. Nehmen Sie das Kabel dort, wo es aus dem Schalthebel kommt, und schalten Sie mit der anderen Hand durch alle Gänge. Sollte die Indexierung jetzt nicht gut funktionieren, wird es auch nicht klappen, wenn das Kabel am Umwerfer befestigt ist. Schalten Sie zurück, damit das Kabel locker wird.

Schritt 6: Ziehen Sie das Kabel komplett durch den Kabelmantel bis zum Umwerfer. Führen Sie das Kabel unter die Kabelklemme. Eine Vertiefung zeigt genau an, wo das Kabel hingehört. Ziehen Sie mit einer Hand lockeres Kabel durch und mit der anderen Hand die Kabelklemme fest. Stecken Sie eine Endkappe auf, und lesen Sie auf Seite 138, wie die Kabelspannung justiert wird.

Der Antrieb

Neue Kabel für Drehgriffschalter

Die Kabel von Drehgriffschaltern stehen in dem Ruf, es sei schwierig, sie zu montieren. Allerdings stimmt es, dass die ersten Modelle an ein dreidimensionales Puzzle erinnerten.

Bei den aktuellen Typen – allen Modellen ab dem Jahr 2000 – lässt sich bei einem Drehgriffschalter schneller ein Kabel montieren als bei einem Triggershifter. Sie müssen in einen bestimmten Gang schalten, damit der Kabelanfang freigelegt wird.

Schauen Sie sich die Ganganzeige an, eine hat eine andere Farbe als die übrigen, oder eine Ziffer ist eingekreist. Sehen alle Ziffern gleich aus, schalten Sie links auf „1".

Der Einkauf neuer Schaltkabel ist eine unproblematische Angelegenheit, denn Schaltkabel haben heutzutage praktisch alle eine Standardgröße: fast jeder Radfahrer verwendet Kabel mit 1,1 Millimeter Durchmesser. Es gibt aber noch einige ältere Kabel mit dem Durchmesser von 1,2 Millimeter. Für die meisten Schalthebel passen diese ebenfalls, für das Innenleben der Drehgriffschalter jedoch sind sie nicht flexibel genug.

DIE MONTAGE EINES NEUEN KABELS BEI DREHGRIFFSCHALTERN

Schritt 1: Schneiden Sie die Endkappe von dem alten Kabel ab, lösen Sie die Kabelklemme, und ziehen Sie das Kabel nach unten heraus. Ziehen Sie den Kabelmantel am Schalthebel dort weg, wo er in den Schalthebel führt. So wird etwas von dem Innenkabel freigelegt. Ziehen Sie das gesamte Innenkabel durch, sodass bloßes Kabel aus dem Schalthebel hängt. Schneiden Sie es bis auf die letzten zehn Zentimeter ab. Drehen Sie den Schalthebel auf die Position „1".

Schritt 2: Als Nächstes müssen Sie den Kabeldurchlass suchen. Häufig befindet er sich in der Nähe der Ziffernzeile oben auf dem Schalthebel. Können Sie keinen Kabeldurchlass finden, lesen Sie weiter unten nach. Entfernen Sie den Durchlass, oder schieben Sie ihn auf eine Seite, und schauen Sie in den Schalthebel. Sie sehen entweder den Kopf des Nippels, den Kopf einer 2,5-mm-Inbusschraube oder eine schwarze Schutzkappe aus Kunststoff. Falls es ein Gewindestift ist, entfernen Sie diesen komplett. Eine Schutzkappe aus Kunststoff mit einem Schraubenzieher vorsichtig ausheben.

Schritt 3: Schieben Sie das freigelegte Kabel in den Schalthebel. Der Nippel wird im Kabeldurchlass auftauchen. Ziehen Sie das Kabel aus dem Schalthebel. Ohne den Schalthebel zu bewegen, schieben Sie das neue Innenkabel durch. Ziehen Sie es komplett durch. Gewindestift, Abdeckung und Durchlass wieder montieren. Ziehen Sie das Kabel wieder durch den Kabelmantel und in die Vertiefung unter der Kabelklemme. Ziehen Sie lockeres Kabel durch, und ziehen Sie den Bolzen fest. Lesen Sie auf Seite 138 die Justierung der Kabelspannung nach.

Die Montage von Kabeln für den Umwerfer bei Drehgriffschaltern

Es gibt Drehgriffschalter ohne abnehmbaren Kabeldurchlass. Stattdessen ist der Nippel unter dem Rand des Gummigriffs verborgen. Schalten Sie links auf „1" oder auf die besonders gekennzeichnete Zahl und schieben Sie den Griff vorsichtig zurück, direkt bis unter die Ziffernzeile. Nun werden Sie den Nippel sehen. Schieben Sie das Kabel durch die Einstellschraube, dann taucht der Nippel aus dem Schalthebel auf. Ziehen Sie das neue Kabel ein, ohne in einen anderen Gang zu schalten. Das Kabelende muss in gutem Zustand sein. Mit neuen Kabeln, die einen Tupfen Lötmasse am Ende haben, geht es sehr leicht. Ansonsten schneiden Sie das Kabel mit einem guten Kabelschneider sehr sauber ab. Es kann auch hilfreich sein, etwa zwei Zentimeter vom Kabelende entfernt dieses leicht zu biegen. Beim Durchziehen durch den Schalthebel drehen Sie es dann leicht, durch die Biegung findet das Kabel seinen Weg leichter.

Achten Sie auf die besonders gekennzeichnete Zahl.

Das Ausfluchten des Umwerfers

Lassen Sie sich von dem kniffligen Drumherum nicht ablenken. Der Umwerfer kann nur gut funktionieren, wenn er korrekt am Rahmen ausgefluchtet ist und in der richtigen Höhe sitzt.

Die Position des Umwerfers ist beim doppelten Kettensatz genauso wichtig wie beim dreifachen Kettensatz. Die Schaltkäfige bei Rennrädern, die mit einer sehr viel kleineren Bandbreite von Übersetzungen zu tun haben, sind deutlich schmaler. Umso wichtiger ist die größte Sorgfalt bei ihrem Ausfluchten. Schaltkäfige, die in einem Winkel montiert sind, werden bei bestimmten Übersetzungen unweigerlich schleifen.

Die Montage eines neuen Umwerfers

Für das Abmontieren des alten Umwerfers folgen Sie den Wartungsanleitungen für Umwerfer auf Seite 144 bis Schritt 5 und arbeiten Sie dann wieder rückwärts, um den neuen Umwerfer zu montieren. Das Schwierigste an der ganzen Sache ist, das richtige Ersatzteil zu bekommen. Siehe weiter unten die Übersicht über die verschiedenen Typen.

DIE KORREKTE AUSFLUCHTUNG DES UMWERFERS

Schritt 1: Schalten Sie so, dass die Kette auf dem mittleren Kettenblatt liegt, dann ziehen Sie den Umwerfer mit beiden Händen wie abgebildet vom Rahmen fort, um den Schaltkäfig nicht zu verdrehen. Den Schaltkäfig so halten, dass die Vorderseite direkt über dem größten Kettenblatt liegt. Zwischen Schaltkäfig und Kettenblatt sollte ein Abstand von ein bis zwei Millimetern liegen.

Schritt 2: Auch der Winkel des Umwerfers ist wichtig. Schauen Sie von oben auf Käfig und Kettenblatt. Die Außenseite des Schaltkäfigs sollte parallel zum äußeren Kettenblatt sein. Einige Umwerfer sind hinten breiter, ignorieren Sie dies, und konzentrieren Sie sich auf den flachen Teil vorne am Käfig.

Schritt 3: Befindet sich der Umwerfer nicht an der richtigen Stelle, verschieben Sie ihn vom Rahmen. Trennen Sie das Schaltkabel ab, indem Sie die Kabelklemme und dann die Schraube lockern, die den Umwerfer am Rahmen fixiert. Positionieren Sie den Umwerfer neu, und ziehen Sie anschließend die Schraube fest. Montieren Sie das Kabel wieder, und justieren Sie anschließend die Spannung (Seite 138). Es mag Ihnen mühsam erscheinen, das Kabel abzutrennen, aber wenn Sie es nicht tun, wird der Umwerfer beim Positionieren nach unten an den Rahmen gezogen.

Die Wahl des richtigen Ersatz-Umwerfers

Es gibt bei den Umwerfern zwei Grundtypen, den „konventionellen" Typ und den „TopSwing"-Typ. Der konventionelle Umwerfer ist der ältere Typ, hier ist die Schelle höher am Rahmen befestigt als der Käfig. Beim TopSwing-Modell sitzt der Käfig höher als die Rahmenschelle. In den meisten Fällen sind beide Typen vollständig austauschbar. Bei einigen voll gefederten Fahrrädern ist man gezwungen, den einen oder den anderen Typ zu verwenden, weil der Rahmen oder der Stoßdämpfer sonst den Umwerfer behindert. Im Zweifelsfall ersetzen Sie Ihren Umwerfer mit einem Modell desselben Typs.

Der Rahmen Ihres Fahrrads wird Ihnen vorschreiben, ob der Umwerfer eine „Top-Pull"- oder „Down-Pull"-Zugführung hat. Down-Pull-Kabel laufen von der Klemme zum Tretlager, unter dem Tretlager durch und das Unterrohr hinauf. Top-Pull-Kabel führen gerade hinauf, um die Ecke, wo der Sattel befestigt ist, und entlang des Oberrohrs. Im Interesse einer Vereinfachung sind einige Umwerfer, beispielsweise der Deore von Shimano, mit einer Dual-Pull-Zugführung ausgestattet, sodass sie entweder am Oberrohr oder Unterrohr entlanggeführt werden können.

Sie werden die Anzahl der Zähne am äußeren Kettenblatt zählen müssen. Kleinere Größen (44Z und weniger) brauchen einen „kompakten" Käfig, der kürzer ist und eine engere Biegung hat.

Die letzte wichtige Information, die Sie haben müssen, ist der Rahmendurchmesser. Die drei Größen sind 28,6 Millimeter, 31,8 Millimeter und 34,9 Millimeter. Die Shimano-Deore-Umwerfer punkten noch weiter im Hinblick auf eine Vereinfachung, denn sie werden in einer Einheitsgröße geliefert mit einer Klemme für 34,9 Millimeter und zusätzlichen Unterlegscheiben für kleinere Größen.

Der Antrieb

Die Wartung des Umwerfers

Der Umwerfer liegt direkt in der Schusslinie für alles, was vom Hinterrad hochgeschleudert wird. Ein weiterer guter Grund, Schutzbleche zu montieren.

Der Umwerfer funktioniert genau wie die V-Bremsen und Schaltwerke mit einem Kabel, das den Mechanismus in eine Richtung zieht und einer Feder, die den Mechanismus wieder zurückbewegt, sobald die Kabelspannung gelockert wird. Die Feder kann nie so kraftvoll sein, dass sie mit einem stark verschmutzten Mechanismus fertig wird. Ebenso verhindern störrische oder ausgefranste Kabel, dass sich der Mechanismus weich in eine Richtung bewegt.

Der Umwerfer kann nicht nur Schmutz ansammeln, er kann sich auch verbiegen. Besonders anfällig ist der Käfig. Passieren kann dies bei einem Sturz oder wenn mehrere Fahrräder nebeneinander abgestellt werden und sich ineinander verhaken. Mit zunehmendem Alter wird die Käfiginnenseite dort abgenutzt, wo die Kette beim Umschalten schleift. Ist das Metall erst einmal dünner geworden, verbiegt es sich leichter.

DIE WARTUNG DES UMWERFERS

Schritt 1: Schauen Sie sich die Position des Umwerfers genau an, bevor Sie ihn abmontieren, damit Sie es beim späteren Montieren leichter haben. Schneiden Sie das Kabelende ab, heben Sie möglichst viel von dem Kabel auf, um es nach erledigter Wartung leichter wieder montieren zu können. Drehen Sie die Pedale, und schalten Sie mit dem linken Schalthebel vorne auf das kleinste Kettenblatt. Wenn Sie keinen Montageständer haben, bitten Sie einen Freund, das Hinterrad anzuheben.

Schritt 2: Lösen Sie die Kabelklemme, und lösen Sie das Kabel vollständig. Ziehen Sie vorsichtig am Kabelende, und schalten Sie den linken Schalthebel durch alle Gänge und zurück in die Kabelposition ohne Spannung. Es empfiehlt sich, dies zuerst zu machen. Sollte das Kabel nicht glatt laufen, wird weder Putzen noch Erneuern des Umwerfers das Problem lösen, und Sie werden auch das Kabel auswechseln müssen.

Schritt 3: Der Umwerfer kann nur gründlich gereinigt werden, wenn er vom Fahrrad abmontiert wird, aber die Kette läuft mitten durch den Käfig. Nehmen Sie die Kette heraus, indem Sie den Schraubbolzen entfernen, der die Rückseite des Käfigs zusammenhält. Bei billigeren Umwerfern ist der Käfig allerdings eher genietet als geschraubt. In diesem Fall müssen Sie die Kette zerlegen und später wieder zusammenfügen. Das ist alles andere als ideal, denn durch das Zerlegen wird die Kette immer einen Schwachpunkt haben.

Schritt 4: Entfernen Sie den Schraubbolzen mit einem Kreuzschlitz-Schraubenzieher und heben Sie ihn sorgfältig auf. Er ist sehr klein (also leicht zu verlieren) und hat eine eigentümliche Größe (ist also schlecht zu ersetzen). Heben Sie den hinteren Teil des Käfigs an, und ziehen Sie die Kette aus der so entstandenen Öffnung. Achten Sie darauf, das Metall des Käfigs nicht zu biegen, sondern nur gerade so weit zu bewegen, dass die Kette hindurchpasst.

Schritt 5: Suchen Sie den Schraubbolzen, der die Vorderseite des Umwerfers am Rahmen fixiert. Er kann auf der anderen Rahmenseite sitzen oder auf der Kettensatz-Seite in der Nähe des Käfigs. In den meisten Fällen ist es eine 4-mm- oder 5-mm-Inbusschraube. Nehmen Sie den Bolzen vollständig heraus und ziehen Sie dann an den beiden Hälften des Bandes, mit dem der Umwerfer am Rahmen befestigt ist. Den Umwerfer komplett entfernen. Den nun zugänglich gewordenen Bereich des Rahmens putzen.

Schritt 6: Putzen Sie den gesamten Mechanismus gründlich mit einer Zahnbürste, damit Sie in alle Lücken kommen und verwenden Sie Entfetter, um hartnäckigen Schmutz zu entfernen. Wenn alles sauber ist, geben Sie einen Tropfen Öl auf die Drehpunkte und wischen überschüssiges Öl ab. Das Band wieder um den Rahmen legen und provisorisch befestigen. Das Kabel noch nicht wieder anschließen. Zuerst den Umwerfer anhand der Anleitungen auf Seite 143 korrekt positionieren. Die Befestigungsschrauben fest anziehen.

Kabelpflege

Überprüfen Sie den Kabelmantel regelmäßig auf Risse und Knicke. Ein beschädigter Kabelmantel sollte sofort erneuert werden, bevor er reißt und Ihnen viele Kilometer von zu Hause entfernt eine Panne beschert.

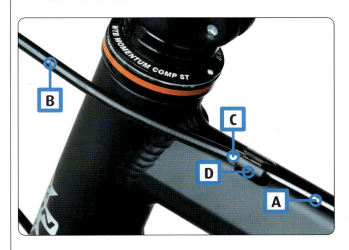

A) Kabel: Draht, der einen Schalthebel mit dem entsprechenden Bauteil verbindet. Normalerweise silberfarben.

B) Kabelmantel: Die Hülle, die das Kabel schützt und führt.

C) Muffe: Metall- oder Kunststoffkappe am Ende des Kabelmantels. Sie verhindert, dass sich das Ende des Kabelmantels unter Druck ausdehnt.

D) Schaltzugwiderlager: Teil des Rahmens, in den sich der Kabelmantel schiebt. Durch einen Schlitz im Schaltzugwiderlager kann das Kabel zum Putzen herausgezogen werden.

Endkappe: Kleine Metallkappe, die auf das Kabelende gesetzt wird, damit es nicht ausfranst.

Nippel: Die Verdickung am Ende des Kabels, mit dem das Kabel mit dem Schalthebel verbunden wird. Der Nippel verhindert, dass das Kabel durchrutscht.

Der Kabelmantel für Schaltkabel unterscheidet sich vom Kabelmantel für Bremskabel:

◉ Der Kabelmantel für Bremskabel besteht immer aus eng gewundenem Vierkantdraht.

◉ Der Kabelmantel für Schaltkabel besteht aus Runddraht, der zu wesentlich längeren Spiralen gedreht wird. Er hat eine Kunststoffhülle (normalerweise schwarz), die den Draht schützt und in Form hält, und ist innen mit einem zweiten Teflonschlauch (normalerweise weiß) gefüttert, in dem das Innenkabel glatt laufen kann.

Die Kabelmäntel unterscheiden sich wegen der unterschiedlichen Funktion, die sie erfüllen. Ein Bremskabel muss sehr stark sein, weil es mit großem Druck umgeht. Ein Schaltkabel hingegen muss ein sehr präzises Signal übertragen. Beim Schalten von einem Gang in den nächsten werden jeweils nur wenige Millimeter Kabel bewegt, daher ist es sehr wichtig, dass der Kabelmantel das Kabel beim Schalten oder beim Bewegen des Lenkers nicht zusammendrückt und beeinflusst. Die langen Spiralen verhindern eine Verkürzung des Schaltkabelmantels unter Druck oder an den Stellen, an denen er mit dem Fahrrad verbunden ist.

Der Vorteil der engen Spiralwindung beim Bremskabelmantel ist, dass er zwar stark ist, ein eventueller Ausfall sich aber nicht heftig bemerkbar macht. Der Schaltkabelmantel kann nicht so viel Druck vertragen, das ist aber kein Problem, weil die Schalthebel kurz sind und man daher ohnehin keinen so starken Druck auf das Kabel ausüben kann. Reißt der Kabelmantel auf, ist dies verhängnisvoll, weil Sie überhaupt nicht mehr schalten können. Bei einem Bremskabel wäre dies ebenfalls unangenehm, denn es würde unter der starken Bremskraft brechen, also gerade dann, wenn man es am meisten braucht.

Mit einem guten Kabel und einem guten Kabelmantel kann das Fahrrad für wenig Geld deutlich verbessert werden. Es empfiehlt sich, den letzten Abschnitt des Kabelmantels am hinteren Schaltkabel, das ist der Abschnitt, der das Kabel ins Schaltwerk führt, jedes Mal auszutauschen, wenn das Innenkabel ausgewechselt wird, weil er sich nah am Boden befindet. Teure Schaltwerke sind mit einem Faltenbalg aus Gummi ausgestattet, der das Kabelende schützt und somit sauberer hält. Dieses Kabelteil kostet aber, wenn man berücksichtigt, wie wichtig einwandfreies Schalten ist, so wenig, dass sich das Auswechseln trotzdem lohnt.

Der Kabelmantel ist so kräftig, dass Sie zum Zuschneiden einen guten Kabelschneider brauchen, mit einer Zange geht es nicht. Es ist wichtig, die Enden sehr sauber und gerade abzuschneiden. Wird nicht wirklich glatt und gerade geschnitten, verformt sich das Kabel beim Schalten, und die Schaltung wird ungenau. Nach dem Schneiden überprüfen Sie, ob die Verkleidung gequetscht wurde. In diesem Fall nehmen Sie ein scharfes Messer und machen die Öffnung wieder frei. Jedes Ende von jedem neuen Kabelstück wird mit einer Muffe versehen. Muffen schützen die Kabelenden und verhindern eine Verformung.

Das genaue Abmessen der richtigen Länge ist nicht ganz einfach. Ein zu langer Kabelmantel reibt am Kabel, was wiederum zu ungenauem Schalten führt. Die Feder im Umwerfer hat die Aufgabe, jegliche Schlaffheit, die beim Lockern des Kabels am Schalthebel entsteht, bis zum Umwerfer zu ziehen. Je weniger Reibung es hier gibt, desto besser. In einem zu kurzen Kabelmantel wird das Innenkabel an engeren Biegungen beengt. Besondere Sorgfalt verlangt der Kabelmantel an den Stellen, wo er Teile zusammenfügt, die sich gegeneinander bewegen, also beispielsweise dort, wo der Lenker mit dem Rahmen oder der Rahmen mit dem Umwerfer verbunden sind. Bei Fahrrädern mit Zweifachfederung ist an den Stellen besondere Sorgfalt geboten, wo der Hauptrahmen mit dem hinteren Teil verbunden wird. Sorgen Sie dafür, dass die Länge des Kabelmantels ausreicht, um der Federung genügend Spielraum zu geben, ohne den Kabelmantel zu überdehnen. Erneuern Sie diese Teile des Kabelmantels bei jedem Austausch des Innenkabels. Hat der Kabelmantel die richtige Länge, erreicht er das Schaltzugwiderlager parallel zum Rahmen, was sehr elegant aussieht.

Der Antrieb

Das Zerlegen der Kette

Mit jedem Zerlegen und Zusammenfügen bekommt die Kette eine Schwachstelle, tun Sie es also nie ohne ernsthaften Grund.

Am besten lässt man die Kette zum Putzen am Fahrrad. Das gilt auch für die Montage eines neuen Umwerfers. Entfernen Sie den Käfig vom Umwerfer und bauen Sie alles um die Kette herum zusammen, statt die Kette zu zerlegen und durch den Käfig des neuen Umwerfers zu ziehen.

Eine Kette wird durch Herausdrücken der Niete zerlegt, die zwei Kettenglieder miteinander verbindet. Hierfür gibt es ein spezielles Kettenwerkzeug, das zwei benachbarte Kettenlaschen hält und die Niete herausdrückt. Dabei muss sehr sorgfältig gearbeitet werden, damit die Kette an dieser Stelle keine Schwachstelle bekommt und später unter Belastung reißt. Bei Shimano-Ketten wird anders vorgegangen. Dort kann eine einmal herausgedrückte Niete nicht wieder eingesetzt werden. Auf Seite 148 finden Sie eine Anleitung für den Umgang mit Shimano-Ketten.

EINE KETTE MIT KETTENWERKZEUG ZERLEGEN

Schritt 1: Die Kette auf den Träger des Kettenwerkzeugs legen, der am weitesten vom Griff entfernt ist. Den Griff des Kettenwerkzeugs zudrehen. Dabei nähert sich der Bolzen des Kettenwerkzeugs der Kette. Ist er nahe an der Kette, wird er sehr präzise auf die Mitte der Kettenniete gerichtet.

Schritt 2: Wenn Sie nun den Griff weiter drehen sehen Sie, dass das Werkzeug die Niete allmählich aus der Kette drückt. Wichtig ist es, die Niete nicht ganz herauszudrücken, weil es sonst sehr schwierig wird, sie wieder zu montieren. Wenn Sie mit einem Werkzeug der Firma Park arbeiten, drehen Sie weiter, bis der Handgriff des Werkzeugs den Körper des Kettenwerkzeugs berührt. Bei anderen Werkzeugen drehen Sie, bis die Niete etwas weniger als die Kettenstärke heraussteht, etwa ein Millimeter der Niete soll in der Kette verbleiben.

Schritt 3: Haben Sie dies geschafft, entfernen Sie das Werkzeug aus der Kette. Biegen Sie die Kette wie abgebildet und drücken Sie sie mit den Daumen auseinander. Im Idealfall müssen Sie erst etwas drücken, bevor sich die beiden Kettenhälften trennen, denn dann steht tatsächlich ein kleines Stück der Niete aus der Kettenlasche heraus, das Ihnen später das Zusammenfügen erleichtern wird.

Powerlinks

Mit Powerlinks können Sie eine Kette ohne Werkzeug zerlegen und zusammenfügen. Suchen Sie nach diesem Powerlink, das eine andere Farbe haben kann und um dessen Niete ein keilförmiges Loch zu sehen ist. Drücken Sie die Kettenglieder auf jeder Seite des Powerlinks zueinander. Möglicherweise müssen Sie auch die Laschen des Powerlinks von der Seite her zusammendrücken. Sobald Sie den richtigen Winkel getroffen haben, sollten Sie das Powerlink seitlich herausnehmen können. Um die Kette wieder zusammenzufügen, stecken Sie jeweils ein Teil des Powerlinks so an jedes Ende der Kette, dass sie in die entgegengesetzte Richtung schauen. Fügen Sie die beiden Kettenenden so zusammen, dass sich die Powerlink-Teile überlappen. Drücken Sie die Enden der Nieten durch das Loch in der gegenüberliegenden Lasche, und ziehen Sie anschließend die zusammengefügten Kettenhälften auseinander, damit das Powerlink wieder einrastet.

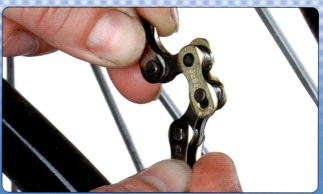

Mit Powerlinks können Sie eine Kette ohne Werkzeug zerlegen und zusammenfügen.

Das Zusammenfügen der Kette

Das Zusammenfügen ist etwas komplizierter als das Zerlegen. An einem Ende der Kette steht die Niete heraus, die Sie wieder verwenden möchten.

Ein kleines Stück der Niete sollte in der Außenlasche verbleiben. Sie brauchen es, um beim Zusammenfügen der Kette die Niete in das Nietenloch am anderen Ende der Kette zu stecken.

Nach dem Zusammenfügen ist die Kette oft etwas steif und muss leicht gebogen werden. Jedes Kettenglied soll ungehindert um die Niete rotieren können, die es mit dem nächsten Kettenglied verbindet.

Hier kann ein neues Problem entstehen: Durch das Zusammenfügen der Kette sind die Kettenglieder oft zusammengequetscht.

Überprüfen Sie ein wieder eingefügtes Kettenglied, indem Sie daran rütteln. Bewegt es sich nicht so weich wie seine Nachbarn, sollten Sie der Anweisung weiter unten „Die Behandlung steifer Kettenglieder" folgen.

DAS ZUSAMMENFÜGEN DER KETTE

Schritt 1: Die beiden Enden der Kette müssen wieder zusammengefügt werden. Das Ende, aus dem die Niete heraussteht, muss über dem anderen Ende einrasten. Ein kleines Stück der Niete sollte innen aus der Außenlasche stehen, daher müssen Sie die Kette wie abgebildet leicht biegen. Haben Sie beide Enden zusammengefügt, sollte die Niete einrasten.

Schritt 2: Drehen Sie den Griff des Kettenwerkzeugs zurück und legen Sie die Kette wieder auf den Träger, der am weitesten vom Griff entfernt ist. Drehen Sie den Griff nach innen und schieben Sie die Niete wieder durch die Kette, bis sie auf beiden Seiten der Kette gleich weit heraussteht.

Schritt 3: Haben Sie etwas zu weit gedreht, nehmen Sie die Kette wieder vom Kettenwerkzeug ab, drehen das Kettenwerkzeug um und wiederholen den Vorgang von der anderen Seite. Anschließend überprüfen Sie, ob das eben eingesetzte Kettenglied so beweglich ist wie die anderen. Höchstwahrscheinlich ist es etwas steif, in diesem Fall lesen Sie weiter unten Schritt 2.

DIE BEHANDLUNG STEIFER KETTENGLIEDER

Schritt 1: Um herauszufinden, welches Kettenglied zu steif ist, lehnen Sie das Fahrrad an. Drehen Sie die Pedale mit der rechten Hand langsam rückwärts und beobachten Sie, wie die Kette unten aus der Kassette kommt, um die Führungsrolle und unten von der Führungsrolle läuft. Steife Kettenglieder hüpfen ein wenig über die Führungsrolle. Haben Sie ein verdächtiges Kettenglied entdeckt, drehen Sie die Pedale weiter und lassen Sie die Kette langsam durch die Finger laufen, so werden Sie das steife Kettenglied herausfinden.

Schritt 2: Haben Sie das steife Kettenglied gefunden, legen Sie die fehlerhafte Niete über das Kettenwerkzeug und zwar auf den Träger, der sich am nächsten am Griff befindet. Drehen Sie den Handgriff, bis er genau über der Mitte dieser Niete liegt und sie berührt. Drehen Sie den Griff vorsichtig eine Drittelumdrehung ein, und entfernen Sie ihn dann, um das Kettenglied zu testen. Ist es noch immer zu steif, wiederholen Sie den Vorgang, dieses Mal aber von der anderen Kettenseite, also mit umgedrehtem Werkzeug.

Schritt 3: Falls Sie kein Kettenwerkzeug haben, nehmen Sie die Kette in beide Hände, sodass das steife Kettenglied in der Mitte liegt. Legen Sie beide Daumen darauf, und biegen Sie die Kette dann vorsichtig vor und zurück. Sie sollten spüren, wie sich das steife Kettenglied allmählich lockert. Übertreiben Sie es aber nicht, um die Kette nicht zu verdrehen.

Der Antrieb

Shimano-Ketten

Shimano-Ketten verlangen eine andere Behandlung als sonstige Ketten. Sie sollten überprüfen, ob Sie eine Shimano-Kette haben, an neuen Fahrrädern sind sie häufig Standard. Diese Ketten sind sehr robust, und die Schaltung fühlt sich sehr weich an, aber die Nieten, mit denen die Kettenglieder zusammengehalten werden, können nicht herausgedrückt und wieder verwendet werden.

Die Originalnietbolzen haben exakt dieselbe Größe wie die Löcher in den Kettenlaschen, sodass sie mit weit größerer Kraft und Genauigkeit eingefügt werden müssen, als man mit einem Handinstrument erreichen könnte.

Dadurch sind die Ketten sehr stark, aber bei dem Versuch, eine alte Niete wieder zu verwenden, würden Sie feststellen, dass sie sich nicht einfach wieder durch die Kettenlaschen drücken lässt. Normalerweise würde sie sich nicht sauber in das Loch der Kettenlasche einfügen, sondern das Loch aufreißen und das Kettenglied irreparabel schädigen.

Zum Glück hat Shimano eine Abhilfe für dieses Problem entwickelt: Die Firma stellt einen speziellen Verbindungsstift her. Dieser ist doppelt so lang wie Sie erwarten würden.

Die erste Hälfte ist etwas schmaler als das Loch in der Kettenlasche und übernimmt die Führungsaufgabe. Die zweite Hälfte hat denselben Durchmesser wie das Loch und wird mit einem Kettenwerkzeug normal eingepasst. Dadurch steht das Führungsteil natürlich weiter heraus und muss mit einer Zange abgezwickt werden.

Eine der Nieten an Ihrer Fahrradkette ist das originale Verbindungsglied, das beim ersten Zusammenbau des Fahrrads eingesetzt wurde. Sie dürfen die Kette nicht an dieser Stelle zerlegen, die leicht zu finden ist, da die meisten Kettenglieder einen Aufdruck um die Niete tragen, insbesondere die von Shimano. Das Original-Verbindungsglied trägt keinen Aufdruck, daher können Sie es problemlos erkennen.

Vermeiden Sie es auch, die Kette zweimal an derselben Stelle zu zerlegen. Alle Nieten, die bereits einmal ersetzt wurden, haben glattere Köpfe als die übrigen, daher kann man sie recht leicht erkennen, nachdem man einige benachbarte Kettenglieder geputzt hat.

Shimano-Ketten sind nicht dafür gemacht, mit Powerlinks oder jeder sonstigen Art von Zerlegegliedern verwendet zu werden. Sollten Sie also eine Shimano-Kette haben, empfiehlt es sich, einen speziellen Shimano-Verbindungsstift dabei zu haben. Er wiegt praktisch nichts, lässt sich aber durch nichts ersetzen. Befestigen Sie einen solchen Verbindungsstift mit robustem Klebeband an der Unterseite des Sattels, dann haben Sie ihn immer zur Hand.

Acht-, Neun- und Zehngang-Ketten haben unterschiedliche Breiten und benötigen daher Ersatzstifte unterschiedlicher Länge. Der Größenunterschied ist zwar nur minimal, aber sie sind untereinander nicht austauschbar. Bei neuen Ketten ist ein Ersatzstift in einem Plastiktütchen dabei, das man leicht verliert. Man bekommt die Stifte auch einzeln im Fahrradgeschäft.

DAS ZUSAMMENFÜGEN EINER SHIMANO-KETTE

Schritt 1: Legen Sie die Kette auf den Träger, der am weitesten vom Griff entfernt ist. Ein spezielles Shimano-Kettenwerkzeug hat möglicherweise nur einen Träger. Drehen Sie den Griff des Werkzeugs nach innen, sodass sich der Bolzen des Werkzeugs der Kette nähert. Platzieren Sie den Bolzen sehr genau über der Niete und drehen Sie den Griff weiter, sodass die alte Niete aus der Kette gedrückt wird.

Schritt 2: Um die Kette wieder zusammenzufügen, drücken Sie beide Enden zusammen, sodass die Löcher beider Enden übereinander liegen. Der Ersatzstift ist durch eine Rille zweigeteilt. Drücken Sie den Stift komplett durch die Kette, anfangs per Hand, dann mit dem Werkzeug, bis die Rille und ein kleines Stück der zweiten Hälfte des Stifts auf der anderen Seite der Kette auftauchen.

Seite 3: Mit einer Zange zwicken Sie das Führungsende des Stifts an der Rille ab. Schauen Sie sich das soeben eingefügte Kettenglied genau an – auf beiden Seiten sollte gleich viel von der Niete herausstehen. Verwenden Sie das Kettenwerkzeug, um dies eventuell auszugleichen. Vielleicht stellen Sie fest, dass das soeben eingefügte Kettenglied zu steif ist. In diesem Fall gehen Sie zu Schritt 2 auf Seite 147, „Die Behandlung steifer Kettenglieder".

Die Kettenlänge

Die Kette muss unbedingt die richtige Länge haben. Sie muss so lang sein, dass sie gleichzeitig vorne um das größte Kettenblatt und hinten um den größten Zahnkranz reicht. Ist sie zu kurz, kann es ein Unglück geben, wenn Sie in diesen Gang schalten: Die Kette erreicht nicht die korrekte Position und verklemmt sich auf halbem Weg. Dabei können Sie stürzen, und normalerweise reißt entweder der Umwerfer ab oder das Rahmenteil, an dem er befestigt ist.

Bei einer Panne kann man die Kette schon einmal stärker kürzer, als dies normalerweise vertretbar ist. Es ist eine Notlösung, beispielsweise wenn sich ein Kettenglied verdreht hat und man es entfernen muss.

Als Dauerlösung kommt so ein Eingriff allerdings nicht in Frage. Auch wenn Sie diesen Gang in der Regel nicht nutzen, gibt es auch andere Übersetzungen, die denselben Gang ergeben, und es ist zu kompliziert, immer daran zu denken, dass man so nicht schalten darf. Man wird früher oder später unweigerlich in diesen Gang schalten.

Der Effekt zu langer Ketten ist ganz ähnlich. Beim Schalten in die Kombination kleinster Zahnkranz/kleinstes Kettenblatt hängt zu viel lockere Kette herunter. Das Schaltwerk reagiert auf eine zu lange Kette, indem es die (untere) Spannungsrolle nach hinten klappt. Zu viel überflüssige Kette bedeutet, dass sich die Spannungsrolle so weit nach hinten klappt, dass sich die Kette in sich selbst verfangen und verklemmen kann und schlimmstenfalls das Schaltwerk zerstört.

Mountainbikes und Hybridräder haben meist einen breiteren Übersetzungsbereich als Rennräder. Die Abstände zwischen den Zahnkränzen sind größer, und es gibt meist drei statt der zwei Kettenblätter. Schaltwerke für diesen Fahrradtyp haben einen längeren Käfig, daher kann sich die Spannungsrolle weiter zurückbewegen und mehr lockere Kette kontrollieren. Das Schaltwerk von Rennrädern ist kompakter, dadurch leichter und übersichtlicher, aber es kann keinen so breiten Übersetzungsbereich bewältigen.

Es ist ein verbreiteter Irrglaube, man könne Probleme mit durchrutschenden Gängen, die durch eine abgenutzte oder ausgeleierte Kette verursacht werden, beseitigen, indem man einige Kettenglieder herausnimmt.

Das wäre zwar einfach, funktioniert aber leider nicht. Verschlissene Ketten rutschen über verschlissene Kassetten, weil der Abstand zwischen den einzelnen Nieten größer geworden ist, sodass sich das Kettenglied nicht mehr exakt mit den Vertiefungen zwischen jedem Glied in der Kassette verzahnt.

Entfernt man einige Kettenglieder, ändert sich an diesem Problem nichts. Die kürzere Kette rutscht genauso durch wie zuvor, und das wieder eingefügte Kettenglied ist labil und kann daher leichter brechen. Ist die Kette verschlissen, gibt es keine andere Lösung, als sie, und mit ihr höchstwahrscheinlich auch die Kassette, auszutauschen.

VERSCHIEDENE KETTENLÄNGEN

Beispiel 1: Diese Kette ist zu lang. Am besten erkennt man dies, wenn die Kette auf dem kleinsten Zahnkranz und dem kleinsten Kettenblatt liegt. Beobachten Sie, wie sich die Kette um das Schaltwerk windet. Der Käfig hat sich soweit hochgeklappt, dass die unterste Strecke der Kette fast den Teil der Kette berührt, der um die Führungsrolle läuft. Hier besteht das Risiko, dass sich die beiden Teile verhaken und den Antrieb blockieren.

Beispiel 2: Diese Kette ist zu kurz. Sie erreicht nur knapp das größte Kettenblatt und den größten Zahnkranz. Falls Sie ein Kettenglied entfernen müssen, beispielsweise weil es sich verdreht hat, stehen Sie mit einer Kette da, die nicht weit genug reicht.

Beispiel 3: Genau richtig: Die Kette hat auch auf dem größten Kettenblatt und dem größten Zahnkranz noch etwas Spielraum. Selbst wenn Sie bei einer Panne ein Kettenglied entfernen müssen, reicht ihre Länge noch aus. Andererseits ist aber nicht so viel Spielraum, dass es für das Schaltwerk problematisch wäre.

Der Antrieb

Die Kassette: Ein Überblick

Als Kassette bezeichnet man die Zahnkränze insgesamt, die in der Mitte des Hinterrads sitzen. Die Zahnkränze heißen auch Ritzel. Ihre Funktion ist ziemlich unkompliziert: Die Kette verzahnt sich mit den Zähnen auf den Ritzeln und zieht dadurch beim Treten das Rad vorwärts.

Die Kassette sitzt auf der gezahnten Freilaufnabe.

Die Kassette ist der Satz Zahnkränze, die über den Freilaufkörper mit dem Hinterrad verbunden sind. Der Freilaufkörper ist normalerweise eher zu hören als zu sehen. Der sichtbare Teil – die Kassette – gleitet in einer Reihe von Vertiefungen über den Freilaufkörper, das heißt, der Freilaufkörper und das Rad drehen sich, wenn die Kette über die Zahnkränze der Kassette gezogen wird.

Im Freilaufkörper gibt es aber auch eine Sperrklinke, sodass sich die Kassette auch in die andere Richtung drehen kann, ohne dass sich das Rad mitdreht. Dies sind die technischen Voraussetzungen für den Freilauf.

Gäbe es keine Sperrklinke, würden sich die Kassette und auch die Pedale weiterdrehen, sobald Sie mit dem Treten aufhören. Das klickende Geräusch, das Sie im Freilauf hören, kommt von den Sperrklinken, die innen im Freilaufkörper leicht gegen die Innenseite schlagen.

Es gibt ein älteres System, das bei billigeren Fahrrädern noch verwendet und als „Freilauf" bezeichnet wird. Von außen sieht es ziemlich ähnlich aus, aber Kassette und Freilaufkörper sind hier keine getrennten Einheiten, sondern in einem Bauteil kombiniert.

Das ist eine gewisse Verschwendung, denn die Zähne auf dem Zahnkranz verschleißen wesentlich schneller als der Sperrklinkenmechanismus. Da beide aber in einer Einheit kombiniert sind, müssen auch beide gleichzeitig ausgewechselt werden.

Ein weiterer Vorteil der Kassette gegenüber dem älteren Freilaufsystem ist, dass die Radlager am äußeren Ende der Kassette in Rahmennähe sitzen. Dadurch ist die Gefahr eines Achsenbruchs geringer.

Auch der Verschleiß der Lager wird reduziert. Die Achsen bei Freilauf-Rädern verbogen sich leicht oder brachen bei schwereren oder kraftvolleren Fahrern sogar durch, bei den Achsen von Kassetten-Rädern kommt das sehr selten vor.

Beide Systeme sind nicht kompatibel, ein Rad für das Freilaufsystem kann nicht für den Gebrauch mit einer Kassette umgebaut werden. Die ursprünglichen Kassetten hatten sieben Gänge. Als der Achtgang-Antrieb aufkam, musste der Freilaufkörper länger gebaut werden, um für die zusätzlichen Zahnkränze Platz zu schaffen, daher passen Siebengang-Kassetten nicht an Achtgang-Freilaufnaben. Der Wechsel zu neun und zehn Gängen wurde jedoch anders gelöst, die Zahnkränze (und die Zwischenräume zwischen den Zähnen) wurden enger gebaut, um mit demselben Platz auszukommen.

Zehngang-Ketten sind also enger/schmaler als Neungang-Ketten und diese wiederum schmaler als Achtgang-Ketten, sodass Ketten zwischen Antriebstypen mit verschiedener Gangzahl nicht austauschbar sind.

Einen kleinen Erfolg hinsichtlich der Kompatibilität gibt es insofern zu verzeichnen, als praktisch alle Kassetten so gebaut sind, dass sie in denselben Freilaufkörper passen und daher zwischen den verschiedenen Fabrikaten kompatibel sind. Die Ausnahme in diesem Fall ist Campagnolo. Die Kassetten und Freilaufkörper dieser Firma sind ähnlich gebaut und werden genauso montiert und abmontiert, aber sie passen nicht genau, und man braucht dafür spezielles Kassetten-Werkzeug.

Kassetten haben eine längere Lebensdauer, wenn man sie sauber hält. Schmutz auf den Zahnkränzen wird in die Kette gezogen und verschleißt das schmale Profil der Zähne rasch. Dies führt dazu, dass sich deren Form verändert. Im Endeffekt können sich die Zähne nicht mehr genau und sicher mit der Kette verzahnen.

Demontage und Montage der Kassette

Die Kassette nutzt sich zusammen mit der Kette ab, daher sind in der Regel beide gleichzeitig zu erneuern. Verschlissene Kassetten lassen die Kette über die Zähne der Ritzel rutschen.

Zum An- und Abmontieren der Kassette braucht man einige Spezialwerkzeuge. Eine Kettenpeitsche ist im Grunde genommen ein Metallstab mit einem kurzen Stück einer normalen Kette, die an das eine Ende genietet ist. Man braucht das Werkzeug nur zum Abmontieren der Kassette, es dient vor allem dazu, die Kassette daran zu hindern, sich auf ihrer eigenen Sperrklinke zu drehen, wenn Sie den Verschlussring lösen. Das zweite Spezialwerkzeug ist ein gezahnter Mitnehmer, der auf die Zähne im Verschlussring passt und Flächen hat, an denen man einen Schraubenschlüssel ansetzen kann.

Was für einen gezahnten Kassetten-Abnehmer Sie brauchen, hängt davon ab, ob Sie eine feste Hinterachse mit Schraubenmuttern haben, mit denen sie an den Rahmen fixiert wird, oder eine Quick-Release-Achse mit einem Loch durch die Mitte, durch den der Schnellspannhebel führt.

DIE DEMONTAGE DER KASSETTE

Schritt 1: Montieren Sie das Rad ab. Hat es einen Schnellspannhebel, halten Sie die Seite mit den Schraubenmuttern und drehen an der Hebelseite, bis die Mutter hinten abfällt. Nehmen Sie den ganzen Schnellspannbolzen ab, fangen Sie dabei die kleinen Federn auf, die herausfallen und heben Sie diese gut auf. Hat die Achse Schraubenmuttern, entfernen Sie die rechte Mutter und alle Unterlegscheiben. Schieben Sie die Zähne des Abnehmwerkzeugs in die Zähne im Verschlussring und drücken Sie das Werkzeug kräftig auf.

Schritt 2: Stellen Sie das Rad vor sich, die Kassette auf der von Ihnen abgewandten Seite. Nehmen Sie die Kettenpeitsche in die linke Hand und legen Sie deren Kettenstück oben über die Kassette, sodass der Griff links von Ihnen waagerecht heraussteht. Legen Sie den Schraubenschlüssel so am Abnehmer-Werkzeug an, dass es rechts von Ihnen waagerecht heraussteht. Haben Sie beide sicher im Griff, drücken Sie kräftig nach unten auf den Schraubenschlüssel und die Kettenpeitsche.

Schritt 3: Der Verschlussring wird beim Öffnen ein schreckliches Knackgeräusch von sich geben, das ist normal. Entfernen Sie den Verschlussring vollständig. Nun können Sie die Kassette nach außen vom Rad abziehen. Dadurch wird der Freilaufkörper freigelegt. Spielen Sie eine Runde: Drehen Sie ihn in die eine Richtung, dreht sich das Rad, drehen Sie ihn in die andere Richtung, bleibt das Rad stehen, und die Sperrklinke macht das vertraute Klickgeräusch.

Die Montage der Kassette

Das Montieren ist viel einfacher als das Abmontieren. Putzen Sie die Zähne auf dem Freilaufkörper und falls Sie die alte Kassette wieder montieren auch die Zähne in der Kassette. Die Kassette besteht normalerweise aus zwei Teilen, die meisten Ritzel sind in einem Satz zusammengefasst, das kleinste oder die beiden kleinsten sind separat. Schauen Sie sich die Kassette und den Freilaufkörper an, bei beiden sehen Sie einen Zahn, der schmaler ist als die anderen. Bringen Sie die beiden schmalen Zähne zusammen und schieben Sie erst den Hauptteil der Ritzel über den Freilaufkörper, anschließend das separate Ritzel beziehungsweise die separaten Ritzel. Achten Sie darauf, den schmalen Zahn auf dem Freilaufkörper mit dem schmalen Zahn des Ritzels übereinanderzubringen. Möglicherweise ist auch eine sehr dünne Unterlegscheibe dabei. In diesem Fall schauen Sie sich die separaten Zahnkränze genau an. Einer wird deutlich schmaler sein als der andere. Legen Sie die Unterlegscheibe auf dem Freilaufkörper unter den dünnsten Zahnkranz, damit der Abstand zwischen allen Zahnkränzen gleich groß ist. Diese Ausrichtung ist nicht ganz einfach.

Drehen Sie den Verschlussring zuerst manuell wieder auf. Das Gewinde ist sehr fein, und man verwindet es leicht versehentlich. Zum Schluss bringen Sie das Abnahme-Werkzeug wieder an und ziehen es mit einem Schraubenschlüssel fest. Beim Festziehen hören Sie wieder das – völlig normale – Knacken. Bringen Sie Schraubenmuttern und Unterlegscheiben oder Schnellspanner und Federn an, und montieren Sie das Rad wieder.

Der Antrieb

Demontage der Kurbelgarnitur

Das Kurbelsystem muss demontiert werden, um das Tretlager zugänglich zu machen oder einzelne Kettenblätter zu ersetzen. Dazu ein braucht man einen Kurbelabzieher.

Die Kurbelgarnitur sitzt auf den gegenüberliegenden Seiten der Tretlagerachse, und es gibt sie in zwei verschiedenen Arten, mit Vierkant-Innenlageraufnahme und gezahnt (rund mit Zähnen). Beide Typen werden auf dieselbe Weise entfernt, Sie brauchen dazu aber Werkzeug unterschiedlicher Größe. Falls Sie nicht sicher sind, welchen Typ Sie haben, müssen Sie den Kurbelbolzen abnehmen und in das Loch schauen, wo Sie das Ende der Achse sehen können. Ist dieses viereckig wie auf der Abbildung unten (Schritt 2), brauchen Sie das kleinere Werkzeug. Ist sie rund wie bei Schritt 1 auf Seite 153 gegenüber abgebildet, brauchen Sie das größere Werkzeug. Die Kettenradgarnitur wird genauso entfernt wie die linke Kurbel. Passen Sie aber besonders gut auf, nicht abzurutschen und sich dabei die Handknöchel an den Kettenblättern zu verletzen.

DEMONTAGE DER KURBELGARNITUR

Schritt 1: Schauen Sie auf die Mitte der Kurbel. Sie können dort entweder eine Inbusschraube, den Kopf einer Schraubenmutter oder eine flache Kunststoffabdeckung sehen. Im Fall einer Kunststoffabdeckung hebeln Sie diese heraus. Nun sollte der Schraubenmutterkopf zu sehen sein. Entfernen Sie die Mutter mit einem 14-mm-Steckschlüssel. Die Inbusschraube hat in der Regel die Größe von acht Millimetern. Entfernen Sie den Bolzen. Entfernen Sie Unterlegscheiben und Schmutz vom Ende der Achse.

Schritt 2: Schauen Sie in das Loch, aus dem der Bolzen entfernt wurde, und überprüfen Sie, ob Sie den richtigen Kurbelabzieher haben (siehe weiter unten). Halten Sie das Werkzeug außen, und drehen Sie den Griff oder die Mutter des Innenteils. Beim Drehen in die eine oder andere Richtung bewegt sich das Innenteil im Außenteil des Werkzeugs nach innen beziehungsweise außen.

Schritt 3: Drehen Sie das Herzstück des Werkzeugs so weit hinein, wie es geht, das obere Ende soll mit dem Ende des Außenteils abschließen.

Schritt 4: Schrauben Sie das Außenteil des Werkzeugs zuerst manuell auf die Kurbel, da die Kurbelgewinde sehr weich und fein sind und durch schräges Eindrehen Schaden nehmen. Sie werden eventuell mehrere Versuche brauchen, bis es gelingt. Lässt es sich per Hand gerade drehen, machen Sie mit einem Schraubenschlüssel weiter, damit das Werkzeug fest auf der Kurbel sitzt.

Schritt 5: Schrauben Sie das Innenteil des Werkzeugs auf das Außenteil. Anfangs lässt es sich leicht schrauben, aber sobald das Achsenende erreicht ist, wird das Drehen deutlich schwieriger. Durch weiteres Drehen des Innenteils wird das Ende der Achse aus der Kurbel gedrückt. Passen Sie gut auf, denn sobald sie sich bewegt, kann das Werkzeug plötzlich nachgeben. Halten Sie es so, dass Sie sich dabei nicht Ihre Handknöchel an der Kurbel oder dem Kettensatz verletzen.

Schritt 6: Sobald sich die Kurbel auf der Achse bewegt, drehen Sie das Werkzeug noch mehrmals, dann haben Sie die Kurbel problemlos in der Hand. Um das Werkzeug von der Kurbel abzubekommen, ziehen Sie zuerst das Innenteil ins Außenteil zurück, indem Sie den Griff herausdrehen, und schrauben anschließend das Außenteil von der Kurbel ab. Wiederholen Sie dasselbe bei der Kettenradgarnitur.

Kettenradgarnitur und Kurbel wieder montieren

Das Montieren der Kurbelgarnitur ist etwas einfacher als das Demontieren. Es ist zumindest weniger unheimlich, denn man muss nicht so kräftig auf das Werkzeug drücken und hoffen, dass sich die Kurbel von der Achse löst und nicht das Werkzeug vom Kurbelgewinde bricht. Beim Montieren ist das Wichtigste, dass alle alten Teile zuvor gut geputzt wurden und die korrekte Ausrichtung überprüft wird.

Werden Tretlagerachse und Kurbelsystem gleichzeitig erneuert, entfällt das Putzen. Andernfalls nehmen Sie sich Zeit, die Grenzfläche zwischen beiden Teilen gründlich zu putzen, da jeglicher Schmutz, der sich hier festsetzt, verhindert, dass sich die Teile glatt aneinanderfügen und beim Treten nicht aneinanderstoßen. Es ist erstaunlich, wie schnell dann ein irreversibler Verschleiß eintritt.

Mit der Kompatibilität von Kurbelsystem und Tretlager kann es Probleme geben. Nehmen Sie das exakt gleiche Modell eines Kurbelsystems, dürfte es einfach sein. Aber verschiedene Fabrikate und verschiedene Modelle innerhalb eines Fabrikats brauchen eine Tretlagerachse unterschiedlicher Länge, damit die Kurbelgarnitur im richtigen Abstand vom Rahmen sitzt. Sitzt die Kurbelgarnitur zu weit weg, wird das Schalten über die Kettenblätter ungelenk. Noch schlimmer kann es sein, wenn sie zu nah am Rahmen sitzt: Das innere Kettenblatt schleift bei Belastung am Rahmen und beschädigt ihn. Falls Sie Zweifel über die Kompatibilität des alten und neuen Kurbelsystems haben, lassen Sie sich im Fahrradgeschäft beraten.

Putzen Sie die Außenflächen der Achse, bevor Sie das Kurbelsystem wieder auf der Achse montieren. Diese Flächen sind häufig von feuchtem Schmutz bedeckt, schrubben Sie ihn mit einer alten Zahnbürste und Entfetter ab. Das gilt auch für die Löcher in der Kurbelgarnitur. Kontrollieren Sie alle Teile sorgfältig auf Beschädigungen.

Vierkant-Innenlageraufnahmen sollen sauber und glatt sein, ohne Anzeichen einer Verwindung an den Ecken. Die Zähne runder Vielzahnachsen sollten weder Kerben noch Einrisse haben.

Putzen Sie auch den Kurbelbolzen. Hat er einen Inbuskopf, kratzen Sie jeglichen Schmutz heraus, damit das Werkzeug bis zum Anschlag angesetzt werden kann. Falls Unterlegscheiben unter dem Bolzen lagen, müssen diese durch neue ersetzt werden. Vierkant-Achsbolzen brauchen normalerweise keine Unterlegscheibe, aber bei runden Vielzahn-Achsbolzen ist oft eine dabei. Sie können die Unterlegscheibe direkt unter den Bolzenkopf klemmen, um sie nicht zu verlieren. Jeder Bolzen, der mit einer Unterlegscheibe ausgerüstet war, muss beim Montieren ebenfalls wieder eine Unterlegscheibe bekommen.

Unten abgebildet sehen Sie eine Vielzahnachse, der Vorgang ist bei einer Vierkantachse identisch.

DAS KURBELSYSTEM WIEDER MONTIEREN

Schritt 1: Beginnen Sie an der Seite des Kettenkranzes. Richten Sie den Kettenkranz gut auf die Achse aus, und drücken Sie ihn fest auf. Besondere Sorgfalt verlangen Vielzahnachsen. Der Kettenkranz muss fest auf die Achse gedrückt werden, damit die Zähne sicher in den Vertiefungen im Kettenkranz einrasten.

Schritt 2: Handelt es sich um eine Inbusschraube, säubern Sie deren Kopf, damit Sie beim Anziehen das Werkzeug bis zum Anschlag einstecken können. Geben Sie etwas Fett auf das Gewinde des Kurbelbolzens. Fetten Sie auch unter dem Kopf des Bolzens. Waren beim Demontieren Unterlegscheiben vorhanden, montieren Sie wieder welche. Vielzahn-Achsbolzen sind oft mit einer sehr dünnen Unterlegscheibe versehen, die auf beiden Seiten leicht gefettet werden sollte. Schrauben Sie den Bolzen in die Achse.

Schritt 3: Der Bolzen muss sehr fest angezogen werden (falls Sie einen Drehmomentschlüssel haben: 50 Newtonmeter). Richten Sie den Inbusschlüssel so aus, dass er möglichst parallel zur Kurbel sitzt und ziehen Sie fest an. Hier ist etwas Vorsicht geboten, denn man lässt leicht die Inbusschraube völlig im Bolzen verschwinden. Vermeiden Sie dies, sonst scheuern Sie sich an den Kettenblättern die Haut von den Fingerknöcheln. Auf der anderen Seite den Vorgang wiederholen und dabei die Kurbeln entgegengesetzt ausrichten.

Der Antrieb

Verschleiß von Kette und Kettenblättern

Beim Treten steht die Kette unter ständigem Druck. Neue Ketten sind exakt so bemessen, dass sie sich mit den Zähnen auf den Zahnkränzen und Kettenblättern verzahnen.

Mit der Zeit längt sich die Kette jedoch, und der Abstand zwischen den einzelnen Kettengliedern wird größer. Schließlich wird der Abstand zwischen den einzelnen Kettengliedern so groß, dass die Kette über die Zähne rutscht, statt sich sicher mit ihnen zu verzahnen. Das ist natürlich schlecht und passiert meist, wenn Sie besonders kräftig in die Pedale treten und es absolut nicht brauchen können, dass die Kette durchrutscht und plötzlich kein Widerstand mehr vorhanden ist. Kette und Kassette am Fahrrad verschleißen in gleichem Maße. Hat sich die Kette so weit gelängt, dass sie durchrutscht, ist auch die Kassette abgenutzt, und Sie werden beides gleichzeitig erneuern müssen. Montieren Sie eine neue Kette über eine abgenutzte Kassette, wird die Kassette die Kette in kürzester Zeit verschlissen haben, und Sie haben das Geld zum Fenster hinausgeworfen. Also nicht vergessen: beide Teile gleichzeitig erneuern.

DREI MÖGLICHKEITEN, DEN KETTENVERSCHLEISS ZU MESSEN

Option 1: Die schnellste und genaueste Messung liefert Ihnen eine Kettenlehre. Die besten Kettenlehren stellt die Firma Park Tools her, sie sind mit einer leicht ablesbaren Skala versehen. Der Kauf lohnt sich, denn Sie sparen Zeit und Geld.

Option 2: Alternativ können Sie zwölf Kettenglieder messen. Bei einer neuen Kette beträgt die Länge genau 30,48 Zentimeter (zwölf Inch). Bis zu einer Länge von etwa 31 Zentimetern können Sie die Kette austauschen, ohne auch die Kassette wechseln zu müssen. Jeder Wert, der darüber liegt, bedeutet, dass beide ausgewechselt werden müssen.

Option 3: Sie können sich auch ohne Messgerät eine Vorstellung von der Kettenlängung machen. Legen Sie die Kette über das größte Kettenblatt und den kleinsten Zahnkranz. Halten Sie die Kette am Kettenkranz in der Drei-Uhr-Position, und ziehen Sie sie nach außen. Bewegt sich daraufhin die untere Führungsrolle, ist es Zeit für eine neue Kette. Wenn Sie die Kette so weit ziehen können, dass Sie einen ganzen Zahn sehen können, muss auch die Kassette ausgetauscht werden.

Der Verschleiß der Kettenblätter

Egal, ob Sie im Wiegeschritt bergauf fahren, an einer Ampel beschleunigen oder Tempo machen, wenn das Fahrrad mit Einkäufen beladen ist, die Kette wird durch das Drehen der Kettenblätter vorwärts gezogen. Jeder einzelne Zahn auf dem Kettenblatt bekommt die volle Kraft ab und verschleißt allmählich.

Ein verschlissenes Kettenblatt (B) nutzt auch die Kette vorzeitig ab. Bei einem neuen Kettenblatt (A) ist das Profil jedes Zahns gleichmäßig, und jeder Zahn ist so groß und breit, dass er das Kettenglied stützen kann, das über ihn läuft. Unter Belastung wird die Kette also von mehreren Zähnen in einer Reihe gestützt. Längt sich die Kette, und die Abstände zwischen den Zähnen der Kettenblätter werden größer, wird die Kette jeweils nur noch von einem Zahn gestützt, wodurch dieser Zahn rasch abgenutzt wird, die Kette weiter ausleiert und der gesamte Verschleiß beschleunigt wird.

Vergleichen Sie Ihre Kettenblätter mit den abgebildeten. Dürftige Vertiefungen und Zähne mit spitzer Oberfläche sind Zeichen für den Verschleiß des Kettenblatts. In der Regel leidet der mittlere Kettenring am stärksten. Er wird viel benutzt und verschleißt schneller als das große Kettenblatt, weil die Kraft des Tretens sich auf weniger Zähne verteilt.

A
B

Kettenblätter erneuern

Kettenblätter müssen erneuert werden, wenn Sie so aussehen wie die auf Seite 154 abgebildeten oder wenn die Kette unter Belastung über die Zähne rutscht.

Am schnellsten verschleißen Zähne, die dem stärksten Druck ausgesetzt sind, oben und unten am Kettenblatt, wenn die Kurbeln horizontal stehen. Sind die Zähne der Kettenblätter spitz geworden, oder werden die Zahnflächen nach außen breiter, sollten Sie die Kettenblätter erneuern.

Gebogene Zähne können sich beim Treten in der Kette verfangen und hindern die Kette daran, bei jedem Pedaltritt unten vom Kettenblatt zu fallen. Deshalb brauchen Sie nicht unbedingt ein neues Kettenblatt.

Entfernen Sie das Kettenblatt wie unten beschrieben, und spannen Sie es flach in eine Schraubzwinge. Spannen Sie das Kettenblatt möglichst nah am verbogenen Zahn ein und biegen Sie diesen mit einer Zange vorsichtig gerade. Dies sollte nach Möglichkeit beim ersten Versuch gelingen, weil jedes Verbiegen den Zahn ermüdet.

KETTENBLÄTTER ERNEUERN

Schritt 1: Das kleinste Kettenblatt wird zuerst entfernt. Legen Sie den Kettenkranz auf eine Werkbank oder auf den Boden und schützen Sie die Zähne des größten Zahnkranzes mit Pappe. Lockern Sie mit einem Inbusschlüssel alle Bolzen am kleinsten Zahnblatt um eine halbe Umdrehung und entfernen Sie erst dann alle komplett. Achten Sie auf die Angabe auf dem kleinsten Kettenblatt. Größe oder Fabrikat sollten aufgedruckt sein. Merken Sie sich, ob diese Markierung nach innen oder außen zeigt.

Schritt 2: Lösen Sie die Inbusschrauben, die den mittleren und äußeren Ring fixieren, jeweils eine halbe Umdrehung und dann komplett. Geben Sie beim Lösen dieser Bolzen Acht, denn sie lassen sich erst schwer bewegen und geben dann plötzlich nach, denken Sie also an Ihre Fingerknöchel. In der Regel geht es mit einem Inbusschlüssel, manchmal dreht sich aber die Mutter hinten auf dem Kettenblatt mit. Im Fahrradgeschäft bekommt man ein spezielles Kettenblattwerkzeug zum Gegenhalten dieser Muttern.

Schritt 3: Merken Sie sich vor dem Entfernen der Kettenblätter deren Ausrichtung. Oft befindet sich am mittleren Kettenblatt eine Öse und am äußeren Kettenblatt ein Haken. Beim Montieren der neuen Kettenblätter müssen beide mit der Kurbel ausgerichtet werden. Überprüfen Sie, in welche Richtung die Kettenblätter schauen, da beim mittleren Kettenblatt Platten an die Innenseite genietet sein können. Achten Sie auch darauf, ob zwischen den Kettenblättern Unterlegscheiben montiert sind, denn diese müssen korrekt wieder montiert werden.

Schritt 4: Putzen Sie die Kettenblätter, und schauen Sie nach Anzeichen von Verschleiß. Die meiste Kraft wird in Horizontalstellung der Kurbeln auf die Pedale ausgeübt, daher werden die Bereiche im Winkel von 90 Grad zur Kurbel am schnellsten abgenutzt. Hakenförmige oder zugespitzte Zähne wie auf der Abbildung verzahnen sich nicht korrekt mit den Zahnkränzen. Dieses Kettenblatt muss ausgetauscht werden. Nehmen Sie die alten Kettenblätter zum Kauf mit, um neue Kettenblätter mit der passenden Bolzenverteilung zu kaufen.

Schritt 5: Putzen Sie die Kurbel (insbesondere die Kurbelarme, an denen die Kettenblätter fixiert sind), und säubern Sie die Bolzenlöcher. Putzen Sie jedes alte Kettenblatt, das Sie wieder verwenden möchten. Kontrollieren Sie es genau auf verbogene Zähne oder Zähne, die unter Druck breiter geworden sind. Verbogene Zähne können sorgfältig gerade gebogen werden, aber die Ausrichtung ist entscheidend, nehmen Sie sich also genügend Zeit dafür. Sind die Zähne verbreitert, muss das Kettenblatt erneuert werden.

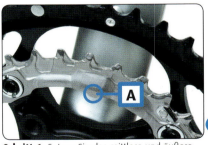

Schritt 6: Setzen Sie das mittlere und äußere Kettenblatt wieder zusammen. Die korrekte Ausrichtung und Position erreichen Sie, indem Sie die Kettenblattösen (A) mit den Kurbeln ausrichten. Ist unter der Kurbel ein Kettenblattbolzen befestigt, richten Sie das Kettenblatt so aus, dass sich die Öse direkt gegenüber der Kurbel befindet. Montieren Sie wieder alle Unterlegscheiben. Fetten Sie die Bolzengewinde, setzen Sie die Bolzen nacheinander wieder ein, und ziehen Sie jeden fest an, ohne es zu übertreiben. Montieren Sie das kleinste Kettenblatt.

Der Antrieb

Die Montage von Rapid-Fire-Schalthebeln

Schalthebel verschleißen mit der Zeit. Die Gänge rasten nicht mehr genau ein, sodass die Kette ungenau über die Kassette läuft, statt präzise in den Gang zu fallen, den Sie eingestellt haben. Bei einem Sturz können Schalthebel zudem abbrechen oder verbiegen. Zum Glück sind Schalthebel relativ leicht auszuwechseln, allerdings sind sie nicht billig.

Neue Schalthebel werden fast immer mit einem neuen, bereits montierten Kabel geliefert, was Ihnen eine Menge Ärger erspart. Achten Sie darauf, dass dieses Kabel bei der Montage des Schalthebels nicht auf den Boden hängt und schmutzig wird. Achten Sie auch auf die Stelle, wo das Kabel aus dem Schalthebel kommt. Es ist hier etwas anfällig dafür, sich zu verbiegen oder zu verhaken, bis es sicher in einem Kabelmantel montiert ist. Lassen Sie das Kabel solange aufgewickelt, bis Sie es durch den Kabelmantel schieben können.

Es empfiehlt sich, bei der Montage neuer Schalthebel auch den Kabelmantel zu erneuern. Durch einen neuen Kabelmantel wird ein neuer Schalthebel für geringe Mehrkosten noch besser. Manchmal wird ein Kabelmantel zusammen mit dem Schalthebel geliefert, sollte dies nicht der Fall sein, kaufen Sie ein Stück von der Rolle, sodass Sie sich die benötigten Längen abschneiden können. Das ist sinnvoller, als fertig geschnittene Stücke zu kaufen, die immer etwas zu lang oder etwas zu kurz sind. Zum Zuschneiden des Kabelmantels brauchen Sie einen guten Kabelschneider.

Es gibt zwei Arten von Schalthebeln. Bei integrierten Modellen sind Brems- und Schalthebel in einer Einheit kombiniert. Sie sind etwas leichter und etwas preiswerter als einzelne Brems- und Schalthebel. Einzelne Hebel können unabhängig am Lenker justiert werden, bis Sie eine bequeme Position für sich gefunden haben, und sie können auch einzeln erneuert werden, falls Sie nicht wie durch ein Wunder genau gleichzeitig abgenutzt sind. Schalthebel werden jedenfalls immer paarweise angeboten, und die Wahrscheinlichkeit, dass Sie nur einen linken oder rechten Schalthebel austauschen müssen, ist relativ gering.

Ein wichtiger Punkt beim Erneuern von Schalthebeln ist, den Lenker nicht zu verkratzen, weder beim Entfernen der Griffe noch beim Abziehen und Aufschieben der Schalthebel. Das hat nichts mit ästhetischen Gesichtspunkten zu tun, denn die Teile werden anschließend unter den Griffen verborgen sein. Es geht darum, dass sich Kratzer allmählich zu Rissen weiterentwickeln können, und Sie möchten sicher nicht, dass sich unter den Griffen verborgene Risse bilden.

Das Wiederanstecken der Griffe muss sehr sorgfältig gemacht werden, andernfalls könnte es passieren, dass Sie unfreiwillig absteigen, weil sich die Griffe gelöst haben. Für dieses Problem hat jeder seine eigenen Tipps, angefangen von Haarspray bis zu Griffgummikleber (aus dem Motorradgeschäft). Haben Sie weder das eine noch das andere, legen Sie die Griffe vor dem Aufschieben ein paar Minuten in heißes Wasser. Verwenden Sie keinen Schmierspray, die Griffe lassen sich damit zwar leicht aufschieben, aber eben so schnell rutschen sie auch wieder herunter.

DIE MONTAGE VON RAPID-FIRE-SCHALTHEBELN

Schritt 1: Ziehen Sie zuerst den inneren Rand des Griffs ab. Schieben Sie etwas Weiches darunter, um den Griff anzuheben, ideal ist ein Essstäbchen. Falls Sie keines haben, benutzen Sie sehr vorsichtig einen Schraubenzieher. Schieben Sie das Ende des Essstäbchens unter den Griff, und geben Sie etwas Leichtöl darunter. Schieben Sie das Stäbchen rundherum weiter und ziehen Sie den Griff anschließend vom Lenker. Widerstehen Sie der Versuchung, alte Griffe abzuschneiden, denn dadurch wird der Lenker mit Sicherheit verkratzt.

Schritt 2: Lösen Sie die Klemmschrauben, mit denen Brems- und Schalthebel (oder der kombinierte Griff) fixiert sind, und entfernen Sie diese vollständig. Schieben Sie einen Schraubenzieher in die Lücke bei jeder Klemme und drehen Sie ihn leicht. Dadurch sollte sich die Klemme so weit lockern, dass Sie den Hebel vom Lenker abziehen können. Bremshebel können mit den Kabeln verbunden bleiben, Sie müssen den Lenker aber vielleicht etwas verdrehen, damit das Kabel ausreichend Spiel hat und Sie den Hebel vom Lenker ziehen können.

Schritt 3: Die neuen Hebel schieben Sie genauso auf und lockern hierzu die Klemmen wie zuvor. Lassen Sie sie noch locker, setzen Sie sich auf das Fahrrad und suchen Sie nach einem bequemen Winkel. Sie sollten die Hebel bequem und schnell erreichen können. Schieben Sie die Griffe wieder auf (siehe Tipps), montieren Sie anschließend die Klemmschrauben und ziehen diese fest an. Lesen Sie nun auf Seite 128 nach, wie die hinteren Schaltkabel montiert werden, und auf Seite 140, wie die vorderen Schaltkabel montiert werden.

Die Montage von Drehgriffschaltern

Neue Drehgriffschalter sind sehr komfortabel und lassen sich instinktiv bedienen: Zum Schalten muss man die Hände nicht vom Lenker nehmen. Das Problem: Ihre Bedienung erfordert so wenig Aufmerksamkeit, dass man kaum wahrnimmt, wenn ihre Funktionsgenauigkeit nachlässt. Sind sie erst einmal ungenau geworden, verschleißt der Antrieb allmählich. Die Kette sitzt nicht mehr präzise auf einem Zahnkranz, sondern fängt an, über die Kassette zu rutschen und wahllos umzuschalten. Bevor das passiert, sollten Sie unbedingt neue Schalter montieren.

Drehgriffschalter immer sichern, damit sie sich nicht von selbst am Lenker verdrehen.

Die meisten Drehgriffschalter werden von der US-amerikanischen Firma SRAM produziert. Sie bietet viele verschiedene Modelle in unterschiedlichen Preiskategorien an. Bei teureren Drehgriffschaltern bleibt das präzise Schalten normalerweise über einen längeren Zeitraum erhalten. Mit den hinteren (rechten) Drehgriffschaltern gibt es ein großes Kompatibilitätsproblem. Der Schalter muss bei jedem Umschalten eine exakte Kabelmenge durchziehen. Shimano hat die Standardmenge vorgegeben, und SRAM produziert viele Schalthebel, die mit Shimano-Schaltwerken kompatibel sind. Sie tragen Namen wie „Rocket" oder „MRX". Zusätzlich produziert SRAM eine Reihe von Schaltwerken, bei denen für jeden Schaltvorgang mehr Kabel durchgezogen werden muss. Diese Schaltwerke und die dazu passenden Schalthebel tragen Nummernbezeichnungen wie „7,0" und „9,0" anstelle von Namen. Alle Schalthebel, die einen Namen tragen, können mit allen Shimano-Schaltwerken und allen SRAM-Schaltwerken verwendet werden, die ebenfalls mit einem Namen bezeichnet werden. SRAM-Schalthebel, die eine Nummer tragen, können nur mit SRAM-Schaltwerken benutzt werden, die ebenfalls eine Nummer tragen.

Wie bei allen Arbeiten am Lenker ist es auch hier wieder sehr wichtig, den Lenker beim Demontieren und Montieren von Griffen und Schalthebeln nicht zu verkratzen. Kratzer im Metall, aus dem der Lenker gefertigt ist, können eine Materialermüdung hervorrufen, die zu Rissen und schließlich zu einem Brechen des Lenkers führt. Das passiert zwar nicht oft, aber man sollte alles tun, um es zu verhindern. Der unbewegliche Teil des Griffs am äußeren Ende des Lenkers, der sich beim Schalten nicht mitbewegt, ist bei Fahrrädern mit Drehgriffschalter kürzer als bei Fahrrädern mit Triggershifter. Der Lenker hat also insgesamt kürzere Griffe, die regelmäßig erneuert werden müssen. Griffe, die sich am Lenker drehen, sind gefährlich, denn wenn sie plötzlich vom Ende des Lenkers rutschen, verlieren Sie die Kontrolle über das Fahrrad. Bei manchen neuen Drehgriffschaltern ist ein neuer unbeweglicher Griffteil dabei, den Sie auch verwenden sollten. Alternativ können Sie neue extra kurze Griffe kaufen oder Griffe in Normallänge kaufen und mit einer Schere oder einem scharfen Messer kürzen.

Um die alten Drehgriffschalter abzumontieren, schieben Sie etwas Weiches wie ein Essstäbchen unter das innere Ende des nicht drehbaren Griffteils. Wollen Sie den Griff nicht wieder verwenden, können Sie beispielsweise ein leichtes Schmiermittel in die Lücke sprühen, das Essstäbchen unter dem Griff um den Lenker drehen und dann den Griff abziehen.

Zwischen dem nicht drehbaren Griffteil und dem eigentlichen Drehgriff befindet sich eine flache Scheibe, die Sie auch abziehen müssen. Der Schalter ist an seiner dicksten Stelle mit einer kleinen Inbusschraube am Lenker fixiert. Drehen Sie die Schraube einige Umdrehungen heraus, und schieben Sie den alten Drehgriffschalter vorsichtig hinten vom Lenker. Schieben Sie anschließend den neuen Drehgriffschalter auf.

Messen Sie mit dem nicht drehbaren Griff ab, ob er noch genügend Platz am Lenker hat. Reicht der Platz nicht aus, lösen Sie die Klemme, die den Bremshebel am Lenker fixiert. Schieben Sie Bremshebel und Drehschaltgriff weiter nach innen. Der Griff soll nicht am Ende des Lenkers herausstehen. Fügen Sie die Scheibe wieder ein, und schieben Sie anschließend den neuen (oder alten) Griff wieder an seinen Platz. Überprüfen Sie, dass er wirklich fest sitzt. Zum Aufschieben können Sie Haarspray oder heißes Wasser verwenden, aber nie ein Schmiermittel. Schieben Sie den Schalter bis zum Griff, sodass kein Zwischenraum bleibt. Suchen Sie für den Bremshebel eine bequeme Position. Sie sollten ihn beim Fahren bequem und schnell erreichen können. Ziehen Sie die Bremshebelklemme fest an. Drehen Sie den Schalthebel so, dass die Einstellschraube direkt unter dem Bremshebel sitzt, aber genügend Platz bleibt, um die Einstellschraube zu drehen. Ziehen Sie die Inbusschraube an, die den Schalthebel am Lenker fixiert. Versuchen Sie, den Bremshebel, den Drehgriff und den Griff zu drehen, um zu überprüfen, dass alle sicher fixiert sind. Nun muss das Schaltwerkkabel angebracht werden, siehe dazu auf Seite 128 die Anleitung für das Schaltwerk und auf Seite 140 für den Umwerfer.

Der Antrieb

Die Nabenschaltung

Im Lauf der letzten Jahrzehnte sind Nabenschaltungen durch alle Höhen und Tiefen der Mode gegangen. Es gab Zeiten, da waren sie die einzig denkbare Wahl sowohl für Citybikes als auch für Tourenräder. Der unbestrittene Favorit war die Dreigangnabe von Sturmey Archer, die ohne jegliche Pflege jahrelang zuverlässig funktionierte und es auf eine Lebensdauer von Jahrzehnten brachte, wenn man dem Ölreservoir der Nabe gelegentlich einen Teelöffel 3-in-1 spendierte.

Auf jede Nabenschaltung wurden Herstellungsmonat und -jahr aufgedruckt, und es ist nicht ungewöhnlich, auf Nabenschaltungen aus den 1930er-Jahren zu stoßen, mit denen noch munter durch die Gegend gefahren wird. Mit den Mountainbikes entstand jedoch der Wunsch nach immer mehr Gängen, und plötzlich waren Fahrräder mit nur drei Gängen in Ungnade gefallen. Fahrräder mit einer Unmenge von Übersetzungen ließen die großen Abstände zwischen drei Gängen klobig erscheinen. Die in Nottingham ansässige Firma Sturmey Archer verkaufte ihre gesamten Maschinenanlagen nach Fernost, und die Nabenschaltung schien Geschichte zu sein.

Aber noch war nicht alles verloren. Einige Aspekte der Nabenschaltung waren insbesondere für Stadtfahrten einfach zu attraktiv, als dass man sie hätte ignorieren können. Mit einem einzigen Kettenblatt vorne kann problemlos ein wirksamer Kettenschutz angebracht werden, der Kettenölflecken auf der Kleidung deutlich reduziert. Die Stadt ist eine besonders raue Umgebung für eine exponierte Schaltung, die alle unangenehmen chemischen Substanzen aus den Autoabgasen ansammelt und sie in eine Art Schleifpaste verwandelt, die teure Schaltwerkkomponenten innerhalb von ein paar tausend Kilometern verschleißt. Schaltwerke enthalten zudem eine Menge empfindlicher Teile, die herunterhängen und denen es schlecht bekommt, wenn das Rad zwischen anderen Rädern eingezwängt abgestellt wird und die Teile sich ineinander verfangen. Eine Menge guter Gründe also, den komplizierten Schaltmechanismus in die Nabe hineinzuverlegen.

Ein ausgesprochen schlechtes Argument für die Verwendung einer Nabenschaltung lautet: Sie benötigt keinerlei Wartung. Zwar stimmt es, dass sie weit weniger Aufmerksamkeit verlangt als eine Kettenschaltung, aber wenn man sie völlig ignoriert, kann es ein teurer Spaß werden. Am meisten Schaden entsteht, wenn man mit einer Nabenschaltung ohne jegliche Justierung fährt. Der innere Schaltmechanismus besteht aus einer Menge winziger Radzähne und Schaltklinken. Sind alle gut ausgefluchtet, nutzen sie sich sehr langsam ab, aber bereits leichte Ausfluchtungsfehler können zu einem raschen Verschleiß führen. Damit beginnen dann die Probleme: Abgenutzte Radzähne erzeugen viele winzige Metallsplitter. Da die Nabe geschlossen ist, haben sie keine Möglichkeit zu entweichen und fliegen im inneren Mechanismus herum, wobei sie alles verschleißen, was ihnen in den Weg kommt. Das Einstellen eines ruhigen Nabenlaufs ist aber sehr einfach und kann normalerweise ohne Werkzeug durchgeführt werden. Das Wichtigste ist, mögliche Probleme zu erkennen. Wenn die Schaltung sich zunehmend lustlos anfühlt, nicht so schnell umschaltet wie gewohnt oder während der Fahrt willkürlich umschaltet, sollten Sie die Ausfluchtung sofort überprüfen.

Es gibt weitere einfache Verfahren, die ohne Spezialwerkzeug vorgenommen werden können. Das Auswechseln des Zahnkranzes ist nicht annähernd so kompliziert, wie es erscheint. Es empfiehlt sich, den Zahnkranz bei jedem Erneuern der Kette ebenfalls auszuwechseln, da sie gemeinsam verschleißen und ein alter Zahnkranz die schöne neue Kette in kürzester Zeit verschleißt.

Ein weiterer guter Grund, den Zahnkranz an der Nabe auszutauschen, ist eine Veränderung des Übersetzungsbereichs. Sie können die Abstände zwischen den Gängen nicht verändern, diese werden vom inneren Mechanismus bestimmt, aber Sie können Anfang und Ende des Bereichs verändern. Ersetzen Sie den Zahnkranz durch einen etwas größeren, so werden alle Gänge etwas kleiner. Die Abstände bleiben dieselben, aber alles ist eine Stufe leichter.

Zahnkränze anderer Größe beeinflussen auch die Kettenlänge. Kleinere Veränderungen – ein Zahn mehr oder weniger – können normalerweise durch Verschieben des Hinterrads in den Ausfallenden nach hinten oder vorne ausgeglichen werden (da es kein Schaltwerk gibt, das zusätzliches Spiel aufnehmen kann, ist dies die einzige Möglichkeit, die korrekte Kettenspannung zu gewährleisten). Montieren Sie einen kleineren Zahnkranz, können Sie die Kette etwas kürzen. Ein größerer Zahnkranz braucht eine längere Kette. In der Regel ist es sinnvoller, eine neue Kette zu montieren, als Kettenglieder aus einer anderen Kette einzufügen, denn durch die ungleiche Abnutzung der verschiedenen Kettenglieder wird die Kette wahrscheinlich nicht problemlos auf Zahnkranz oder Kettenblätter passen. Zum Glück sind gute Ketten für Fahrräder mit Nabenschaltung nur halb so teuer wie eine ähnliche Qualität bei einer Kettenschaltung, halten aber doppelt so lange. Sie müssen sich nicht seitlich über die Kassette oder den Kettenkranz bewegen, sondern laufen immer in gerader Linie vom Zahnkranz zum Kettenblatt.

Eine Nabenschaltung ist auch für Klappräder mit kleinen Rädern eine ausgezeichnete Wahl, weil ohne ein Schaltwerk weniger Gefahr besteht, dass sich beim Zusammenklappen oder Wiederzusammenbauen etwas verhakt. Nachdem alle ölig verschmierten Teile der Schaltung in der Nabe versteckt sind, wird man Ihnen zudem als Pendler mehr Sympathie entgegenbringen, da die Wahrscheinlichkeit geringer ist, dass Sie in stark frequentierten Zügen schwarze Streifen auf dem Gepäck der Mitreisenden hinterlassen. Ebenso wie bei den traditionelleren Dreigangschaltungen ist der Übersetzungsbereich bei den Sieben- und Achtgangmodellen groß genug, um Sie die meisten Berge hinauf- und hinunter zu bringen. Eine 14-Gang-Nabenschaltung von Rohloff bietet einen Übersetzungsbereich, der dem eines dreifachen Kettensatzes entspricht mit fließenden dichten Übergängen.

Das Justieren der Nabenschaltung

So ziemlich das einzig Wichtige, was Sie für die Instandhaltung der Nabenschaltung tun können, ist, stets für die korrekte Ausrichtung zu sorgen. Höchstwahrscheinlich merken Sie, wenn die Ausrichtung abzuweichen beginnt, und es kann sogar sein, dass Ihr Fahrrad anfängt, selbst wahllos umzuschalten. Achten Sie auf jegliche Veränderung der Schaltqualität, und stellen Sie die Schaltung lieber zu früh als zu spät wieder richtig ein. Schlecht justierte Naben verschleißen sehr schnell und erfordern teure Austauschteile.

Sollte diese einfache Justierung keinen Erfolg bringen, ist das Innenleben der Nabe wahrscheinlich bereits stark abgenutzt und muss erneuert werden. Dies gehört zu den kniffligen Arbeiten, die man am besten vom Fachmann ausführen lässt, in erster Linie, weil das Angebot an unterschiedlichen Naben so unübersichtlich groß geworden ist, dass das Bestellen der genau richtigen Ersatzteile zu einem Glücksspiel werden kann.

Die folgenden Anleitungen gelten für die Achtgang-Nabe von Shimano Nexus, die allgemeinen Grundregeln gelten aber für alle Shimano-Naben. Diese werden alle nach derselben Methode eingestellt. Das Kabel führt vom Schalthebel am Lenker zu einer Schalteinheit auf der rechten Seite der Nabe. Beim Schalten wird die Schalteinheit je nach gewähltem Gang in verschiedenen Schritten um die Nabe gezogen. Ein Gang ist auf dem Schaltgriff immer unterschiedlich markiert, entweder ist die Ziffer in einer anderen Farbe geschrieben oder steht in einem Kreis. Schalten Sie in diesen Gang, um die Kabelspannung zu justieren.

In diesem Gang hat das Kabel die korrekte Spannung, wenn die beiden Hälften der Schalteinheit, die merkwürdig geformte Ansammlung von Scheiben in der Mitte des Hinterrads zwischen Zahnkränzen und Rahmen, auf einer Höhe liegen. Sie sind zur leichteren Ausrichtung mit farbigen Markierungen versehen.

Die Markierungen sind manchmal nicht ganz leicht zu entdecken, da sie recht klein und eventuell verschmutzt sind. Entweder sind es einfach nur kurze Metallzeiger, die mit einem roten Streifen markiert sind, oder sie sind unter einem winzigen Kunststofffenster auf der Schalteinheit verborgen. Haben Sie die Markierungen erst einmal gefunden, ist das Ausrichten ganz einfach. Am Schalthebel gibt es in der Regel eine Einstellschraube. Drehen Sie diese, und probieren Sie aus, in welche Richtung die Markierungen sich weiter voneinander entfernen oder sich annähern. Die Ausrichtung soll sehr genau vorgenommen werden, die beiden farbigen Markierungen sollen in einer möglichst geraden Linie liegen, Sie werden also Viertel- oder sogar nur Achtelumdrehungen vornehmen dürfen, um die richtige Stellung zu finden.

Die Einstellschraube kann sich an zwei Stellen befinden. Entweder am Schaltgriff, wo das Kabel austritt oder am anderen Ende des Kabels in der Nähe des Hinterrads. Es ist sogar möglich, dass an beiden Enden eine Einstellschraube vorhanden ist. Es spielt keine Rolle, welche der beiden Einstellschrauben Sie verwenden, sollten Sie aber die Wahl haben, entscheiden Sie sich für die in der Nähe des Hinterrads, weil sie von dort die Markierungen als Justierhilfe besser sehen können.

DAS JUSTIEREN DER SHIMANO ACHTGANG-NABE

Schritt 1: Die Ziffer 4 auf dem Schaltgriff ist hier in Rot geschrieben. Die Einstellung der Nabe soll also in dieser Schaltgriffstellung vorgenommen werden. So wird üblicherweise angezeigt, in welchem Gang man die Justierung vornehmen soll, eine andere Möglichkeit ist, dass der Gang mit einem Kreis um die Ziffer gekennzeichnet ist. Bei Drehgriffschaltern funktioniert das ebenso, stellen Sie einfach den Schalter so, dass er mit der unterschiedlich markierten Ziffer übereinstimmt.

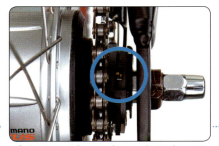

Schritt 2: Ansicht von oben in die Lücke zwischen Hinterradnabe und Rahmen. Hier sind die Markierungen unter einem durchsichtigen Kunststofffenster verborgen. Sie müssen das Fenster putzen, um die Markierungen deutlich erkennen zu können. Ältere Naben haben zwei kleine exponierte Metallzeiger, auf die ein roter Streifen gemalt ist. Wie Sie erkennen können, liegen die beiden Streifen hier nicht auf einer Höhe, der rechte ist etwas tiefer.

Schritt 3: Schauen Sie sich einmal an, wo das Kabel aus dem Schalthebel kommt. Dort sehen Sie die Einstellschraube, mit der die Kabelspannung verstellt werden kann. Drehen Sie vorsichtig an der Einstellschraube, schauen Sie dabei in die Lücke hinunter, und beobachten Sie die Markierungen. Sie werden sehen, dass diese sich in Abhängigkeit voneinander bewegen. Drehen Sie einfach so, dass beide sich annähern und nicht weiter voneinander entfernen. Hören Sie auf zu drehen, sobald beide auf einer Höhe liegen.

Der Antrieb

Das Demontieren eines Rads mit Nabenschaltung

Eine Nabenschaltung macht die Leute oft besonders nervös, wenn Sie an eine Reifenpanne des Hinterrads denken. Folgen Sie den Anleitungen und sorgen Sie sich nicht.

Es ist nicht immer sehr klar, wie man das Schaltkabel am besten entwirrt, um das Hinterrad abmontieren zu können, oder wie die Schaltung wieder angeschlossen wird, sobald die Reifenpanne behoben ist.

Es funktioniert etwas anders als bei Schaltwerken, kann aber zum Glück mit wenig Werkzeug bewältigt werden. Der Hauptunterschied zwischen Nabenschaltung und Kettenschaltung ist, dass das Schaltkabel an die Hinterradnabe angeschlossen ist und daher herausgewunden werden muss, bevor man das Rad abnehmen kann.

Aber Vorsicht, auch beim Montieren des Rads gibt es eine kleine weitere Komplikation. Das Hinterrad muss so im Rahmen positioniert werden, dass die Kette die richtige Spannung hat.

DEMONTIEREN EINES HINTERRADS MIT SHIMANO-NEXUS-NABE

Schritt 1: Schauen Sie in die Lücke zwischen Hinterrad und Rahmen, und schalten Sie währenddessen. Sie können die Schalteinheit sehen, die beim Schalten um die Nabe wandert. Haben Sie gesehen, welche Auswirkung ein Gangwechsel auf die Schalteinheit hat, stellen Sie den Schalthebel so, dass das Kabel ungespannt ist, wobei die Anzeige auf den ersten Gang zeigt.

Schritt 2: Dies ist der wichtigste Schritt, den aber fast jeder auslässt. Später beim Wiedermontieren des Kabels ist es sehr wichtig, das Kabel korrekt zu führen. Sobald aber alles abmontiert wurde, ist nicht mehr unbedingt klar, wie es wieder zusammengehört. Nehmen Sie sich die Zeit, die Schalteinheit von hinten anzuschauen und zu verfolgen, welchen Weg das Kabel nimmt. Wenn Sie nicht gerade mit einem fotografischen Gedächtnis ausgestattet sind, machen Sie sich am besten eine Skizze.

Schritt 3: Schauen Sie von hinten auf die Schalteinheit. Sie werden ein winziges Loch direkt unter der Kabelklemme sehen. Es hat genau die richtige Größe für einen Inbusschlüssel. Stecken Sie den Schlüssel in das Loch und benutzen Sie ihn als Hebel, um die Schalteinheit vorsichtig gegen den Uhrzeigersinn zu drehen und das Kabel zu entspannen. Es ist verlockend, das mit den Fingern zu tun, aber davon ist abzuraten, denn die Feder in der Nabe ist sehr kräftig, und wenn Sie abrutschen, kann es sehr weh tun.

Schritt 4: Lassen Sie den Inbusschlüssel, von dem die Schalteinheit gehalten wird, vor Ort. So entsteht genügend Spiel im Kabel, dass Sie den Kabelmantel des Schaltkabels wie abgebildet vorsichtig nach rechts aus der Schalteinheit ziehen können. Das Kabel sollte so locker sein, dass Sie das Innenkabel aus dem Schlitz in der Schalteinheit ziehen können. Lösen und entfernen Sie den Inbusschlüssel.

Schritt 5: Das Kabel sollte nun so locker sein, dass Sie die Kabelklemmschraube vollständig von der Schalteinheit entfernen können. Merken Sie sich genau, wie sie befestigt ist, um sie anschließend wieder korrekt einfügen zu können. Sie müssen das Kabel mit beiden Händen drehen und die Klemmschraube aus dem Schlitz ziehen. Achten Sie darauf, das Kabel nicht zu verknicken.

Schritt 6: Nun wird das Schaltkabel komplett aus dem Hinterrad befreit. Bei V-Bremsen oder Cantilever-Bremsen lösen Sie das Bremskabel. Bei einer Nabenbremse entfernen Sie den Bolzen, der den Bremsbügel der Nabenbremse am Rahmen beziehungsweise an der Gabel fixiert. Es darf keinesfalls vergessen werden, diesen später wieder anzubringen. Lösen Sie die Radmuttern auf beiden Seiten des Rahmens, und schieben Sie das Rad nach vorne aus den Ausfallenden.

Das Montieren des Hinterrads

Um das Hinterrad wieder zu montieren, gehen Sie die Schritte der Demontage einfach wieder zurück. Es empfiehlt sich, die Ausrichtung der Schaltung zu kontrollieren, da das Kabel sich leicht verschoben haben kann.

Am Ende dieses Arbeitsgangs überzeugen Sie sich kurz davon, dass die Ausfluchtung korrekt ist. Im unwahrscheinlichen Fall, dass sie verrutscht ist, ersparen Sie sich damit den Schaden, der an der Schaltung und für Sie selbst beim Fahren mit einer verschobenen Schaltung entstehen würde. Entscheidend beim Montieren des Hinterrads ist die korrekte Kettenspannung, bevor Sie anfangen, an der Schaltung zu manipulieren. Bei einer Kettenschaltung richtet sich die Kettenspannung von alleine ein, weil das Schaltwerk zu viel Spiel in der Kette auffängt. Bei einem einzigen Zahnkranz müssen Sie diese Aufgabe beim Montieren des Rads übernehmen. Aus diesem Grund haben Fahrräder mit Nabenschaltung (und Ein-Gang-Fahrräder) ein horizontales Ausfallende (siehe Hinweise Seite 162).

DAS MONTIEREN DES HINTERRADS

Schritt 1: Halten Sie das Rad am hinteren Rahmenende zwischen den Kettenstreben und winden Sie die Kette hinter den Zahnkränzen herum. Drücken Sie das Hinterrad wieder in die Ausfallenden. Alle zuvor entfernten Muttern und Unterlegscheiben wieder anbringen. Bei vielen Shimano-Naben sind diese für rechts und links unterschiedlich und mit einer Öse versehen, die im Ausfallende sitzt, um die Achse im richtigen Winkel zu halten. Fixieren Sie die Unterlegscheiben sicher in den Ausfallenden. Die Radmuttern per Hand anziehen.

Schritt 2: Schieben Sie das Rad wieder in den Rahmen, um Spannung in die Kette zu bringen. Das Rad soll gerade im Rahmen sitzen mit beidseitig gleichen Abständen zwischen Reifen und Kettenstrebe. Die Kette soll ziemlich gut gespannt sein. Drehen Sie die Pedale rückwärts, um die Stelle mit der höchsten Spannung zu finden, und sorgen Sie dafür, dass Sie die Kette in der Mitte zwischen Zahnkranz und Kettenblatt noch 1,5 Zentimeter nach oben und unten bewegen können. Ziehen Sie die Radmuttern sicher fest. Montieren Sie die Bremsen wieder.

Schritt 3: Bevor Sie weitermachen, prüfen Sie den Zustand des Schaltkabels. Der Kabelmantel sollte weder Risse noch Knicke aufweisen und so lang sein, dass Sie den Lenker in beide Richtungen drehen können, ohne ihn zu dehnen. Überprüfen Sie, dass die Kabelklemmmutter fest auf dem Kabel sitzt. Sie brauchen zwei Schraubenschlüssel: einen, um hinten zu halten und den anderen, um die Mutter vorne anzuziehen.

Schritt 4: Bevor Sie das Kabel wieder in den Kabelanschlag montieren, montieren Sie die Kabelklemmmutter wieder an der Schalteinheit. Sie passt nur in einem bestimmten Winkel in die Kabelaufnahme, und Sie müssen sie gegen den Uhrzeigersinn etwas weiter drehen, als Sie vermutlich erwarten. Sicher fixieren und anschließend das Kabel zurück in die Schalteinheit führen. Eine Vertiefung zeigt an, wo es hingehört. Das Kabel sollte gerade nach unten und anschließend um die Schalteinheit führen.

Schritt 5: Wie beim Entfernen des Kabels stecken Sie einen dünnen Inbusschlüssel in das Loch in der Schalteinheit und drehen ihn gegen den Uhrzeigersinn. So sollte genügend Spiel entstehen, um den Kabelmantel wieder sauber in den Kabelanschlag zu montieren. Schalten Sie durch den gesamten Übersetzungsbereich, und überprüfen Sie, ob sich die Schalteinheit bei jedem Einrasten weiterbewegt.

Schritt 6: Zum Schluss überprüfen Sie die Kabelspannung. Theoretisch dürfte die Nabe keine Justierung erfordern, aber in der Praxis legt sich das Kabel häufig nicht an seinen ursprünglichen Platz. Sie müssen nun in einen bestimmten Gang schalten. Schauen Sie auf den Schalthebel, die Ziffer eines Gangs hat eine andere Farbe als die übrigen. Schalten Sie in diesen Gang. Überprüfen Sie, dass die Markierungen für die Ausrichtung der Schaltung genau zusammentreffen. Drehen Sie die Einstellschraube am Schalthebel, bis die Markierungen gut ausgerichtet sind.

Der Antrieb

Das Erneuern des Nabenritzels

Eine Nabenschaltung kommt zwar mit sehr viel weniger Beachtung aus als eine Kettenschaltung, man sollte aber nicht den Fehler begehen, sie gänzlich zu vernachlässigen.

Ebenso wie bei einem Fahrrad mit Kettenschaltung wird bei einer Nabenschaltung durch das Treten ständiger Druck auf die Kette ausgeübt, was unweigerlich bedeutet, dass die Kette, die Ritzel und – in geringerem Umfang – auch die Kettenblätter verschleißen.

Wird zu lange nichts unternommen, kommt schließlich der Punkt, wo die Kette unter Druck über die Ritzel rutscht. Dies ist bestenfalls ärgerlich, mitten im Verkehr aber gefährlich. Die Kette lässt sich relativ einfach auswechseln, aber die Ritzel sind bei den geläufigsten Naben hinter einigen spezifischen und geheimnisvollen Komponenten verborgen, deren Entfernen eine gewisse Sorgfalt erfordert. Es ist sehr hilfreich, wenn Sie sich beim Abmontieren die Reihenfolge und Ausrichtung der Teile merken, damit Sie sich beim späteren Montieren auskennen.

Ritzel sind verschlissen, wenn die Zähne allmählich sehr spitz werden oder die beiden Seiten eines Zahns nicht symmetrisch aussehen. Gelegentlich führt der Druck der Kette auf eine Seite jedes Zahns dazu, dass die Zahnfläche sich nach außen verbreitert und auf beiden Seiten scharfe Ränder bekommt. Sie sollten nicht so lange mit einem Auswechseln des Ritzels warten, bis die Kettenglieder tatsächlich anfangen, über den Zahnkranz zu rutschen, denn die Wahrscheinlichkeit ist groß, dass der verschlissene Zahnkranz die übrigen Komponenten des Antriebs dann bereits geschädigt hat.

Für das Erneuern des Ritzels brauchen Sie ein Werkzeug, das Ihnen in Fahrrad-Werkzeugkästen nicht sehr oft begegnen wird: eine Seegerring-Zange. Diese Zange ist nur für einen einzigen Arbeitsschritt erforderlich, daher ist die Investition etwas ärgerlich, aber es ist schwierig, die Arbeit ohne dieses Werkzeug zu bewältigen. Manche Radfahrer improvisieren mit Schraubenziehern, da-

mit rutscht man aber sehr leicht ab und verletzt sich. Leisten Sie sich lieber das passende Werkzeug, von dem es zwei Typen gibt: für Außensicherungsringe und für Innensicherungsringe. Die ersten entfernen einen Sicherungsring außen von einem Rohr, die zweiten heben einen Sicherungsring aus einer Vertiefung in einem Rohr. Im vorliegenden Fall brauchen Sie eine Zange für Außensicherungsringe. Es gibt auch billige Kombinationszangen für Außen- und Innensicherungsringe, sie sind aber meist nicht stabil und daher schwierig im Gebrauch. Rutscht man damit ab, zwickt man sich leicht in die Finger.

Ein anderer Grund für das Auswechseln des Ritzels wäre eine geplante Veränderung des Übersetzungsbereichs. Die Schritte zwischen den einzelnen Gängen lassen sich nicht verändern, da sie von der Anlage der Nabeninnenteile bestimmt werden. Der gesamte Übersetzungsbereich kann aber nach oben oder unten verschoben werden, denn für ihn ist das Verhältnis zwischen Kettenblattgröße und Ritzelgröße entscheidend. Sie können eine Größe verändern, ein größeres Kettenblatt hat denselben Effekt wie ein kleineres Ritzel, in jedem Fall werden die Gänge etwas höher. So können Sie bergab schneller fahren, müssen sich bergauf dafür aber mehr anstrengen.

Die Abbildungen unten rechts zeigen Shimano-Naben. Sie sind am gebräuchlichsten, es gibt aber auch noch andere Marken. Die Firma SRAM stellt seit Jahren Innennaben her, die sehr zuverlässig sind und viele tausend Kilometer halten.

Für beide Nabenfabrikate passen dieselben Ritzel. Die SRAM-Ritzel werden von einer ähnlichen Anordnung von Sicherungsringen fixiert, sind aber leichter zugänglich. SRAM-Naben funktionieren ohne Schalteinheit, daher sind Sicherungsringe und Ritzel zugänglich, sobald das Hinterrad abmontiert wurde.

Vertikale und horizontale AUSFALLENDEN – Vorzüge und Unterschiede

Dies ist einer der Begriffe, die komplizierter klingen als sie sind. Ein Ausfallende ist das u-förmige Langloch am hinteren unteren Ende des Rahmens und am unteren Ende der Gabel, an dem die Nabenachse befestigt wird. Der Begriff gilt für das Vorder- und Hinterrad. Herkömmlicherweise waren die Langlöcher am Ausfallende des Hinterrads nahezu horizontal, sodass man das Hinterrad im Rahmen nach vorne und hinten verschieben konnte. Für Kettenschaltungen ist dies aber unnötig, da das Schaltwerk Spiel

in der Kette auffängt, daher setzten sich vermehrt die vertikalen Ausfallenden durch. Sie gewährleisten eine sehr sichere Befestigung, denn auch bei kräftigstem Treten in die Pedale wird das Hinterrad nicht aus dem Ausfallende gezogen. Dieses Problem findet man speziell, wenn die Radmuttern oder Schnellspannhebel nicht fest genug angezogen sind oder abbrechen, wodurch das Hinterrad aus der Montageöffnung gezogen wird und sich in den Kettenstreben verklemmt.

Das Austauschen des Nabenritzels

Im Idealfall sollten Sie das Ritzel jedes Mal austauschen, wenn Sie die Kette erneuern. Montieren Sie eine neue Kette auf ein altes Ritzel, wird die neue Kette sehr schnell verschlissen.

Ritzel gibt es in verschiedenen Größen, und sie sind normalerweise leicht gekröpft, das heißt, sie stehen an einer Seite leicht heraus, wenn sie auf der Nabe montiert werden. Dadurch kann das Ritzel mit dem Kettenblatt ausgerichtet werden, sodass die Kette in einer möglichst geraden Linie zwischen beiden verläuft, was ihren Verschleiß reduziert. Achten Sie beim Abmontieren des alten Ritzels darauf, wie es montiert war, damit Sie das neue korrekt montieren können. Für Ritzel ist nur eine Montage üblich, sodass sie leicht auszutauschen sind. Um an das Ritzel zu kommen, müssen Sie erst das Schaltkabel und anschließend das Rad abmontieren, wie auf Seite 160 beschrieben. Entfernen Sie die Mutter und alle Unterlegscheiben von der rechten Seite der Achse, und merken Sie sich dabei deren Reihenfolge und Ausrichtung.

DAS AUSTAUSCHEN DES NABENRITZELS

Schritt 1: Die Schalteinheit befindet sich über der Mitte des Ritzels und wird daher zuerst Stück für Stück abmontiert. Für das korrekte Demontieren und Montieren muss eine Reihe von Punkten und Pfeilen auf der Schalteinheit aufeinander ausgerichtet werden. Zuerst kommt der Verschlussring. Er wird gegen den Uhrzeigersinn entfernt. Halten Sie die Schalteinheit am Kabelanschlag und drehen Sie den Verschlussring vorsichtig. Er dreht sich nur etwa eine Viertelumdrehung und lässt sich dann abheben.

Schritt 2: Als Nächstes kommen gelbe Punkte. Schauen Sie sich die nächste Schicht der Schalteinheit genau an. Sie werden erkennen, dass sie aus zwei Teilen besteht. Auf beide Teile sind gelbe Punkte aufgedruckt. Falls diese sehr verschmutzt sind, müssen sie zuerst abgewischt werden. Halten Sie die Schalteinheit hinten am Kabelanschlag fest, und drehen Sie dann den oberen Teil der Schalteinheit, bis alle gelben Punkte auf einer Linie liegen. Nun lässt sich das Teil einfach abheben.

Schritt 3: Wiederholen Sie diesen Vorgang mit den roten Punkten, die nun sichtbar sind, und entfernen Sie den letzten Teil der Schalteinheit. Alle Teile in der Reihenfolge, in der sie entfernt wurden, nebeneinander auf die Rückseite legen, damit sie später wieder korrekt montiert werden können. Putzen Sie alle Teile, um das spätere Zusammenfügen zu erleichtern.

Schritt 4: Nun kommt der knifflige Teil, bei dem Sie die Seegerring-Zange brauchen. Suchen Sie nach dem Sicherungsring, es ist der Metallring, der auf die Oberseite des Ritzels drückt. Er kann ein rundes oder ein viereckiges Teilstück haben und beschreibt keinen kompletten Kreis. Suchen Sie nach der Lücke, schieben Sie die Nasen der Zange in die Lücke, und drücken Sie die Zange, um den Sicherungsring so weit zu öffnen, dass Sie ihn aus der Nabe heben können. Versuchen Sie es nicht mit den Fingern, Sie könnten sich verletzen.

Schritt 5: Bevor Sie das Ritzel herausnehmen, schauen Sie sich an, wie es montiert ist, das muss nicht unbedingt flach sein. Anschließend nehmen Sie das alte Ritzel heraus und setzen das neue genau so ein, wie Sie es sich gemerkt haben. Bringen Sie hierzu die drei Nasen am Ritzel mit den Vertiefungen auf der Nabe in eine Linie. Hebeln Sie mit einem kleinen Schraubenzieher den Sicherungsring an seinen Platz, und passen Sie dabei gut auf Ihre Finger auf.

Schritt 6: Setzen Sie das erste Teil der Schalteinheit wieder ein, bringen Sie hierzu die roten Punkte übereinander, und rütteln Sie, bis es gut passt. Machen Sie mit den gelben Punkten das Gleiche. Zum Schluss wird der Verschlussring über das obere Teil montiert und zum Fixieren gedreht. Dazu ist nur eine Viertelumdrehung erforderlich. Falls er sich nicht bewegen will, nehmen Sie ihn nochmals ab, und kontrollieren, ob die vorherigen Teile wirklich gut sitzen. Fügen Sie die Unterlegscheiben und Muttern wieder ein, und montieren Sie das Rad (Seite 161).

Singlespeed-Räder (Ein-Gang-Räder)

Mit einem Ein-Gang-Fahrrad sind Komplikationen mit der Schaltung für Sie kein Thema. Sie können nicht zu schnell fahren, weil das Tempo, in dem die Füße treten können, begrenzt ist. Haben Sie ein Rad mit Gangschaltung, sind Sie versucht, in einen höheren Gang zu schalten und schneller zu fahren. Bei nur einem Gang sind Sie hingegen gezwungen, ruhig dahinzufahren und in Ihrem persönlichen Tempo am Ziel anzukommen, nicht erhitzt und erschöpft, weil Sie gerade aus unerfindlichen Gründen Ihre eigene Bestzeit geschlagen haben.

Leicht, preiswert und vor allem ganz einfach.

Sie können serienmäßig produzierte Singlespeed-Räder im Fahrradgeschäft erwerben. Wahrscheinlich werden Sie eher ein kleines, freundlich geführtes und unabhängiges Geschäft finden müssen, als es bei einer der großen Fahrradgeschäftketten zu versuchen. Es gibt aber auch einige Modelle bekannter Fabrikate, die allerdings selten vorrätig sind.

Die Alternative: Sie bauen Ihr normales Gangschaltungsrad zu einem Singlespeed-Rad um. Das funktioniert ähnlich wie eine Wartung, es bedeutet in erster Linie, einige Teile abzumontieren und zu verwahren, bis sie bei einem künftigen Projekt wieder verwendet werden können.

Schalthebel, Kabel und Schaltwerk/Umwerfer werden abmontiert, desgleichen der Kettensatz. Hat er abnehmbare Kettenblätter, verwenden Sie nur eines. Die Kettenblattbolzen, die alles zusammenhalten, sind nun zu lang, um ein einzelnes Kettenblatt sicher zu fixieren, aber es gibt sie unter der Bezeichnung Einzelkettenblatt-Bolzen zum Glück auch kürzer. Sie brauchen davon so viele, wie der Kettensatz Arme hat. Sind die Kettenblätter nicht abnehmbar, können Sie entweder trotzdem das Kettenblatt nutzen und die überflüssigen Kettenblätter ignorieren oder es durch ein Einzelkettenblatt ersetzen.

Die Entscheidung für eine Übersetzung ist nicht ganz einfach. Dabei werden Sie aus Fehlern lernen müssen, bis Sie herausgefunden haben, was für Sie passt. Es soll ein Gang sein, der so niedrig ist, dass Sie den steilsten Hügel hinauffahren können, den Sie normalerweise bewältigen können. Die Wahl hängt davon ab, wie fit Sie sind und wie flach die Gegend ist, in der Sie leben. Sind Sie alles Überflüssige losgeworden, konzentrieren Sie sich auf das hintere Ende Ihres Fahrrads. Für den Umbau eines Gangschaltungsrads stehen Ihnen mehrere Lösungsmöglichkeiten zur Verfügung.

- Lassen Sie die Kassette ganz einfach am Fahrrad, wählen Sie den Gang, der Ihnen am besten erscheint und lassen Sie die Kette über den entsprechenden Zahnkranz laufen. Ohne Schalthebel bleibt die Kette an Ort und Stelle. Das ist die einfachste Möglichkeit und vor allem als vorübergehende Lösung empfehlenswert, denn so haben Sie Gelegenheit, verschiedene Übersetzungen auszuprobieren.
- Ersetzen Sie die Kassettenritzel durch ein einziges Ritzel und Abstandshalter, um die Lücke zu schließen. Die do-it-yourself-Version sieht so aus, dass Sie eines Ihrer bisherigen Ritzel verwenden und Abstandshalter aus Plastikleitungsrohr, Unterlegscheiben für Kassettenabstandshalter oder ähnlichem herstellen. Überprüfen Sie, dass die Unterlegscheiben auch tatsächlich den gesamten Platz ausfüllen, und klemmen Sie alles mit dem Verschlussring fest. Im Handel sind auch Vorrichtungen erhältlich, beispielsweise der links abgebildete Gusset-Konverter.
- Falls Ihr Rad bereits weitgehend ausgedient hat, ersetzen Sie es durch eines mit einer speziell angefertigten Singlespeed-Nabe. Sehr hochwertig sind die Naben der Firma Surly, wenn Sie es etwas glanzvoller lieben, probieren Sie es mit den Phil-Wood-Singlespeed-Naben.

Schauen Sie sich das hintere Ausfallende an, und probieren Sie, in welche Richtung sich das Rad bewegt, wenn Sie es vom Rahmen nehmen. Bewegt es sich abwärts, haben Sie ein vertikales Ausfallende. Bewegt es sich vorwärts (oder sogar rückwärts), haben Sie Glück, denn damit geht es am einfachsten.

Vertikale Ausfallenden: In diesem Fall brauchen Sie eine spezielle Vorrichtung für die ungespannte Kette. Diese Vorrichtung hat Ähnlichkeit mit einem Schaltwerk, aber ohne Führungsrolle, da die Kette sich nicht seitlich bewegen muss, und heißt Singulator. Sie können aber auch ein normales Schaltwerk verwenden, wenn Sie etwas erfinderisch sind und es hinbekommen, dass es direkt unter dem gewählten Ritzel hängt.

Horizontale Ausfallenden: Diese müssen nicht ganz genau waagerecht sein, denn auch eine leichte Neigung ist in Ordnung, solange Sie das Rad im Rahmen nach vorne und hinten bewegen können. So haben Sie eine genaue Kontrolle über die Kettenspannung. Ziehen Sie das Rad zurück, bis die Kette an ihrer lockersten Stelle etwa 1,5 Zentimeter Bewegungsfreiheit hat. Ziehen Sie jetzt die Radmuttern fest an.

Starrer Antrieb (Fixed Wheel)

Noch ein Schritt weiter als Singlespeed ist Fixed Wheel, der starre Antrieb. Fahrräder mit starrem Antrieb ähneln den Singlespeed-Fahrrädern insofern, als sie ebenfalls nur einen Gang haben, ein einziges Ritzel am Hinterrad und ein einziges Kettenblatt, aber im Hinterrad gibt es keinen Freilauf. Das ist die Sperrklinke, die Sie ticken hören, wenn Sie auf einem normalen Fahrrad rollen, ohne zu treten. Beim Fahren mit starrem Antrieb haben Sie eine wirklich direkte Verbindung zwischen den Pedalen und dem Hinterrad und können die Geschwindigkeit des Fahrrads sehr genau kontrollieren.

Um langsamer zu fahren, wird langsamer getreten. Anfangs ein merkwürdiges Gefühl, ähnlich als trete man vorwärts, wobei die Kraft aber hinten auf das Pedal ausgeübt wird, nicht vorne. Das Fahren mit starrem Antrieb braucht etwas Übung, damit man sich sicher fühlt, denn es hat einige überraschende Eigenarten.

Häufig hört man, wer einmal Radfahren gelernt habe, könne es nicht mehr vergessen. Um mit starrem Antrieb zu fahren, müssen Sie bewusst einige Grundregeln vergessen. Das Schwierigste dürfte sein, dass Sie nicht aufhören können zu treten. Das Rad dreht sich weiter, und nachdem die Pedale direkt mit ihm verbunden sind, drehen auch sie sich weiter. Sobald Sie Ihren Füßen den Auftrag geben, nicht weiter zu treten, werden diese von den sich weiterdrehenden Pedalen mitgenommen und vorwärts gezogen. Das ist etwas verwirrend, ähnlich, als wenn Sie eine Treppe hinuntergehen und am Ende eine weitere Stufe kommt, während Sie bereits dachten, Sie wären ganz unten. Kurvenfahren ist ein weiterer Problembereich. Wer mit einer gewissen Geschwindigkeit um eine Kurve fährt, neigt sich dabei etwas zur Seite. Auf einem normalen Rad mit Freilauf können Sie aufhören zu treten und das Innenpedal oben lassen, damit es nicht am Boden aufstößt. Mit starrem Antrieb können Sie die Pedale nicht anhalten, daher müssen Sie die Kurve sehr genau einschätzen, sonst rammt sich das Pedal bei der Neigung in den Boden, und Sie stürzen. Ein weiteres Problem ist das Anhalten. Fixed-Wheel-Fahrräder wurden ursprünglich für Bahnrennen entwickelt, bei denen gut trainierte Fahrer mit spärlich ausgerüsteten Rädern in unglaublichen Geschwindigkeiten im Pulk fahren, wobei es in jedermanns Interesse ist, nicht abzusteigen. Solange alle in derselben Geschwindigkeit fahren, besteht Hoffnung, dass jeder seinen Platz behält. Das Letzte, was sich die Fahrer wünschen, ist, dass der Vordermann Panik bekommt und bremst. Die Abstände zwischen den Fahrern betragen nur wenige Zentimeter, und es wäre unmöglich auszuweichen. Fahrräder für solche Bahnrennen haben oft überhaupt keine Bremsen, oder diese wurden nur angebracht, um das Fahrrad vorschriftsmäßig verkaufen zu können.

Will man mit einem solchen Rad am Straßenverkehr teilnehmen, sind verschiedene Anforderungen zu erfüllen. Die größte Gefahr ist ein Lastwagen, der vor Ihnen rechts abbiegt, weniger die Wahrscheinlichkeit, dass Sie unabsichtlich jemanden anfahren, daher ist es unbedingt erforderlich, gut funktionierende Bremsen zu montieren. Viele Radfahrer entscheiden sich nur für eine Vorderbremse, da das Hinterrad mit den Pedalen verlangsamt werden kann. Unter Kurierfahrern gibt es immer wieder einmal die Mode, ohne Bremsen zu fahren und sich nur auf das Verlangsamen des Hinterrads zu verlassen.

Das ist ausgesprochen dumm. Das Fahrrad sieht spartanisch schlank und elegant aus, bis es sich um etwas gewickelt hat, dem man hätte ausweichen können. Also unbedingt gute Bremsen anbringen.

Sie können ein Rennrad für Bahnrennen fertig kaufen oder eines selbst herstellen, indem Sie von einem geeigneten Fahrrad mit Gangschaltung alle überflüssigen Komponenten entfernen. Die einzige Voraussetzung für den Umbau: Das Fahrrad muss hinten horizontale Ausfallenden haben. Sie müssen die hintere Nabe im Rahmen vor- und zurückschieben können, um die Kettenspannung korrekt einzustellen. Da die meisten modernen Rahmen vertikale Ausfallenden haben, beschränkt sich die Auswahl auf die Rahmen alter Tourenräder und Rahmen, die speziell für die Bahn entwickelt wurden.

Spezielle Rahmen für Bahnrennen haben einen engeren Abstand zwischen den hinteren Ausfallenden und eignen sich eher für eine 120-mm-Nabe als für die Standardgröße (130 Millimeter) oder Mountainbike-Größe (135 Millimeter). Die 120-mm-Größe ist ein sehr viel älterer Standard und stammt aus der Zeit, als man es noch nicht für wichtig hielt, so viele Ritzel wie möglich am Hinterrad anzubringen.

Bei starrem Antrieb ist die richtige Nabe sehr wichtig. Neben der normalen Nabe mit einem Gewinde rechts für den festen Ritzel hat sie zusätzlich ein etwas kleineres Gegengewinde für den Verschlussring. Der Verschlussring muss sicher gegen das feste Ritzel angezogen werden, damit er sich nicht lockern kann, wenn Sie Druck auf die Pedale ausüben, um zu verlangsamen und anzuhalten.

Die Gewinde am festen Ritzel, dem Verschlussring und der Nabe müssen in gutem Zustand sein, damit sich das Ritzel nicht unter dem ständigen Umkehrdruck von den Pedalen allmählich lockern kann. Kommen Sie nicht auf die Idee, eine feste Nabe aus einem normalen Freilaufrad und irgendwelchen ähnlich aussehenden Verschlussringen zu basteln. Das gegenläufige Gewinde auf einer speziellen Fixed-Wheel-Nabe ist für die sichere Fixierung von entscheidender Bedeutung.

Das Fahren mit Fixed Wheel mag anachronistisch erscheinen, und man könnte annehmen, dass es mehr Verdruss als Vergnügen mit sich bringt. Es schenkt aber ein fantastisch direktes Fahrgefühl und macht jede Fahrt interessanter.

8 – Die Räder

Qualität und Zustand der Räder wirken sich auf den Fahrkomfort deutlicher aus als alles andere. Schließlich brauchen Sie die Gangschaltung nur dann, wenn Sie die Geschwindigkeit ändern möchten, in der die Räder sich drehen, und die Bremsen nur um anzuhalten, während die Räder sich während der gesamten Fahrt drehen. Bei guter Behandlung werden sie ihren Dienst klaglos verrichten. Bei Vernachlässigung wird sich jede Steigung wie eine senkrechte Wand anfühlen, und bei jeder Kurve werden Sie meinen, in einem Wackelpudding zu fahren.

Die Räder

Verglichen mit ihrem geringen Gewicht sind die Räder eines Fahrrads unglaublich stark und imstande, drei verschiedenen Kräften standzuhalten. Wenn Sie auf dem Fahrrad sitzen, müssen die Räder Ihr Gewicht tragen, so wirkt eine vertikale Kraft auf sie ein. In dieselbe Richtung, nur sehr viel stärker, wirkt die Kraft, die Sie den Rädern zumuten, wenn Sie eine Bordsteinkante hinunterfahren, die Einkaufskörbe gefüllt haben oder Ihr Kind in den Kindersitz setzen.

Seitliche Kräfte wirken auf die Räder bei einem Richtungswechsel in schneller Fahrt ein. Das Rad muss so stark sein, dass es dem gesamten Fahrrad die neue Richtung aufzwingt, ohne zusammenzuklappen.

Das Dritte sind die Drehkräfte. Sie drehen das stehende Rad, um in Bewegung zu kommen und ziehen die Bremsen auf Felgen oder Bremsscheibe, um abzubremsen.

In diesem Kapitel schauen wir uns die Bestandteile eines Rads an: Nabe, Speichen, Felge und Reifen. Später in diesem Kapitel beschäftigen wir uns mit dem Zentrieren der Räder und dem Austauschen der Speichen, anfangen wollen wir jedoch mit dem Mittelpunkt des Rads: der Nabe.

Kugellager gibt es seit der Römerzeit, sie tauchen auch auf Arbeitsskizzen Leonardo da Vincis auf. Sein Entwurf für den Vorläufer eines Panzers stellt eine Vorrichtung dar, auf der sich das Turmgeschütz in verschiedene Richtungen drehen kann. Der obere Teil der Konstruktion ruht auf einem Kreis aus Holzkugeln, die das freie Drehen ermöglichen und das Gewicht tragen. Holz ist zwar nicht das beste Material für ein Kugellager, wird aber noch immer für die Felgen von Bahnrädern verwendet. Der Pionier des modernen Kugellagers war Sven Wingquist, ein visionärer schwedischer Erfinder, der 1907 die SKF-Kugellager-Gesellschaft gründete. Die Firma produziert noch immer Niro-Lager hoher Qualität.

Lager und Kugeln in der Mitte der Räder können aus unterschiedlichem Material sein, das geht von billigen Stahlkugeln bis zu extravaganten versiegelten Einheiten. Sie erfüllen aber alle dieselbe Aufgabe: Sie fixieren das Rad ohne seitlichen Bewegungsspielraum sicher am Fahrrad und lassen es möglichst frei drehen. Gut eingestellte Kugellager funktionieren jahrelang problemlos. Kugellager, die zu locker oder zu fest sind, verlangsamen die Fahrt und verschleißen rasch, daher lohnt es sich, sie regelmäßig zu kontrollieren.

Die Einstellung der Kugellager überprüfen

Heben Sie jedes Rad vom Boden ab und drehen Sie es vorsichtig. Es sollte sich auch nach sehr leichtem Anstoßen einige Zeit von selbst weiterdrehen. Hört es schnell auf, sich zu drehen, prüfen Sie zuerst, ob die Bremsklötze oder Bremsbeläge an der Felge oder der Bremsscheibe schleifen, denn dies kann dieselbe Wirkung haben wie fest sitzende Kugeln. In diesem Fall lesen Sie im Kapitel über die Bremsen nach und beheben das Problem, bevor Sie sich weiter mit dem Kugellager beschäftigen. Sind nicht die Bremsen schuld, sitzt das Kugellager zu fest und bremst das Rad. Stellen Sie das Rad wieder ab und gehen Sie daneben in die Hocke. Halten Sie die Felge des Hinterrads zwischen den Streben (Hinterradstrebe oder Kettenstrebe bei einem ungefederten Hinterrad, sonst irgendwo zwischen Hauptrahmen und Hinterrad). Nehmen Sie die Felge zwischen Daumen und Finger. Halten Sie mit der anderen Hand das nächstliegende Rahmenteil und rütteln Sie mit beiden Händen, sodass die Felge zum Rahmen gezogen und wieder weggedrückt wird.

Die Felge kann sich leicht biegen, aber das ist nicht der Punkt, auf den Sie achten sollten. Sie sollen kontrollieren, ob Sie ein

Kontrollieren Sie, ob das Rad Spiel hat, indem Sie es im Rahmen rütteln.

Schlagen spüren oder sogar ein klickendes Geräusch hören, wenn Sie die Felge hin- und herziehen, denn das würde bedeuten, dass zwischen den Kugeln und der Kugelführung Spiel ist und die Kugeln justiert werden müssen.

Wiederholen Sie dies beim Vorderrad, halten Sie hier die Felge zwischen der Gabel und rütteln Sie vorsichtig daran. Auch hier kann sich die Felge leicht biegen, sollte aber nicht schlagen. Das Rad soll sich frei drehen und allmählich innerhalb von einigen Umdrehungen stehen bleiben.

Sie hören möglicherweise die Kugeln schleifen, während sich das Rad dreht, oder spüren die Vibration im Rahmen. Beides bedeutet, dass die Kugeln dringend gewartet werden müssen.

Kugellager

Die gebräuchlichsten Naben sind mit Rillenkugellagern ausgestattet. Eine kegelförmige Mutter auf der Achse umschließt einen Kreis von Kugeln in einer kelchförmigen Vertiefung in der Nabe. Der Kegel kann entlang der Achse so justiert werden, dass die Kugeln sich drehen können, das Rad aber keine seitliche Bewegungsfreiheit erhält.

Innen- und Außenring werden fixiert, indem eine Kontermutter gegen jeden Ring geklemmt wird und der Ring anschließend gegen die Kontermutter angezogen wird. Der Vorteil hierbei ist, dass die Teile mit einem Minimum an Werkzeug gewartet und justiert werden können. Der andere Typ, dem Sie vielleicht begegnen werden, sind die gedichteten Industrielager, siehe dazu unten.

Auf dieser Seite ist eine komplett zerlegte Nabe abgebildet, sodass alle Teile zu sehen sind.

Die Hinterradnabe – in ihren Einzelteilen und komplett

A) Gummidichtung: Sie wird einfach über die Kontermutter gezogen. Die Vorderradnabe hat normalerweise auf jeder Seite eine, die Hinterradnabe nur eine auf der linken Seite.

B) Achse: Sie läuft mitten durch die Nabe und ist mit einem Gewinde versehen. Werden Innen- und Außenring und die Gegenmuttern gedreht, bewegen sie sich entlang der Achse und regulieren den Raum, der den Kugeln zum Rollen zur Verfügung steht.

C) Kugeln: Bei Hinterradnaben meist 6,35 Millimeter (1/4 Zoll), bei Vorderradnaben 4,76 Millimeter (3/16 Zoll). Sie sollten bei jeder Wartung der Nabe ausgewechselt werden.

D) Innen- und Außenring: Ihre Oberfläche ist gewellt, sodass sie, wenn sie auf der Achse sitzen, die Kugeln in der Kugelführung des Radnabenlagers halten. Da Innen- und Außenring auf die Achse geschraubt sind, bewegen sie sich mit der Achse. Dadurch verändert sich der Raum, in dem sich die Kugeln bewegen können. Werden die Ringe nach innen gedreht, reduziert sich der Raum, in dem sich die Kugeln bewegen können, Innen- und Außenring rücken näher zusammen. Werden die Ringe nach außen gedreht, haben die Kugeln mehr Platz, sodass sie ungehindert rollen können. Bei korrekter Einstellung können sich die Kugeln völlig ungehindert bewegen, ohne dass sich die Nabe auf der Achse seitlich verschieben kann.

E) Dichtungsringe/Abstandshalter: Die dünnsten Modelle helfen der Kontermutter lediglich, Innen- und Außenring zu halten, sodass diese sich nicht allmählich lockern können. Dickere Modelle dienen als Abstandshalter und gewährleisten, dass das Rad in der Rahmenmitte sitzt.

F) Kontermuttern: Sie werden angezogen und fixieren den justierten Innen- und Außenring. Auf der Außenseite sind sie gekerbt und greifen dadurch mit in die Innenseite des Rahmens, nachdem das Rad montiert ist.

G) Nabe: Der Nabenkörper hat Löcher für die Kreuzung der Speichen, die Hinterradnabe ist mit dem Freilaufkörper verbunden, dem Sperrklinkenmechanismus, der den Freilauf ermöglicht und die Kassette trägt.

Das Justieren von Vorder- und Hinterradnabe

Die Innen- und Außenringe der Vorder- und Hinterradnabe funktionieren identisch, auf jeder Seite werden sie von einer Kontermutter gesichert und im richtigen Abstand auf der Achse gehalten, damit die Kugeln den erforderlichen Raum zum Rollen haben.

Die Hinterradnabe ist durch den Antrieb etwas komplizierter. Rechts auf der Nabe sitzt die Kassette, sie verdeckt den Ring und den Großteil der Kontermutter. Deshalb werden alle Justierungen von der linken Seite aus vorgenommen. Vorderradnaben sind einfacher, denn sie sind von beiden Seiten zugänglich, sodass es keine Rolle spielt, auf welcher Seite Sie justieren. Da die Achse ungehindert mitten durch die Nabe läuft, spielt es auch keine Rolle, auf welcher Seite Sie den Innen- und Außenring justieren, da auf beiden Seiten der Achse gleich viel Raum für die Kugeln zur Verfügung steht.

Die Räder

Das Justieren der vorderen Radnabenlager

Die Vorderradnabe wird gerne vernachlässigt, denn sie gehört zu den anspruchslosen Komponenten, die auch ohne Pflege funktionieren. Bedenken Sie aber, dass sich die Vorderradnabe dreht, sobald Sie in die Pedale treten. Schenken Sie ihr etwas Aufmerksamkeit, damit sie immer glatt läuft, was zu Ihrem Fahrkomfort beiträgt. Zudem ist die Lebensdauer einer gut justierten Nabe deutlich länger.

Die Justierung des vorderen Radnabenlagers lässt sich leicht überprüfen, ohne dass man das Rad abmontieren müsste. Lehnen Sie das Fahrrad gegen eine Wand. Halten Sie mit einer Hand die Felge und mit der anderen Hand direkt daneben die Gabel. Ihre beiden Hände sollten nahe nebeneinander sein. Nun bewegen Sie Ihre Hände vorsichtig aufeinander zu und dann wieder auseinander, wobei Sie das Rad seitlich im Rahmen bewegen. Dabei achten Sie auf ein Schlagen oder Klicken. Ist ein Rad wirklich locker, können Sie es schlagen hören oder sogar sehen. Es ist völlig normal, dass sich das Rad leicht biegt, sobald die Speichen sich längen, ist jedoch ein Schlagen zu hören, ist das Kugellager zu locker. Das Lager muss etwas angezogen werden, damit sich die Kugeln ungehindert drehen können, ohne sich jedoch seitlich zu bewegen.

Kontrollieren Sie nicht nur, ob die Kugellager zu locker sind, sondern auch, ob sie sich ungehindert drehen können. Heben Sie das Rad an und drehen Sie es vorsichtig. Überprüfen Sie zuerst, dass die Bremsklötze nicht an der Felge schleifen, und drehen Sie das Rad anschließend weiter. Selbst wenn Sie es nur ganz leicht angestoßen haben, sollte es selbsttätig noch einige vollständige Umdrehungen machen. Wenn etwas schleift und das Rad vorzeitig stehen bleibt, müssen Innen- und Außenring etwas gelockert werden, damit die Kugeln mehr Bewegungsspielraum bekommen.

Sind Sie erst einmal mit der Funktion der Kugellager vertraut geworden, werden Sie beim Fahren rasch spüren, wenn etwas nicht in Ordnung ist. Den ersten Hinweis, dass die Kugellager justiert werden müssen, erhalten Sie beim Kurvenfahren. Durch den geringen Abstand zwischen den Kugeln und der Kugelführung werden Sie beim Kurvenfahren eine leichte Verzögerung spüren, da das Rad einen fühlbaren Moment braucht, um auf die Lenkerbewegung zu reagieren.

So wird die Justierung richtig

Die unten genannten Schritte sind nicht schwer zu befolgen, es können aber mehrere Versuche nötig sein, bis die Einstellung korrekt ist. Der Unterschied zwischen „zu eng" und „zu locker" beträgt oft nur eine Viertelumdrehung mit dem Konusschlüssel. Noch schwieriger wird es, weil die Kontermutter fest gegen Innen- und Außenring gesichert werden muss, sobald diese richtig platziert sind. Es ist sehr ärgerlich, dass sich die Einstellung dadurch oft wieder verändert. Aber es hilft nichts, in diesem Fall muss die Justierung wiederholt werden. Sollten Sie merken, dass Sie mit der korrekten Justierung von Innen- und Außenring nicht zurechtkommen, braucht die Nabe möglicherweise eine Wartung. Beschädigte oder verschlissene Kugeln verschieben sich bei jeder Achsdrehung in der Lagerbuchse.

DAS JUSTIEREN DER VORDEREN RADNABENLAGER

Schritt 1: Entfernen Sie das Vorderrad, und nehmen Sie die Schrauben oder Muttern und Unterlegscheiben ab. Alle Gummidichtungen abziehen. An beiden Seiten sitzt die Kontermutter mit Unterlegscheiben beziehungsweise Abstandshaltern nahe am Ende der Achse. Innen- und Außenring sind bis auf die Ansatzflächen für den Schraubenschlüssel in der Nabe verborgen. Versuchen Sie, die beiden Kontermuttern mit der Hand abzudrehen. Gelingt dies, hat sich die Nabe gelockert und braucht keine Justierung, sondern eine Wartung, siehe dazu Seite 172.

Schritt 2: Schieben Sie zuerst auf der rechten Seite einen Innenringschlüssel auf den Innenring, und ziehen Sie die Kontermutter wie abgebildet fest an. Schieben Sie den Innenringschlüssel auf den linken Innenring, und halten Sie ihn damit. Lockern Sie die linke Kontermutter ein paar Umdrehungen. Setzen Sie den Kontermutterschlüssel auf die andere Seite des Rads, und halten Sie damit die rechte Kontermutter und dadurch die Achse ruhig.

Schritt 3: Zur Justierung am lockeren linken Innenring drehen Sie den Innenring im Uhrzeigersinn in die Nabe und verringern Sie dadurch wie abgebildet das Spiel in den Kugeln. Verschaffen Sie den Kugeln durch Drehen gegen den Uhrzeigersinn mehr Raum zum Rollen. Ist die Einstellung gut, halten Sie den Innenring fest und drehen die linke Kontermutter wieder fest. Drehen Sie anfangs per Hand und dann mit dem Schraubenschlüssel, um den Innenring gegen die Kontermutter festzuziehen. Falls nötig wiederholen Sie die Justierung.

170

Das Justieren der hinteren Radnabenlager

Kugellager sollten bei korrekter Einstellung und sicherer Fixierung keine regelmäßige Wartung benötigen. Sie sollten jahrelang halten, ohne dass man sie öffnen und an ihnen herumhantieren muss. Es empfiehlt sich aber, regelmäßig zu kontrollieren, ob sie zu viel Spiel haben, denn haben sie sich erst einmal gelockert, verschleißen sie schnell, und es dauert nicht lange, bis sie die Nabe beschädigen.

Solange Sie sofort eingreifen, wenn die Kugellager zu viel Spiel bekommen haben oder schleifen, können diese von außen justiert werden, ohne dass die Nabe abmontiert werden muss. Sind sie aber bereits einige Zeit locker, haben sich die Kugellager vermutlich ungleich abgenutzt und sollten ausgetauscht werden (siehe dazu die Wartungsanleitungen auf Seite 174). Eine Wartung ist auch angesagt, wenn Sie mit der korrekten Justierung zu kämpfen haben. Sind die Kugeln oder Laufrillen verschlissen, verändert sich die scheinbar „perfekte" Position mit dem Drehen der Achse. In diesem Fall sind Sie der Meinung, die richtige Einstellung erreicht zu haben, und müssen dann feststellen, dass die Achse wackelt oder klemmt, sobald sie gedreht wird.

Für die Justierung von Innen- und Außenring brauchen Sie ein Spezialwerkzeug. Der Innenring befindet sich weitgehend verborgen in der Nabe, nur ein kleines Stück schaut heraus, an dem Sie arbeiten können. Innenringschlüssel sind sehr dünn und passen in diese Lücke. Es gibt sie in verschiedenen Größen, die üblichste ist 15 Millimeter für Hinterradnaben und 13 Millimeter für Vorderradnaben. Obgleich auf jeder Seite ein Ring sitzt, können Sie die Nabe mit einem einzigen Innenringschlüssel justieren und warten. Da die Achse durch die gesamte Nabe läuft, spielt es keine Rolle, welche Seite Sie nachstellen, denn die Achse durchläuft die Nabe frei und lässt den Kugeln auf beiden Seiten gleich viel Raum. Benutzen Sie einen Innenringschlüssel ausschließlich für diesen Zweck, denn er ist so dünn, dass er rasch Schaden nimmt, wenn man etwas anderes wie beispielsweise Radmuttern damit zu lösen versucht. Die Kontermuttern, von denen Innen- und Außenring am Platz gehalten werden, sind exponierter als die Ringe und können normalerweise mit einem Standardschlüssel gedreht werden. Die üblichste Größe ist hier 17 Millimeter.

Unten abgebildet ist nur die Nabe ohne Felge, Speichen oder Kassette, sodass Sie beide Seiten der Nabe gleichzeitig sehen können. Beim Arbeiten an Ihrem Fahrrad haben Sie das gesamte Rad vor sich. Hat es einen Schnellspanner, drehen Sie ihn auf. Hat es eine Achse mit Muttern, entfernen Sie die Muttern, die das Rad am Rahmen befestigen und alle Unterlegscheiben, die außen am Rahmen saßen. Während des Justierens der Kugellager kann die Kassette montiert bleiben, für eine Wartung der Nabe muss sie aber ausgebaut werden (siehe Seite 151).

Genau wie bei der Justierung der Vorderradnabe kann es einige Versuche erfordern, bis die Kugellagerposition korrekt ist und auch so bleibt, wenn der Innenring fixiert wird. Nehmen Sie sich für diese Aufgabe viel Zeit, mit zunehmender Übung wird es dann einfacher.

DAS JUSTIEREN DER HINTEREN RADNABENLAGER

Schritt 1: Falls die linke Kontermutter unter einer Gummidichtung sitzt, schieben Sie diese weg. Vom linken Ende der Achse betrachtet sitzt dem Ende am nächsten die Kontermutter, unter der einige Abstandshalter liegen können, gefolgt vom Innenring, der zum Großteil in der Nabe verborgen ist. Halten Sie die linke Kontermutter und die rechte Kontermutter auf der anderen Seite der Nabe. Versuchen Sie, beide mit den Fingern zu lösen. Falls Sie sich bewegen lassen, hat sich die Nabe gelockert und muss gewartet werden, siehe dazu Seite 174.

Schritt 2: Halten Sie den linken Innenring mit einem Innenringschlüssel. Lockern Sie die Kontermutter einige Umdrehungen. Setzen Sie den Schraubenschlüssel auf die rechte Kontermutter, und halten Sie damit die Kontermutter und gleichzeitig die Achse unbeweglich. Drehen Sie den linken Innenring, um das Spiel des Kugellagers zu justieren. Im Uhrzeigersinn bewegt sich der Innenring in die Nabe und reduziert das Spiel, gegen den Uhrzeigersinn bewegt er sich nach außen, wodurch sich der Widerstand verringert.

Schritt 3: Sobald Sie eine Einstellung gefunden haben, bei der keinerlei Spiel mehr vorhanden ist, die Achse sich aber noch ungehindert drehen kann, ziehen Sie die Kontermutter zum Innenring hin fest. Sichern Sie den Innenring durch Festdrehen gegen die Kontermutter. Testen Sie diese Einstellung, und wiederholen Sie sie, falls nötig. Sobald Sie mit der Einstellung zufrieden sind, montieren Sie wieder die Dichtungen, Muttern beziehungsweise Unterlegscheiben oder Schnellspanner und Kassette, und setzen Sie das Rad wieder ein.

Die Räder

Die Wartung der Vorderradnabe

Für erste Versuche mit der Nabenwartung beginnen Sie am besten mit der vorderen Nabe. Hier ist es bedeutend einfacher als bei der hinteren Nabe, weil Sie sich nicht um die Kassette kümmern müssen.

Nach dem Öffnen wird die Nabe geputzt und auf Schäden an der Kugelführung kontrolliert. Die Kugeln selbst müssen nicht geprüft werden – sie sollten routinemäßig ausgewechselt werden –, aber mit der Kugelführung ist das etwas Anderes. Sowohl die Innenfläche der Nabe als auch Innen- und Außenring sollen keine Riefen oder sonstige Beschädigungen aufweisen. Beschädigte Innen- und Außenringe können ausgetauscht werden. Nehmen Sie die alten Ringe zum Kauf mit, denn es gibt sie in vielen verschiedenen Größen und Formen, und sie müssen exakt passen. Es kann allerdings preiswerter sein, die gesamte Achse neu zu kaufen, falls beide Ringe verschlissen sind. In einigen Fällen sind die Ringe auch nicht einzeln erhältlich, dann bleibt ohnehin nur der Kauf einer kompletten Achse übrig.

DIE WARTUNG DER VORDERRADNABE

Schritt 1: Entfernen Sie das Vorderrad. Hat es eine Schnellspannachse, entfernen Sie den Schnellspanner und die beiden kleinen Federn zu beiden Seiten der Nabe. Hat das Rad Muttern, entfernen Sie die Muttern komplett, ebenso eventuelle Unterlegscheiben außen am Rahmen. Die Nabe kann auf beiden Seiten Gummidichtungen über den Kontermuttern etc. haben. Ziehen Sie diese vorsichtig mit den Fingern ab, um sie nicht zu zerreißen.

Schritt 2: Vom Ende der Achse aus sehen Sie zuerst die Kontermutter. Darunter befinden sich Unterlegscheiben und der Innenring. Sie werden den Innenring nicht vollständig sehen, da er weitgehend in der Nabe verborgen ist. Schieben Sie einen Innenringschlüssel auf den linken Innenring. An der linken Kontermutter setzen Sie einen normalen Schraubenschlüssel an, normalerweise einen mit der Größe 17 Millimeter. Halten Sie den Innenring fest, lösen Sie die Kontermutter, und entfernen Sie diese vollständig. Ziehen Sie eventuelle Unterlegscheiben ab.

Schritt 3: Setzen Sie den Kontermutterschlüssel rechts von der Nabe an und halten Sie damit die rechte Kontermutter und gleichzeitig die Achse fest. Lösen Sie den linken Innenring, und entfernen Sie ihn vollständig. Ziehen Sie Achse rechts aus der Nabe, und fangen Sie alle Kugeln auf, die herausfallen.

Schritt 4: Mit einem kleinen Schraubenzieher holen Sie alle Kugeln aus beiden Seiten der Nabe und zählen sie, damit Sie wissen, wie viele Sie am Ende wieder brauchen. Putzen Sie die Kugelführung gründlich. Am besten kommt man mit einem Schraubenzieher hinein, um den ein Lappen gewickelt ist. Für besonders hartnäckige Verschmutzungen verwenden Sie Entfetter. Machen Sie sich keine Gedanken darüber, wie Sie die Kugeln sauber bekommen. Ihr Verschleiß ist viel zu kompliziert zu beurteilen, daher sollten sie einfach erneuert werden.

Schritt 5: Lassen Sie den Innenring und die Kontermutter auf der linken Seite vorerst an der Achse und putzen und inspizieren Sie die Kugelführung. Eine schmale Gebrauchsspur ist in Ordnung, solange sie gleichmäßig ist. Falls Sie jedoch Riefen entdecken, müssen Innen- und Außenring ausgewechselt werden. Nehmen Sie die alten Ringe zum Kauf mit. Riefen auf der Kugelführung in der Nabe sind ein größeres Problem. Lassen Sie sie im Fahrradgeschäft anschauen und beurteilen.

Schritt 6: Ist der rechte Innenring verschlissen, muss er von der Achse abmontiert werden. Merken Sie sich, wie viel von der Achse hinter der Kontermutter heraussteht. Halten Sie den Innenring fest, und entfernen Sie die Kontermutter. Unterlegscheiben entfernen, den alten Innenring abdrehen und den neuen aufsetzen. Die Unterlegscheiben ersetzen und die Kontermutter so weit zum Ende der Achse drehen, bis wieder so viel von der Achse heraussteht wie zuvor. Drehen Sie den Innenring auf die Achse, bis er an die Kontermutter stößt.

172

Die Wartung der Vorderradnabe

Riefen auf der Nabenoberfläche sind etwas anderes. In der Regel ist die Nabenoberfläche die robusteste Oberfläche und verschleißt zuletzt, aber sie ist auch das teuerste Ersatzteil. Die Kugelführung ist ein fester Bestandteil der Nabe und kann nicht gesondert ausgetauscht werden. Verschleiß ist hier normalerweise gleichbedeutend mit einem neuen Rad. Falls Sie Riefen feststellen, lassen Sie sich im Fahrradgeschäft beraten. Man glaubt natürlich gerne, dass kleine Schäden unbedeutend sind, aber jede Unregelmäßigkeit, die Sie auf der Kugelführung fühlen können, gibt Anlass zu Besorgnis. Sie brauchen für diese Aufgabe einen besonderen Innenringschlüssel, dieser ist schmaler als ein Standardschraubenschlüssel, damit er in die sehr schmale Lücke zwischen Kontermutter und Nabe passt.

Auf die Kontermutter, die den Innenring sichert, damit er sich während der Fahrt nicht lockert, passt normalerweise ein Standardschraubenschlüssel. Übliche Größen sind 15 und 17 Millimeter. Die Kugeln für Vorderradnaben haben praktisch immer dieselbe Größe, 3/16 Zoll (4,76 Millimeter). Es gibt sie in verschiedenen Qualitäten. Die Standardkugeln sind für die meisten Naben ausreichend, falls Sie aber Ihr Fahrrad noch etwas geschmeidiger wünschen, entscheiden Sie sich für Kugeln der Qualität „Grade 25". Sie sehen sehr ähnlich aus wie die Standardkugeln, sind aber runder und daher haltbarer, die Nabe lässt sich damit leichter justieren, und Schäden an Kugelführung und Radnabenlager treten seltener auf. Sie kosten normalerweise das Doppelte der Standardkugeln, sind aber verglichen mit den meisten anderen Ersatzteilen immer noch preiswert und daher empfehlenswert. Bei der Gelegenheit erwerben Sie gleich noch eine Tube Fahrradfett, sie hält jahrelang, denn man verwendet das Fett sehr sparsam. Gutes Fett sorgt nicht nur dafür, dass alles weich läuft, sondern ist auch ziemlich klebrig. So lassen sich die Kugeln beim Wiederzusammensetzen der Nabenteile besser unter Kontrolle zu halten.

DIE WARTUNG DER VORDERRADNABE Fortsetzung

Schritt 7: Unabhängig davon, ob Sie den Innenring erneuert haben oder nicht, muss der rechte Innenring gegen die rechte Kontermutter angezogen werden. Halten Sie den Innenring fest, und drehen Sie die Kontermutter fest dagegen. Nun sollten Sie sich die Hände waschen, bevor Sie sich mit dem neuen sauberen Fett und den Kugeln beschäftigen.

Schritt 8: Trocknen Sie die Radnabenlager beziehungsweise Kugelführungen, und geben Sie dann auf beiden Seiten so viel sauberes Fett hinein, dass jede Kugel bis zur Mitte in Fett sitzt. Stecken Sie die Kugeln von oben in das Fett. Auf beiden Seiten müssen es gleich viel Kugeln sein, und am Ende sollte etwas Platz bleiben, weil die Kugeln Spielraum brauchen. Sollten Sie feststellen, dass sie noch herausfallen, säubern und trocknen Sie die Kugelführungen nochmals.

Schritt 9: Führen Sie die Achse von rechts durch die Nabe, achten Sie dabei darauf, keine Kugel herauszustoßen. Die durchgeschobene Achse sichern Sie, indem Sie den geputzten oder neuen linken Innenring auf die Achse drehen. Drehen Sie ihn soweit, bis er die Kugeln gerade berührt, Sie sollten die Achse noch ungehindert drehen können. Schieben Sie erst die Unterlegscheiben und anschließend die Kontermutter auf.

Schritt 10: Nun muss der Innenring so justiert werden, dass die Achse sich frei drehen kann, aber nicht seitlich wackelt. Da die rechte Kontermutter fest gegen die Achse gesichert ist, können Sie die Achse mit dem Schlüssel auf der rechten Kontermutter halten. Zum Festziehen oder Lockern des Innenrings benützen Sie einen Innenringschlüssel. Kontrollieren Sie auf seitliches Spiel, indem Sie die Achse von einer Seite zur anderen rütteln. Überprüfen Sie, ob sie sich frei dreht.

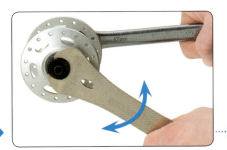

Schritt 11: Von hinten links gesehen, müssen Sie den Innenring im Uhrzeigersinn drehen, um ihn fester anzuziehen und übermäßigen Zwischenraum zwischen der Kugelführung und den Kugeln zu beseitigen. Drehen Sie den Innenring gegen den Uhrzeigersinn, lockert sich der Innenring, und die Achse kann sich ungehinderter drehen. Vergessen Sie nicht, bei diesen Einstellungen die rechte Kontermutter festzuhalten.

Schritt 12: Sind Sie der Meinung, es geschafft zu haben, ziehen Sie die linke Kontermutter gegen den Innenring fest und sichern anschließend Innenring und Kontermutter mit beiden Schraubenschlüssen fest gegeneinander. Kontrollieren Sie nochmals, ob die Achse Spiel hat. Dies kann frustrierend sein, denn beim Anziehen der beiden Kontermuttern verändert sich die Justierung häufig wieder, und Sie müssen die Kontermutter mehrfach wieder lockern und Neueinstellungen vornehmen.

173

Die Räder

Die Wartung der Hinterradnabe

Die Hinterradnabe muss einiges wegstecken, denn sie trägt den Hauptteil Ihres Körpergewichts und zusätzlich noch alles, was Sie an Gepäck dabeihaben.

Zudem wird sie von den Pedalen ständig vorangetrieben und muss in jeder Kurve das Rad in einem Winkel halten. Es ist also nicht überraschend, dass die Kugeln nicht ewig halten. Hinweise auf lockere Kugeln sind offenkundig. Das erste Anzeichen für Probleme: Sie können das Rad an der Felge seitlich verziehen, wobei ein spürbares oder hörbares Schlaggeräusch auftritt. Als Erstes sollten Sie in diesem Fall Innen- und Außenring justieren, die sich möglicherweise gelockert haben. Sind jedoch die Kugeln beschädigt oder verschlissen, werden Sie mit der korrekten Justierung zu kämpfen haben. In diesem Fall heißt es: Achse ausbauen, Kugelführungen putzen und neue Kugeln einsetzen.

Haben Sie die Nabe zerlegt und geputzt, sehen Sie die Kugelführungen. Als Erstes verschleißen normalerweise Innen-

DIE WARTUNG DER HINTERRADNABE

Schritt 1: Entfernen Sie das Rad und den Schnellspanner oder Muttern und Unterlegscheiben. Bauen Sie die Kassette aus, siehe dazu die Anleitung Seite 151. Schauen Sie links auf das Rad, normalerweise sehen Sie dort, dass Kontermutter und Innenring unter einer Gummidichtung sitzen. Ziehen Sie diese sorgfältig ab. Eventuell müssen Sie die Kante vorsichtig mit einem kleinen Schraubenzieher aushebeln.

Schritt 2: Schauen Sie sich das freigelegte linke Ende der Achse genau an. Außen sitzt eine Kontermutter, die alles fixiert. Darunter liegen möglicherweise Unterlegscheiben/Abstandshalter, anschließend der Innenring. Sie sehen ihn nur teilweise, der Rest ist in der Nabe verborgen. Halten Sie den Innenring mit einem Innenringschlüssel fest, und lockern und entfernen Sie dann die Kontermutter. Entfernen Sie alle Unterlegscheiben/Abstandshalter.

Schritt 3: Setzen Sie den Schraubenschlüssel nun an der Kontermutter der rechten Seite des Rads an, und halten Sie die Achse fest. Lassen Sie den Innenringschlüssel auf dem linken Innenring und drehen Sie den Innenring damit von der Achse. Legen Sie Innen- und Außenring, Abstandshalter und Kontermutter in der richtigen Reihenfolge nebeneinander und gesondert von den Teilen, die Sie vom anderen Ende der Achse abnehmen werden. Ziehen Sie die Achse von rechts aus der Nabe.

Schritt 4: Putzen und Kontrollieren. Putzen Sie die Achse, lassen Sie dabei den rechten Innenring, die Kontermutter etc. daran montiert. Putzen Sie die Teile, die Sie von der anderen Seite abmontiert haben. Entfernen und zählen Sie alle Kugeln aus der Nabe. Putzen Sie die Kugelführungen in der Nabe und den Schalen. Mit Küchenpapier, das Sie um einen Schraubenzieher wickeln, erreichen Sie diese Stellen gut. Inspizieren Sie alle Kugelführungen.

Schritt 5: Vernarbte Innen- und Außenringe sind auszutauschen. Der rechte Innenring muss von der Achse entfernt werden. Bevor Sie ihn abnehmen merken Sie sich, wie viel von der Achse hinter der Kontermutter heraussteht. Halten Sie den Innenring mit dem dünnen Innenringschlüssel fest auf der Achse, und drehen Sie anschließend mit dem Kontermutterschlüssel die Kontermutter ab. Entfernen Sie alle Unterlegscheiben etc. und den Innenring. Nehmen Sie die alten Ringe zum Kauf der neuen mit, damit Sie die richtige Größe bekommen.

Schritt 6: Drehen Sie den rechten Innenring vom selben Ende wieder auf die Achse, von dem Sie ihn abgedreht haben, und montieren Sie danach die Unterlegscheiben und die Kontermutter. Platzieren Sie die Kontermutter so, dass wieder ebenso viel von der Achse herausschaut wie zuvor. Drehen Sie den Innenring bis zur Kontermutter, halten Sie die Kontermutter fest und fixieren Sie Innenring und Kontermutter. Fetten Sie die Schalen, und stecken Sie so viele 1/4-Zoll-Kugeln (6,35 Millimeter) hinein, wie Sie herausgenommen haben, meist sind es je neun.

Die Wartung der Hinterradnabe

und Außenringe, die auf die Achse geschraubt werden. Sie müssen nach dem Herausnehmen und Putzen sorgfältig untersucht werden. Die ständige Rotation der Räder hinterlässt mit der Zeit eine Abnutzungsspur in jedem Innen- und Außenring, die Sie recht deutlich sehen werden. Solange diese Spur glatt und nicht zu breit ist, kann der Ring noch weiterverwendet werden. Ist die Abnutzungsspur jedoch breiter als zwei Millimeter oder weist Riefen auf, muss der Ring ersetzt werden. Nehmen Sie den alten Ring zum Kauf mit, damit Sie auf jeden Fall das passende Ersatzteil bekommen.

Nach den Innen- und Außenringen inspizieren Sie die Schalen, das sind die Laufrillen oder Kugelführungen innen in der Nabe. Riefen in den Schalen sind ernst zu nehmen und bedeuten normalerweise, dass eine neue Nabe oder ein neues Rad fällig ist. Finden Sie Riefen, lassen Sie sich im Fahrradgeschäft beraten. Zum Glück sind Innen- und Außenringe absichtlich aus weicherem Material gefertigt als die Schalen und nutzen sich schneller ab, weil sie leichter auszutauschen sind.

Abgebildet ist hier nur die Nabe ohne Felge und Speichen, aber Sie arbeiten natürlich an einem kompletten Rad mit Speichen und allem, was dazugehört.

Die Kassette werden Sie allerdings ausbauen müssen, siehe dazu Seite 151. Es ist zwar auch möglich, die Nabe trotz montierter Kassette zu warten, aber das ist ziemlich frustrierend. Sie brauchen wieder wie beim Justieren von Innen- und Außenring am Hinterrad einen speziellen schmalen Schraubenschlüssel, um die Innenringe zu justieren. Für Hinterradnaben ist dies fast immer ein 15-mm-Innenringschlüssel. Die Kontermutter hat normalerweise die Größe 17 Millimeter, sodass ein Standardschraubenschlüsse passt.

DIE WARTUNG DER HINTERRADNABE Fortsetzung

Schritt 7: Schieben Sie die Achse mit der daran befestigten Kontermutter, den Unterlegscheiben und dem Innenring von rechts in die Nabe. Achten Sie sorgfältig darauf, keine von den neu deponierten Kugeln herauszustoßen, denn sie verschwinden gerne in der Tiefe der Nabenmitte. Der Innenring sollte weitgehend in der Nabe unter dem Freilaufkörper verschwinden.

Schritt 8: Halten Sie die rechte Seite der Achse fest, indem Sie die Kontermutter mit den Fingern greifen. Drehen Sie den neuen oder geputzten linken Innenring auf die Achse. Drehen Sie ihn bis zu den Kugeln, sodass der Innenring die Kugeln einschließt. Er soll aber nur so fest sitzen, dass sich die Achse noch frei drehen kann.

Schritt 9: Montieren Sie die Abstandshalter in der richtigen Reihenfolge, gefolgt von der Kontermutter. Ziehen Sie die Kontermutter von Hand gegen die Abstandshalter fest. Anschließend setzen Sie den Innenringschlüssel am Innenring an und verwenden ihn und den Kontermutterschlüssel dafür, Innenring und Kontermutter fest gegeneinander zu sichern.

Schritt 10: Testen Sie die Justierung, sie ist selten gleich beim ersten Versuch korrekt. Halten Sie das Rad so, dass das linke Ende der Achse zu Ihnen weist, und rütteln Sie das Ende der Achse vorsichtig von einer Seite zur anderen, während Sie das Rad festhalten. Es sollte absolut kein Spiel darin sein. Sie sollten die Achse nicht seitlich bewegen können. Versuchen Sie anschließend, die Achse zu drehen. Sie sollten die Achse zwischen den Fingern mit geringem oder keinem Widerstand drehen können.

Schritt 11: Falls die Justierung noch nicht perfekt gelungen ist, halten Sie den linken Innenring fest und lösen die Kontermutter ein paar Umdrehungen. Setzen Sie den Innenringschlüssel nun am anderen Ende der Achse an, und halten Sie damit die rechte Kontermutter und folglich die Achse ruhig. Justieren Sie den linken Innenring. Drehen Sie ihn im Uhrzeigersinn, um ihn fester anzuziehen und das Schlagen zu reduzieren, drehen Sie ihn gegen den Uhrzeigersinn, um ihn zu lockern, damit sich die Achse ungehinderter drehen kann.

Schritt 12: Halten Sie den Innenring in der neuen Einstellung, setzen Sie den Kontermutterschlüssel von der rechten wieder auf die linke Kontermutter und ziehen Sie diese fest gegen den Innenring an. Es kann sein, dass Sie dieses Verfahren wiederholen müssen, da das Anziehen der Kontermutter gegen den Innenring die Justierung gerne wieder verändert. Halten Sie durch, bis Sie die richtige Einstellung gefunden haben. Falls erforderlich, eventuelle Gummidichtungen, die Kassette und den Schnellspannhebel oder die Muttern wieder austauschen.

Die passenden Reifen für den Stadtverkehr

Die Reifen sind der einzige Bestandteil des Fahrrads, der die Straße berührt. Machen Sie sich einmal klar, dass die Aufstandsfläche, ähnlich wie bei den Bremsklötzen, erschreckend klein ist, in manchen Fällen kaum größer als die Fläche eines Fingerabdrucks. Diese winzigen Gummiflächen müssen die Kraft der Pedalbewegung übertragen, um Sie voranzubringen, müssen auch unter rutschigen und unsicheren Bedingungen um die Kurven steuern und Sie schnell und kontrolliert anhalten lassen. Es lohnt sich also, ihnen etwas Aufmerksamkeit zu schenken.

Pannensicherheit

Der einzige Grund, warum sich in den letzten Jahren wieder mehr Leute auf ein Fahrrad setzen, sind weder raffinierte Gangschaltungen noch drastische Neuerungen beim Rahmenmaterial und -design, sondern ein unsichtbarer Streifen eines pannensicheren Materials, der unter dem Reifenprofil ins Reifenmaterial gewebt wurde. Ein pannensicherer Streifen hindert die meisten spitzen Gegenstände daran, sich bis zum Schlauch durchzuarbeiten. Dieser Streifen macht den Reifen zwar etwas schwerer und kostspieliger, aber die Investition lohnt sich.

Qualität

Ein guter Reifen wird aus dickerem Gummi gefertigt, das lange haltbar ist und gut auf der Straße greift. Sie können davon ausgehen, mit einem guten Reifen etwa 10 000 Kilometer zu fahren, vorausgesetzt, der Reifen wird immer gut aufgepumpt und hat kein Loch. Billige Reifen neigen zu schnellerem Verschleiß, sie halten nur etwa halb so lang wie gute Reifen.

Reifendruck

Der Reifendruck ist entscheidend. Das Einzige, womit Sie zur längeren Lebensdauer Ihrer Reifen beitragen können ist, stets für die korrekte Luftmenge in den Reifen zu sorgen. Der richtige Druck ist auf der Seitenwand des Reifens angegeben, dies ist gesetzlich vorgeschrieben. In dem Gesetz steht allerdings nicht, dass diese Angabe auch leicht zu finden sein muss, häufig ist es ein schwarzer Aufdruck auf dunklem Untergrund. Anfangs brauchen Sie ein Luftdruckmessgerät, um den Luftdruck zu prüfen. Nach einer gewissen Zeit bekommen Sie ein Gefühl dafür, wie sich der korrekte Luftdruck anfühlt, wenn Sie den Reifen zusammendrücken. Bei vielen Luftpumpen ist ein Luftdruckmesser dabei. Die Anschaffung lohnt sich, auch wenn der angegebene Wert auf billigen Minipumpen eher ein Richtwert als ein exakter Messwert ist.

Das Reifenprofil

Entgegen der allgemeinen Erwartungen ist dieser Faktor für das Fahren auf der Straße so ziemlich der unwichtigste. Bei Geländefahrten auf schlammigen Pisten sieht die Sache anders aus, unter diesen Umständen sind Form, Tiefe und Anlage der Noppen entscheidend. Auf Teer reicht es aber normalerweise aus, die Gummimenge zu maximieren, die Straßenkontakt hat, je weicher desto besser. Auf einem harten Untergrund sind Nop-

Weichere Reifen sind gleichbedeutend mit besserer Griffigkeit.

pen ungünstig, denn der einzige Kontakt, den Sie dann zum Untergrund haben, sind die Köpfe von jeweils drei oder vier Noppen. Wenn Sie vorhaben, auf unbefestigten Wegen und auch auf Asphalt zu fahren, hat es sich bewährt, einen Reifen mit einem weichen erhobenen Rücken in der Mitte und Noppen an den Seiten zu fahren.

Der Zustand der Reifen

Reifen haben ständigen Kontakt zur Straße, und ihnen wird eine Menge abverlangt. Es ist völlig unvermeidlich, dass sie verschleißen. Es gibt ein paar Dinge, die Sie tun können, damit Reifen möglichst lange halten, erwarten Sie aber keine Wunder. Kontrollieren Sie die Reifen regelmäßig und häufig. Nehmen Sie sich einmal pro Woche eine Minute Zeit, jeden Reifen rundherum anzuschauen und Glassplitter oder Sonstiges herauszupicken, dadurch können Sie die Anzahl Ihrer Reifenpannen halbieren. Spitze Gegenstände brauchen eine gewisse Zeit, bis sie sich den Weg durch den Reifen bis zum Schlauch gebahnt haben. Werden sie also rechtzeitig entfernt, sparen Sie sich einen neuen Schlauch und Scherereien. Bei dieser Gelegenheit können Sie auch gleich ein Auge auf den Zustand der Reifen werfen. Schlitze und Löcher in der Reifenoberfläche erleichtern jedem Glassplitter das Eindringen. Häufen sich solche kleinen Schäden, sollten Sie den Reifen austauschen. Die Reifenoberfläche nutzt sich ab und greift nicht mehr so gut. Erneuern Sie den Reifen, sobald das Profil zu schwinden beginnt.

Felgen und Felgenband

Die Felgen gehören zu den Fahrradteilen, die man vernachlässigt, solange sie einwandfrei ihren Dienst tun. Es gibt aber einiges, worüber man sich im Klaren sein sollte. Der Querschnitt einfacher und billiger Felgen ist u-förmig und der Reifen sitzt direkt in dem „U". Viele neue Fahrräder sind mit diesem Felgentyp ausgestattet und funktionieren gut.

Wünschen Sie sich etwas Stärkeres, sollten Sie sich für Hohlkastenfelgen entscheiden, die auch haltbarer sind. Sie sind tiefer als die u-förmigen Wulst- beziehungsweise Tiefbettfelgen und haben direkt unter dem Reifen eine Versteifungsrippe. Ein weiteres Merkmal einen guten Qualität sind geöste Felgen. Felgen werden aus Aluminium gefertigt, einem leichten, aber relativ weichen Material. Eine Stahlöse in jedem Speichenloch verteilt den Druck vom Nippel und sorgt für eine weichere Oberfläche der Nippelunterseite. Einzelösen befinden sich an der Innenfläche von Felgen mit Hohlkastenquerschnitt. Doppelösen sind so geformt, dass sie den Druck über die Innen- und Außenflächen verteilen, wodurch die Felge noch kräftiger wird.

Falls Sie Felgenbremsen haben, sollten Sie immer ein Auge auf die Bremsflächen haben, insbesondere wenn Sie in der Großstadt fahren, wo die Felgen durch die Luftverschmutzung mit einer schwarzen, erschreckend aggressiven Schmiere überzogen werden. Die Oberfläche einer Felge ist mit ein paar Millimetern nicht sehr dick, sie kann also schnell verschleißen. Sie sollten dies rechtzeitig bemerken, bevor die Felge so dünn ist, dass sie ermüdet. Durch den Schlauch steht die Felge unter Druck von innen und kann regelrecht explodieren, falls sie zu dünn geworden ist.

In letzter Zeit ist es üblich geworden, Felgen mit einer Verschleißanzeige auszurüsten. Diese gibt es in zweierlei Form: Am üblichsten ist ein Loch, das von innen durch die Hälfte der Bremsfläche auf der Felge gebohrt ist. Bei einer neuen Felge kann man dieses Loch nicht sehen, ein Aufkleber mit einem Pfeil zeigt aber an, wo es sich befindet. Kontrollieren Sie die Felge regelmäßig bei diesem Aufkleber. Verschleißt die Felge, erreicht sie schließlich die Öffnung des Lochs, und Sie können durch dieses Loch einen kleinen schwarzen Fleck des Reifens sehen. Dann ist es höchste Zeit, das Rad auszuwechseln. Die zweite gebräuchliche Form ist eine Vertiefung, die um die Bremsfläche gefräst ist. An der tiefsten Stelle hat diese Rille eine andere Farbe. Bei einer schwarzen Felge beispielsweise ist die Rille silbern und umgekehrt. So lässt sich leicht feststellen, wann die Felge bis auf den Grund der Rille verschlissen ist, weil dann diese andere Farbe nicht mehr zu sehen ist. Kontrollieren Sie dies regelmäßig, und erneuern Sie eine abgenutzte Felge. Denken Sie auch daran, beide Seiten zu kontrollieren, da diese sich nicht zwangsläufig gleich schnell abnutzen.

Bei einem nagelneuen Fahrrad ist die Felge schön rund und flach. Mit der Zeit bekommt sie leichte Wellen und nimmt nach und nach eine eher ovale Form an. Kleine Abweichungen können durch eine Veränderung der Speichenspannung und Begradigung der Felge wieder in Form gebracht werden. Dies nennt man „Zentrieren des Rads" oder „Nachspannen der Speichen". Stärkere Krümmungen sind problematischer, denn wenn sich die Felge stark deformiert hat, müssen die Speichen an dieser Stelle unter sehr viel zusätzliche Spannung gesetzt werden, um die Felge wieder in Form zu bringen. Dieser Bereich mit erhöhter Spannung bringt die Felge aber erneut aus dem Gleichgewicht, und sie wird anschließend die Justierung nie lange halten. Auch eine Felge, mit der trotz einer Krümmung noch längere Zeit gefahren wurde, neigt dazu, sich einer zufrieden stellenden Einstellung zu widersetzen.

Das Felgenband ist der dünne Streifen rundherum im Reifen und unter dem Schlauch. Ursprünglich bedeckte dieses Band das Ende der Speichen und verhinderte, dass diese den Schlauch innen durchlöcherten. Bei Hohlkastenfelgen ist das Speichenende im Hohlkasten verborgen und reicht nicht bis zum Schlauch. Das macht ein Felgenband aber nicht weniger nützlich. In der unter dem Reifen verborgenen Felgenfläche ist über jedem Speichenende ein Loch, daher kann man den Nippel, der die Speiche an ihrem Platz hält, montieren und erreichen. Gerät eine Speiche in eines dieser Löcher, wird der Schlauch ein Loch bekommen, daher ist es wichtig, dafür zu sorgen, dass das Felgenband die Löcher bedeckt. Nach einer Reifenpanne sollten Sie nicht nur den Reifen, sondern auch das Felgenband kontrollieren. Am gefährlichsten ist es, wenn nur ein kleines Stück eines Speichenlochs freiliegt, denn wird der Schlauch aufgepumpt, gelangt er allmählich bis dorthin, und ein kleines Stück des Schlauchs kann sich in der Felge verklemmen. Dort bleibt es, bis Sie das nächste Mal über ein Schlagloch fahren. Die plötzliche Druckzunahme verschiebt das Band, sodass die Ausbeulung entfernt wird und durch das Loch ein plötzlicher Druckabfall stattfindet. Das Band soll gleichmäßig in der Felgenvertiefung liegen. Steigt es an den Seiten hinauf oder verschiebt es sich im Felgenbett, sitzt der Reifenwulst nicht gleichmäßig in der Felge, und Sie haben den unangenehmen Eindruck, ein wackliges Rad zu fahren.

Hohlkastenfelgen sind stärker und fester.

Die Räder

Das Zentrieren der Räder

Das Zentrieren der Räder ist sich recht einfach und lässt sich mit einem Minimum an Werkzeug erledigen, aber es braucht etwas Übung, bis man es ordentlich hinbekommt. Sie sollten sich beim ersten Mal sehr viel Zeit nehmen, um auch tatsächlich eine Verbesserung zu erzielen. Wenn man in Eile ist, täuscht man sich leicht und spannt Speichen nach, die bereits zu viel Spannung haben. Das ist nicht nur frustrierend, sondern kann auch die Felge schädigen, denn sie wird einer ständigen Krümmung ausgesetzt.

Beim Zentrieren der Räder geht es darum, in den Speichen eine ausgeglichene Spannung zu erreichen. Das Rad soll perfekt rund sein und in der Mitte von Rahmen und Gabel laufen, ohne dass die Felge von einer Seite auf die andere wackelt.

Für den Anfang beschäftigt man sich am besten damit, den Vorgang zu verstehen. Es ist natürlich verlockend, einfach loszulegen und an den Nippeln zu drehen, aber das sollten Sie besser nicht tun. Fangen Sie beim Vorderrad an, denn dort ist es am leichtesten zu verstehen. Montieren Sie das Vorderrad ab, entfernen Sie den Reifen, den Schlauch und das Felgenband. Stellen Sie das Fahrrad auf den Kopf, oder stellen Sie das Rad in einen Zentrierständer, falls Sie einen zur Verfügung haben, und montieren Sie das Rad wieder am Fahrrad. Schauen Sie sich nun die Speichen genau an. Wenn Sie jede Speiche von der Felge bis zur Nabe verfolgen werden Sie sehen, dass benachbarte Speichen mit entgegengesetzten Seiten der Nabe verbunden sind. Die Nabe hat auf jeder Seite einen Grat, in dem sich alle Speichenlöcher befinden. Dieser Grat wird als Felgenhorn bezeichnet. Die Speichenenden sind um die Löcher im Felgenhorn gewunden und enden in einem Kopf, der verhindert, dass die Speiche sich durch das Loch ziehen kann. Die Köpfe der Speichen zeigen immer abwechselnd in die andere Richtung, die Hälfte der Köpfe also nach innen zur Nabenmitte, die andere Hälfte von der Nabe weg.

Die Biegung am Ende der Speiche hält zum einen die Speiche im Felgenhorn, sorgt aber auch dafür, dass die Speiche sich in dem Loch nicht drehen kann. Warum das so ist, erkennen Sie sofort, wenn Sie sich das andere Ende der Speiche anschauen, wo diese mit der Felge verbunden ist. Das felgenseitige Speichenende ist in einen kleinen Nippel geschraubt, im Grunde genommen eine speziell geformte Mutter mit vier statt der üblichen sechs Kanten. Der Nippel wird von außen durch die Felge befestigt. Sie sollten die Köpfe der Nippel sehen können, weil Sie das Felgenband entfernt haben.

Die Köpfe der Nippel sind zu dick, um ganz durch die Felge zu passen, aber der Teil des Nippels mit den Kanten ist so schmal, dass er mit und ohne Felgenband zugänglich ist. Der Nippel wirkt wie eine Mutter, wenn Sie daran drehen, schraubt er sich weiter auf die Speiche. Da die Speiche an einem Ende im Felgenhorn und am anderen Ende in der Felge gefangen ist, wird sie effektiv kürzer und damit stärker gespannt, wenn der Nippel auf die Speiche geschraubt wird.

Das ist auch der Schlüssel zum Zentrieren des Rads. Da die Speichen mit wechselnden Seiten des Rads gekreuzt sind – abwechselnd links und rechts –, erhalten Sie eine genaue Kontrolle über deren Position in jedem Felgenabschnitt.

Die Speichen sollen nicht nur in einem Bogen enden, sondern müssen auch gespannt sein. Es reicht nicht, dass sie gerade aussehen, das Rad muss selbst beim Kurvenfahren unter Belastung so bleiben, daher sollten die Speichen nicht besonders flexibel sein.

Wenn Sie ein benachbartes paralleles Speichenpaar nehmen und dieses zusammendrücken, sollten die Speichen nicht nachgeben. Schlaffe Speichen lassen das Rad unter Druck biegen, und Belastungen entstehen eher, wenn sie nur von wenigen Speichen getragen werden, anstatt sich auf alle zu verteilen.

Der wichtigste Rat, den man Ihnen zum Zentrieren der Räder geben kann lautet: Gehen Sie langsam und sorgfältig vor. Von allen in diesem Handbuch beschriebenen Aufgaben braucht diese das wenigste Werkzeug, aber die meiste Übung.

Ein Zentrierständer ist nicht unbedingt erforderlich, macht das Zentrieren der Räder aber schneller und einfacher.

Räder zentrieren: Die Fachbegriffe – Speichen spannen und Räder zentrieren

Nach dem Zentrieren des Rads sollen alle Speichen gespannt sein, denn so ist das Rad stark und völlig ausgeglichen, und die Felge kann sich korrekt bewegen. Das Auswuchten gliedert sich in vier getrennte Arbeitsgänge: in die Korrektur der Zentrierung, des Seitenschlags, der Radkrümmung und der Spannung. Einer der Gründe, warum das Zentrieren der Räder immer als schwierig gilt, ist die Tatsache, dass sich bei der Korrektur eines dieser Faktoren auch alle anderen verändern. Das kann wirklich ärgerlich sein und verlangt von Ihnen viel Geduld. Nachfolgend eine Erklärung der Begriffe.

Zentrieren
Die Speichen sind abwechselnd mit der linken und rechten Seite der Nabe verwoben. So kann beispielsweise ein Felgenbereich, der zu weit links liegt, durch Nachspannen der nach rechts laufenden Speichen korrigiert werden. Da jede zweite Speiche mit der entgegengesetzten Seite der Nabe verbunden ist, kann dies in eine Reihe sehr kleiner Schritte aufgeteilt werden, wobei immer nur der Felgenteil mit dem stärksten Wulst zentriert wird.

Seitenschlag
Die Felge soll überall denselben Abstand zur Nabenmitte haben. Ist dies nicht der Fall, lassen sich die Bremsklötze nur schwer justieren, Sie schlittern unkontrolliert die Straße entlang und der Reifen wird in kürzester Zeit ruiniert sein.

Hat ein Teil der Felge einen Seitenschlag, das heißt, er befindet sich zu weit von der Nabenmitte entfernt, kann man ihn wieder nach innen holen, indem zwei oder vier Speichen rechts und links von dieser Stelle nachgespannt werden. Ziehen Sie auf beiden Seiten immer gleich viele Speichen nach. Das Justieren eines Seitenschlags verändert auch die Zentrierung, versuchen Sie, diesen Effekt möglichst gering zu halten. Ein Seitenschlag, bei dem ein Teil der Felge zu weit außen sitzt, ist einfacher zu korrigieren als ein platter Reifen.

Radkrümmung
Die Felge soll zwischen den Kontermuttern (A) genau zentriert werden, nur so kann die Felge nach dem Montieren des Rads im Fahrradrahmen gleichmäßig zwischen den Gabelbeinen, zwischen Hintergabel- und Kettenstrebe oder zwischen den Schwingarmen laufen. Durch Nachspannen aller Speichen auf der rechten Seite bewegt sich die gesamte Felge weiter nach rechts, durch Nachspannen aller Speichen auf der linken Seite bewegt sich die gesamte Felge nach links. An der rechten Seite des Hinterrads ist die Kassette angebracht, daher befinden sich die Speichenköpfe auf dieser Seite näher an der Nabenmitte und die rechten Speichen müssen straffer sein als die linken, um die Felge in der Mitte zu halten. Sie brechen leichter als die Speichen links von der Hinterradnabe.

Vorderräder mit einer Bremsscheibe an der Nabe brauchen links ebenfalls mehr Platz für die Scheibe. Die erforderliche Krümmung ist aber minimal.

Spannung
Es ist nicht ganz einfach, die richtige Spannung zu finden. Bei zu hoher Speichenspannung ist die Felge schnell ruiniert. Der beste Weg für den Hobbymechaniker, die korrekte Spannung herauszufinden, ist ein Vergleich mit einem anderen Rad. Fassen Sie ein paralleles Speichenpaar an einem gut funktionierenden Rad, und drücken Sie dieses zusammen. Anschließend tun Sie dasselbe bei dem Rad, an dem Sie gerade arbeiten. Achten Sie darauf, wirklich Gleiches mit Gleichem zu vergleichen. Vorderradspeichen haben weniger Spannung als Hinterradspeichen, und an der rechten Seite des Hinterrads ist die Spannung bei korrekter Krümmung wiederum höher als auf der linken Seite.

Die Speichen entlasten
Beim Spannen und Zentrieren der Speichen können diese sich verdrehen. Es dreht sich nicht nur der Nippel im Speichengewinde, sondern die gesamte Speiche. Die Spannung sieht korrekt aus, aber sobald Sie das erste Mal über eine holperige Straße fahren, entwindet sich die verdrehte Speiche aufgrund der Spannungsveränderung, und das Rad ist nicht mehr korrekt zentriert.

Die Räder

Die Speichen spannen

Vorausgesetzt, Sie arbeiten sehr sorgfältig und nehmen sich viel Zeit, gibt es keinen Grund, warum Sie Ihre Räder nicht selbst zentrieren sollten.

Am einfachsten geht es, wenn Sie einen Radzentrierer haben. Das ist ein Metallständer, der das Rad an der Achse festhält, sodass man es drehen kann. Es gibt zwei bewegliche Anzeiger auf Höhe der Felge – einen neben der Innenseite der Felge, den anderen neben deren Außenfläche, wo normalerweise der Reifen sitzt. Reifen und Schlauch müssen entfernt werden, damit Sie auch sehen, was Sie tun. Sollten Sie keinen Radzentrierer zur Verfügung haben, stellen Sie das Rad auf den Kopf, entfernen Reifen und Schlauch und montieren das Rad wieder im Rahmen. Als letztes Mittel können Sie die Bremsklötze zur Beurteilung des Radflatterns verwenden, das werden Ihnen Ihre Augen aber ziemlich schnell übel nehmen. Die bessere Alternative: Einen Kabelbinder um einen Teil des Rahmens wickeln, ziemlich kurz abschneiden und so zusammendrehen, dass sich das Ende neben der Felge befindet.

DAS ZENTRIEREN DES RADS

Schritt 1: Setzen Sie das Rad in den Radzentrierer und drehen Sie es. Zupfen Sie mit einem Fingernagel an den Speichen. Um das Zentrieren vornehmen zu können, müssen die meisten Speichen spürbar gespannt sein. Ist dies nicht der Fall, beginnen Sie am Ventilloch und spannen jede Speiche um eine Viertelumdrehung. Dies wiederholen Sie so lange, bis das Rad eine gewisse Spannung hat. Nun können Sie mit dem Zentrieren beginnen. Justieren Sie den Seitenanzeiger so, dass er die Felge nur an einer Stelle berührt, wenn Sie das Rad drehen.

Schritt 2: Suchen Sie die Mitte des größten Wulstes. Lockern Sie die Speiche, die außen zu diesem Wulst führt um eine halbe Umdrehung und ziehen Sie die Speichen auf beiden Seiten des Wulstes um eine Viertelumdrehung an. Sie werden noch keinen großen Unterschied feststellen, aber das ist in Ordnung. Diese Arbeitsphase kann böse danebengehen, deshalb immer nur in kleinen Schritten arbeiten.

Schritt 3: Den Vorgang wiederholen. Das Rad drehen, die Stelle mit dem größten Wulst suchen, die Speiche in der Mitte lockern und die Speichen auf beiden Seiten anziehen, bis sich das Rad nicht mehr als zehn Millimeter zu den Seiten bewegt. Dabei werden Sie möglicherweise immer wieder an dieselbe Stelle kommen: Keine Sorge, solange Sie sich immer mit dem größten Wulst beschäftigen, ist das richtig.

Schritt 4: Haben Sie das Rad auf diese Weise ungefähr zentriert, drehen Sie es wieder. Bringen Sie den Seitenschlag-Anzeiger des Radzentrierers möglichst nahe an den Reifen, und beobachten Sie, wie sich der Abstand beim drehenden Rad verändert. Konzentrieren Sie sich auf die Stellen, wo die Felge nach außen springt. Haben Sie die Stelle gefunden, ziehen Sie die beiden Speichen in der Mitte eine halbe Umdrehung an. Den Vorgang wiederholen, bis der Seitenschlag der Felge weniger als drei Millimeter beträgt.

Schritt 5: Das Rad im Radzentrierer oder am Fahrrad drehen, ohne die Anzeiger zu bewegen. Ist das Rad perfekt gekrümmt, sitzen die Felgen wieder am selben Platz. Krümmt es sich zu einer Seite, bewegt es sich innerhalb des Radzentrierers zur Seite. Zur Korrektur ziehen Sie alle Speichen an der Außenseite eine Viertelumdrehung an. Den Vorgang wiederholen, bis das Rad in der Mitte bleibt. In der folgenden Reihenfolge weitermachen: zentrieren, Seitenschlag kontrollieren, Radkrümmung kontrollieren, zentrieren usw. bis das Rad rund, zentriert und mittig ist.

Schritt 6: Die Speichen auf jeder Seite des Rads unterteilen sich in parallel laufende Paare. Greifen Sie nacheinander jedes Paar, und drücken Sie es zusammen. Fühlen sich alle sehr weich an, drehen Sie am gesamten Rad alle Speichen um eine Viertelumdrehung fester und wiederholen dann die Kontrolle. Anschließend ist ein Arbeitsgang bestehend aus zentrieren, Seitenschlagkontrolle, zentrieren, Kontrolle der Radkrümmung zu wiederholen, bis Sie alle Speichenpaare zusammendrücken können, ohne dass sich die Radzentrierung dadurch verändert.

Warum Speichen brechen und was in diesem Fall zu tun ist

In der Regel brechen Speichen als Folge eines Sturzes, aber auch Verschleiß kann eine Ursache sein. Normalerweise sehen Sie, wenn ein Rad an einer Stelle eine starke Beule hat. Fahren Sie mit den Fingern über die Speichen, möglicherweise fällt sofort eine heraus.

Die Räder sind auf die Spannung in jeder einzelnen Speiche angewiesen, daher dulden Speichenprobleme keinen Aufschub. Eine gebrochene Speiche schwächt die gesamte Radstruktur, und das Rad verliert rasch seine Zentrierung. Normalerweise tritt ein Speichenbruch auf der rechten Seite des Hinterrads auf. Das Hinterrad trägt mehr von Ihrem Gewicht als das Vorderrad, weil Sie ungefähr über dem Hinterrad sitzen. Bei Kettenschaltungen befindet sich die Kassette rechts von der Nabe, sodass die Speichen auf der rechten Seite in einem steilen Winkel auf die Felge treffen. Sie müssen straffer sein, um die Felge mittig im Rahmen zu halten, daher sind sie bruchanfälliger. Zudem sind sie am heikelsten zu ersetzen, da die Kassette entfernt werden muss, damit eine Standardspeiche in die Löcher des Felgenhorns montiert werden kann.

Die neue Speiche muss bis auf zwei Millimeter dieselbe Größe wie die alte Speiche haben. Ist sie zu kurz, ist das Nippelgewinde nicht lang genug, um sicher zu halten, und in kürzester Zeit wird eine andere Speiche brechen. Schauen mehr als vier Gewinderillen aus dem Nippel, nachdem Sie das Rad zentriert und die Speiche gespannt haben, ist die Speiche etwas zu kurz. Steht andererseits die Speiche aus dem Nippelkopf heraus, ist sie zu lang. Sie können die Spitze zwar abfeilen, das ist aber sehr lästig. Nehmen Sie immer einen neuen Speichennippel und nicht wieder den alten, bei einer neuen Speiche ist oft, aber nicht immer, auch ein neuer Nippel dabei.

Falls bei Ihrem Rad häufig ein Speichenbruch eintritt, ist dies normalerweise ein Hinweis darauf, dass die Felge verwunden ist. Hat die Felge erst einmal eine ständige Biegung erworben, müssen die Speichen direkt neben dieser Biegung sehr stark gespannt werden. Wegen der großen Vorspannung reicht ein tiefes Schlagloch oder etwas zu viel Gewicht in den Gepäcktaschen, um die Speiche brechen zu lassen. In diesem Fall sollten Sie das komplette Rad erneuern oder im Fahrradgeschäft an dieselbe Nabe ein neues Rad mit stärkeren Speichen und einer besseren Felge bauen lassen.

Ist eine Speiche gebrochen, entfernen Sie das Rad und anschließend den Reifen, den Schlauch und das Felgenband. Bei Hinterrädern ist zusätzlich die Kassette abzubauen (siehe dazu Anleitung auf Seite 151).

Entfernen Sie die gebrochene Speiche. Ist sie in der Nähe des Kopfes gebrochen, ziehen Sie die Speiche durch das Nippelloch heraus und drücken den Kopf durch den Nabenflansch. Ist sie aber am Nippelende gebrochen, drücken Sie den Nippel heraus und fädeln die Speiche zurück, um sie aus der Nabe ziehen zu können. Hierzu muss die Speiche eventuell etwas gebogen werden.

SPEICHEN ERNEUERN

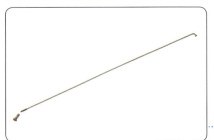

Schritt 1: Messen Sie die Länge an einer anderen Speiche ab. Achten Sie darauf, an derselben Seite desselben Rads zu messen, an denen die gebrochene Speiche sitzt, die Länge kann links und rechts unterschiedlich sein. Die Speichenlänge wird innen ab dem Bogen gemessen, in dem der Speichenkopf in der Felge endet. Schauen Sie sich benachbarte Speichen von der Felgenaußenseite aus an, um abzuschätzen, wie weit sie durch die Felge herausstehen.

Schritt 2: Schauen Sie sich die Nabe an: Die Speichen sitzen abwechselnd mit dem „Kopf innen" und mit dem „Kopf außen". Die neue Speiche muss diesem Muster folgen. „Kopf innen" ist am leichtesten, fangen Sie am äußeren Ende der Nabe an, und schieben Sie die Speiche durch das Loch. „Kopf außen" ist etwas kniffliger, schieben Sie die Speiche an der Innenseite durch die Nabe, und krümmen Sie die Speiche vorsichtig nach oben, damit sie oberhalb der ersten Speichenkreuzung auf der entgegengesetzten Seite des Rads austritt.

Schritt 3: Kreuzen Sie nun die Speiche nach dem Muster des übrigen Rads. Das Muster wiederholt sich nach jeweils vier Speichen, beginnen Sie am leeren Nippelloch, zählen Sie in jeder Richtung drei Speichen ab, und schauen Sie auf die nächste. Ihre Speiche muss deren Muster wiederholen. Krümmen Sie die Speiche vorsichtig, um sie zu verkreuzen. Ziehen Sie den Nippel von der Felgenaußenseite durch. Spannen Sie mit einem Speichenschlüssel leicht nach, und zentrieren Sie das Rad nach der Anleitung auf Seite 180.

9 – Die Federung

Die Federung macht das Radfahren deutlich bequemer. Sie neutralisiert die ständigen kleinen Vibrationen von der Straße, aber auch gelegentliche größere Stöße, wenn Sie über Schlaglöcher oder von einer Bordsteinkante herunterfahren. Die Federung reduziert die Belastung für Ihre Muskeln und kann dazu beitragen, Schmerzen in Armen, Schultern und Rücken zu verhindern, sodass Sie längere Strecken fahren können, ohne zu ermüden. Zudem werden Sie auch etwas schneller sein, weil sie nicht in jedes Schlagloch einsinken und sich wieder herausarbeiten müssen. Dieser Effekt wirkt sich kumuliert stärker aus, als man glaubt.

Die Federung

Eine Federung findet man hauptsächlich an drei Stellen: An der Sattelstütze, der Vordergabel und am Hinterrad. Hierbei wird die Bewegung des Hinterbaus durch einen Stoßdämpfer kontrolliert, der sich etwa in der Rahmenmitte befindet.

Die billigste Methode, ein weicheres und bequemeres Fahrgefühl zu erreichen, ist die Montage einer gefederten Sattelstütze. Eine Teleskopstütze mit einer Feder zwischen beiden Teilen hält lange und braucht wenig Aufmerksamkeit. Sie belastet das Fahrrad auch nicht mit viel zusätzlichem Gewicht, normalerweise etwa mit 300 Gramm. Die einzige Einstellung, die man vornehmen kann, ist der Negativfederweg, also die Strecke, die der Sattel unter dem Gewicht des Fahrers nachgibt. Obgleich das sehr einfach ist, scheint sich kaum jemand damit zu befassen. Lesen Sie auf Seite 190 nach, wie es gemacht wird.

Eine Stufe höher auf der Ausgabenskala, bei der Bequemlichkeit, aber auch bei möglichen Komplikationen findet man die Federgabeln. An vielen Citybikes sind sie heute Standard. Die Idee stammt von den Mountainbikes für das Fahren abseits der Straßen, die Modelle für Citybikes sind aber einfacher und erfordern weniger Einstellungen, daher ist auch keine regelmäßige Wartung erforderlich. Gelegentliche Beachtung wissen die Federgabeln aber durchaus zu schätzen.

Das Teuerste ist die Hinterradfederung, hier ist der Stoßdämpfer ein fester Bestandteil des Rahmens. Der Hinterbau muss gegen den Hauptrahmen beweglich sein, das bedeutet, es sind Gelenke und Lager erforderlich, die zu kontrollieren, zu schmieren und gelegentlich zu ersetzen sind. Während die Hinterradfederung bei Mountainbikes sehr beliebt geworden ist, lässt sich nicht eindeutig sagen, ob sie für den Stadtbetrieb lohnenswert ist. Viele billige Fahrräder aus dem Supermarkt sind mit sehr einfachen Stoßdämpfern ausgerüstet, die den Fahrer eher auf und ab hüpfen lassen, als Stöße von der Straße wirksam abzufangen. Allgemein lässt sich sagen, dass die billigste Hinterradfederung mehr Ärger als Nutzen bringt.

Wie so häufig heißt es aber auch hier abwägen: Die Federung hat ihre Vor- und Nachteile. Federgabeln sind etwas schwerer als Starrgabeln ohne Federung. Beim Fahren ist das unerheblich. Der bessere Fahrkomfort wiegt das eine Kilogramm Gewicht auf. Wenn Sie allerdings in einem höheren Stockwerk wohnen und das Rad hinauftragen müssen, macht sich dieses zusätzliche Gewicht sehr wohl bemerkbar.

Federgabeln für normale Fahrräder brauchen meist nur wenig Aufmerksamkeit, eine gelegentliche Reinigung tut ihnen aber gut. Sie enthalten bewegliche Zusatzteile, die alle paar Monate kontrolliert werden sollten. Ein kurzer Überblick genügt, um zu überprüfen, dass alles in Ordnung ist, sie müssen nicht routinemäßig zerlegt werden. Bei neuen Federgabeln muss die Feder justiert werden und eventuell die Rückfederungsdämpfung auf die Belastung eingestellt werden, der sie ausgesetzt sein wird. Diese Justierung muss ganz individuell erfolgen, wichtig ist dabei die Abstimmung auf das Gewicht des Fahrers und die Form des Fahrrads, denn davon hängt es ab, welchen Gewichtsanteil die Federung tragen muss.

Einige Fachbegriffe

Feder: Bei jeder Federung geht es darum, plötzlich einwirkende Kräfte zu dämpfen. Dies wird durch eine Feder erreicht, die zwischen zwei sich bewegende Teile gesetzt wird. Dabei handelt es sich normalerweise um eine einfache Schraubenfeder, es kann aber auch ein Elastomer zum Einsatz kommen, eine Art langer Gummipfropfen, oder, als normalerweise sehr teure Variante, eine Luftdruckfederung.

Federweg: Als Federweg bezeichnet man die gesamte Strecke, die eine Federung zurücklegen kann, von stark gedehnt bis völlig zusammengedrückt. Im Allgemeinen bedeutet eine längere Wegstrecke, dass stärkere Stöße abgefangen werden können. Durch die Auf-und-Ab-Bewegung geht aber mehr Pedalkraft verloren.

Negativfederweg: Diese Einstellung an der Federung ist elementar. Die Federung soll nämlich das Fahrrad zwischen den beiden Extremwerten des Federwegs halten. Wichtig ist, dass die Federung unter Ihrem Gewicht etwas nachgibt, wenn Sie auf dem Fahrrad sitzen, um die Bewegungsumkehr zu ermöglichen.

Um das zu verstehen, stellen Sie sich einmal vor, was mit einer Federgabel passiert, wenn Sie auf einer ansonsten glatten Straße durch ein Schlagloch fahren. Während Sie das Schlagloch durchfahren, soll die Gabel sich nach unten ausdehnen und das Vorderrad durch das Schlagloch fahren lassen, Sie und das übrige Fahrrad aber waagerecht halten, sodass Sie nicht in das Loch absacken und wieder auftauchen. Um den Negativfederweg einzustellen, wird gemessen, wie weit sich die Federung zusammendrückt, wenn Sie auf dem Fahrrad sitzen. Diese Einstellung muss bei einer neuen Federgabel vorgenommen werden, um die Steifigkeit der Feder Ihrem Gewicht anzupassen.

Dämpfung: Die Dämpfung gilt als kompliziert, das ist aber durchaus nicht so. Die Feder kontrolliert, wie weit sich die Federung bewegt, wenn eine Kraft auf sie einwirkt. Die Dämpfung wiederum kontrolliert, wie schnell sich die Feder bewegt. Das mag unerheblich klingen, macht aber den Unterschied aus zwischen einer Federung, auf der Sie sich wegen einer fehlenden oder zu geringen Dämpfung wie auf einem Hüpfball fühlen, und einer Federung, welche die Effekte der einwirkenden Kräfte auf eine Geschwindigkeit bremst, auf die Sie reagieren können. Bei besonders raffinierten Federgabeln können Sie sogar die Geschwindigkeit der Dämpfung und die Zug- und Druckstufendämpfung getrennt voneinander einstellen. Es gibt im Handel aber auch viele einwandfreie Federgabeln, bei denen die Dämpfung im Werk bereits voreingestellt wird, was Ihnen einiges an Tüftelei erspart.

Die Einstellung des Negativfederwegs der Gabel

Die wichtigste Einstellung, die Sie bei einer neuen Gabel vornehmen müssen, ist die Anpassung an Ihr Gewicht. Die Feder in der Federgabel muss so steif eingestellt sein, dass sie sich nur wenig zusammendrückt, wenn Sie in Ihrer normalen Fahrposition auf dem Sattel sitzen.

Für den Stadtbetrieb liegt die Einstellung normalerweise bei etwa einem Fünftel bis einem Viertel (20 bis 25 Prozent) des gesamten Federwegs. Diese Anfangsstauchung wird als „Negativfederweg", häufig auch mit dem englischen Begriff als „Sag" bezeichnet. Sie können den Negativfederweg bei Ihrer Gabel anhand der Vorspannung der Feder verändern. Sollten Sie den Einstellknopf für die Vorspannung nicht finden, lesen Sie im Benutzerhandbuch Ihrer Federgabel nach, wo er zu finden ist. Es ist durchaus normal, dass nur ein Gabelrohr einen Justierknopf für die Vorspannung hat, da oft nur auf einer Gabelseite eine Feder vorhanden ist. Sie brauchen dadurch keine Unausgewogenheit der Gabel zu befürchten, denn die beiden Gabelrohre werden durch die Bremsbrücke und die Vorderachse ausreichend fest miteinander verbunden, um als Einheit und nicht als zwei getrennte Gabelrohre zu funktionieren.

Der optimale Negativfederweg hängt vom Gesamtfederweg ab, daher ist er je nach Modell unterschiedlich. Sie können den Federweg messen, indem Sie die komplette Feder ausbauen und dann schauen, wie weit sich die Gabel bewegt. Es gibt aber einfachere Möglichkeiten, dies herauszufinden. Am besten schauen Sie in das Benutzerhandbuch Ihrer Gabel. Haben Sie das Fahrrad neu gekauft, ist dieses Handbuch bei dem Papierstapel dabei, den Sie zusammen mit dem Fahrrad bekommen haben. Ansonsten dürften die Angaben in anderen Spezifikationen oder Werbematerialien für Ihr Fahrradmodell zu finden sein.

Gabeln für den Stadtbetrieb haben deutlich kürzere Federwege als solche für Mountainbikes, bei fast allen Citybikes beträgt der Federweg etwa 50 bis 60 Millimeter. Sollten Sie das Benutzerhandbuch nicht finden, können Sie daher den optimalen Negativfederweg auf etwa zehn bis 15 Millimeter einstellen. Eine präzise Messung ist nicht nötig, da sich die Gabel ohnehin nicht jedes Mal, wenn Sie sich auf das Fahrrad setzen, auf denselben Wert senken wird. Der Negativfederweg sollte eher als Richtwert und nicht als präziser Einstellwert betrachtet werden.

Gabeln für Geländefahrten sind im Allgemeinen komplizierter. Das Grundprinzip ist dasselbe, aber sie haben mehr Knöpfe für die Feineinstellung des Tempos und des Ausmaßes der Gabelbewegung. Statt einer Schraubenfeder aus Stahl oder einem Elastomerelement verwenden sie auch eher eine Luftkammer. Diese jeweiligen Einstellungen sind komplizierter und sprengen den Rahmen des vorliegenden Buchs.

Feineinstellung

Sobald Sie den Negativfederweg eingestellt haben und die erste Testfahrt gemacht haben, können Sie noch eine Feineinstellung der Gabeln auf Ihren persönlichen Fahrstil vornehmen. Sie können die Gabeln für mehr Bequemlichkeit etwas weicher einstellen oder etwas härter, um die Leistung zu maximieren. Zu weiche Federgabeln erkennen Sie daran, dass diese bei einem Schlagloch oder Bordstein gestaucht werden. Normalerweise ist das nur ein sanftes Anstoßen und kein heftiger Aufprall, bedeutet aber, dass die Federung einfach nicht weiter reicht. Passiert dies nur hin und wieder, brauchen Sie sich keine Gedanken zu machen. Kommt es jedoch regelmäßig vor, sollten Sie den Negativfederweg in Ihren Federgabeln verringern, um sie härter einzustellen.

Den Negativfederweg messen und die Vorspannung einstellen

Falls Sie aus Ihrem Benutzerhandbuch den Federweg Ihrer Gabel kennen, rechnen Sie den erforderlichen Negativfederweg aus, etwa ein Fünftel bis ein Viertel des gesamten Federwegs. Können Sie keine Angaben zum gesamten Federweg finden, stellen Sie ihn auf 13 Millimeter ein. Lehnen Sie das Fahrrad gegen eine Wand, und messen Sie die Länge eines Standrohrs zwischen dem unteren Ende des Gabelkopfs und der Oberkante der schwarzen Gummiabstreifer auf den Gleitrohren. Notieren Sie das Maß. Anschließend lassen Sie das Fahrrad gegen die Wand gelehnt stehen und setzen sich vorsichtig und ruhig, ohne zu federn, in Ihrer normalen Fahrhaltung auf das Fahrrad. Lassen Sie einen Freund die vorherige Abmessung wiederholen und steigen Sie dann wieder ab. Nun ziehen Sie den Wert der zweiten Messung von der ersten Messung ab und erhalten so den Wert des Durchhangs, als Sie auf dem Fahrrad saßen. Vergleichen Sie diesen Wert mit dem errechneten.

Sollten Sie feststellen, dass der Negativfederweg etwas größer ist, als er sein sollte, ist die Feder sicherlich zu weich eingestellt. Die Lösung: Erhöhen Sie die Vorspannung durch Drehen des Einstellungsknopfs im Uhrzeigersinn. Hat sich die Feder weniger weit bewegt, als sie sollte, ist sie zu hart. Drehen Sie den Einstellungsknopf für die Vorspannung gegen den Uhrzeigersinn, um die Vorspannung zu reduzieren. Anschließend setzen Sie sich wieder auf Ihr Rad und messen erneut. Wiederholen Sie dies, bis Sie in etwa den richtigen Negativfederweg erreicht haben.

Die Federung

Pflege der Gabel

Durch regelmäßiges und sorgfältiges Pflegen der Gabel können Sie Geld sparen. Bei einer sauberen Gabel findet Schmutz nicht so leicht einen Weg in den Innenmechanismus. Bei dieser Gelegenheit können auch gleich potenzielle Probleme und verschlissene oder beschädigte Komponenten erkannt werden, die weitere Aufmerksamkeit benötigen.

Jede Pflege der Gabel beginnt mit einer gründlichen Reinigung. Nehmen Sie das Rad aus dem Rahmen, damit die Gabel gut zugänglich wird. Falls Sie V-Bremsen haben, müssen Sie deren Kabel entfernen, um den Reifen hinter den Bremsklötzen herauszubekommen. Bei Scheibenbremsen klemmen Sie ein Stück saubere Pappe zwischen die Bremsbeläge für den Fall, dass der Bremshebel versehentlich angezogen wird, während das Rad abmontiert ist. Dies sollte vermieden werden, denn ohne die zwischengeschaltete Bremsscheibe finden die Bremsbeläge kein Hindernis, sodass sie sich aus dem Bremshalter bewegen, bis sie zusammenstoßen. Folgen Sie der Schritt-für-Schritt-Anleitung unten. Falls Sie verschlissene oder kaputte Komponenten finden, ist es wahrscheinlich Zeit für eine Gabelwartung. Allerdings kann es preiswerter sein, einfach die Gabeln zu erneuern. Nehmen Sie sie ins Fahrradgeschäft mit, und lassen Sie sich die Kosten für beide Alternativen nennen. Fahren Sie nicht mit beschädigten Gabeln, denn diese könnten Sie ohne Vorwarnung im Stich lassen.

- Putzen Sie zuerst die Gleitrohre (A), die Standrohre (B) und den Gabelkopf (C). Dafür reicht klares Wasser, nur wenn die Teile wirklich stark verschmutzt sind, verwenden Sie einen speziellen Fahrradreiniger.
- Inspizieren Sie die Ausfallenden (D). Kontrollieren Sie diese auf Risse innen und außen um das Gelenk zwischen Gabelrohr und Ausfallende. Schauen Sie sich innen und außen den Zustand der Oberflächen an, an denen die Räder befestigt sind. Diese greifen auf der Achse und halten das Rad in der Gabel. Die Kerben am Schnellspanner und der Achse verzahnen sich mit der Gabel. Vergewissern Sie sich, dass dies saubere und spitze Zähne sind, keine verschlissenen Krater, die zeigen, dass das Rad hin und her gerutscht ist.
- Kontrollieren Sie die Gabelrohre nacheinander. Achten Sie auf Spalten, Risse oder Beulen. Große Beulen schwächen die Gabel und hindern den Holm daran, sich ungehindert im Gleitrohr zu bewegen. Risse und Beulen bedeuten, dass es Zeit für eine neue Gabel ist.
- Scheibenbremsen: Kontrollieren Sie die Sockel (E) auf Risse und kontrollieren Sie, ob alle Befestigungsschrauben für den Bremssattel festgezogen sind.
- V-Bremsen: Kontrollieren Sie, dass alle Bolzen, mit denen die Bremseinheit fixiert wird, sicher angezogen sind.
- Einige Gabeln werden ganz unten an den Gabelrohren von Bolzen zusammengehalten, entweder von Inbusschrauben oder Muttern. Kontrollieren Sie, dass alle diese Bolzen festsitzen. Keine Sorge, falls Sie keine Bolzen finden, die Sie kontrollieren könnten. Bei einigen Modellen gibt es außen nichts nachzuziehen.
- Holen Sie allen Schmutz hinter der Bremsbrücke (F) heraus, er sammelt sich dort gerne an.
- Inspizieren Sie die Abstreifer, von denen die Standrohre dort geputzt werden, wo sie in die Gleitrohre führen. Risse oder Schnitte lassen Schmutz in die Abstreifer eindringen und an den Standrohren scheuern. Oben werden die Abstreifer meist von einer kleinen Ringfeder gehalten, die im oberen Rand des Abstreifers sitzen sollte.
- Kontrollieren Sie die Standrohre. Gerät Schmutz in die Abstreifer oder Dichtungen, wird er beim Fahren nach oben und unten gezogen, wodurch in der Gabel vertikale Verschleißrillen entstehen.
- Kontrollieren Sie alle Einstellknöpfe. Sie stehen oft etwas heraus, sodass man sie leicht drehen kann, dadurch sind sie aber auch verletzlich.
- Montieren Sie das Rad wieder, und schließen Sie die V-Bremsen an. Ziehen Sie die Vorderbremse an, und halten Sie ein Standrohr direkt über dem Gleitrohr. Rütteln Sie das Fahrrad vorsichtig vor und zurück. Vielleicht spüren Sie eine kleine Biegung in den Gabeln, die Gleitrohre sollten aber nicht schlagen. Ist hier viel Bewegung zu spüren, brauchen Sie neue Hülsen. Lassen Sie das am besten im Fahrradgeschäft machen.
- Drücken Sie den Lenker fest nach unten, sodass die Gabeln zusammengedrückt werden. Sobald Sie den Lenker loslassen, sollten die Gabeln weich zurückspringen. Geht das stotternd oder zögerlich vonstatten, ist es Zeit für eine Wartung der Gabel (siehe Seite 187).
- Polieren Sie nun die Gleitrohre. So sieht die Gabel besser aus, was ja auch schon schön ist. Die Politur hinterlässt aber auch eine Schutzschicht, sodass sich Schmutz nicht so leicht an der Gabel festsetzen kann.

Die Wartung der Gabel: das Putzen und Schmieren der Standrohre

Zwar gibt es viele Fabrikate und Marken von Gabeln, die große Mehrheit jedoch ist nach einem ähnlichen Muster gefertigt. Der Kopf ist der Teil, der die beiden Gabelrohre oben verbindet.

Die Standrohre führen vom Gabelkopf nach unten in die Gleitrohre, den dickeren Teil der Gabel, mit dem die Bremsen und das Vorderrad verbunden sind. Das Gabelschaftrohr steht oben aus dem Gabelkopf, führt innen durch den Steuerkopf und kommt oben an der Stelle heraus, wo der Vorbau befestigt ist. Lenkkopflager oben und unten am Steuerkopf tragen das Gabelschaftrohr, sodass sich die Gabel in die gewünschte Richtung dreht, wenn Sie Lenker und Vorbau drehen.

Wie lange sollten Federgabeln halten?

Federgabeln, die für Geländebetrieb gedacht sind, sind häufig in Vorrichtungen untergebracht, mit denen die Dämpfung, die Federkonstante und ähnliches eingestellt werden können. Diese Art Federgabeln im Stadtbetrieb zu verwenden ist durchaus möglich, aber überflüssig.

Die Unebenheiten in der Stadt sind nicht annähernd so ausgeprägt wie im Gelände, und Fahrräder, die regelmäßig für die Fahrt zum Arbeitsplatz genutzt werden, sind sehr viel mehr Stunden im Einsatz als Freizeiträder, auf denen am Wochenende gefahren wird. Die Anforderungen sind entsprechend unterschiedlich: Gabeln für den Stadtbetrieb haben einen kürzeren Federweg, weniger Regulierungsvorrichtungen, und es ist normalerweise nicht vorgesehen, sie zu zerlegen und daran herumzubasteln.

Andererseits sind sie deutlich preiswerter als die hoch spezialisierten Modelle an Mountainbikes, von denen sie aber beeinflusst wurden. Alle diese Faktoren bedeuten, dass Federgabeln von Citybikes in der Regel so angelegt sind, dass sie bei Verschleiß ausgetauscht werden und man sie nicht regelmäßig zerlegt und wartet. Das ist allerdings kein Freibrief dafür, sie einfach zu ignorieren. Drei Dinge brauchen diese Gabeln: Neue Gabeln müssen korrekt auf Ihr Gewicht eingestellt werden, sie gehören regelmäßig auf Verschleiß und Beschädigungen kontrolliert, und die Standrohre sollten drei- oder viermal pro Jahr geputzt und geölt werden.

Beim Fahren bewegen sich die Gabeln ständig nach oben und unten, auf einer normalen Straße weniger, beim Herunterfahren von einer Bordsteinkante oder Durchfahren eines Schlaglochs mehr. Die oberen exponierten Teile der Standrohre ziehen gerne Straßenschmutz an. Kann sich dieser Schmutz in die Lücke vorarbeiten, wo die Standrohre in den Gleitrohren verschwinden, können die Hülsen verschleißen, von denen die Standrohre getragen werden. Oben in jedem Gleitrohr befindet sich eine Dichtung, die Schmutz abhalten und Schmiere durchlassen soll. Über dieser Dichtung sitzt ein Abstreifer: ein schwarzer Gummiring, um den sich häufig eine sehr dünne Feder windet. Diese Abstreifer sind die vorderste Verteidigungslinie gegen unerwünschten Schmutz, sie hindern ihn am Eindringen in die Dichtungen und müssen gelegentlich geschmiert werden.

Es ist erstaunlich, wie deutlich Sie die Lebensdauer Ihrer Gabel verlängern und auf Spezialwerkzeuge oder -ausrüstungen verzichten können, wenn Sie den Bereich um die Abstreifer immer sauber halten. Achten Sie besonders auf den Bereich zwischen Standrohr und Bremsbrücke, er ist eine regelrechte Schmutzfalle.

Die Pflege des Abstreifers

Putzen Sie die Standrohre, den Abstreifer und die Lücke zwischen Bremsbrücke und Standrohr. Nehmen Sie hierzu klares Wasser, denn Entfetter würde durch die Dichtung dringen und die Schmierstoffe vernichten. Wenn alles blitzblank ist, schieben Sie die Kante des Abstreifers mit etwas Dünnem wie einer Messerspitze vorsichtig zur Seite, aber achten Sie sorgfältig darauf, nicht in den Gummi zu schneiden. Tröpfeln Sie etwas Öl in die Lücke zwischen Abstreifer und Standrohr. Lassen Sie den Abstreifer wieder los, drücken Sie den Lenker nach unten und lassen ihn wieder los, damit sich das Öl im Standrohr verteilen kann. Überschüssiges Öl abwischen.

Den Abstreifer sollten Sie regelmäßig schmieren.

Die Federung

Hinterradfederung

Die Vorderradfederung ist inzwischen sehr verbreitet, sie trägt zum Fahrkomfort bei, indem sie Vibrationen und Schlaglöcher dämpft. Die Hinterradfederung ist noch immer überwiegend den Mountainbikes vorbehalten. Sie lässt das Hinterrad auf unebenem Gelände besser greifen und dämpft Stöße bei Sprüngen mit dem Fahrrad. Manche Radfahrer sind aber der Meinung, das weichere Fahrgefühl mit einer Hinterradfederung beanspruche den Körper auch auf einer Radtour mit einem normalen Fahrrad weniger.

Eine Hinterradfederung bedeutet, dass mehr bewegliche Teile vorhanden sind, die wiederum mehr Pflege verlangen, wovon die eigentliche Stoßdämpfung einen guten Teil abbekommt. Sobald Sie die Stoßdämpfung auf Ihr Gewicht und Ihren Fahrstil eingestellt haben (siehe gegenüberliegende Seite), benötigen die Drehzapfen die meiste Aufmerksamkeit, denn sie sind während der Fahrt in ständiger Bewegung.

Zu den Komplikationen eines vollgefederten Fahrrads gehört, dass sich der gesamte Hinterbau um einen Drehzapfen oder eine Reihe von Drehzapfen drehen können muss, damit sich das Hinterrad als Reaktion auf die Bodenveränderungen nach oben und unten bewegen kann. Diese Bewegung des Hinterrads um die Drehzapfen soll möglichst weich erfolgen, daher sind die Drehzapfen entweder hochwertige Hülsen oder aber (teurere) Lager.

Die Qualität kann aber noch so hochwertig sein, die ständige Schwingung bedeutet, dass schließlich ein Verschleiß eintritt. Mit beginnendem Verschleiß bricht der Hinterbau zusätzlich zu der beabsichtigten Auf-und-Ab-Bewegung seitlich aus. Dies ist nicht nur beim Kurvenfahren unangenehm, sondern beschleunigt den Verschleiß des Antriebs und schädigt schließlich die Drehzapfen.

Kontrollieren Sie seitliches Spiel der Drehzapfen, indem Sie den Hauptrahmen festhalten und am Hinterbau rütteln. Zwischen beiden Teilen sollte es zu keiner seitlichen Bewegung kommen und vor allem zu keinen Schlag- oder Klappergeräuschen.

Ist dies doch der Fall, müssen die Drehzapfen ausgetauscht werden. Das ist nicht besonders schwierig, es gibt aber so viele unterschiedliche Modelle von Hinterradfederungen und Drehzapfen, dass Sie sich am besten genau an Ihr Benutzerhandbuch halten.

Sie sollten unbedingt die Ersatzhülsen oder -lager bestellen, bevor Sie sich an die Arbeit machen, denn es gibt sie in so unendlich vielen Größen und Formen, dass ein Fahrradgeschäft unmöglich alle auf Lager haben kann und Sie eventuell eine Weile darauf warten müssen.

Sie können für eine längere Lebensdauer der Drehzapfen sorgen, indem Sie diese gelegentlich schmieren. Suchen Sie alle Aufhängungspunkte hinten am Fahrrad und putzen Sie diese Stellen zuerst. Für diese Arbeit sollten Sie sich unbedingt ausreichend Zeit nehmen. Wenn Sie nicht gründlich putzen, besteht die Gefahr, dass mit dem Schmiermittel auch Schmutz in die Drehzapfen eindringt.

Sind alle Drehzapfen blitzblank, tröpfeln Sei etwas hochwertiges Fahrradöl – dafür eignet sich alles, was man auch zum Ölen der Kette verwenden kann – in die Lücke zwischen den beiden beweglichen Teilen. Setzen Sie sich auf das Fahrrad, und lassen Sie es leicht federn, damit das Öl gut eindringen kann. Anschließend wischen Sie an jedem Drehzapfen überschüssiges Öl ab, es würde sonst nur Schmutz anziehen, den Sie hier absolut nicht brauchen können.

Es empfiehlt sich auch, darauf zu achten, wie die Hinterradfederung sich auf die übrigen Komponenten auswirkt. Schauen Sie sich die Umgebung am Fahrrad genau an. Häufig unbeachtet bleiben in diesem Zusammenhang die Kabel der Hinterradbremse und des Schaltwerks.

Sie sollen beide durch die „Aufhängung" in der Mitte des Fahrrads laufen. Beim Montieren eines neuen Kabels ist es wichtig, Kabel und Kabelmantel so weit locker zu lassen, dass sich die Federung ungehindert bewegen kann. Sind Schaltkabel und -mantel zu kurz, führt die Bewegung der Hinterradfederung dazu, dass sich die Schaltung wie von Geisterhand verstellt, denn die Kette springt in der Kassette unerwartet und scheinbar willkürlich. Sind Bremskabel und -mantel zu kurz, werden die Bremsen schleifen, sobald sich die Federung bewegt. Beim Montieren von neuen Schalt- oder Bremskabeln ist also darauf zu achten, dass die Federung den kompletten Federweg zur Verfügung hat.

Zwischen den Drehzapfen soll keine seitliche Bewegung möglich sein.

Hinterradfederung: Federweg und Negativfederweg

Bei der Hinterradfederung unterscheidet man zwei Grundtypen, je nach dem Material, aus dem sie gefertigt ist. Der eine Typ ist eine Schraubenfeder: Eine dicke aufsteigende Feder ist um einen Federschaft gewunden, in dem der Dämpfungsmechanismus verborgen ist. Der andere Typ ist die Luftfederung, hierbei ist die Feder eine Druckluftflasche.

Welchen Negativfederweg möchten Sie einstellen?
Wie bei der Vordergabel ist der optimale Negativfederweg ein Teil des gesamten Federwegs, den Sie entweder nachlesen oder messen müssen, bevor Sie berechnen können, welchen Negativfederweg Sie einstellen möchten. Der gesamte Federweg (und somit der optimale Anteil, der durchhängen sollte, wenn Sie auf dem Fahrrad sitzen) ist bei der Hinterradfederung deutlich größer als bei der Vordergabel. Aber auch hier können hier nur Richtwerte genannt werden. Die übliche Empfehlung lautet, der Negativfederweg solle 20 bis 25 Prozent des gesamten Federwegs betragen.

Messung des Federwegs
Am schnellsten erfährt man den Federweg im Benutzerhandbuch. Haben Sie nichts dergleichen vorliegen, messen Sie den Federweg. Das ist ganz einfach: Schauen Sie sich die Federung genau an, dann sehen Sie, dass sie an beiden Enden am Rahmen befestigt ist. Messen Sie den Abstand zwischen diesen beiden Befestigungsbolzen, und entspannen Sie anschließend die Feder vollständig. Im Fall einer Schraubenfeder wird hierzu die Justierscheibe gelöst und die Feder entspannt, bis sie locker auf den Federschaft durchhängt. Im Fall einer Luftdruckfeder nehmen Sie die Staubkappe des Ventils ab und drücken das Mittelstück hinein, sodass die Luft entweicht. Lehnen Sie sich fest auf das Fahrrad, um die Federung so weit es geht zusammenzudrücken. Messen Sie nun wieder den Abstand zwischen den beiden Befestigungsbolzen. Die Differenz der beiden Messwerte entspricht der Länge des gesamten Federwegs.

Schraubenfedern und Luftfederung
Die Vorspannung wird bei Schraubenfedern durch Drehen an der Justierscheibe eingestellt, welche die Feder auf dem mittleren Gewindeschaft hält. Berechnen Sie den Negativfederweg durch Messen des Abstands zwischen den Befestigungsbolzen an beiden Enden. Setzen Sie sich vorsichtig auf das Fahrrad, und lassen Sie denselben Abstand von einem Freund noch einmal messen. Ziehen Sie den zweiten Messwert vom ersten Messwert ab, erhalten Sie den Negativfederweg. Ist dieser zu groß, erhöhen Sie die Vorspannung, indem Sie die Justierscheibe weiter auf den mittleren Gewindeschaft schrauben. Bewegt sich die Federung zu wenig, lockern Sie die Justierscheibe, um die Feder weicher zu machen.

Der Negativfederweg kann durch Zugabe oder Herauslassen von Luft eingestellt werden. Das Ventil ist ein normales Schraeder-Ventil, der Luftdruck muss aber präzise kontrolliert werden. Daher ist eine spezielle Dämpferpumpe erforderlich, die nur ein sehr kleines Rohr hat, sodass durch einmal Pumpen nur wenig Luft in die Federung gepumpt wird. Zudem ist diese Pumpe mit einem sehr präzisen Luftdruckmesser ausgestattet.

DEN NEGATIVFEDERWEG BEI EINER LUFTFEDERUNG EINSTELLEN

Schritt 1: Auf dem Dämpferschaft finden Sie einen Gummidichtungsring. Drücken Sie diesen so weit es geht hinauf, bis er ohne Lücke am Dämpferkörper anliegt.

Schritt 2: Lehnen Sie das Fahrrad an die Wand, und setzen Sie sich in Ihrer normalen Fahrhaltung auf das Fahrrad, ohne zu federn. Steigen Sie wieder ab. Durch Ihr Gewicht hat sich die Federung zusammengedrückt und den Dichtungsring am Dämpferschaft hintergedrückt. Messen Sie den Abstand zwischen Dämpferkörper und Dichtungsring, das ist der Negativfederweg.

Schritt 3: Ist der Wert kleiner als erwartet, lassen Sie etwas Luft heraus, indem Sie das Mittelstück im Ventil hineindrücken. Ist der Wert größer als erwartet, pumpen Sie mit einer Dämpferpumpe etwas Luft hinein. Nehmen Sie die Dämpferpumpe ab, und wiederholen Sie die Schritte 1 und 2. Beim nächsten Mal können Sie Zeit sparen, indem Sie sich den Druckwert aufschreiben.

Die Federung

Gefederte Sattelstützen

Sie sind inzwischen sehr viel gebräuchlicher und gehören häufig zur Ausstattung neuer Hybridräder. Früher galten sie als technische Spielerei zum Trost der Leute, die das Gefühl hatten, die gesamte Federungsrevolution zu verpassen. Inzwischen sind sie deutlich besser geworden und wirklich empfehlenswert. Am besten wirken sie bei einer relativ aufrechten Sitzposition, bei der das Hauptgewicht auf dem Sattel liegt. Die Federung nimmt dem ständigen Rumpeln bei Schlaglöchern die Härte.

Gefederte Sattelstützen können gegen Rücken- und Schulterschmerzen helfen, die durch das Radfahren entstehen. Noch wirksamer werden sie in Verbindung mit einem hochwertigen Sattel.

Das Einstellen der richtigen Sattelhöhe verlangt etwas Übung. Während Sie auf dem Sattel sitzen, wird die Stütze leicht zusammengedrückt. Das ist der so genannte Negativfederweg. Er hat allerdings eine Nebenwirkung, denn wenn Sie vom Fahrrad absteigen, springt der Sattel ein wenig nach oben, sodass er zu hoch erscheint. Sie müssen sich nur daran gewöhnen, sich beim Aufsteigen etwas weiter zu strecken.

Wenn Ihnen das Aufsteigen bei leicht erhöhter Sattelposition zu mühsam ist, besteht die Alternative darin, den Sattel auf die normale Höhe einzustellen, sodass Sie leichter aufsteigen können. Sobald Sie aber auf dem Sattel sitzen bedeutet der Negativfederweg, dass Sie zu tief sitzen und die Beine nie richtig strecken können.

Bei der Standard-Sattelstütze – es gibt hier erstaunlich wenig unterschiedliche Modelle – befindet sich eine Feder zwischen zwei Teleskopteilen der Stütze. Der untere Teil der Sattelstütze, der sich mit dem Rahmen verbindet, sieht normal aus. Der obere Teil der Sattelstütze ist schmaler und schiebt sich in den unteren Teil. Dieser obere Teil kann mit einer Gummidichtung ausgerüstet sein, um Schmutz abzuhalten. Die Feder bewegt sich innen zwischen beiden Teilen und kann entweder eine lange Metall-Schraubenfeder sein oder aus Elastomer bestehen.

Bevor Sie losfahren, muss der Negativfederweg in der Sattelstütze so eingestellt werden, dass unter Ihrem Gewicht die korrekte Strecke durchhängt. Die Stütze soll etwas nachgeben, damit sie nach oben federn und Sie stützen kann, wenn das Fahrrad in ein Schlagloch fährt. Sie muss sich auch zusammendrücken können, damit Sie mit dem Fahrrad über eine Bodenwelle fahren können, ohne dass Ihnen ein unangenehmer Stoß nach oben versetzt wird. Am besten wird die Vorspannung der Feder in der Stütze so eingestellt, dass der natürliche Ruhepunkt des Sattels, wenn Sie auf dem Fahrrad sitzen, zwischen den beiden Extremen liegt.

Der gesamte Federweg bei Sattelstützen ist nicht besonders lang, normalerweise etwa 40 Millimeter. Der Sattel sollte etwa um ein Viertel nachgeben, wenn Sie darauf sitzen, also zehn Millimeter.

Hierfür brauchen Sie Hilfe, denn wenn Sie auf dem Fahrrad sitzen, muss jemand den Unterschied zum vorherigen Wert messen.

DAS EINSTELLEN DES NEGATIVFEDERWEGS BEI GEFEDERTEN SATTELSTÜTZEN

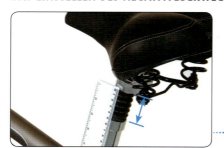  

Schritt 1: Lehnen Sie das Fahrrad an eine Wand, und messen Sie oben von der Sattelstütze, wo die Stütze in der Klemme sitzt, bis zum Ende der Rändelmutter. Notieren Sie den Wert. Lassen Sie das Fahrrad angelehnt, und setzen Sie sich in Ihrer normalen Fahrposition ruhig darauf. Lassen Sie einen Freund dieselbe Strecke wieder messen. Der Unterschied zwischen beiden Werten sollte etwa zehn Millimeter betragen.

Schritt 2: Hat dieser Negativfederweg nicht die korrekte Länge, lösen und entfernen Sie die Klemme, die die Sattelstütze am Rahmen befestigt. Ziehen Sie die Stütze heraus, und drehen Sie sie um. In die Kappe an der Unterseite passt ein Inbusschlüssel. Betrug der Negativfederweg mehr als zehn Millimeter, ist die Feder zu weich. Drehen Sie dann den Inbusschlüssel im Uhrzeigersinn. Waren es weniger als zehn Millimeter, ist die Feder zu hart. Drehen Sie den Inbusschlüssel gegen den Uhrzeigersinn. Achtung: Die Kappe nicht aus der Stütze herausdrehen!

Schritt 3: Nun montieren Sie die Stütze wieder im Rahmen und wiederholen die Messungen, um zu prüfen, ob der Negativfederweg nun korrekt ist. Es kann mehrere Durchgänge erfordern, den richtigen Wert einzustellen. Sind Sie mit dem Negativfederweg zufrieden, müssen Sie die Sattelhöhe neu einstellen. Falls Sie nicht sicher sind, wie das funktioniert, lesen Sie die Anleitung auf Seite 31.

Die Pflege gefederter Sattelstützen

Gefederte Sattelstützen scheinen zu den Teilen zu gehören, um die man sich nicht weiter kümmert. Das mag daran liegen, dass sie an neuen Fahrrädern bereits montiert sind und nicht eigens ausgesucht wurden, oder daran, dass ihre Funktionstüchtigkeit sich so langsam verschlechtert, dass man es erst bemerkt, wenn sie völlig ihren Geist aufgeben.

Das häufigste Problem ist, dass sich die Rändelmutter, die beide Teile der Stütze zusammenhält, lockert. Dadurch erhält die Feder zwischen beiden Teilen sehr viel Spielraum.

In diesem Fall wird die Feder von Ihrem Gewicht nicht mehr zusammengedrückt und bleibt einfach am Ende ihres Federwegs, ohne Sie in irgendeiner Weise sinnvoll zu stützen. Lockert sich die Rändelmutter noch weiter, kann sich der obere Teil der Stütze vollständig vom unteren Teil lösen.

Normalerweise trennen sich die Teile nicht von selbst, weil der obere Teil im unteren Teil verbleibt. Fällt Ihr Fahrrad jedoch um, oder Sie fahren von einer sehr hohen Bordsteinkante, können beide Teile getrennte Wege gehen.

Das geschieht nicht ohne Vorwarnung: Anstatt Stöße beim Fahren weich abzufangen, sinkt die Stütze langsam bis ans untere Ende des Federwegs und bleibt auf dem tiefsten Punkt stehen. Sie werden allmählich jede Bodenwelle spüren, über die Sie fahren, und vielleicht sogar beim Fahren um enge Kurven bemerken, dass die Sattelstütze schlägt.

Ein weiteres Problem, das auftreten kann: Die Flächen zwischen den beiden Teleskopteilen der Sattelstütze können korrodieren, sodass sie nicht mehr glatt übereinandergleiten und die Stütze auch mit der härtesten Federung nicht mehr auf Bodenwellen reagiert. Das passiert aber nicht plötzlich, sondern es handelt sich um einen langsamen Prozess. Irgendwann kommt eine Zeit, in der sich die Bewegung der Stütze allmählich ruckweise anfühlt und der Sattel sich eher ruckweise als weich fließend verschiebt. Fällt Ihnen das Problem in diesem Stadium auf, besteht Aussicht, dass Sie die Sattelstütze wieder in Schwung bringen können. Dazu ist es erforderlich, die Sattelstütze abzumontieren, zu putzen und gut zu schmieren. Die Schritt-für-Schritt-Anleitung unten zeigt Ihnen, wie das geht. Wenn Sie länger warten, wird die Feder in der Stütze festsitzen. Die einfachste und billigste Methode in diesem Stadium ist normalerweise das Montieren einer neuen Sattelstütze.

Es empfiehlt sich, die Sattelstütze regelmäßig aus dem Rahmen zu montieren und sowohl die Außenseite der Stütze als auch die Innenseite des Rahmens zu schmieren. Dazu brauchen Sie kein Spezialprodukt, denn mit normalem Fahrradfett funktioniert das einwandfrei. Wird die Sattelstütze ohne Pflege jahrelang an ihrem Platz gelassen, wird sie schließlich im Rahmen festsitzen. Wenn Sie Ihr Fahrrad häufig im Freien abstellen und es dort der Witterung ausgesetzt ist, tritt die Korrosion deutlich schneller ein.

Eine festsitzende Sattelstütze ist kein unmittelbares Problem, solange Sie die Sitzhöhe nie verstellen wollen. Das Ende der Sattelstütze zum Justieren der Vorspannung in der Feder ist aber nicht mehr zugänglich. Sollten Sie das Fahrrad einmal an jemand verleihen wollen, der eine andere Körpergröße hat als Sie, oder sie haben den Wunsch, es zu verkaufen, wird das Problem aktuell.

DIE WARTUNG GEFEDERTER SATTELSTÜTZEN

Schritt 1: Stellen Sie sicher, dass die Rändelmutter oben auf dem unteren Abschnitt der Sattelstütze sicher festgezogen ist. Sie lockert sich häufig unbemerkt. Um an der Rändelmutter drehen zu können, müssen Sie die schwarze Gummidichtung anheben. Drehen Sie die Mutter fest. Wenn Sie über dem Sattel stehen, muss sich die Mutter im Uhrzeigersinn drehen, was Sie allerdings nicht sehen können, da der Sattel im Weg ist.

Schritt 2: Ziehen Sie die Sattelstütze aus dem Rahmen. Unten auf der Stütze befindet sich eine Kappe. Merken Sie sich, wie weit innen die Kappe sitzt, und entfernen Sie diese anschließend mit einem Inbusschlüssel. Nun kommt die Feder heraus. Putzen Sie die Feder. Nach dem Putzen verteilen Sie einen großzügigen Klecks frisches Fett überall auf der Feder, da sie mit den Seiten innen an der Stütze reibt und geschmiert werden muss. Setzen Sie die Abschlusskappe wieder auf, und achten Sie darauf, sie gerade und nicht schräg einzusetzen.

Schritt 3: Ziehen Sie die Abschlusskappe so weit fest, dass sie wieder genauso tief in der Stütze sitzt wie zuvor. Das Ende der Kappe soll nicht weiter herausstehen als das Ende der Sattelstütze. Putzen Sie die Stütze außen und den Rahmen innen, und schmieren Sie nun die Außenseite der Sattelstütze. Setzen Sie die Sattelstütze wieder ein. Schieben Sie sie so weit in den Rahmen, dass die Markierung „Mindesteinschub" – einige parallele Striche – verschwindet. Falls der Sattel zu niedrig ist, ist die Sattelstütze zu kurz und sollte ausgetauscht werden.

10 – Tretlager und Steuersatz

Tretlager und Steuersatz sind die beiden wichtigen Lager am Fahrradrahmen. Das Tretlager führt durch den Rahmen, es verbindet die Kurbeln und überträgt die vertikale Kraft der Pedale in eine Drehbewegung, von der die Kette um die Kettenblätter bewegt wird. Der Steuersatz verbindet Gabel und Rahmen, er hält das Vorderrad sicher und ermöglicht das Lenken. Bei guter Justierung und wenn Sie das Fahrrad geschützt vor den Elementen abstellen können, versehen Tretlager und Steuersatz jahrelang klaglos ihren Dienst.

Tretlager

Tretlager und Steuersatz müssen sehr genau eingestellt werden. Hat das Tretlager seitliches Spiel, schaltet der Umwerfer ungenau, Kette und Kettenblätter verschleißen, und Sie werden beim Fahren Schmerzen in den Knien bekommen. Spiel im Steuersatz bedeutet, dass zwischen Rahmen und Gabel eine Bewegung möglich ist, die zu einem Verlust der unverzichtbaren Kontrolle beim Bremsen und Lenken führt.

Aber auch zu fest sitzende Lager sind ungünstig. Solche Tretlager berauben Sie der Effizienz beim Pedaltreten, weil sich die Pedale etwas zu schwer treten lassen. Sitzt der Steuersatz zu fest, werden die Lenkerbewegungen problematisch, beim Kurvenfahren müssen Sie den Lenker regelrecht herumreißen.

Dieses Kapitel leitet Sie durch die Einstellungsmöglichkeiten an diesen beiden wichtigen Lagern. Im Kapitel über Tretlager erfahren Sie, wie die Kurbelgarnitur abmontiert und montiert wird und wie man Tretlager austauscht. Früher konnte man die Tretlager justieren, heute gibt es fast nur noch versiegelte Bauteile, sodass ein verschlissenes Tretlager komplett ausgetauscht werden muss. Das Kapitel über den Steuersatz zeigt Ihnen dessen Einstellung und Wartung. Die Lager können ohne viel Werkzeug nachgefettet werden, sobald die Oberflächen jedoch verschlissen sind, muss der Steuersatz erneuert werden. Am besten lassen Sie das im Fahrradgeschäft machen, denn es ist relativ selten notwendig, verlangt aber teures Werkzeug.

Routinemäßige Wartung der Tretlager

Das Tretlager ist das große Hauptlager, das zwischen den Kurbeln durch den Rahmen führt. Eigentlich ist es ein Lagerpaar, auf jeder Seite des Rahmens wird ein Teil in ein Gewinde geschraubt. Wie bei allen abgedichteten Fahrradteilen, finden auch hier Wasser und Schmutz trotzdem mit der Zeit einen Weg einzudringen und Schaden anzurichten. Dadurch fährt das Fahrrad nicht mehr so schnell, und die Lager verschleißen. Es ist schwer vorherzusagen, wie lange ein Tretlager halten wird, durchschnittlich liegt die Lebensdauer bei zwei bis drei Jahren.

Früher bekam man Tretlager in Einzelteilen: eine Achse, die durch die Mitte führt, die Tretlagerschalen, die an den Rahmen geschraubt sind und die Lager zwischen beiden Teilen. Der Vorteil dieses Systems war, dass der Abstand zwischen den Lagern so justiert werden konnte, dass die Lager weich und ohne Widerstand liefen und man die Teile regelmäßig zerlegen, putzen, nachfetten, zusammenbauen und justieren konnte. Nachdem dies aber kaum jemand machte, gibt es inzwischen fast nur noch abgedichtete Patronentretlager. Sie bleiben sauberer, müssen aber bei Verschleiß komplett ausgetauscht werden.

Auf der rechten Seite haben Tretlager ein gegenläufiges Gewinde, die Schale auf der Seite der Kettenblätter muss daher bei der Demontage im Uhrzeigersinn und bei der Montage gegen den Uhrzeigersinn gedreht werden. Dies gilt praktisch für alle Fahrräder, Mountainbikes, Hybridfahrräder, Klapp- und sonstige Fahrräder.

Eine Ausnahme bilden einige italienische Rennräder, die auf beiden Seiten ein Standardgewinde haben, bei dem im Uhrzeigersinn montiert wird. Diese Räder illustrieren auch den Sinn des gegenläufigen Gewindes: Tretlager mit dem italienischen Gewinde sind anfällig dafür, sich unter Pedaldruck zu lösen, und verlangen eine besondere Aufmerksamkeit der Mechaniker, um dies zu verhindern.

Früher konnte man Tretlager justieren, heute gibt es praktisch nur noch gedichtete Industrielager. Das heißt, sie bleiben sauberer, müssen bei Verschleiß aber komplett erneuert werden.

Verschiedene Tretlagertypen

Ende der 1990er-Jahre gab es endlich eine Standardbefestigung für Kurbeln an Tretlagerachsen, doch auch bald gab es verbesserte Varianten. Nun wiederholt sich die Geschichte durch die Entwicklung neuer Bauarten. Eine Zeit lang waren Vierkant-Innenlager der gut funktionierende Standard. Die neueren Tretlager sind gezahnt und normalerweise leichter als früher.

Das Tretlager muss zur Kurbel passen. Die verschiedenen Typen sind nicht kompatibel, Kurbeln oder Tretlager verschiedener Bauart sind untereinander nicht austauschbar. Zum Glück haben beide Typen dieselbe Funktionsweise, beim Ab- und Anmontieren gibt es also keine Unterschiede. Die Kurbel wird von einem Bolzen auf der Achse gehalten, entweder von einer 8-mm- oder 10-mm-Inbusschraube oder einem 14-mm-Bolzen. Letztere findet man inzwischen überwiegend an älteren Fahrrädern. Zum Entfernen der Kurbel wird ein Kurbelabzieher auf das Gewinde gesetzt, anschließend wird dessen Mittelstück hineingedreht, um die Achse wegzudrücken, auf der die Kurbel sitzt.

Vierkant-Innenlager (A)
Eine Vierkantachse passt in ein entsprechendes Loch in der Kurbel. Sowohl die Achse als auch das Loch in der Kurbel sind konisch. Durch Anziehen des Bolzens am Ende der Achse wird die Kurbel daher weiter auf die Achse gedrückt, sodass sie sicher hält. Das Prinzip ist einfach, aber wenn die Kurbel sich nur ganz wenig auf der Achse gelockert hat, lockert sie sich allmählich immer weiter und beschädigt das weiche Metall der Kurbel. Dieses Problem ist auf der linken Seite besonders ausgeprägt. Da beide Kurbelbolzen ein Standardgewinde haben, neigt die linke Kurbel dazu, sich unter dem Druck des Pedals zu lockern, während die rechte Kurbel sich im Allgemeinen selbst festzieht. Kontrollieren Sie die Bolzen regelmäßig.

Shimano Octalink (C)
Unten abgebildet sehen Sie das Shimano-Tretlager. Es hat acht statt der zehn Zähne des ISIS-Tretlagers. ISIS-Tretlager und Kettenblätter sind mit denen von Shimano nicht kompatibel. Putzen Sie die Zähne der Kettenblätter und des Tretlagers beim Wiederanbringen sorgfältig, sonst lockern sich die Kettenblätter beim Treten. Nach etwa 50 Kilometern ziehen Sie die Kurbelbolzen nach.

ISIS-Verzahnung (B)
ISIS steht für „International Spline Interface Standard". Diesen Tretlagertyp verwenden Bontrager, Race Face, Middelburn und andere Hersteller. Auf jeder Seite gibt es zehn Zähne. Die Kettenblätter sind entsprechend gezahnt. Zum Montieren des Kettenblattsatzes auf dem Tretlager schieben Sie ihn über die Zähne und ziehen ihn fest, bis sich die Rückseite der Kettenblätter fest an den Rand der Tretlagerachse fügt.

Passen Sie beim Einfügen der zweiten Kurbel sehr gut auf, denn die Kurbeln passen problemlos auf jeden der zehn Zähne. Vergewissern Sie sich vor dem Festziehen der Bolzen daher, dass die Kurbeln wirklich genau entgegengesetzt liegen.

Tretlager und Steuersatz

Die Kurbeln entfernen

Kurbeln und Kettenblattsatz werden nach derselben Methode entfernt. Das passende Werkzeug hierfür ist ein Kurbelabzieher. Ohne dieses Werkzeug, das leider für keine andere Aufgabe zu gebrauchen ist, lässt es sich nicht bewerkstelligen.

Es gibt Kurbelabzieher in zwei Größen. Der ältere und kleinere Typ passt für Vierkant-Innenlager, der neuere und größere Typ für gezahnte Achsen und auch für ISIS- und Shimano-Octalink-Kurbeln. Falls Sie einen kleinen Kurbelabzieher, aber eine Achse mit Mehrfachverzahnung haben, können Sie das Werkzeug mit einem TLFC-15-Adapterstopfen anpassen, der auf das Ende der Achse geschoben wird. Sollte Ihr Kurbelabzieher jedoch für dickere Achsen mit Mehrfachverzahnung vorgesehen sein, funktioniert er auf Vierkant-Innenlagerachsen nicht. Vorsicht mit den Kurbelgewinden, sie sind sehr weich und werden beschädigt, wenn Sie das Werkzeug schräg ansetzen. Drehen Sie das Werkzeug anfangs immer per Hand ein, damit Sie merken, ob es problemlos passt.

EINE KURBEL ENTFERNEN

Schritt 1: Die Kurbelbolzen sollten fest angezogen sein, daher brauchen Sie einen langen Inbusschlüssel oder für ältere Fahrräder einen 14-mm-Steckschlüssel mit langem Griff, um den Bolzen zu lösen. Sollten Sie feststellen, dass die Bolzen ohne große Mühe zu lösen sind, ziehen Sie sie nächstes Mal fester an! Kontrollieren Sie die Kurbel innen, wo der Bolzen saß, und entfernen Sie eventuell noch vorhandene Unterlegscheiben.

Schritt 2: Schauen Sie sich das Loch an, aus dem der Bolzen entfernt wurde, um zu sehen, welches Werkzeug Sie brauchen. Wenn Sie das Vierkantende einer Achse mit einem Bolzenloch in der Mitte sehen, brauchen Sie den älteren kleinen Kurbelabzieher. Wenn Sie sehen, dass das Ende der Achse rund ist und acht oder zehn Zähne hat, brauchen Sie einen dickeren neueren Kurbelabzieher.

Schritt 3: Fassen Sie den Griff oder das Ende mit der Mutter des Werkzeuginnenteils, und drehen Sie das Werkzeugaußenteil. Wie Sie sehen, bewegt sich durch Drehen des einen Teils gegen den anderen das Werkzeuginnenteil in das Außenteil oder aus diesem heraus. Drehen Sie das Werkzeuginnenteil zurück, bis der Kopf innen im Außenteil verschwindet.

Schritt 4: Setzen Sie das Außenteil des Werkzeugs auf das Gewinde in der Kurbel, das bei entferntem Bolzen sichtbar ist. Die Kurbel ist verglichen mit dem Werkzeug weich, passen Sie daher gut auf, das Werkzeug nicht schräg einzusetzen und die Kurbel dadurch zu beschädigen, das wäre ein teurer Spaß. Das Werkzeug so weit einschrauben, wie es geht.

Schritt 5: Drehen Sie nun das Werkzeuginnenteil hinein. Das geht anfangs leicht, aber sobald das Ende der Achse erreicht ist, wird es deutlich schwerer. Sobald die Achse sich bewegt, lässt das Werkzeug sich wieder leichter drehen, weil es die Achse allmählich aus der Kurbel drückt.

Schritt 6: Sobald die Kurbel sich auf der Achse zu bewegen beginnt, geht sie ab. Ziehen Sie sie von der Achse, und nehmen Sie das Werkzeug von der Kurbel ab. Wiederholen Sie diesen Vorgang auf der anderen Seite, um die Kettenblätter zu entfernen.

Die Kurbelgarnitur wieder montieren

Bevor Sie die Kurbelgarnitur wieder montieren, nutzen Sie die Gelegenheit, und putzen den Bereich gründlich, der normalerweise hinter den Kettenblättern verborgen ist. Sie erreichen jetzt hinten und im Bereich des Umwerfers alles bedeutend leichter.

Wie auf der gegenüberliegenden Seite bereits erwähnt, werden Kurbel und Kettenblätter auf die gleiche Weise montiert. Fangen Sie mit den Kettenblättern an. Putzen Sie das Ende der Achse und das Loch in den Kettenblättern gründlich. Überzeugen Sie sich davon, dass in den Konen oder zwischen den Zähnen kein Schmutz mehr ist, der das Rad quietschen lassen würde. Behandeln Sie alle Titanteile mit Gewindepaste.

Man ist geteilter Meinung darüber, ob die Achse vor dem Montieren der Kurbeln gefettet werden soll oder nicht. Der Vorteil einer gefetteten Achse ist, dass die Kurbel durch das Schmieren weiter auf die Achse gezogen und fester angezogen werden kann. Die Gegner behaupten, die Fettschicht ermögliche es den beiden Oberflächen, sich gegeneinander zu bewegen, dadurch würden sie eventuell quietschen und könnten sich allmählich lockern. Bei neuen Tretlagern ist bereits Gewindepaste auf die rechte Achse aufgetragen, diese Schicht sollte man auch dort belassen. Inspizieren Sie die Oberfläche der Achse und der Löcher in der Kurbel.

Die Achsen von Vierkant-Innenlagern sollen glatt und ohne Lochfraß sein. Das Kurbelloch ist die Stelle, an der Sie am ehesten eine Beschädigung feststellen werden. Das Loch muss perfekt vierkantig sein und glatt auf die Achse passen. Das häufigste Problem ist, dass locker gewordene Kurbeln sich auf der Achse abrunden und eine oder mehrere Ecken des Vierecks nicht mehr präzise geformt sind. Vielzahnkurbeln werden beschädigt, wenn mit ihnen noch gefahren wird, obwohl sie sich gelockert haben. Jeder Zahn soll spitz und sauber sein.

Ersetzen Sie beschädigte Kurbeln sofort, selbst wenn die Verformung sehr geringfügig zu sein scheint. Sind sie einmal verschlissen, werden sie nie mehr sicher halten und an der Tretlagerachse kostspielige Schäden verursachen.

Schieben Sie den Kettenblattsatz über das Ende der Achse. Richten Sie ihn mit der Vierkant- oder Vielzahnachse aus, und drücken Sie ihn fest auf. Fetten Sie die Gewinde der Befestigungsbolzen, und geben Sie einen Klecks Fett unter den Bolzenkopf, damit er nicht quietscht. Bolzen gut festziehen. Falls Sie einen Drehmomentschlüssel zur Verfügung haben, stellen Sie 50 Newtonmeter ein. Für das endgültige Festziehen richten Sie die Kurbel so mit dem Inbusschlüssel beziehungsweise Steckschlüssel aus, dass sie weitgehend parallel sind. Stellen Sie sich vor den Kettensatz, und greifen Sie mit jeder Hand einen Schlüssel. Mit durchgestreckten Armen nutzen Sie die Kraft Ihrer Schultern, um die Kurbelbolzen fest anzuziehen. So besteht weniger Gefahr, dass Sie sich am Kettenblatt verletzten, falls Sie abrutschen.

Als Nächstes befestigen Sie die Kurbel am anderen Ende der Tretlagerachse. Richten Sie sie so aus, dass sie entgegengesetzt zu der Kurbel auf der anderen Seite zeigt. Bei Vierkantachsen ist das einfach, bei Vielzahnmodellen erfordert es mehr Sorgfalt. Es ergibt ein sehr merkwürdiges Fahrgefühl, falls Sie die Kurbel versehentlich auf einen benachbarten Zahn montiert haben. Sobald alles ausgerichtet ist, fetten Sie auch hier wieder den Kurbelbolzen und ziehen ihn fest an.

Nach der ersten Fahrt sollten Sie alle Bolzen nochmals nachziehen, Sie werden feststellen, dass diese sich beim Setzen etwas gelockert haben. Bei beiden Kurbeltypen – Vierkant und Vielzahn – ist der einwandfreie Zustand des Kurbellochs sehr wichtig. Fährt man mit gelockerten Kurbeln, weitet sich das Loch, und die Kurbeln werden nie wieder fest genug sitzen. In diesem Fall gibt es nur eine Abhilfe: austauschen.

Das Material der Kurbel ist weicher als das der Achse, daher verschleißt die Kurbel zuerst. Wird eine verschlissene Kurbel nicht ersetzt, verschleißt schließlich auch das Ende der Tretlagerachse.

Kurbel festhalten und Kurbelbolzen fest anziehen.

Tretlager und Steuersatz

Das Tretlager entfernen

Die Kurbelgarnitur muss entfernt werden, um an das Tretlager zu gelangen, siehe dazu Seite 196. Auf Seite 197 können Sie nachlesen, wie beides wieder montiert wird.

Bei jeder Arbeit am Tretlager darf nicht vergessen werden, dass die rechte Schale ein gegenläufiges Gewinde hat, also im Uhrzeigersinn abgeschraubt wird. Die einzige Ausnahme von dieser Regel bilden einige italienische Rennräder.

Kontrollieren Sie zuerst, welche Art von Befestigung Sie haben. Fast an jedem Fahrrad findet man heute den Shimano-Vielzahntyp, bei dem 20 schmale Zähne in jede Schale passen. ISIS-Tretlager verwenden dieselbe Größe und Anzahl von Zähnen, das Loch in der Mitte des Werkzeugs muss aber größer sein, damit es über die dickere Achse passt. Das ISIS-Werkzeug eignet sich auch gut für Shimano-Tretlager.

Setzen Sie das Werkzeug immer fest auf die Zähne, bevor Sie Druck ausüben. Beim Abrutschen würden Sie die Schalen beschädigen und sich möglicherweise selbst verletzen.

DAS TRETLAGER ENTFERNEN

Schritt 1: Nach dem Entfernen der Kurbelgarnitur und der Kettenblätter beginnen Sie auf der linken Seite des Tretlagers. Putzen Sie alle Zähne der Tretlagerschale, damit das Werkzeug gut greift. Es empfiehlt sich, mit einem kleinen Schraubenzieher jeglichen Schmutz aus den Zähnen zu entfernen. Sie sitzen unten in Bodennähe und sammeln gerne Schmutz an, der verhindert, dass das Werkzeug sicher aufgesetzt werden kann.

Schritt 2: Setzen Sie das Werkzeug ein, greifen Sie es fest mit einem großen verstellbaren Schraubenschlüssel, und drehen Sie es gegen den Uhrzeigersinn, um die Schale zu lockern. Lassen Sie das Werkzeug nicht abrutschen, es würde die Zähne beschädigen, und Sie könnten sich verletzen. Kommt die Schale nicht problemlos heraus, setzen Sie das Werkzeug am Tretlager an. Dies verlangt etwas Geschick (siehe Seite 199).

Schritt 3: Entfernen Sie die linke Schale komplett. Prüfen Sie den Zustand der Zähne und Gewinde, insbesondere bei billigeren Kunststoffschalen. Diese funktionieren gut und wiegen wenig, die Zähne werden aber leicht beschädigt.

Schritt 4: Schieben Sie das Werkzeug auf die rechte Seite, und befestigen Sie es sicher auf der Kerbverzahnung. Entfernen Sie das Tretlager durch Drehen des Werkzeugs im Uhrzeigersinn, was viel Kraft erfordern kann. Setzen Sie bei Bedarf einen Schraubenschlüssel an. Tretlager sitzen gerne fest, daher ist ein Trennmittel praktisch. Sprühen oder träufeln Sie es auf, und lassen Sie es eine halbe Stunde einwirken, bevor Sie erneut versuchen, die Schale abzuziehen.

Schritt 5: Entfernen Sie den Tretlagerkörper. Werfen Sie ihn nicht gleich weg, denn Sie müssen ihn noch ausmessen, um die richtige Größe nachzukaufen. Sie brauchen zwei Maße: die Achslänge vom einen bis zum anderen Ende und die Breite des Rahmenteils, von dem Sie das Tretlager entfernt haben (normalerweise 68 oder 73 Millimeter).

Schritt 6: Sind beide Seiten entfernt, schauen Sie sich den Rahmen innen an. Putzen Sie ihn gründlich. Enthält er sehr viel Schmutz, finden Sie heraus, wo er eindringen kann, und dichten Sie die Stelle ab. Vergewissern Sie sich, dass überall, wo sich Bohrungen für die Montage eines Wasserflaschenhalters befinden, Schrauben sitzen, auch wenn keiner montiert ist.

Das Tretlager montieren

Das Tretlager hat entweder auf beiden Seiten Metallgewinde oder auf einer Seite ein Kunststoffgewinde und auf der anderen Seite eines aus Metall. Fetten Sie Metallgewinde, Kunststoffgewinde müssen nicht geschmiert werden.

Üblicherweise sind die Tretlagerschalen mit „L" (links) und „R" (rechts) markiert. Normalerweise befindet sich der Tretlagerkörper rechts und von links wird eine lose Schale angefügt. Sollte es bei Ihrem Fahrrad anders sein, drehen Sie die Montagereihenfolge um. Die Tretlagergewinde sind sehr dünn, achten Sie daher sorgfältig darauf, die Schalen beim Montieren nicht zu verwinden oder schräg einzuschrauben. Drehen Sie sie zuerst per Hand ein, so merken Sie besser, wann sie genau passen. Beim Fahren mit lockerem Tretlager werden die Gewinde beschädigt. Bei neuen oder neu gespritzten Rahmen kann Farbe in den Gewinderillen sitzen, sodass das neue Tretlager nicht passt. Ist das Gewinde nicht zu stark geschädigt, kann es mit einem Gewindebohrer nachgeschnitten werden.

DAS TRETLAGER MONTIEREN

Schritt 1: Drehen Sie die linke Schale auf der linken Seite mit ein paar Umdrehungen in das Gewinde. Drehen Sie an der rechten Rahmenseite den Tretlagerkörper per Hand gegen den Uhrzeigersinn ein. Nach ein paar Umdrehungen schauen Sie vom linken Ende des Tretlagers aus und prüfen, ob die Achse genau in der Mitte des Lochs der Schale durchkommt, die Sie soeben montiert haben.

Schritt 2: Gegen den Uhrzeigersinn sehr gut festziehen. Hierfür brauchen Sie die Hebelwirkung von etwa 30 Zentimeter Länge und einen festen Stand. Sobald der Tretlagerkörper gut befestigt ist, ziehen Sie die linke Schale an. Seien Sie vorsichtig mit Kunststoffschalen, denn sie müssen recht fest angezogen werden, vertragen aber nicht so viel Kraft wie der Tretlagerkörper. Durch Überdrehen werden die Kunststoffzähne beschädigt und müssen beim nächsten Ausbau wahrscheinlich ausgetauscht werden.

Schritt 3: Bringen Sie die Kurbel wieder an wie auf Seite 197 beschrieben. Wenn Sie ein neues Tretlager montieren, geben Sie auf der Seite des Kettenblattsatzes gut Acht. Auch wenn Sie sorgfältig gemessen haben, sollten Sie überprüfen, dass der Kettenblattsatz nicht an der Kettenstrebe klemmt, wenn Sie den Kurbelbolzen festziehen. Zwischen Kettenblattsatz und Kettenstrebe müssen mindestens zwei Millimeter Platz sein. Ist es weniger, entfernen Sie das Tretlager und versuchen es mit einer längeren Achse.

Ein widerspenstiges Tretlager entfernen

Es kommt vor, dass Tretlager sich fest verklemmen. Versuchen Sie es mit den folgenden Maßnahmen: Eine ordentliche Portion Trennmittel, drei- oder viermal über einige Tage verteilt aufgetragen, kann helfen, insbesondere, wenn Sie nach der Halbzeit alles wieder zusammenbauen und eine ausgiebige Fahrt u nternehmen. Auch ein Leichtspray wie GT85 kann nützlich sein. Sie können sich aber im Eisenwarenladen oder Autozubehörgeschäft ein vergleichbares Produkt besorgen. Im Fahrradgeschäft erhältlich ist ein Trennmittel speziell für Fahrräder. Alle Trennmittel enthalten gefährliche chemische Stoffe. Verwenden Sie sie daher sparsam in gut belüfteten Räumen, und vermeiden Sie Hautkontakt. Drehen Sie das Werkzeug auch immer in die richtige Richtung. Beim Blick von rechts auf das Fahrrad wird die rechte Schale im Uhrzeigersinn entfernt, sie hat ein gegenläufiges Gewinde. Von der linken Seite des Fahrrads aus gesehen wird die linke Schale gegen den Uhrzeigersinn entfernt, sie hat ein normales Gewinde. Haben die Mittel lange genug im Tretlager eingewirkt, versuchen Sie es mit einem möglichst langen Griff an Ihrem Werkzeug. Suchen Sie eine Röhre, die über das Ende des verstellbaren Schraubenschlüssels passt, um die Hebelkraft zu erhöhen. Stützen Sie sich gut ab, damit Sie nicht abrutschen und sich verletzen. Es nützt auch, das Werkzeug einzuspannen. Verwenden Sie den Kurbelbolzen und suchen Sie sich eine Unterlegscheibe, die verhindert, dass der Kurbelbolzen in das Mittelloch des Werkzeugs rutscht und dafür sorgt, dass er den Greifflächen des Schraubenschlüssels nicht im Weg ist. Falls Ihnen ein Freund hilft, bauen Sie die Räder ab. Spannen Sie das Werkzeug so in den Schraubstock ein, dass das Fahrrad waagerecht über der Werkbank gehalten wird. Benützen Sie das Fahrrad zur Unterstützung der Hebelwirkung und drehen Sie es, um das Werkzeug zu lösen.

Tretlager und Steuersatz

Tretlager: Knarrgeräusche

Ein knarrendes Tretlager ist lästig und der Ursache sollte sofort auf den Grund gegangen werden. Ungewohnte Geräusche sind fast immer ein Zeichen dafür, dass etwas locker, verschlissen oder kurz davor ist, kaputt zu gehen.

Aluminiumräder mit dicken Rohren verstärken das leiseste Geräusch. Jedes Rohr, das Sie mit der Hand nicht mehr umfassen können, ist eine Art Lautsprecher und wird sich bemühen, Ihnen alles zu Gehör zu bringen, was nicht in Ordnung ist. Am Ende sehen Sie sich nach einem italienischen Rennrad mit schmalen Rohren – oder Sie ziehen vielleicht doch einfach nur die Kurbelbolzen fest.

Versuchen Sie es mit den unten beschriebenen Maßnahmen, um das Knarren loszuwerden. Funktioniert das alles nicht, bedenken Sie auch, dass der Rahmen Geräusche auf seltsamen Wegen weiterleitet, das Knarren kann möglicherweise von einer anderen Stelle stammen, als es scheint. Häufige Ursachen sind auch lockere Lenker- oder Vorbaubolzen sowie verschlissene Hinterradnabenlager.

GERÄUSCHE BESEITIGEN

Schritt 1: Ziehen Sie die Kurbelbolzen im Uhrzeigersinn fest. Beide müssen sehr fest sitzen, daher brauchen Sie einen langen Inbusschlüssel – mindestens 20 Zentimeter lang – ein Multifunktionswerkzeug reicht nicht aus. Der 8-mm-Inbusschlüssel eines Multifunktionswerkzeugs ist nur für Notfälle gedacht. Sollten Sie einen Drehmomentschlüssel zur Verfügung haben, stellen Sie ihn bei etwa 50 Newtonmeter ein.

Schritt 2: Nützt dies nicht, entfernen Sie beide Kurbelbolzen, geben etwas Fett auf die Gewinde und unter die Bolzenköpfe und befestigen Sie wieder sicher.

Schritt 3: Ziehen Sie beide Pedale fest an. Bedenken Sie dabei, dass das linke Pedal ein gegenläufiges Gewinde hat, siehe dazu weitere Details im Kapitel über die Pedale.

Schritt 4: Falls das Festziehen der Pedale nichts nützt, entfernen Sie beide Pedale, schmieren Sie die Gewinde, und ziehen Sie die Pedale wieder fest an. Das klingt lachhaft, nützt aber häufiger, als man annimmt. Auch Schmutz in den Gewinden der Pedale kann Geräusche verursachen, putzen Sie also die Pedalgewinde und die Innenseiten der Kurbel.

Schritt 5: Greifen Sie jedes Pedal, und versuchen Sie, es zu verdrehen. Das Pedal sollte sich auf seiner eigenen Achse nicht bewegen. Falls dies doch der Fall ist, kann hier die Ursache für die Knarrgeräusche liegen, und das Pedal muss entfernt und gewartet werden, siehe dazu das Kapitel über die Pedale auf Seite 221. Sprühen Sie bei Klickpedalen etwas Leichtöl wie GT85 auf den Klickmechanismus. Nehmen Sie hierfür kein Kettenöl, es ist zu klebrig und sammelt nur Schmutz an.

Schritt 6: Sollte das Knarrgeräusch nicht von den Pedalen kommen, entfernen Sie die Kurbelgarnitur, lockern Sie die linke Tretlagerschale, ziehen Sie die rechte Schale fest an – nicht vergessen, sie hat ein gegenläufiges Gewinde – und ziehen Sie anschließend die linke Schale fest (normales Gewinde). Montieren Sie die Kurbelgarnitur wieder, und ziehen Sie die Bolzen fest an. Weitere Details finden Sie auf Seite 197.

Tretlager: Auf seitliches Spiel kontrollieren

Tretlager leiden darunter, die meiste Zeit unsichtbar zu sein. Sie sind wichtige Lager und sollen sich auch dann noch glatt und weich drehen, wenn Sie im Wiegeschritt fahren. Da man sie aber nicht sieht, werden Sie gerne vergessen. Ein verschlissenes Tretlager bremst jedoch das Fahrrad und lässt auch Kette und Kettenblattsatz rasch verschleißen.

Kontrollieren Sie das Tretlager regelmäßig auf seitliches Spiel, es sollte sich ungehindert drehen und nicht seitlich wackeln. Verschlissene Tretlager sollten ausgetauscht werden, sie beschleunigen sonst den Verschleiß des Antriebs.

Gehen Sie rechts neben dem Fahrrad in die Hocke. Richten Sie die rechte Kurbel mit einem Teil des Rahmens aus, beispielsweise der Kettenstrebe, dem Sattelrohr oder Unterrohr. Halten Sie die Kurbel – nicht das Pedal – mit einer Hand und den Rahmen mit der anderen Hand, sodass beide Hände möglichst nah beieinander sind. Rütteln Sie nun vorsichtig mit den Händen gegeneinander.

Sie sollten zwischen Kurbel und Rahmen keinerlei Schlagen hören oder spüren und auch keinerlei seitliche Bewegung wahrnehmen. Wiederholen Sie dies in anderen Winkeln, wobei Sie die Kurbel jeweils mit einem Teil des Rahmens ausrichten und rütteln. Möglicherweise hören oder spüren Sie in einem bestimmten Winkel ein Schlagen. Wiederholen Sie dies mit der Kurbel auf der linken Seite und auch hier wieder mit viel Gefühl.

Haben Sie beide Seiten kontrolliert, werden Sie wissen, ob das Spiel von einem verschlissenen Tretlager, von einer Bewegung des Tretlagers im Rahmen oder von der Kurbel herrührt, die sich auf der Tretlagerachse bewegt. Spüren Sie nur in einer Kurbel ein Schlagen, ist diese Kurbel wahrscheinlich zu locker.

Ziehen Sie die Kurbel mit einem 8-mm-Inbusschlüssel oder, falls es ein älteres Tretlager ist, mit einem 14-mm-Steckschlüssel fest. Dieser Bolzen muss sehr fest angezogen werden, um sich nicht lockern zu können. Ihr Werkzeug muss mindestens einen Griff von 20 Zentimeter Länge haben, und Sie müssen sehr fest anziehen. Verlängern Sie kurze Inbusschlüssel, indem Sie ein längeres Rohr darüber schieben. Testen Sie erneut, um zu sehen, ob das Wackeln verschwunden ist. Sollten die Kurbeln nach dem Festziehen noch immer wackeln, ist das Tretlager locker oder verschlissen.

Sie können feststellen, wo die Bewegung stattfindet, indem Sie in die Lücke zwischen der linken Kurbel und dem Rahmen schauen, während sie daran rütteln.

Sie können nur das letzte Ende der Tretlagerschale sehen, da der Großteil im Rahmen verborgen ist. Zwischen der Tretlagerschale und dem Rahmen sollte sich nichts bewegen. Prüfen Sie dies auch auf der rechten Seite.

Hier ist es nicht so gut zu sehen, weil der Kettenblattsatz im Weg ist. Sollte sich das Tretlager im Rahmen gelockert haben, können Sie das Problem normalerweise beheben, indem Sie das Tretlager im Rahmen festziehen. Hierzu müssen Sie die Kurbelgarnitur entfernen, siehe dazu Seite 208. Ist das Tretlager verschlissen, sehen Sie, wie sich die Achse in der Tretlagerschale verschiebt, während Sie an der Kurbel rütteln. In diesem Fall ist die einzige Möglichkeit, das Tretlager auszutauschen, siehe dazu Seite 198.

Prüfen Sie als Nächstes, ob sich die Lager im Tretlager ungehindert drehen. Schalten Sie vorne auf das kleinste Kettenblatt, fassen Sie dann ans Ende des Kettenblattsatzes, und heben Sie die Kette vom kleinsten Kettenblatt.

Lassen Sie sie in die Lücke zwischen Kettenblattsatz und Rahmen hinter den vorderen Umwerfer fallen, damit die Kette nicht mehr mit dem Kettenblattsatz verbunden ist. Drehen Sie die Pedale. Sie sollten sich ungehindert und leise drehen. Sind Knirschgeräusche zu hören, oder ist sonstiger Widerstand zu spüren, ist es Zeit, das Tretlager zu erneuern. Heben Sie die Kette wieder oben auf das kleinste Kettenblatt, und drehen Sie das Pedal langsam vorwärts, damit die Kette sich wieder sicher auf das Kettenblatt legt.

Die Kurbel darf sich nicht seitlich bewegen.

Steuersatz

Der Steuersatz wird von den beiden Lagern gebildet, die den Rahmen mit der Gabel verbinden. Jedes Lager ruht in einer Steuersatzschale, wobei eine oben und die andere unten in den Steuersatz gepresst ist. Dadurch kann die Gabel sich frei im Rahmen drehen, was Ihnen das Kurvenfahren und Ausbalancieren ermöglicht. Die Lager sollen ausreichend Platz zur freien Beweglichkeit, aber kein Spiel zwischen Gabel und Rahmen haben. Dies würde beim Kurvenfahren oder Bremsen ein unsicheres Fahrgefühl ergeben.

Es empfiehlt sich, das richtige Einstellen dieser Lager zu erlernen, da sie erstaunlich schnell verschleißen, wenn sie zu viel Spiel haben oder im Gegenteil die Gabel sich nur mit Mühe drehen lässt. Dadurch kann man erheblich Kosten einsparen. Auf der gegenüberliegenden Seite sehen Sie, wie Sie die Einstellung des Steuersatzes kontrollieren können – die Methode richtet sich nach dem Typ Ihres Steuersatzes.

Gewindesteuersatz

Grundätzlich gibt es zwei Grundtypen von Steuersatzlagern. Den herkömmlichen Typ – er wird auch als Gewindesteuersatz bezeichnet – gibt es seit etwa hundert Jahren. Er hat oben auf dem Gabelschaftrohr ein Gewinde. Auch der obere Steuersatz-Konus hat ein Gewinde und wird auf die Gabel geschraubt. Dadurch wird das Gabelschaftrohr durch den Steuerkopf hochgezogen und drückt allmählich auf die beiden Lagersätze oben und unten.

Sobald der Platz richtig bemessen ist, wird eine zweite Mutter auf den Gewindekonus geschraubt und klemmt beide zusammen, so dass sich der Steuersatz nicht durch Lockern verstellen kann. Anschließend wird der Vorbau in dem Loch des Gabelschaftrohrs befestigt, in der gewünschten Höhe eingestellt und mit einem Klemmbolzen gesichert.

Der neuere Steuersatztyp wird als Aheadset oder Steuersatz ohne Gewinde bezeichnet. Bei diesem System hat der obere Steuersatz-Konus kein Gewinde, sondern wird direkt auf das Gabelschaftrohr gedrückt. Es folgen meist einige Unterlegscheiben, dann gleitet der Vorbau locker über das Oberteil.

Entscheidend für die Befestigung der Lager ist die Abschlusskappe, auch als Top Cap bezeichnet. Sie schließt oben das Gabelschaftrohr ab, überlappt den Vorbau und wird auf eine Mutter im Gabelschaftrohr geschraubt. Durch Festziehen der Abschlusskappenschraube werden der Vorbau und damit auch die Unterlegscheiben und der obere Lagerkonus in das Gabelschaftrohr gedrückt, wodurch das Gabelschaftrohr durch den Steuerkopf hinauf gezogen wird, so dass beide weniger Raum haben. Sobald die Einstellung korrekt ist, wird die Lagereinstellung durch Festziehen der Vorbauschrauben fixiert.

Welches System nun das überlegene ist, lässt sich nicht pauschal beantworten, denn jedes hat seine speziellen Vorteile. Der Hauptvorteil des Gewindesteuersatzes ist die Tatsche, dass sich die Lenkerhöhe leicht verstellen lässt. Im Stadtverkehr ist das angenehm, denn viele Leute sitzen beim Radfahren in der Stadt gerne aufrechter als beim Training im Grünen, um einen besseren Überblick zu haben. Das ist nicht sehr aerodynamisch, aber in der Stadt werden in der Regel ohnehin keine Geschwindigkeiten erreicht, bei denen die Aerodynamik eine besonders große Rolle spielen würde.

Ein Vorteil des Systems ohne Gewinde ist, dass die Lagereinstellung mit ein paar Inbusschlüsseln einfach zu bewerkstelligen ist. Für Gewindesysteme braucht man spezielle Steuersatzschlüssel, die normalerweise ziemlich teuer sind und für kaum etwas anderes zu gebrauchen sind. Hinsichtlich Gewicht oder Qualität unterscheiden sich beide Systeme nur unerheblich, beide sind dankbar für eine korrekte Einstellung, eine gelegentliche Reinigung und etwas frisches Fett.

Aheadset (Steuersatz ohne Gewinde)

Steuersatzlager auf Spiel kontrollieren

Ein korrekt eingestellter und gesicherter Steuersatz wird sich nur selten von selbst lockern, eine häufige Neueinstellung dürfte also nicht erforderlich sein.

Mit ein wenig Erfahrung werden Sie sehr schnell merken, wenn beim Radfahren etwas nicht in Ordnung ist. Ein Beispiel: Wenn Sie die Vorderbremse betätigen und das Fahrrad zu rubbeln anfängt oder Sie beim Bremsen ein Schlagen spüren oder hören, sollten Sie der Sache nachgehen. Ein lockerer Steuersatz wird das Kurvenverhalten beeinflussen – das Fahrrad verhält sich in engeren Kurven widerspenstig oder fühlt sich instabil an, wenn Sie in schnellem Tempo in eine andere Richtung lenken. In diesen Fällen sollten Sie sich die Zeit nehmen, die Steuersatzlager zu kontrollieren. Man ist zwar versucht, geringfügiges Spiel zu ignorieren, aber sobald im Steuersatz eine Bewegung spürbar ist, sollten Sie sich sofort darum kümmern – präzise eingestellte Lager haben eine deutlich längere Lebensdauer.

AUF SPIEL KONTROLLIEREN

Schritt 1: Heben Sie das Fahrrad vorne am Rahmen an. Drehen Sie den Lenker. Er sollte sich leicht und ohne Widerstand oder Knirschgeräusch bewegen. Falls er etwas steif ist, kann man ihn nachstellen. Sollten Sie Kerben feststellen, sind die Lagerflächen verschlissen und die Neueinstellung hilft zwar kurzfristig, aber letztlich muss der Steuersatz ausgetauscht werden – dies ist eine Aufgabe für das Fahrradgeschäft.

Schritt 2: Stellen Sie das Fahrrad wieder auf den Boden und drehen Sie den Lenker um 90 Grad, so dass das Rad nach einer Seite zeigt. Ziehen Sie die Vorderbremse, damit das Rad nicht wegrollt und rütteln Sie das Fahrrad vorsichtig in die Richtung, in die das Fahrrad (nicht das Vorderrad) zeigt. Das Rad darf sich etwas biegen und die Reifen können etwas nachgeben, aber es sollte kein Schlagen und kein Spiel zu merken sein.

Schritt 3: Falls Sie ein Schlagen spüren, aber nicht sicher sind, ob es vom Steuersatz oder von einer anderen Stelle kommt, fassen Sie die Steuersatzschalen erst über dann unter dem Steuerkopf und rütteln Sie am Lenker. Ist der Steuersatz in Ordnung, dürfen Sie keine Bewegung der Schalen feststellen.

Dieses Werkzeug brauchen Sie

AHEADSET (OHNE GEWINDE) – EINSTELLEN DER LAGER:
- Inbusschlüssel zum Befestigen der Bolzen
- Inbusschlüssel zum Befestigen der Abschlusskappe (Top-Cap) Beides sind fast immer 5 mm- oder 6 mm-Inbusschrauben, gelegentlich stößt man aber auch auf eine 4 mm-Inbusschraube.

EINSTELLEN DER VORBAUHÖHE:
- Dieselben Inbusschlüssel wie oben, um die Vorbauschrauben und den Top-Cap zu befestigen.

AHEADSET (OHNE GEWINDE) – WARTUNG
- Inbusschlüssel wie oben
- Werkzeug zum Abmontieren von Bremskabel, Bremshebel oder Bremssattel: fast immer dieselben Inbusschlüssel wie oben: 4 mm, 5 mm oder 6 mm.

- Entfetter zum Putzen der Kugelführungen
- Hochwertiges Fett: vorzugsweise ein wasserfestes Fett wie das von Phil Wood
- Neue Kugeln: Steuersatz-Kugeln haben normalerweise die Größe 5/32 Zoll, nehmen Sie die alten Kugeln sicherheitshalber aber zum Kauf mit.
- Lagerbuchsen können durch lose Kugeln ersetzt werden. Diese sind zwar etwas schwieriger einzusetzen, rollen aber weicher und halten länger.
- Patronenlager sollten Sie zum Kauf neuer Lager mitnehmen: es gibt ein paar verschiedene Modelle, die alle sehr ähnlich aussehen. Der geläufigste Patronenlagertyp für den Shimano-Steuersatz passt auch für den Steuersatz anderer Hersteller.

Aheadset (Steuersatz ohne Gewinde): Die Lager nachstellen, um Spiel zu beseitigen

Die Lager werden so eingestellt, dass sie keinerlei Spiel haben, Gabel und Lenker sich aber weich und ohne Widerstand im Rahmen drehen lassen. Zu feste oder zu lockere Lager verschleißen sehr schnell.

Nachdem Sie die Lager eingestellt haben, müssen Sie unbedingt kontrollieren, ob die Vorbauschrauben fest genug angezogen sind. Manche Leute vertreten die Ansicht, man solle die Vorbauschrauben nicht ganz fest anziehen, damit der Vorbau sich im Fall eines Sturzes um das Gabelschaftrohr dreht und nicht den Lenker verbiegt. Davon ist aber abzuraten. Falls sich der Vorbau beim Fahren einmal versehentlich um das Gabelschaftrohr dreht, sind die Folgen viel zu ernst und gefährlich. Ziehen Sie die Vorbauschrauben immer fest an. Allerdings können Sie die Schraube der Abschlusskappe leicht gelockert lassen, da sie nur für das Nachstellen des Steuersatzes benötigt wird und ein praktischer Notfallbolzen sein kann, falls irgendwo einer kaputt geht.

Wenn Sie der Anleitung unten folgen, werden Sie möglicherweise feststellen, dass Sie das Spiel nicht vollständig eliminieren können oder dass Sie die Schraube des Top-Cap so fest anziehen müssen, dass sie zu springen droht. Dieses Problem tritt recht häufig auf und bedeutet, dass der Vorbau so weit hineingedrückt wurde, dass der Top-Cap sich oben auf dem Gabelschaftrohr verklemmt hat, was eine weitere Justierung verhindert. Sollten Sie dies vermuten, entfernen Sie den Top-Cap und werfen einen Blick darunter. Vergewissern Sie sich, dass die Spitze des Gabelschaftrohrs mindestens 2–3 mm unter der Spitze des Vorbaus sitzt, so dass genügend Platz ist, den Vorbau nach unten zu drücken. Der Top-Cap hat an der Unterseite häufig einen kleinen erhöhten Rand, damit man ihn mittig in das Loch im Vorbau einpassen kann. In diesem Fall brauchen Sie zwischen Top-Cap und Gabelschaftrohr etwas mehr Platz. Zum Glück lässt sich dieses Problem relativ leicht lösen – stecken Sie eine zusätzliche Unterlegscheibe unter den Vorbau, damit er etwas höher sitzt.

Die Unterlegscheiben gibt es in unterschiedlicher Höhe, schätzen Sie also ab, wie viel höher der Vorbau sitzen soll. Es gibt zwei verschiedene Durchmesser, 1 Zoll (hauptsächlich bei Rennrädern) und 1 1/8 Zoll (sehr viel gebräuchlicher). Nehmen Sie zum Kauf ein Muster von Ihrem Fahrrad mit. Halten Sie sich an die Anleitung auf Seite 205, um die Höhe des Vorbaus einzustellen, legen Sie aber die zusätzliche Unterlegscheibe unter den Vorbau statt Unterlegscheiben zu versetzen. Bei Schmutz oder Rost am Gabelschaftrohr oder innen im Vorbau lässt sich der Vorbau nicht problemlos über das Gabelschaftrohr schieben und das Einstellen der Lager wird schwierig. In diesem Fall entfernen Sie den Vorbau, putzen beide Flächen gründlich und bauen alles wieder zusammen, bevor Sie die Einstellung vornehmen.

EINEN STEUERSATZ OHNE GEWINDE (AHEADSET) JUSTIEREN

Schritt 1: Lösen Sie die Vorbauschraube(n), so dass der Vorbau sich gut drehen lässt und auf dem Gabelschaftrohr nach oben und unten gleitet. Einfacher ist das Einstellen eines zu lockeren Steuersatzes – sollte dies bei Ihrem Fahrrad der Fall sein, gehen Sie direkt weiter zu Schritt 2. Ist der Steuersatz zu fest, lockern Sie ihn zuerst. Ziehen Sie die Vorderbremse an und rütteln Sie den Lenker vor und zurück, so dass sich der Top-Cap allmählich löst, bis Sie die Kugeln schlagen hören.

Schritt 2: Ziehen Sie den Top-Cap langsam wieder fest. Prüfen Sie ständig, ob Spiel vorhanden ist, indem Sie den Lenker seitlich drehen und mit angezogener Vorderbremse rütteln. Hören Sie auf, wenn Sie keine Schlagbewegung mehr feststellen. Heben Sie das Fahrrad vorne an und lassen Sie es ein paar Mal auf den Boden federn, damit die Kugeln sich setzen können, dann kontrollieren Sie die Einstellung erneut.

Schritt 3: Sobald die Einstellung korrekt ist, richten Sie den Vorbau mit dem Vorderrad aus und ziehen die Vorbauschrauben fest an. Kontrollieren Sie, ob der Vorbau gut gesichert ist, indem Sie das Vorderrad zwischen Ihre Knie klemmen und zu verdrehen versuchen. Falls Sie es verdrehen können, müssen die Vorbauschrauben fester angezogen werden. Kontrollieren Sie die Justierung noch einmal und wiederholen Sie dies falls nötig – manchmal verschiebt sich alles wieder durch das Festziehen der Schrauben.

Aheadset: Die Einstellung der Vorbauhöhe

Ein richtig eingestellter Lenker sorgt für mehr Bequemlichkeit, zudem wird das Fahrrad stabiler und lässt sich leichter lenken.

Mit Aheadset-Vorbauten ist dies allerdings schwieriger als mit den guten alten Gewindesteuersätzen – der Vorbau lässt sich nicht einfach auf dem Gabelschaftrohr verschieben. Größere Veränderungen erreicht man am besten, wenn man den gesamten Vorbau gegen einen anderen austauscht, dann man kann gleichzeitig die Länge und den Winkel verändern – siehe Seite 217.

Kleinere Veränderungen an der Vorbauhöhe lassen sich jedoch durch Austauschen der Unterlegscheiben erreichen, die bereits zwischen Vorbau und Steuersatz auf dem Gabelschaftrohr sitzen. Versetzt man sie so, dass sie über dem Vorbau – zwischen Vorbau und Top-Cap – sitzen, so wird der Lenker etwas tiefer. Anschließend müssen die Steuersatzlager neu eingestellt werden – siehe Seite 204.

DURCH VERSETZEN DER UNTERLEGSCHEIBEN AM VORBAU DIE LENKERHÖHE VERSTELLEN

Schritt 1: Entfernen Sie den Top-Cap, lösen Sie hierzu den Top-Cap-Bolzen komplett und rütteln Sie die Kappe heraus. Zum Vorschein kommt eine Sternmutter im Gabelschaftrohr. Entfernen Sie alle Unterlegscheiben zwischen dem Top-Cap und dem Vorbau. Kontrollieren Sie den Zustand der Abschlusskappe. Ist sie rissig oder ist die Aussparung für den Bolzenkopf verformt, erneuern Sie die Kappe.

Schritt 2: Lösen Sie die Vorbauschrauben, damit sich der Vorbau ungehindert auf dem Gabelschaftrohr bewegen kann. Ziehen Sie den Vorbau nach oben heraus, hierzu müssen Sie ihn vielleicht etwas verdrehen. Befestigen Sie alle Lenkerteile mit Klebeband am Oberrohr, damit Schläuche und Kabel nicht unter dem Gewicht des Lenkers verknicken.

Schritt 3: Falls Sie das Fahrrad in einen Montageständer gehängt haben, lassen Sie eine Hand an der Gabel, damit diese nicht aus dem Steuersatz rutscht. Fügen Sie unter dem Vorbau Unterlegscheiben hinzu oder entfernen Sie welche. Sie können nur Unterlegscheiben hinzufügen, die bisher oberhalb des Vorbaus lagen.

Schritt 4: Montieren Sie den Vorbau und alle restlichen Unterlegscheiben wieder. Grundsätzlich sollte alles, was vom Gabelschaftrohr entfernt wurde, auch wieder montiert werden. Alle Unterlegscheiben werden benötigt, denn beim Festziehen des Top-Cap drücken diese auf den Vorbau und auf die Lager, wodurch der Steuersatz justiert wird.

Schritt 5: Kontrollieren Sie die Höhe der Unterlegscheiben oberhalb des Gabelschaftrohrs. Es sollte eine Lücke von 2-3 mm vorhanden sein (A). Nach Möglichkeit soll dort eine einzige Unterlegscheibe sein, kein Stapel aus dünneren Scheiben, da einzelne Unterlegscheiben gerne hängen bleiben, was eine korrekte Einstellung des Steuersatzes verhindert. Falls dies nicht möglich ist, verändern Sie die Höhe der Unterlegscheiben durch Hinzufügen oder Wegnehmen, damit die gewünschte Lücke von 2–3 mm entsteht.

Schritt 6: Montieren Sie den Top-Cap wieder und folgen Sie der Anleitung „Einen Steuersatz ohne Gewinde justieren" auf Seite 204. Wenn Sie die Lager eingestellt haben, vergewissern Sie sich, dass der Vorbau fest angezogen ist und der Lenker nach vorne schaut.

Tretlager und Steuersatz

Die Wartung eines Aheadsets

Der Steuersatz lässt sich bemerkenswert einfach warten, man braucht kein Spezialwerkzeug, lediglich ein oder zwei Inbusschlüssel, etwas Entfetter oder ein anderes Reinigungsmittel und hochwertiges Fett.

Der Steuersatz bleibt wie das Tretlager häufig unbeachtet und verschleißt unbemerkt. Durch regelmäßige Wartung kann man zu seiner einwandfreien Funktion beitragen, wodurch sich die Reaktionsschnelligkeit des Fahrrads verbessert. Putzen Sie den Steuersatz und erneuern Sie das Fett, dies schenkt den Kugelführungen ein langes Leben. Bei Kugellagern sollten die Kugeln bei jeder Wartung ausgetauscht werden – neue Kugeln kosten nur ein paar Euro. Patronenlager sind teurer und brauchen normalerweise nicht ausgetauscht zu werden – siehe die Wartungshinweise Seite 211. Nehmen Sie alte Patronenlager immer zum Kauf mit. Größe und Form sind entscheidend und manche sehen täuschend ähnlich aus.

Nachdem Sie den Steuersatz geputzt haben, kontrollieren Sie ihn sorgfältig auf Lochfraß. Selbst sehr kleine Stellen sind ein Zeichen dafür, dass der Steuersatz ausgetauscht werden sollte. Am stärksten leidet der Gabelkonus – der Ring oben auf dem Steuersatz, der mit der Gabel verbunden ist. Die Lager hinterlassen dort rasch eine Abnutzungsspur. Der Gabelkonus sollte vollkommen glatt sein. Sie sollten mit dem Fingernagel die Abnutzungsspur entlangfahren können, ohne hängen zu bleiben.

Die Wartung des Steuersatzes können Sie selbst erledigen, einen Austausch sollten Sie jedoch im Fahrradgeschäft erledigen lassen. Der neue Steuersatz muss so in den Rahmen gepresst werden, dass die obere und die untere Fläche völlig parallel sind – sonst verschleißt er sehr schnell und verklemmt sich bei bestimmten Winkeln der Lenkstange. Die Schalen sitzen sehr knapp und müssen daher sorgfältig eingepresst werden, damit der Steuerkopf sich nicht verformt. Hören Sie nicht auf Leute, die Ihnen erzählen wollen, es sei in Ordnung, bei der Montage neuer Steuersatzschalen diese mit einem Holzklotz in den Steuerkopf zu klopfen – für die Montage gibt es Spezialwerkzeuge.

Tipps zum Steuersatz

Entfernen Sie zuerst das Vorderrad komplett. Dies geht leichter, wenn Sie entweder das Kabel von der Vorderbremse oder den Hebel der Vorderbremse vom Lenker abbauen. So vermeiden Sie eine Beschädigung von Kabel oder Schlauch beim Entfernen der Gabel.

Bei Bremskabeln lösen Sie das Führungsröhrchen von der Bremse – den Befestigungsbolzen brauchen Sie nicht zu lösen, es reicht, ihn etwas zu lockern. Richten Sie die Schlitze der Einstellhülse mit den Schlitzen am Hebel aus, ziehen Sie das Kabel vorsichtig heraus und rütteln Sie den Nippel innen im Bremshebel aus der Kabelaufnahme.

Bei Scheibenbremsen schauen Sie sich den Bremshebel an. Ist er auf beiden Seiten des Lenkers mit zwei Bolzen befestigt, entfernen Sie beide Bolzen, entwirren Sie den Schlauch aus den anderen Kabeln und befestigen Sie den Hebel mit Klebeband an der Gabel, damit der Schlauch sich nicht irgendwo verhakt. Ansonsten entfernen Sie den Lenkergriff auf der Seite der Vorderbremse, lösen vorsichtig den Befestigungsbolzen der Bremse und schieben den Bremshebel vom Lenker ab.

Befreien Sie den Schlauch aus allen sonstigen Bedienungselementen, die im Weg sind und befestigen Sie ihn mit Klebeband oder einem Kabelbinder am Gabelrohr.

DIE WARTUNG VON AHEADSETS

Schritt 1: Lösen Sie die Inbusschraube ganz oben am Vorbau, den Bolzen des Top-Cap. Entfernen Sie den Top-Cap vollständig, dadurch wird die Sternmutter innen im Gabelschaftrohr sichtbar. Lösen Sie die Schrauben, die den Vorbau sichern und halten Sie dabei die Gabel fest. Der Vorbau sollte sich leicht abziehen lassen.

Schritt 2: Befestigen Sie den Vorbau mit Klebeband oder einem Kabelbinder am Oberrohr, sodass er nicht im Weg ist (den Lack am Rahmen mit einem Lappen schützen). Ziehen Sie alle Unterlegscheiben ab und legen Sie sie beiseite. Ziehen Sie die Gabel vorsichtig und langsam aus dem Rahmen.

Schritt 3: Die Gabel lässt sich vielleicht nicht herausziehen. Bei vielen Steuersätzen sitzt eine Kunststoffklemme über dem oberen Kugelring, die sich manchmal sehr fest verklemmt. Um sie zu lösen schieben Sie einen kleinen Schraubenzieher in den Spalt der Kunststoffklemme und drehen ihn leicht, um die Klemme zu lockern. Sie können auch versuchen, mit einem Kunststoff- oder Gummihammer oben auf die Gabel zu klopfen. Schlagen Sie nicht mit einem normalen Hammer darauf!

Die Wartung eines Aheadsets

Schritt 4: Sammeln Sie die Teile, die Sie abbauen und merken Sie sich die Ausrichtung und Reihenfolge von Lagerringen und Dichtungen.

Schritt 5: Haben Sie die Gabel abmontiert, legen Sie alle Lagerringe und Schalen in der richtigen Reihenfolge nebeneinander. Putzen Sie alle Ringe gründlich: die Ringe, die oben und unten mit dem Rahmen verbunden sind, den losen Ring, der oben mit der Gabel aus dem oberen Lagerteil kam und den Gabelkonus, der noch mit der Gabel verbunden ist. Falls Sie ein Patronenlager haben, lesen Sie im Abschnitt über die Wartung von Patronenlagern nach.

Schritt 6: Kontrollieren Sie die sauberen Ringe auf Korrosionsstellen oder raue Flecken. Bei angerosteten Lagerringen ist ein neuer Steuersatz fällig. Hierzu benötigt man Spezialwerkzeuge, daher ist es eine Aufgabe für das Fahrradgeschäft. Ist alles in Ordnung, putzen Sie alle Kugeln und Dichtungen gründlich. Haben Sie dazu Entfetter benutzt, spülen und trocknen Sie alles gut ab. Die Schalen im Rahmen ausreichend fetten, die Kugeln sollen bis zur Hälfte in Fett sitzen.

Schritt 7: Der Gabelkonus auf der Gabel und die lose Lenkungslagerschale oben werden nicht gefetet. Bringen Sie in den Schalen an jedem Ende des Steuerkopfs einen Kugelring an und setzen Sie die Dichtungen wieder ein. Es ist sehr wichtig, dass die Ringe wieder in dieselbe Richtung schauen wie zuvor. Schieben Sie die Gabel wieder in den Rahmen und den losen Auflagering wieder auf das Gabelschaftrohr. War dort eine Kunststoffklemme, montieren Sie diese als nächstes, dann die Unterlegscheiben oder Schutzkappen in derselben Reihenfolge wie sie abgenommen wurden.

Schritt 8: Bauen Sie den Vorbau und alle Unterlegscheiben oberhalb des Vorbaus wieder ein. Drücken Sie den Vorbau kräftig nach unten in das Gabelschaftrohr.

Schritt 9: Vergewissern Sie sich, dass zwischen dem Gabelschaftrohr oben und dem Vorbau oben eine Lücke von 2-3 mm bleibt (A). Falls nötig, gleichen Sie dies durch Hinzufügen oder Wegnehmen von Unterlegscheiben aus. Setzen Sie den Top-Cap wieder ein und justieren Sie die Lager (siehe Seite 204). Ziehen Sie die Vorbauschrauben sicher fest, anschließend montieren Sie den Bremshebel oder das Bremskabel und das Vorderrad. Kontrollieren Sie, ob der Vorbau fest sitzt und nach vorne schaut. Anschließend kontrollieren Sie, ob die Bremse richtig funktioniert.

Das Gabelschaftrohr kontrollieren

Wenn Sie die Gabel ausgebaut haben, sollten Sie den Zustand des Gabelschaftrohrs kontrollieren. Bei übermäßiger Beanspruchung kann es brechen, daher sollte es regelmäßig kontrolliert werden. Für die korrekte Einstellung der Lager ist es auch wichtig, dass der Vorbau leicht auf dem Gabelschaftrohr nach oben und unten gleiten kann, wenn der Top-Cap festgezogen oder gelockert wird.

Halten Sie ein Lineal an das Gabelschaftrohr. Es sollte ganz flach am Rohr anliegen. Biegungen im Rohr zeigen sich durch Lücken zwischen Rohr und Lineal. Bei Lücken von mehr als 1 mm ist das Rohr gebogen und sollte erneuert werden.

Fahren Sie mit den Fingern am Rohr entlang. Es sollte keine Ausbeulungen, Einsattelungen oder Unregelmäßigkeiten aufweisen.

Kontrollieren Sie auf Risse, insbesondere am unteren Ende des Gabelschaftrohrs in der Nähe des Gabelkonus.

Kontrollieren Sie, ob der Gabelkonus fest an der Gabel sitzt – Sie sollten ihn mit den Fingern nicht bewegen können.

Kontrollieren Sie den Bereich, an dem der Vorbau befestigt ist. Es ist wichtig, dass hier alles sauber und glatt ist. Einige Vorbauten beschädigen das Gabelschaftrohr, wenn sie zu fest angezogen werden: Erneuern Sie ein verformtes Rohr.

Der Gabelschaft soll oben glatt sein. Haben Sie den Gabelschaft gekürzt, feilen Sie die Schnittfläche, damit keine Metallsplitter heraushängen – diese bleiben im Vorbau hängen und verhindern eine gute Einstellung der Lager.

Tretlager und Steuersatz

Gewindesteuersatz: Die Vorbauhöhe

Stellen Sie sich vor das Fahrrad und nehmen Sie das Vorderrad zwischen die Knie. Versuchen Sie, den Lenker zu verdrehen. Können Sie ihn bewegen, ist die Vorbauschraube zu locker und muss festgezogen werden.

Falls sich der Vorbau nur schwer fest anziehen lässt, kann dies ein Zeichen für eine Beschädigung des Gabelschaftrohrs sein. Es kann aber auch sein, dass sich die Klemme unten am Vorbau im Gabelschaftrohr verdreht hat. Falls Sie den Vorbau nicht festziehen können, lassen Sie Vorbau und Gabelschaftrohr im Fahrradgeschäft anschauen und falls nötig die Gabel auswechseln. Vergewissern Sie sich auch, dass das Vorderrad genau nach vorne schaut. Ist dies nicht der Fall, lösen Sie die Vorbauschraube, verdrehen den Vorbau so, dass Rad und Lenker in einem Winkel von 90 Grad zueinander stehen und ziehen den Bolzen wieder fest. Haben Sie den Vorbau höher gestellt, kontrollieren Sie, ob Sie den Lenker noch in beide Richtungen drehen können, ohne die Bedienungskabel zu beeinträchtigen.

DIE EINSTELLUNG DER VORBAUHÖHE

Schritt 1: Lösen Sie die Spannschraube oben auf dem Vorbau. Hierzu wird fast immer ein 6 mm-Inbusschlüssel benötigt, es kann aber sein, dass Sie zuvor einen Gummistöpsel entfernen müssen. Lösen Sie die Schraube mit vier kompletten Umdrehungen.

Schritt 2: Durch Drehen der Schraube tritt der Kopf oben aus dem Vorbau. Klopfen Sie mit einem Gummihammer oder Holzklotz auf die Inbusschraube, damit sie wieder flach mit dem Vorbau abschließt. Dadurch löst sich die Klemme, die den Vorbau sichert.

Schritt 3: Sobald der Vorbau locker ist, können Sie seine Position einstellen. Achten Sie darauf, ihn nicht über die Sicherheitsmarkierung herauszuziehen – ein Pfeil oder einige vertikale Linien um den Vorbau (A). Diese Markierungen sollen nicht zu sehen sein, sondern im Steuersatz verborgen bleiben. Ziehen Sie die Inbusschraube wieder fest an.

Dieses Werkzeug brauchen Sie

Der Hauptgrund für den Niedergang des einstmals weit verbreiteten Gewindesteuersatzes ist die Tatsache, dass man für seine Einstellung einen teuren Steuersatzschlüssel benötigt – im Gegensatz zum gewindelosen Steuersatz, der sich mit einem Inbusschlüssel einstellen lässt.

WERKZEUG FÜR GEWINDESTEUERSÄTZE: DIE EINSTELLUNG DER VORBAUHÖHE
- 6 mm-Inbusschlüssel
- Falls die Spannschraube sich fest verkeilt hat, wird ein Kunststoffhammer oder Holzklotz zum Einklopfen benötigt.

WERKZEUG FÜR GEWINDESTEUERSÄTZE: DIE EINSTELLUNG DER LAGER
- Im Idealfall haben Sie einen Steuersatzschlüssel. Die üblichste Größe ist 36 mm, ältere Modelle brauchen allerdings einen 32 mm-Schraubenschlüssel.
- Anstelle des Steuersatzschlüssels kann für die obere Kontermutter ein verstellbarer Schraubenschlüssel verwendet werden. Nehmen Sie sich aber genügend Zeit, den Schraubenschlüssel sorgfältig an den Seiten der Mutter anzusetzen, denn diese sind weich und werden leicht beschädigt.

Gewindesteuersatz: Die Lager

Für die Einstellung der Lager brauchen Sie zwei Schraubenschlüssel. Die üblichste Größe für $1\frac{1}{8}$-Zoll-Steuersätze ist 36 mm. Es gibt auch Steuersätze, bei denen Sie einen 32 mm-Schraubenschlüssel brauchen und sogar in seltenen Fällen $1\frac{1}{2}$-Zoll Steuersätze, die einen 40 mm-Schraubenschlüssel benötigen.

Die untere Mutter ist eine recht kleine Stellmutter, daher brauchen Sie hierfür einen speziell kleinen Steuersatzschlüssel. Die obere Kontermutter ist größer, hier können Sie einen verstellbaren Schraubenschlüssel verwenden, falls Sie nur einen Steuersatzschlüssel haben. Zur Prüfung des Steuersatzes heben Sie das Fahrrad am Lenker hoch und drehen den Lenker. Er sollte sich leicht, glatt und ohne Mühe drehen lassen, Sie sollten keine Kerben spüren. Stellen Sie das Fahrrad wieder ab und drehen Sie den Lenker um 90 Grad, so dass das Rad nach einer Seite schaut. Ziehen Sie die Vorderbremse, damit es nicht wegrollen kann und rütteln Sie vorsichtig in der Richtung vor und zurück, in die der Rahmen schaut – nicht das Rad. Das Rad kann sich etwas biegen und der Reifen leicht nachgeben, aber Sie sollten kein Schlagen und kein Spiel hören oder spüren. Sie können auch die Schalen oben und unten halten während Sie das Rad rütteln – es darf keine Bewegung spürbar sein.

Das Gabelschaftrohr hat oben ein Gewinde und ist mit zwei großen Muttern am Rahmen befestigt. Die untere dieser Muttern hat unten eine Kugelführung, in der die oberen Kugeln laufen. Durch Festziehen der Mutter wird die Gabel nach oben in den Rahmen gezogen, die Kugelführungen werden enger zusammengedrückt, Spiel zwischen Gabel und Rahmen wird eliminiert. Durch Lockern dieser Mutter bekommen die Kugeln mehr Platz und können sich glatter bewegen. Bei korrekter Justierung ist die Mutter so eingestellt, dass kein Spiel vorhanden ist, die Gabel aber noch ungehindert beweglich ist. Haben Sie diese ideale Einstellung gefunden, kann die Kopfmutter gegen die Stellmutter angezogen werden und hält diese fest, so dass sie sich beim Fahren nicht lockern kann. Sind die Lager korrekt eingestellt und die Kopfmutter ist fest angezogen, sollte sich nichts lockern, so dass keine häufige Neueinstellung erforderlich ist. Die Kugeln setzen sich nach der Wartung allerdings häufig und verlangen häufig eine Nachjustierung. Sollten Sie die Kugeln oft nachstellen müssen, prüfen Sie, ob die Gewinde von Gabel und Steuersatz in gutem Zustand sind. Die Gewinde leiden durch einen lockeren Steuersatz, weil beide Muttern dann ständig an den Gabelgewinden reiben.

Entfernen Sie den Vorbau und anschließend die obere Kontermutter. Schauen Sie sich die Gewinde in der Mutter an. Das Gewinde sollte scharf und sauber gebohrt sein. Dasselbe gilt für die Gewinde in der Gabel. Schrauben Sie die untere Stellmutter ab und kontrollieren Sie auch deren Gewinde und die Gabelgewinde, die von der Mutter verborgen sind. Bei leichten Beschädigungen der Gewinde geben Sie vor dem Zusammensetzen des Steuersatzes Loctite auf die Gewinde, damit die Muttern sich nicht lockern können. Eine neue Kontermutter oben ist ebenfalls sinnvoll. Sollten die Gewinde in der Gabel jedoch stark verschlissen sein oder die Mutter Verschleißspuren in der Gabel verursacht haben, sollten Sie die Gabel sofort austauschen.

DAS JUSTIEREN DER STEUERSATZLAGER

Schritt 1: Halten Sie die Stellmutter mit einem Schraubenschlüssel fest und lockern Sie mit einem anderen Schraubenschlüssel die Kopfmutter um einige Umdrehungen. Beide werden fest aufeinander sitzen, Sie müssen also bei beiden Schraubenschlüsseln eine gewisse Kraft aufwenden.

Schritt 2: Sobald die Kopfmutter locker ist, prüfen Sie die Position der Stellmutter. Im Idealfall ist die Stellmutter möglichst locker, ohne jedoch der Gabel im Rahmen Spiel zu geben. Drehen Sie die verstellbare Steuersatzschale im Uhrzeigersinn, um Spiel herauszunehmen und gegen den Uhrzeigersinn, um den Steuersatz ungehindert beweglich zu machen. Testen Sie die Einstellung, indem Sie die Vorderbremse anziehen und das Fahrrad nach vorne und hinten rütteln.

Schritt 3: Haben Sie die richtige Stellung gefunden, halten Sie die untere Mutter mit dem Schraubenschlüssel fest, um die Einstellung zu halten und ziehen die Kopfmutter fest gegen die untere an. Testen Sie die Einstellung noch einmal, da diese sich durch das Anziehen der Kopfmutter häufig wieder verstellt, so dass Sie die Prozedur wiederholen müssen. Achten Sie dabei darauf, die verstellbare Schale nicht zu überdrehen, denn wenn Sie sich gegen die Kugelführung verklemmt, werden die Kugeln beschädigt.

Tretlager und Steuersatz

Die Wartung eines Gewindesteuersatzes

Steuersätze profitieren von regelmäßiger Wartung. Heben Sie das Fahrrad am Lenker hoch und verdrehen Sie den Lenker. Er sollte sich ungehindert und ohne Knirschen drehen lassen.

Fühlt sich der Steuersatz eingekerbt oder sandig an oder sind Sie einige Zeit damit gefahren, obgleich er bereits gelockert war, ist eine Wartung erforderlich. Bauen Sie Lenker und Vorbau ab, um an die Steuersatzlager zu kommen. Lösen Sie die Vorderbremse und rütteln Sie das Bremskabel vom Hebel der Vorderbremse los, so dass es frei herunterhängt. Bauen Sie auch das Vorderrad aus. Entfernen Sie den Vorbau und lockern Sie die Spannschraube oben auf dem Vorbau mit vier Umdrehungen. Klopfen Sie den Schraubenkopf mit einem Holzklotz oder einem Holzhammer – nicht mit einem normalen Hammer! – vorsichtig wieder hinein. Ziehen Sie den Vorbau oben aus dem Gabelschaftrohr und befestigen Sie ihn mit einem Kabelbinder oder Klebeband am Oberrohr des Rahmens, damit er Ihnen nicht im Weg ist. Nun ist alles für die Wartung des Steuersatzes bereit.

DIE WARTUNG DES STEUERSATZES

Schritt 1: Entfernen Sie die Kopfmutter. Falls sie fest an der unteren Mutter sitzt, brauchen Sie hierzu zwei Schraubenschlüssel in der richtigen Größe – einen zum Festhalten der Stellmutter und einen zum Lösen der Kopfmutter. Nehmen Sie alle Unterlegscheiben heraus und legen Sie diese in der Reihenfolge des Herausnehmens ab, damit Sie alles wieder richtig zusammenbauen können.

Schritt 2: Halten Sie die Gabel fest und lösen Sie die Stellmutter. Haben Sie diese entfernt, sollten Sie die Gabel unten aus dem Rahmen ziehen können. Achten Sie darauf, keine Kugeln oder Dichtungen zu verlieren und merken Sie sich, in welcher Richtung diese eingepasst waren. Seien Sie besonders sorgfältig mit Kugelringen, die unbedingt in der richtigen Reihenfolge und Ausrichtung wieder montiert werden müssen.

Schritt 3: Putzen Sie die Schalen, Kugeln und Dichtungen gründlich mit einer Zahnbürste und Entfetter, dann gut abspülen und trocknen. Kontrollieren Sie die Kugelführungen sorgfältig. Sollten Sie Rostflecken erkennen, muss der Steuersatz ausgewechselt werden. Lassen Sie dies im Fahrradgeschäft machen. Kontrollieren Sie den Gabelkonus sorgfältig, da dieses Teil normalerweise zuerst verschleißt. Erneuern Sie schmutzige Kugeln, denn neue Kugeln verhelfen Ihrem Steuersatz zu einer längeren Lebensdauer. Achten Sie darauf, die richtige Größe zu kaufen.

Schritt 4: Fetten Sie die Schalen an jedem Ende des Steuerkopfs. Verwenden Sie soviel Fett, dass die Kugeln bis zur Hälfte bedeckt sind. Eine Ausnahme sind Patronenlager: hier werden die Schalen nicht gefettet. Fetten Sie die Gewinde der Stellmutter und der Kopfmutter und geben Sie einen Klecks Fett auf die untere Fläche der oberen Schale.

Schritt 5: Stecken Sie die Kugeln und anschließend die Dichtungen in die Schalen, achten Sie dabei auf die Ausrichtung der Kugeln. Schieben Sie die Gabel nach oben in den Rahmen und fixieren Sie ihn durch Aufschrauben der verstellbaren Schale. Achten Sie darauf, dass diese wirklich gerade ist, denn sie wird versehentlich leicht verkantet. Vorerst nur so fest anziehen, dass die Gabel nicht mehr im Rahmen wackelt.

Schritt 6: Fügen Sie alle Unterlegscheiben wieder ein. Ist im Gabelgewinde ein Schlitz vorhanden, richten Sie alle Unterlegscheiben mit einer Öse so aus, dass die Öse in den Schlitz passt. Die Kopfmutter aufsetzen und festziehen, bis sie die Stellmutter berührt. Den Vorbau fetten und ihn wieder so weit einschieben, dass die Sicherheitsmarkierung nicht mehr zu sehen ist. Die Inbusschraube oben auf dem Vorbau fest anziehen. Das Vorderrad und die Vorderbremse wieder einbauen und anschließend die Lager einstellen wie auf Seite 209 beschrieben.

Steuersatzlager: Die verschiedenen Typen

Bei einem neuen Steuersatz spielt es kaum eine Rolle, welche Art Kugellager er hat. Gut eingestellt, erfüllen billige denselben Zweck wie teure. Der Unterschied zeigt sich erst später, wenn die Lager durch das Herunterfahren von Bordsteinkanten, das Fahren auf schlammigen Pisten und Transportieren von Einkäufen etwas ramponiert wurden.

Der Hauptvorteil besserer Steuersätze sind normalerweise die Dichtungen. Billige Steuersätze lassen Schnee, Split und Staub eindringen und verschleißen rasch. Ist ein Steuersatz erst einmal verschmutzt, sammelt er in Form einer klebrigen Paste alles an, was den Weg ins Innere gefunden hat. Bald weisen die Kugelführungen Lochfraß auf, in dem die Kugeln beim Drehen des Lenkers hängen bleiben. Diese Stellen werden allmählich größer und die Kugeln verschleißen. Höchste Zeit für einen neuen Steuersatz!

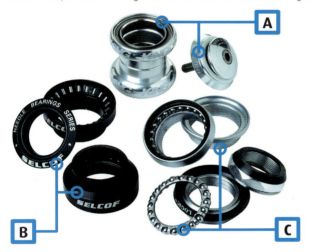

Patronenlager für Steuersätze (A) sind teurer. Sie haben einen gesonderten Dichtungsring, der genau in die Steuersatzschalen passt. Der Ring schließt die Kugeln komplett ab, so dass sie im Inneren rollen. Der Vorteil dieses Systems ist, dass beim Austauschen der Patrone sowohl die Kugeln als auch die Kugelführungen erneuert werden. Das ist eine wirklich gute Sache, denn durch den Austausch der Patrone bekommt man praktisch einen neuen Steuersatz, spart sich aber den Aufwand, dass neue Schalen in den Rahmen gepresst werden müssen. Die Patronen sind etwas teurer als der Kauf loser Kugeln.

Eine Variante der losen Kugeln ist das Nadellager (B). Anstelle eines Kugelrings gehen hier von der Mitte in einem Winkel kleine Stäbchen linienförmig aus. Manche Leute schwören darauf, da sich die Last über einen größeren Bereich verteilt. Andere möchten nicht auf ihre runden Kugellager verzichten. Falls Sie Nadellager haben, behandeln Sie diese genau so wie normale Kugellager.

Einfache Steuersätze arbeiten mit zwei Kugelringen (C), die oben und unten durch eine Gummiunterlegscheibe abgedichtet werden. Sie sollten sich angewöhnen, diesen Typ mindestens einmal pro Jahr zu warten, um die Ansammlung von Schmutz zu verhindern, die zu Lochfraß führt.

DIE WARTUNG VON PATRONENLAGERN

Schritt 1: Mit einem sehr scharfen Messer sorgfältig die Dichtung auf einer Seite des Lagers ablösen. Darauf achten, die Dichtung weder zu verbiegen noch hinein zu schneiden. Halten Sie das Messer immer möglichst parallel zur Dichtung und drücken Sie es immer von den Fingern weg, denn man rutscht leicht ab. Sobald Sie eine Kante der Dichtung gelüftet haben, fahren Sie mit dem Messer vorsichtig einmal herum und heben die Dichtung über all an, ohne sie zu verbiegen. Auf der anderen Seite den Vorgang wiederholen.

Schritt 2: Tauchen Sie die Lager in Entfetter und schrubben Sie jegliches Fett heraus. Eine alte Zahnbürste eignet sich hierfür perfekt. Trocknen Sie das Lager. Mit einem Fön funktioniert das gut, vergessen Sie aber nicht, diesen zu säubern, bevor Sie ihn wieder seinem eigentlichen Zweck zuführen. Putzen Sie auch die Dichtungen.

Schritt 3: Das Lager zur Hälfte mit hochwertigem Fahrradfett wie Finish Line oder wasserfestem Fett von Phil Wood füllen. Das Lager drehen, damit das Fett sich gleichmäßig um die Kugeln verteilen kann. Die Dichtungen mit beiden Daumen wieder einsetzen. Überschüssiges Fett außen von den Lagern wischen.

11 – Einzelteile

In diesem Kapitel lernen Sie, wie die wichtigsten Einzelteile montiert und gut eingestellt werden. Dazu gehören vielerlei Arbeiten. Vielleicht haben Sie Lust, neue Gepäcktaschen zu montieren, um zu einer Entdeckungstour aufzubrechen, oder Sie müssen eine neue Sattelstütze montieren, weil jemand an Ihrer bisherigen Gefallen gefunden hat, als das Fahrrad am Bahnhof abgestellt war. Diese Arbeiten lassen sich ohne teures Werkzeug bewältigen, und Sie können sich Ihr Fahrrad nach Ihrem Fahrstil und Ihren persönlichen Bedürfnissen ausstatten.

Einzelteile

Die Montage eines Gepäckträgers

Folgen Sie der Schritt-für-Schritt-Anleitung für die gerade und sichere Befestigung des Gepäckträgers. Ist das erledigt, können Sie entweder Gepäcktaschen daranhängen oder mit einem Expandergurt etwas auf dem Gepäckträger festschnallen.

Sollte Ihr Fahrrad nicht über die Haltevorrichtung zum Befestigen eines Gepäckträgers verfügen, müssen Sie es ins Fahrradgeschäft mitnehmen und eine Befestigungsvorrichtung montieren lassen.

Neben den P-Clips, die auf der gegenüberliegenden Seite erwähnt werden, gibt es noch eine ganze Palette spezieller kleiner Vorrichtungen. Am gebräuchlichsten ist ein Monostay-Adapter, mit dem ein Gepäckträger an einem Rahmen befestigt werden kann, bei dem die Hintergabelstreben in ein Rohr über dem Hinterrad führen. Besonders bei kleineren Rahmen können auch Befestigungssockel am Sattel die Lösung sein. Sie ersetzen den Ring, mit dem Sie die Sattelhöhe verstellen durch ein ähnliches Teil mit zusätzlichen Gewindelöchern, in denen der Gepäckträger verschraubt werden kann.

DIE MONTAGE EINES GEPÄCKTRÄGERS

Schritt 1: Finden Sie heraus, wo vorne ist, das ist schwieriger, als Sie denken! Die Streben werden in Löcher oben am Gepäckträger geschraubt. Die Löcher auf der Rückseite sind für die Befestigung von Reflektoren und Lampen gedacht. Sie sehen auf der Abbildung hierfür eine gesonderte Platte. Eventuell müssen Sie die Schenkel des Gepäckträgers leicht auseinanderziehen, damit sie über den Rahmen passen. Die Gepäckträgerstreben gehören beiderseits des Hinterrads außen an den Rahmen.

Schritt 2: Schrauben Sie die Gepäckträgerbeine außen an den Rahmen, direkt über der Hinterradachse. Legen Sie unter jeden Schraubenkopf eine Unterlegscheibe. Passen Sie auf der rechten Fahrradseite besonders gut auf: Die Schraube darf nicht aus dem Rahmen herausstehen, da sie sonst den Ritzeln in die Quere kommen könnte. Steht sie doch heraus, verwenden Sie eine kürzere Schraube oder legen Sie direkt unter den Schraubenkopf zusätzliche Unterlegscheiben. Die Schrauben noch nicht festziehen.

Schritt 3: Als Nächstes befestigen Sie die Streben vorne locker am Gepäckträger. Zwei übliche Befestigungsarten sind zwei dünne flexible Streben oder ein steiferes Paar Streben mit einer Auswahl verschieden langer Zwischenstücke zum Anschrauben. Die Streben werden in Schlitze, nicht in Löcher geschraubt, sodass Sie die Position des Gepäckträgers der Form des Fahrrads anpassen können. Bei rüttelfesten Unterlegscheiben brauchen Sie einen Schraubenschlüssel, um diese beim Anziehen der Schrauben festzuhalten.

Schritt 4: Nun montieren Sie die Vorderseite der Streben locker am Rahmen. Flexible Streben vorsichtig biegen, damit Sie die Schrauben in den Rahmen bekommen. Darauf achten, die Schrauben nicht zu verkanten. Falls Sie eine Auswahl an Verbindungsstücken haben, wählen Sie die Länge, mit der die Streben den Rahmen erreichen.

Schritt 5: Sind alle Schrauben locker befestigt, ziehen Sie den Gepäckträger an seinen Platz, sodass die Oberseite des Gepäckträgers parallel zum Boden ist. Schauen Sie sich die Sache auch von oben an, und sorgen Sie dafür, dass der Gepäckträger gerade nach vorne schaut. Vielleicht müssen Sie ihn noch etwas drehen.

Schritt 6: Ist der Gepäckträger gut platziert, ziehen Sie rundherum systematisch alle Schrauben fest, unten an den Beinen, an den Streben und da, wo sich die Streben mit dem Rahmen verbinden. Prüfen Sie nochmals, dass die Schrauben unten an den Beinen nicht auf der Rahmeninnenseite herausschauen und die Ritzel behindern.

Das Befestigen von Gepäcktaschen

Ist der Gepäckträger befestigt, können Sie auch Gepäcktaschen verwenden, die sicher angebracht werden müssen. Denn sind sie erst einmal voll bepackt, und der Inhalt verschiebt sich beim Fahren, fühlt sich das Fahrrad sehr instabil an. Im schlimmsten Fall löst sich die Gepäcktasche teilweise vom Gepäckträger und gerät in die Speichen oder fällt ab, wenn Sie durch ein Schlagloch fahren. Es wäre durchaus möglich, dass Sie dies nicht einmal bemerken.

Jede Gepäcktasche hat ein Paar Haken, die am Gepäckträgerrohr eingehängt werden. Bessere Modelle haben einen zweiten Clip, der unter dem Rohr eingehakt wird, damit die Gepäcktasche sich nicht von selbst lösen kann.

Sie werden feststellen, dass der Gepäckträger länger als der Abstand zwischen den beiden Haken ist, sodass Sie wählen können, wie weit hinten die Tasche am Gepäckträger sitzen soll. Je weiter vorne Sie die Last anbringen, desto besser wird die Stabilität sein. Befinden sich die Taschen allerdings zu weit vorne, stoßen Sie bei jedem Pedaltreten mit den Fersen an. Der seitliche Haken an der Tasche sollte so variabel sein, dass die Tasche sich nicht verschieben kann. So wird nicht nur die Last stabil gehalten, sondern auch verhindert, dass die Haken der Gepäcktaschen durch das ständige Vor- und Zurückrutschen verschleißen.

Auch der untere Teil der Tasche soll am Gepäckträger gesichert werden, damit ein Hin- und Herrutschen während der Fahrt verhindert wird. Beim abgestellten Fahrrad mag das überflüssig erscheinen, während der Fahrt ist es aber sehr wichtig, sonst flattern die Taschen durch die Bewegung des Hinterbaus nach außen und können sich sogar lösen.

Bevor Sie losradeln, vergewissern Sie sich, dass die Riemen oder Expandergurte nicht herunterhängen, sonst könnten sie sich im Hinterrad verfangen und Sie unfreiwillig zum Stehen bringen – mit etwas Pech so plötzlich, dass Sie sich nicht auf dem Rad halten können und stürzen. Falls Sie viel Gewicht transportieren, sollten Sie den Reifendruck am Hinterreifen kontrollieren. Ein gut aufgepumpter Reifen schützt das Rad zusätzlich.

Es mag verlockend erscheinen, eine große Gepäcktasche anzuschaffen und alles hineinzustopfen. Ich würde aber empfehlen, lieber zwei kleinere zu nehmen. Das ist zwar etwas teurer, lohnt sich aber aus mehreren Gründen: Erstens lässt sich alles deutlich besser ordnen, die Unterlagen fürs Büro in eine Tasche, der Proviant in die andere, und es fährt sich mit gleichmäßiger Beladung angenehmer.

Eine schwere Tasche auf einer Seite, führt dazu, dass das Fahrrad beim Pedaltreten von einer Seite zur anderen wackelt. Gleichmäßig beladene Taschen wirken dagegen wie Gegengewichte und gleichen die Bewegungen aus, während eine einzelne Tasche mit jeder Pedalumdrehung wieder zur Mitte gezogen werden muss.

EINE GEPÄCKTASCHE GUT POSITIONIEREN

Schritt 1: Befestigen Sie die Gepäcktaschen locker am Gepäckträger, und setzen Sie sich auf das Fahrrad. Stellen Sie die Füße in der normalen Position auf die Pedale, den Fußballen direkt über der Pedalachse und treten Sie rückwärts. Verschieben Sie die Tasche, bis Sie sie mit der Ferse nicht mehr berühren. Kontrollieren Sie, ob das Rücklicht noch zu sehen ist. Drücken Sie die Rückwand der Tasche ans Rad und kontrollieren Sie, dass sie nicht in die Speichen geraten kann.

Schritt 2: Lösen Sie die Schrauben, mit denen die Haken an der Gepäcktasche befestigt sind, und verschieben Sie die Haken so, dass sie über der Querstrebe des Gepäckträgers oder über der Strebe auf der Rückseite des Gepäckträgers hängen. Dies verhindert, dass die Tasche am Gepäckträger vor- und zurückrutschen kann. Ziehen Sie die Schrauben der Befestigungshaken wieder fest.

Schritt 3: Die Gepäcktasche sollte unten an der Gepäckträgerstrebe befestigt werden, damit sie nicht nach außen abstehen kann. Hierzu muss eine Kunststofföse so angebracht sein, dass die Tasche hinter dem Gepäckträgerbein eingehängt wird. Eine weitere Möglichkeit ist ein dehnbarer Gurt, der unten um das Gepäckträgerbein geschlungen wird. Es gibt auch Gepäcktaschen mit Haken. Sie müssen die Schraube lösen, mit der der Gepäckträger am Rahmen befestigt ist und sie wieder festziehen, nachdem der Haken daruntergeschoben wurde.

Einzelteile

Austausch der Sattelstütze

Sattelstützen verschleißen praktisch nie, sie müssen normalerweise nur dann erneuert werden, wenn jemand sie beschädigt oder gestohlen hat.

Beim Austausch der Sattelstütze ist zu bedenken, dass es ungefähr 30 verschiedene gängige Durchmesser gibt, die sich jeweils um 0,2 Millimeter unterscheiden. Eine zu große Sattelstütze passt nicht in den Rahmen, während eine zu kleine Stütze zwar passt, sich aber bei jedem Pedaltritt leicht bewegt und daher langsam aber unausweichlich den Rahmen beschädigt. Es ist daher sehr wichtig, den exakt richtigen Durchmesser zu nehmen. Falls die alte Stütze noch vorhanden ist, haben Sie Glück, der Durchmesser ist normalerweise darauf angegeben. Wurde sie jedoch gestohlen, haben Sie diese Option nicht. Der Durchmesser muss genauer gemessen werden, als dies mit einem normalen Maßband möglich ist. Falls Sie eine Noniusskala oder ein Mikrometer haben, messen Sie damit den Innendurchmesser des Sattelrohrs. Andernfalls schieben Sie das Fahrrad zum Fahrradgeschäft und lassen die neue Stütze dort ausmessen.

AUSTAUSCH DER SATTELSTÜTZE

Schritt 1: Putzen Sie die Innenseite des Rahmens, entfernen Sie altes Fett und Schmutz, der sich angesammelt hat, fetten Sie den Rahmen wieder frisch. Die einzige Ausnahme von dieser Regel ist eine Carbon-Sattelstütze. Lesen Sie in der Bedienungsanleitung nach, ob und womit diese Stütze behandelt werden soll. Lockern Sie die Sattelstützschraube.

Schritt 2: Schieben Sie die Stütze vorerst noch ohne den Sattel in den Rahmen. Kontrollieren Sie hierbei, dass die Stütze den richtigen Durchmesser hat – Sie sollten keine Kraft aufwenden müssen. Passt die Stütze nicht ohne Weiteres hinein, werden Sie sie nicht mehr herausbekommen. Drücken Sie sie so weit hinein, bis die Linien „Mindesteinschub" völlig im Rahmen verschwunden sind. Bevor Sie die Sattelstützschraube festziehen, versuchen Sie, oben an der Sattelstütze zu wackeln, sollte sie so viel Spiel haben, dass sie wackelt, ist sie zu dünn.

Schritt 3: Ziehen Sie die Sattelstützschraube nur so weit an, dass die Sattelstütze hält. Eine Klemmschraube hält die Platten oben an der Sattelstütze zusammen. Lösen Sie diese komplett, damit Sie die obere Platte um eine Vierteldrehung zur Seite drehen können. Bei dieser Gelegenheit geben Sie etwas Fett auf die Gewinde der Klemmschraube und unter den Schraubenkopf. Montieren Sie den Sattel in den Vertiefungen der unteren Klemmplatte.

Schritt 4: Drehen Sie nun die obere Platte wieder zurück, sodass ihre Vertiefungen auf die Streben der Sattelstütze passen und diese Streben zwischen der oberen und unteren Platte festgeklemmt werden. Es ist etwas knifflig, aber Sie sollten sich die Zeit nehmen, die Ausrichtung korrekt hinzubekommen.

Schritt 5: Wenn Sie die Klemmschraube noch nicht fest anziehen, können Sie den Winkel und die Position des Sattels noch verändern, indem Sie die Klemmplatten über der Sattelstütze drehen. Durch Verschieben der Sattelstreben in den Vertiefungen können Sie den Sattel näher an den Lenker oder weiter vom Lenker weg bewegen. Lesen Sie auf Seite 31 die Empfehlungen zur Satteleinstellung. Wenn Sie mit der Einstellung zufrieden sind, ziehen Sie die Klemmschraube fest an.

Schritt 6: Stellen Sie die Sattelhöhe ein (auf Seite 31 können Sie nachlesen, welche Höhe richtig ist). Haben Sie eine Inbusschrauben-Befestigung, ziehen Sie die Schraube an. Schnellspannhebel können etwas unpraktisch sein. Sie sollten so stehen, dass sie die Stütze sicher befestigen, wenn Sie angeklappt werden. Lässt sich der Hebel nicht problemlos schließen, oder sichert er die Sattelstütze nicht, öffnen Sie den Hebel, stellen die Inbusschraube auf der gegenüberliegenden Seite ein und klappen den Hebel anschließend wieder an.

Die Montage eines neuen Aheadset-Vorbaus

Durch die Umstellung vom Gewindesteuersatz auf das Aheadset wurde es möglich, die Steuersatzlager mit ein paar Inbusschlüsseln einzustellen.

Beim Gewindesteuersatz konnte man oben die Vorbauschraube lösen, den Vorbau etwas höher schieben und die Schraube wieder festziehen. Möchte man dasselbe bei einem Aheadset erreichen, ist der Vorbau zu entfernen und gegen einen anderen auszutauschen, der entweder eine andere Länge hat oder in einem anderen Winkel am Lenker sitzt. Ist der Lenker zu niedrig oder zu weit vorne, kaufen Sie einen kürzeren Vorbau, der relativ steil nach oben ansteigt. Einfacher geht das bei einem Vorbau vom Front-Loader-Typ, bei dem vorne am Lenker mit zwei oder vier Schrauben eine Platte befestigt ist. Durch Entfernen dieser Schrauben kann der Lenker aus dem Vorbau angehoben werden, ohne dass die Bedienungshebel und Griffe abmontiert werden müssen.

DIE MONTAGE EINES AHEADSET-VORBAUS

Schritt 1: Lösen Sie alle Schrauben, mit denen der Lenker am Vorbau befestigt ist und entfernen Sie diese. So können Sie die Platte vorne am Vorbau zusammen mit dem Lenker abnehmen. Um die Schalt- und Bremskabel beim Arbeiten nicht zu verknicken, befestigen Sie sie mit Klebeband am Rahmen.

Schritt 2: Entfernen Sie die Schraube von der Abschlusskappe (Top-Cap), das ist die Schraube ganz oben am Vorbau. Nehmen Sie die Kappe heraus. Lösen Sie die Vorbau-Klemmschraube. Falls Sie das Fahrrad an einem Montageständer befestigt haben, müssen Sie jetzt die Gabel halten, da sie sonst unten aus dem Rahmen fallen kann.

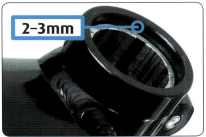

Schritt 3: Ziehen Sie den alten Vorbau komplett heraus. Lösen Sie die Schrauben am neuen Vorbau um zwei bis drei Millimeter, schieben Sie ihn auf das Gabelschaftrohr und drücken ihn fest hinein. Die Oberkante des Gabelschaftrohrs sollte wie abgebildet zwei bis drei Millimeter tiefer sitzen als die Oberkante des Vorbaus. Sitzt der Vorbau zu hoch, entfernen Sie ihn und nehmen unterhalb Unterlegscheiben weg. Sitzt das Gabelschaftrohr zu hoch, fügen Sie unter dem Vorbau Unterlegscheiben hinzu, um den Abstand zu korrigieren.

Schritt 4: Setzen Sie die Kappe wieder ein, die den Vorbau fixiert. Montieren Sie den Lenker in den neuen Vorbau, und ziehen Sie die Schrauben gleichmäßig fest an. Der Abstand zwischen Vorbau und Vorderplatte oberhalb und unterhalb des Lenkers sollte gleich sein. Ziehen Sie vier Schrauben über Kreuz fest, um eine gleichmäßige Spannung zu gewährleisten. Richten Sie den Vorbau ganz gerade in einer Linie mit dem Vorderrad aus. Setzen Sie sich auf das Fahrrad, und kontrollieren Sie, ob der Lenker für Sie einen angenehmen Winkel hat.

Schritt 5: (Falls Sie noch nie einen Steuersatz eingestellt haben, verwenden Sie die vollständige Anleitung auf Seite 204). Stellen Sie die Kappe so ein, dass die Gabel sich ungehindert im Rahmen drehen kann, der Steuersatz aber kein Spiel hat, die Gabel soll nicht im Rahmen wackeln. Ziehen Sie die Befestigungsschrauben des Vorbaus gleichmäßig und fest an. Prüfen Sie, ob der Vorbau fest genug sitzt, indem Sie sich vor das Fahrrad stellen und das Vorderrad zwischen die Knie nehmen. Der Lenker darf sich jetzt nicht verdrehen lassen.

Schritt 6: Durch den Austausch des Vorbaus hat sich die Lenkerstellung verändert. Ist er jetzt höher oder weiter vorne eingestellt, sind die Brems- oder Schaltkabel möglicherweise zu kurz geworden. Prüfen Sie dies, indem Sie den Lenker nach beiden Seiten bis zum Anschlag drehen und vergewissern Sie sich, dass die Kabel dabei nicht gedehnt werden. Sind die Kabel zu kurz, müssen sie gegen längere ausgetauscht werden. Dabei werden Sie meist sowohl das Innenkabel als auch den Kabelmantel austauschen müssen.

Einzelteile

Die Montage eines neuen Lenkers

Diese Aufgabe erscheint schlimmer, als sie tatsächlich ist. Ein neuer Lenker kann sich sehr positiv auf den Fahrkomfort auswirken.

Eine leicht gebogene Form oder ein Lenker, bei dem die Griffe leicht nach hinten geschwungen sind, kann den Fahrkomfort erhöhen, da Sie die Straße aus einer etwas aufrechteren Position besser überblicken können. Ein verbogener oder verkratzter Lenker muss ebenfalls ausgetauscht werden. In beiden Fällen ist der Lenker geschwächt und bricht früher oder später, meist ohne Vorwarnung. Es empfiehlt sich also, hier rechtzeitig einzugreifen.

Für die richtige Einstellung des Lenkers sind einige Versuche nötig. Sie können den bequemsten Winkel erst kennen, wenn Sie verschiedene ausprobiert haben. Kommen Sie bitte nicht auf die Idee, den Lenker nur leicht angezogen zu lassen und sich dann auf das Fahrrad zu setzen – wenn Sie sich dabei auf den Lenker stützen, rutscht er unter Ihnen weg. Ziehen Sie die Vorbauschraube gut an, bevor Sie den Vorbau belasten.

MONTAGE EINES LENKERS

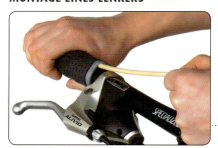

Schritt 1: Entfernen Sie die Griffe. Am besten geht dies, indem Sie ein Essstäbchen oder einen dünnen Schraubenzieher unter den Griff schieben und diesen damit so weit anheben, dass Sie etwas daruntersprühen können, das die Gleitfähigkeit erhöht. Haarspray eignet sich sehr gut, denn der Griff wird kurzzeitig rutschig und dann klebrig, das ist optimal. Sie können auch warmes Wasser verwenden. Drehen und ziehen Sie am Griff, um ihn abzulösen. Entfernen Sie Haltevorrichtungen für Lampen, Fahrradcomputer und Ähnliches, die am Lenker befestigt sind.

Schritt 2: Schrauben Sie Schalt- und Bremshebel ab, ohne den Lenker zu verkratzen. Falls die Bedienungshebel nicht problemlos abzuziehen sind, entfernen Sie die Befestigungsschrauben vollständig und öffnen die Schelle mit einem Schraubenzieher vorsichtig gerade so weit, dass Sie die Hebel abziehen können. Verbiegen Sie die Schellen nicht! Sind die Kabel so kurz, dass die Hebel nicht abmontiert werden können, ohne die Kabel zu knicken, warten Sie damit bis nach dem nächsten Schritt, wenn der Lenker vom Vorbau gelöst wurde.

Schritt 3: Falls der Vorbau vorne eine separate Platte hat, die mit zwei oder vier Schrauben am Lenker befestigt ist, entfernen Sie diese Schrauben vollständig, ziehen die Vorderseite des Vorbaus ab und entfernen den Lenker. Hat der Vorbau nur eine einzige Schraube, lösen Sie diese und rütteln den Lenker aus dem Vorbau. Hat der Lenker eine geknickte Form, lässt er sich leichter herausziehen, wenn Sie ihn leicht im Vorbau drehen.

Wie lange halten Lenker?

Lenker brechen zwar nur selten, aber wenn es passiert, ist dies ausgesprochen unangenehm. Es gibt drei Umstände, unter denen der Lenker ausgetauscht werden sollte.

- Hatten Sie einen Sturz oder hat sich der Lenker durch irgendetwas anderes sichtbar verbogen, sollte er sofort ausgetauscht werden. Verzichten Sie darauf, noch so lange mit dem Fahrrad zu fahren, bis Sie einen neuen Lenker haben. Ein verbogener Lenker ist geschwächt, und diese Schwachstelle könnte nachgeben und der Lenker brechen, wenn Sie über eine Bodenwelle oder ein Schlagloch oder von einer Bordsteinkante herunterfahren. Lenken und Bremsen sind dann nicht mehr möglich, was in den meisten Fällen böse ausgeht.

- Lenker werden gelegentlich durch zu sorgloses Montieren von Brems- oder Schalthebeln oder Lampenbefestigungen verkratzt oder verbeult. Es kann auch vorkommen, dass nach einem Sturz die Form des Lenkers zwar unverändert geblieben ist, der Bremshebel sich aber um oder in den Lenker verdreht. Auch in diesem Fall hat der Lenker ausgedient.

- Aluminiumlenker sollten, ob verbogen oder nicht, regelmäßig erneuert werden, da sie nicht unendlich haltbar sind. Stahllenker sind trotz des niedrigeren Preises wesentlich haltbarer und können normalerweise verwendet werden, bis sie rosten. Erneuern Sie Aluminiumlenker alle fünf Jahre. Falls Sie Ihr Fahrrad extrem häufig benutzen, sollten Sie dies eventuell sogar öfter tun.

Die Montage eines neuen Lenkers

Auf der ersten Fahrt werden Sie möglicherweise feststellen, dass der gewählte Winkel doch nicht optimal ist. Nehmen Sie daher für die Feineinstellung einen Inbusschlüssel mit.

Haben Sie den Lenker gegen eine andere Lenkerform ausgetauscht, prüfen Sie vor der ersten Fahrt, ob die Brems- und Schaltkabel davon beeinflusst werden. Sitzt der neue Lenker höher oder weiter vorne, könnte es sein, dass ein Kabel oder alle Kabel nicht mehr lang genug sind, wenn Sie zu einer oder der anderen Seite lenken. Es ist schwer vorherzusagen, ob dies eintreten wird, daher sollten Sie Ersatzkabel und Ersatzkabelmantel griffbereit haben.

Die unterschiedlichen Lenkerqualitäten

Ein Lenker sieht aus wie der andere, daher ist es auch hier schwierig, Preisunterschiede bei scheinbar gleichen Produkten zu verstehen. Die billigsten Lenker sind aus Stahl. Sie sind robust, aber schwer und werden nur bei den einfachsten Fahrrädern verwendet.

Die nächste Kategorie (diese Lenker sind zwar teurer, aber leichter) sind Aluminiumlenker. Diese sind nicht nur leichter, sondern beim Fahren auch etwas flexibel. Die tatsächliche Bewegung ist ausgesprochen geringfügig, reicht aber aus, um Vibrationen von der Straße zu absorbieren, was sich auf den Fahrkomfort günstig auswirkt.

Einen weiteren Schritt zu einem höheren Preis und weniger Gewicht bedeuten Carbonlenker. Die Kohlefaser ist stark genug, verlangt aber besondere Aufmerksamkeit. Beschädigte Lenker werden eher brechen als sich zu verbiegen, sie müssen daher häufig kontrolliert werden und sind sofort auszutauschen, nachdem das Fahrrad in eine Kollision verwickelt war.

DIE MONTAGE EINES LENKERS (Fortsetzung)

Schritt 4: Putzen Sie den Vorbau innen, damit der neue Lenker sicher passt, ohne zu quietschen. Bei hartnäckigen Verschmutzungen verwenden Sie Entfetter. Fetten sie die Befestigungsschrauben, sowohl die Gewinde als auch unter den Schraubenköpfen.

Schritt 5: Montieren Sie den neuen Lenker am Vorbau, bei Vorbauten mit einer einzigen Schraube schieben Sie den Lenker durch. Bei Vorbauten mit zwei oder vier Schrauben setzen Sie den Lenker hinter der Vorderplatte ein und ziehen alle Schrauben locker an. Schieben Sie Brems- und Schalthebel wieder auf den Lenker. Falls die Kabel zu kurz sind, um die Hebel vom Ende her über den Lenker zu schieben, verschieben Sie den gesamten Lenker seitlich im Vorbau.

Schritt 6: Richten Sie den Lenker mittig im Vorbau aus – es ist wirklich erstaunlich, wie oft dieser Schritt vergessen wird – und ziehen Sie die Vorbauschraube(n) fest an. Bei Vorbauten mit zwei oder vier Schrauben müssen die Schrauben so fest angezogen werden, dass der Abstand zwischen dem Vorbau und der Vorderplatte über und unter dem Lenker gleich groß ist.

Schritt 7: Setzen Sie sich auf das Fahrrad und kontrollieren Sie, ob die Lenkereinstellung für Sie bequem ist. Sollte dies nicht der Fall sein, steigen Sie ab, lösen die Befestigungsschrauben, ziehen Sie wieder an und prüfen die Einstellung erneut. Sobald Sie mit der Lenkereinstellung zufrieden sind, drehen Sie die Brems- und Schalthebel so, dass Sie leicht zu erreichen sind. Eine gute Ausgangsposition haben Sie, wenn Sie den Bremshebel in einem Winkel von 30 bis 45 Grad zum Boden platzieren und den Schalthebel dicht darunter.

Schritt 8: Als Nächstes kommen die Griffe wieder an den Lenker. Sie sollen sehr knapp sitzen, und es ist verlockend, ein Schmiermittel hineinzusprühen, um sie leichter auf den Lenker zu bekommen. Die Idee ist allerdings ausgesprochen schlecht, denn beim nächsten Regen werden die Griffe auf dem Lenker hin- und herrutschen. Benutzen Sie einen speziellen Griffgummikleber, eventuell aus dem Motorradgeschäft, Haarspray oder heißes Wasser. Griffe, die sich sehr leicht aufschieben lassen, sind verschlissen und sollten ausgetauscht werden.

Schritt 9: Nun sollten Sie prüfen, ob die Kabel mit der neuen Lenkereinstellung kompatibel sind. Drehen Sie den Lenker nach beiden Seiten bis zum Anschlag und kontrollieren Sie, ob die Kabel dadurch an keinem Ende scharf abknicken. Auch bei voller Lenkerdrehung sollen die Kabel in einem eleganten Bogen aus dem Hebel kommen. Zu kurze Kabel – Innenkabel und Kabelmantel – sind auszutauschen.

Einzelteile

Die Montage eines Dynamos

Viele Leute, die sich ansonsten recht souverän mit der Mechanik Ihres Fahrrads beschäftigen, lassen sich vom Dynamo und allem, was damit zusammenhängt, entmutigen. Dabei ist die Sache gar nicht so kompliziert. Man braucht eine Einheit, die Strom erzeugt, und diesem Strom muss ein ununterbrochener Weg zu jeder Lampe und wieder zurück zur Verfügung stehen. Am leichtesten ist dies mit einem Dual-Core-Kabel zu erreichen, dem Kabeltyp, mit dem Lautsprecher und Verstärker häufig verbunden sind. Der Strom fließt durch einen der beiden Kabelstränge zu jeder Lampe und erdet sich durch den anderen Kabelstrang, der zurück zum Generator führt.

- Es ist immer sinnvoll, mit der Montage des Dynamokörpers am Fahrrad zu beginnen. Ein Nabendynamo passt einfach an das Vorderrad. Achten Sie auf die korrekte Ausrichtung: Der Dynamo soll sich nur in die Richtung drehen, die auf dem Nabenflansch vermerkt ist. Shimano-Dynamonaben sind beim Kauf mit einem runden Karton versehen, der um die Achse geklemmt ist. Richten Sie das Rad so aus, dass die Pfeile nach vorne zeigen.

- Flaschendynamos, die seitlich am Reifen laufen, sind etwas komplizierter. Um sie am Fahrrad zu montieren, braucht man eine Halterung, die nur bei etwa der Hälfte der Dynamos mitgeliefert wird. Der Flaschendynamo funktioniert am Vorderrad oder Hinterrad gleich gut, die Halterung muss aber jeweils so montiert sein, dass der Dynamokörper vor der Halterung sitzt. Der Dynamo wird so gekippt, dass der Kopf am Reifen entlangläuft. Wird er umgekehrt montiert, zieht der Reifen ihn ständig näher ans Rad, was zu übermäßigem Widerstand führt. Die Firma Busch & Müller fertigt eine besonders gute Halterung, die an die Bremshalterung an der Vordergabel passt und den Dynamo so vor der Vorderbremse hält, dass er nicht im Weg ist.

- Entscheidende Bedeutung für den glatten Lauf und minimalen Widerstand des Dynamos hat der Winkel, in dem er sitzt. Wenn Sie von der Seite auf den Dynamo schauen und sich eine gerade Linie vorstellen, die direkt durch die Mitte der Flaschenform verläuft, sollte der Dynamo sich in seiner Halterung so drehen, dass diese gerade Linie auch durch die Radachse führt. Sobald Sie die korrekte Position gefunden haben, sichern Sie die Halterung. Da Sie ein Dual-Core-Kabel mit separater Erdung verwenden, müssen Sie nicht darauf achten, dass zwischen dem Dynamokörper und dem Rahmen eine reine Metallverbindung besteht.

- Als Nächstes befestigen Sie die Lampen. Stellen Sie sie so hoch ein, wie dies für die maximale Sichtbarkeit noch günstig ist, und achten Sie darauf, dass sie durch kein sonstiges Gepäck verdeckt wird.

- Beginnen Sie mit dem Vorderlicht. Messen Sie eine ausreichende Länge Dual-Core-Kabel ab, berücksichtigen Sie ausreichend zusätzliches Kabel, um es um den Rahmen wickeln zu können. Hier schadet es nicht, wenn sie mit reichlich lockerem Kabel arbeiten. Vergewissern Sie sich, dass die Kabellänge ausreicht, um den Lenker in beide Richtungen drehen zu können, ohne das Kabel zu dehnen. Sichern Sie es mit Klebeband oder einem Kabelbinder am Rahmen.

- Teilen Sie die letzten zehn Zentimeter des Dual-Core-Kabels in zwei Stränge. Das Verbindungsgewebe ist dünn und weich und lässt sich einfach abziehen. Ziehen Sie die letzten fünf Millimeter der Plastikhülle an jedem Ende jedes Drahtes ab.

- Der eine der beiden Drähte wird gekennzeichnet sein, normalerweise mit einer blassen Linie oder einem Grat im Isolierkunststoff. Verbinden Sie den markierten Draht mit dem Pluspol der Lampe und dem Pluspol des Flaschendynamos. Anschließend verbinden Sie den nicht markierten Draht mit der Erdungsklemme an der Lampe und dem Dynamo. Möglicherweise finden Sie an der Lampe, dem Dynamo oder beiden keine spezifische Erdungsklemme. In diesem Fall muss das Kabelende, von dem die Isolierschicht entfernt wurde, unter einem Metallteil der Halterung eingeklemmt werden, entweder dort, wo zwei Teile der Halterung zusammentreffen oder wo die Halterung am Rahmen befestigt ist. Es ist wichtig, einen elektrischen Kontakt herzustellen, daher muss reines Metall reines Metall berühren.

- Wiederholen Sie den Vorgang bei der hinteren Beleuchtungseinheit, und bedenken Sie, wenn der Dynamo am Vorderrad läuft, das Kabel ausreichend locker zu lassen, damit das Vorderrad sich drehen kann. Ziehen Sie die letzten fünf Millimeter der Isolierhülle von jedem Ende jedes Drahts ab, und verbinden Sie beide Enden des markierten Drahts mit den Pluspolen und beide Enden des unmarkierten Drahts mit der Erdungsklemme.

- Drehen Sie nun testweise das Rad. Beide Lampen sollten leuchten. Ist dies nicht der Fall, prüfen Sie in folgender Reihenfolge:
Funktioniert nur eine Lampe, liegt es an der Birne oder der Verkabelung. Prüfen Sie die Verkabelung sorgfältig, insbesondere an den Polen. Tauschen Sie als Nächstes die Glühbirne aus. Vorderlicht und Rücklicht haben Birnen mit unterschiedlicher Nennleistung und können daher nicht untereinander ausgetauscht werden. Sie müssen eine neue kaufen.
Funktioniert keine Lampe, hängen Sie erst die eine und dann die andere ab. Falls ein Licht plötzlich angeht, sobald das andere abgehängt wurde, liegt ein Verdrahtungsfehler vor. Kontrollieren Sie, ob beide Erdungs- und Stromkabel korrekt angeschlossen sind. Falls keine Lampe funktioniert, selbst wenn abwechselnd eine abgehängt wird, ist der Generator entweder defekt oder verschlissen. Erneuern Sie ihn.

Die Wartung von Klickpedalen

Klickpedale sind teuer, und durch die Kürze der Achse verschleißen die Lager rasch, sobald sich in einem der Pedale Spiel entwickeln kann.

Sie lassen sich aber sehr zufriedenstellend instand setzen. Auch wenn es etwas knifflig ist, werden Sie die Verbesserung sofort merken. Der erste Hinweis auf verschlissene Pedallager ist ein Klicken der Pedale unter Druck. Kontrollieren Sie dies, indem Sie die Kurbel mit einer Hand und den Pedalkörper mit der anderen Hand festhalten. Versuchen Sie, das Pedal zu drehen. Es sollte keine seitliche Bewegung möglich sein, sondern das Pedal soll leicht auf der Achse laufen und sich noch mehrere Umdrehungen weiterdrehen, wenn es leicht angestoßen wird. Ist die Achse wackelig oder steif, wird es Zeit für eine Wartung der Pedale.

Es empfiehlt sich, bei dieser Gelegenheit die Kugeln zu erneuern, sie haben allerdings eine ungewöhnliche Größe ($^3/_{32}$ Zoll). Sollte Ihr Fahrradgeschäft sie nicht vorrätig haben, versuchen Sie es in einem Lager-Fachgeschäft.

DIE WARTUNG VON SHIMANO-PD-M747-PEDALEN

Schritt 1: Entfernen Sie beide Pedale vom Fahrrad, und vergessen Sie dabei nicht, dass eines ein gegenläufiges Gewinde hat und daher im Uhrzeigersinn abgedreht wird. Befestigen Sie das Werkzeug in einem Federspanner, und drehen Sie das Pedal in die Richtung, in die der aufgedruckte Pfeil auf dem Werkzeug zeigt. Falls nötig, wickeln Sie einen Lappen um das Pedal, um es besser packen zu können. Die Gewinde sind aus Kunststoff und werden überdreht, wenn sie gewaltsam rückwärts gedreht werden. Achten Sie also auf die Richtung.

Schritt 2: Ziehen Sie das Pedal von der Achse ab. Nehmen Sie Achse aus dem Federspanner, entfernen Sie das Kunststoffwerkzeug, und befestigen Sie die Pedalachse wieder auf dem Federspanner, mit dem schmalen Ende nach oben. Sie können die obere Kugelreihe sehen, die unter dem Innenring sitzt. Der zweite Satz befindet sich zwischen dem Stahlrohr und der darunterliegenden Unterlegscheibe.

Schritt 3: Am oberen Ende der Achse sehen Sie die Kontermutter und den Innenring. Die Kontermutter sitzt oben, und Sie brauchen dafür einen 7-mm-Schraubenschlüssel. Anschließend kommt der Innenring, hierfür ist ein 10-mm-Schraubenschlüssel erforderlich. Shimano stellt ein gutes Werkzeug zur Innenring-Einstellung her (wie bei Schritt 6 abgebildet). Ohne dieses Werkzeug aber geht es auch mit einem normalen Schraubenschlüssel gut, hier abgebildet ein 7-mm-Aufsteckschraubenschlüssel. Entfernen Sie Innenring und Kontermutter komplett.

Schritt 4: Sammeln Sie alle Kugeln heraus, die unter dem Innenring saßen, und ziehen Sie anschließend das Stahlrohr heraus. Ziehen Sie den Gummi-Abstandshalter von der Achse, und heben Sie dann die untere Unterlegscheibe zusammen mit dem Lager heraus. Ziehen Sie die Plastikhülse und die Gummidichtung ab. Putzen Sie alle Teile sorgfältig, und kontrollieren Sie alles auf rostige Flächen. Ist sie verschlissen, erneuern Sie die Achse. Bei dieser Gelegenheit putzen Sie auch den Pedalkörper innen.

Schritt 5: Setzen Sie die Gummidichtung und die Plastikhülse wieder ein. Fetten Sie die gebogene Unterlegscheibe, setzen Sie zwölf Kugeln in der Größe $^3/_{32}$ Zoll ein, und schieben Sie sie vorsichtig über die Achse. Montieren Sie den Abstandshalter aus Gummi. Fetten sie die Kugelführung an einem Ende der Metallröhre, und setzen Sie weitere zwölf Kugeln ein. Sorgfältig über die Achse ziehen. Den Innenring per Hand auf der Achse festziehen, die gebogene Seite nach unten. Wenn alle Kugeln eingeschlossen sind, die Kontermutter locker aufdrehen.

Schritt 6: Der Innenring soll auf den Kugeln so weit angezogen werden, dass kein Spiel zwischen Achse und Metallrohr ist, das Rohr sich aber noch ungehindert drehen kann. Halten Sie anschließend den Innenring fest, und ziehen Sie die Kontermutter dagegen an. Das ist knifflig, und Sie werden die Einstellung wahrscheinlich mehrfach wiederholen müssen. Montieren Sie die Achsanordnung wieder im Pedal. Mit dem grauen Plastikwerkzeug fest in Richtung der aufgedruckten Pfeile anziehen.

Fehlersuche / -behebung Felgenbremsen

Fehlersuche/-behebung Felgenbremsen

Symptom	Ursache	Lösung	V-Bremse	Cantilever	Calliper
Bremse quietscht	Bremsklötze sitzen flach an der Felge, oder der hintere Teil des Bremsklotzes berührt die Felge zuerst	Vorspur bei den Bremsen einstellen, damit die Bremsklötze die Felge vorne zuerst berühren	98	entfällt	105
	Felgen sind verschmutzt, insbesondere mit Öl	Felgen mit Entfetter reinigen	102	entfällt	105
Bremst nicht oder nicht schnell genug	Bremsklötze sind zu weit von der Felge entfernt	Bremsklötze näher an der Felge einstellen	98	entfällt	105
	Die Flächen der Bremsklötze sind verschmutzt oder haben Splitt angesammelt	Die Räder abbauen, mit einem scharfen Messer Splitt entfernen, Bremsklötze mit Sandpapier aufrauen, Räder wieder montieren	102		
	Felgen sind verschmutzt	Felgen mit Entfetter putzen	102		
	Bremsklötze sind verschlissen	Abnutzung der Klötze kontrollieren, eventuell erneuern	98	111	105
	V-Bremsen: Bremseinheiten sitzen zu nah beieinander, Kopf des Führungsröhrchens verklemmt sich beim Bremsen in der Kabelklemme	Bremseinheiten durch Justieren des Kabels vertikal einstellen; so viele Unterlegscheiben anbringen, dass der Abstand gering ist	96	entfällt	entfällt
	Cantilever-Bremse: Querzug beschreibt einen zu engen/zu weiten Winkel	Winkel von Verbindungskabel oder Querzug neu einstellen, Bremsen wieder justieren	entfällt	113	entfällt
Bremshebel sind schwer zu betätigen	Kabel ausgefranst oder verschmutzt, Kabelmantel beschädigt	Kabel und, falls nötig, Kabelmantel erneuern	96	112	106
Bremse greift, löst sich aber nicht, wenn der Bremshebel losgelassen wird	Bremsklötze sitzen zu tief, sind dadurch abgenutzt, sodass ein Rand des Bremsklotzes unter die Felge gerät	Rad abmontieren, Rand mit scharfem Messer entfernen, Rad montieren, Bremsklötze gut justieren	98	111	105
	Verschmutztes oder ausgefranstes Bremskabel, beschädigter Kabelmantel	Putzen und ölen oder Kabelmantel erneuern	96	112	106
	V-Bremse: Führungsröhrchen gequetscht oder innen verschmutzt	Führungsröhrchen erneuern, Kabelzustand prüfen und Kabel evtl. ebenfalls erneuern	96	entfällt	entfällt
	Calliper-Bremse: Bremssattel verschmutzt oder verbogen	Bremssattel putzen, Zustand prüfen, falls nötig erneuern	entfällt	entfällt	108
	Bremshebel beschädigt	Kabel lockern, prüfen, ob der Hebel weich zum Lenker geführt werden kann, wenn Kabel ohne Spannung ist, falls nötig Bremshebel erneuern, Kabel wieder anschließen	90	112	106
	V-Bremsen: Bremshalter verschmutzt oder korrodiert	Bremseinheit warten, ölen und wieder montieren	100	entfällt	entfällt
Bremsklötze verschleißen sehr schnell	Felgenfläche verschlissen	Felgenfläche kontrollieren. Bei Rissen, Beulen oder tiefen Furchen Felge/Rad erneuern. Falls vorhanden, Abnutzungsanzeiger der Felge kontrollieren	103		

Fehlersuche/-behebung Scheibenbremse

Symptom	Ursache	Lösung	Seite
Mechanische Bremsen: Bremsbelag löst sich nach dem Bremsen nicht problemlos	Bremskabel im Kabelmantel ist aufgeraut, korrodiert oder ausgefranst	Bremskabel putzen und schmieren oder erneuern	115
	Kolbenkopf verschmutzt	Beläge entfernen und putzen oder erneuern	entfällt
	Schmutz ist bis in den Bremssattelkörper vorgedrungen und blockiert den Mechanismus	Bremssattelkörper ausbauen und putzen	114
	Bremsbeläge mit Öl verschmutzt	Beläge erneuern	116
	Bremsscheiben verschmutzt	Bremsscheiben mit Entfetter, Isopropylalkohol oder warmem Seifenwasser putzen	entfällt
	Bremsbeläge zu weit von der Bremsscheibe entfernt	Bremsbeläge einstellen	115
Mechanische Bremsen: Bremsbeläge schleifen ständig an der Bremsscheibe	Bremsscheibe ist verbogen	Bremsscheibe wieder begradigen oder erneuern	entfällt
	Bremssattelkörper berührt die Bremsscheibe	Bremssattelkörper justieren	114
	Bremsbeläge zu nah an der Bremsscheibe	Bremsbeläge unabhängig justieren: den äußeren Belag durch die Kabelspannung, den inneren Belag mittels Einstellschraube	115
Mechanische Bremsen: Bremsen sind nicht sehr wirksam – Räder lassen sich durch Betätigen des Hebels nicht zum Stehen bringen	Beläge mit Öl verschmutzt	Beläge erneuern	116
	Bremsscheiben verschmutzt	Bremsscheiben mit Entfetter, Isopropylalkohol oder warmem Seifenwasser putzen	entfällt
	Bremsbeläge verschlissen	Belagdicke prüfen; ist sie unter 0,5 mm, Beläge erneuern	114
Hydraulische Bremsen: Bremsbeläge schleifen an der Bremsscheibe	Bremssattel schlecht eingestellt	Bremssattel neu einstellen, Bremsscheibe soll mittig zwischen den Belägen sitzen	entfällt
	Bremsscheibe verbogen	Bremsscheibe gerade biegen oder erneuern	entfällt
Hydraulische Bremsen: Bremshebel fühlen sich schwammig an, Bremsen wirken schlecht	Luft im System	Bremsen entlüften	118
	Schlauch undicht	Schlauch sorgfältig prüfen, vor allem an den Verbindungsstellen, Verbindungsgelenke festziehen, Bremse entlüften	118
Hydraulische Bremsen: Bremsen quietschen	Bremsbeläge oder Bremsscheibe verschmutzt	Bremsscheiben putzen, Beläge erneuern	117
	Bremsscheibe verschlissen oder aufgeraut	Bremsscheibe erneuern	entfällt
	Lockere Befestigungsschrauben verursachen Vibrationen	Befestigungsschrauben von Bremsen und Bremsscheibe prüfen und festziehen	entfällt

Fehlersuche/-behebung Antrieb

Symptom	Ursache	Lösung	Seite
Kette rutscht durch, gibt unter Druck plötzlich nach	Kassette und Kette verschlissen	Kettenverschleiß prüfen, falls nötig erneuern, gleichzeitig auch die Kassette erneuern	146–151
	Kettenblätter verschlissen	Kettenblätter erneuern	155
	Kettenblattzähne beschädigt	Verbogene Zähne gerade biegen	entfällt
	Freilaufkörper verschlissen oder beschädigt	Freilaufkörper erneuern	entfällt
	Kettenglieder verdreht	Kettenglieder gerade biegen oder erneuern	146, 147
	Kette verschmutzt oder zu trocken	Kette putzen und schmieren	73
	Schaltwerk schlecht eingestellt	Kabelspannung justieren	126
	Kette mit Kettenblatt oder Kassette nicht kompatibel	Kompatibilität prüfen, insbesondere von Kette und Kassette – 8- und 9-Gang-Komponenten nicht mischen	123
Schaltwerk indexiert nicht korrekt	Kabelspannung nicht korrekt	Kontermutter festziehen, Gänge justieren	126, 151
	Kabel verschmutzt	Kabel putzen und schmieren/Kabel und Kabelmantel erneuern	144
	Kabelmantel aufgeplatzt	Kabelmantel erneuern	145
	Umwerfer verbogen	Umwerfer erneuern	136
	Umwerferhalter verbogen	Umwerferhalter erneuern oder gerade biegen	134
	Schalthebel verschlissen	Kabel vom Umwerfer abhängen und Hebelfunktion testen durch Anziehen des Kabels; wo es aus dem Schalthebel tritt, falls nötig Hebel erneuern	156, 157
	Kontermutter der Kassette locker, sodass die Ritzel sich um den Freilaufkörper drehen können	Kabelspannung justieren	126
Schaltwerk indexiert normalerweise korrekt, schaltet beim Fahren aber gelegentlich willkürlich um	Kabelmantel zwischen Lenker und Rahmen oder zwischen den Abschnitten des voll gefederten Rahmens zu kurz, sodass das Kabel sich bei Lenker- oder Rahmenbewegungen spannt	Kabelmantelteile durch längere Teile ersetzen – eventuell muss dabei auch das Innenkabel erneuert werden –; sicherstellen, dass das Kabel sich nicht im Rahmen verhängen kann	128
	Kette verschlissen	Kettenverschleiß prüfen, Kette und Kassette falls nötig erneuern	154
Kette schaltet nicht auf das kleinste oder größte Ritzel	Endanschlagschrauben zu weit eingedreht	Endanschlagschrauben lösen, damit die Kette auch die jeweils äußersten Ritzel erreicht	132, 133
	Kabelspannung nicht korrekt	Kabelspannung justieren	126
	Leitrolle zu weit entfernt von den Ritzeln	B-Schraube justieren	130

Fehlersuche/-behebung Antrieb

Symptom	Ursache	Lösung	Seite
Der vordere Umwerfer indexiert nicht korrekt	Kabelspannung nicht korrekt	Kabelspannung justieren	138
	Position des Umwerfers nicht korrekt	Umwerfer so justieren, dass die Außenplatte parallel zum Kettenblatt sitzt mit 2–3 mm Abstand zwischen Kettenblatt und Umwerfer	143
	Umwerfer verbogen	Umwerfer gerade biegen oder erneuern	144
	Kabel verschmutzt oder korrodiert	Kabel putzen oder erneuern	140–142
	Kabel ausgefranst	Kabel erneuern	140–142
	Kabelmantel aufgeplatzt oder geknickt	Kabelmantel und Innenkabel erneuern	140–142
	Schalthebel verschlissen oder kaputt	Kabel vom Umwerfer abhängen, vorsichtig am Kabel ziehen; wo es aus dem Schalthebel kommt, Hebel betätigen, um drei verschiedene Positionen zu testen; falls nötig Schalthebel erneuern	156, 157
Schaltung ist schwerfällig	Kette verschlissen	Kette und Kassette erneuern	146–151
	Drehzapfen des Umwerfers verschlissen	Umwerfer putzen und schmieren, Umwerfer erneuern	144
	An den Enden der Kabelabschnitte fehlen Muffen	Sicherstellen, dass an jedem Ende jedes Kabelabschnitts eine Muffe angebracht ist, damit der Kabelmantel nicht in den Kabelanschlag rutschen kann	145
	Kabel ist unter der Kabelklemmschraube schlecht positioniert	Kabel entfernen und den Bereich unter der Klemmschraube kontrollieren – die korrekte Kabelposition ist anhand einer Vertiefung im Umwerfer angegeben	138
	Bremskabelmantel wurde statt Schaltkabelmantel verwendet	Immer einen speziellen Schaltkabelmantel verwenden – Bremskabelmantel ist stärker, drückt sich unter Druck aber etwas zusammen, was zu Fehlschaltungen führt	145
Umwerfer schaltet nicht auf den größten Zahnkranz	Obere Endanschlagschraube zu weit eingedreht	Obere Endanschlagschraube lockern, damit die Kette auf den größten Zahnkranz schalten kann	139
	Kettenblattsatz sitzt zu weit außerhalb des Rahmens; vom Umwerfer bei voller Ausdehnung nicht zu erreichen	Kürzeres Tretlager montieren oder Kettenblattsatz näher am Rahmen montieren	196–199
	Kabelspannung nicht korrekt	Kabel stärker spannen	138
Umwerfer schaltet nicht auf den kleinsten Zahnkranz	Kabelspannung nicht korrekt	Kabel etwas lockern	138
	Untere Endanschlagschraube zu weit eingedreht	Untere Endanschlagschraube lockern, damit die Kette auf den kleinsten Zahnkranz schalten kann	139
Kette schaltet willkürlich auf ein mittleres oder kleineres Kettenblatt	Schalthebel verschlissen	Schalthebel erneuern	156, 157

Fehlersuche/-behebung Räder

Symptom	Ursache	Lösung	Seite
Fahrrad fährt langsam, Sie fühlen sich schon nach kurzer Fahrt erschöpft	Innen- und Außenring an einem oder beiden Rädern zu eng	Innen- und Außenringe so justieren, dass die Räder sich glatt drehen können	170, 171
Fahrrad fühlt sich beim Kurvenfahren unsicher an	Innen- und Außenring zu locker – das Rad kann im Rahmen hin- und herwackeln	Innen- und Außenring so justieren, dass das Rad kein seitliches Spiel hat	170, 171
	Rad hat sich verformt	Rad zentrieren, damit die Felge gerade läuft und beim sich drehenden Rad nicht seitlich wackelt	178–181
	Zu wenig Reifendruck	Reifen auf den Mindestdruck aufpumpen, der auf der Seitenwand angegeben ist	176
Felgenbremsen: Felge schleift an den Bremsklötzen	Rad hat sich verformt	Rad zentrieren, damit die Felge gerade läuft und beim sich drehenden Rad nicht seitlich wackelt	178–181
Bremsklötze verschleißen schnell	Felgen verschmutzt	Felgen mit Entfetter putzen	73
	Felgen verschlissen	Felgen auf Abrieb, Vertiefungen oder Grate kontrollieren – Felgen oder Räder erneuern	103
Speichen lockern sich wiederholt	Felge verformt	Ungleiche Speichenspannung in verformten Rädern lässt Speichen locker werden – Rad mit neuer Felge zusammenbauen	entfällt
Häufige Reifenpannen	Im Reifen steckt noch ein spitzer Gegenstand	Reifen sorgfältig kontrollieren, an der Innenseite fühlen, ob Dornen oder Glassplitter herausstehen – Innenseite des Reifens nach außen klappen, um besser sehen zu können	78–81
	Speichen stoßen durch die Felge	Fahren Sie mit dem Finger innen um die Felge, ob scharfe Speichenenden zu fühlen sind – Speichenenden abfeilen	78–81
	Felgenband ist verschoben, Speichenlöcher liegen frei	Felgenband durch ein breiteres und engeres ersetzen	177
Reifen verschleißen an einer Seite stärker als an der anderen	Ständiges Beladen auf nur einer Seite	Gepäcktaschen hin und wieder auf die andere Seite hängen, Reifen abmontieren und andersherum wieder montieren oder (am besten!) Last auf zwei Gepäcktaschen verteilen	78–81
Hinterreifen verschleißt immer deutlich stärker als Vorderreifen	Ihr Gewicht ruht stärker auf dem Hinterbau und belastet den hinteren Reifen stärker	Das ist normal. In der Regel muss der Hinterreifen öfter ausgetauscht werden als der Vorderreifen	176

Fehlersuche/-behebung Tretlager

Symptom	Ursache	Lösung	Seite
Eine Kurbel wackelt, die andere ist fest	Kurbelbolzen ist locker	Kurbelbolzen festziehen	197
Beide Kurbeln wackeln seitlich	Tretlager hat sich im Rahmen gelockert	Beide Kurbeln entfernen, Tretlager im Rahmen festziehen, Kurbeln wieder anbringen	196–199
	Tretlager verschlissen	Tretlager erneuern	196–201
Kurbeln lockern sich wiederholt	Kurbelbolzen locker	Fest anziehen mit einem längeren Schlüssel für mehr Hebelwirkung	197
	Kurbelsitzfläche verschlissen, weil Kurbel gelockert war	Kurbel erneuern	196, 197
	Neue Kurbel lockert sich weiterhin	Tretlager erneuern	196–201
Knarrgeräusch vom Tretlager	Fläche zwischen den Teilen zu trocken oder locker	Kurbeln entfernen, Fläche zwischen Kurbeln und Achse putzen, Kurbeln wieder anbringen und gut festziehen	200
	Tretlager im Rahmen locker	Beide Kurbeln entfernen, Tretlager im Rahmen festziehen, Kurbeln wieder anbringen	196–201

Fehlersuche/-behebung Steuersatz

Symptom	Ursache	Lösung	Seite Aheadset	Seite Gewindesteuersatz
Lenkung schwerfällig	Steuersatz zu fest	Steuersatz lockern	204	209
	Steuersatz blockiert	Steuersatz warten	206, 207	210, 211
Fahrrad wackelt vorne beim Bremsen	Steuersatz locker	Steuersatz festziehen	204	209
Fahrrad beim Kurvenfahren unsicher	Steuersatz locker	Steuersatz festziehen	204	209
Steuersatz verschleißt schnell	Kugelführung mit Lochfraß	Im Fahrradgeschäft neuen Steuersatz einbauen lassen	entfällt	entfällt
	Steuersatzschalen sitzen nicht parallel im Rahmen	Im Fahrradgeschäft Steuersatz neu in den Rahmen pressen lassen	entfällt	entfällt
		Im Fahrradgeschäft Steuerkopf flach nachbohren lassen	entfällt	entfällt
Knarrgeräusche bei Lenkerdrehung	Brems- und Schaltkabel biegen sich im Kabelanschlag	Prüfen, ob alle Teile des Kabelmantels mit Muffen versehen sind, Muffen ölen	145	145
	Steuersatz trocken – zu wenig oder verschmutztes Fett	Steuersatz warten, mit reichlich hochwertigem Fett schmieren	206, 207	210, 211

Glossar: Die Fahrrad-Fachsprache

Von Achse bis Zähne finden Sie hier die meisten seltsam anmutenden Begriffe und Sätze, die Sie brauchen werden, um sich über Fahrräder und auch deren weniger bekannte Teile zu unterhalten. Es ist etwas verwirrend, denn viele Begriffe, die ein spezielles Fahrradteil bezeichnen, haben auch eine allgemeinere Bedeutung. Wenn Sie sich an die nachfolgenden Definitionen halten, können Sie recht gut mitreden.

- **Achse:** Zentrale Stützstange, die durch die Räder und Tretlager führt, und um die sich alles dreht.

- **Aheadset:** Das Lager, das die Gabel sicher mit dem Rahmen verbindet. Die Gabel ist frei beweglich, so dass Sie lenken können. Beim heutigen Standardmodell wird der Steuersatz direkt auf das Gabelschaftrohr geklemmt und das Lager kann mittels Inbusschlüssel durch Verschieben des Vorbaus nach unten oder oben auf dem Gabelschaftrohr eingestellt werden.

- **Antiseize:** Gewindepaste, die auf die Verbindungsfläche von zwei Teilen aufgetragen wird, um zu verhindern, dass sie zusammenkleben – unverzichtbar bei Titanteilen, da dieses Metall sehr reaktionsfreudig ist und sich gerne und permanent an alles haftet, woran es geschraubt wird.

- **Antrieb:** Sammelbegriff für alle Komponenten des Antriebs – Kette, Umwerfer, Schaltwerk, Schalthebel, Kassette und Kettenblattsatz.

- **Antriebsschwinge:** Federrahmentyp, bei dem das Tretlager, der Kettenblattsatz und der vordere Umwerfer zusammen auf einem Schwingarm sitzen, so dass die Kettenlänge nie durch die Bewegung des Schwingarms beeinflusst wird.

- **Ausgleichsschraube:** Man findet sie bei V-Bremsen und Cantilever-Bremsen. Mit ihr kann die Vorspannung der Feder, die die Bremse von der Felge wegzieht so eingestellt werden, dass sich beide Seiten der Bremse gleichmäßig bewegen und die Felge zur gleichen Zeit berühren.

- **Barends oder Lenkerhörnchen:** Lenkerverlängerung, die bei Bergfahrten eine extra Hebelwirkung verschafft und für lange Fahrten verschiedene Griffmöglichkeiten bietet.

- **Bedienungsanleitung:** Sie wird häufig missachtet oder belächelt, enthält aber wichtige Informationen. Gut aufheben und auch benützen!

- **Beilagscheibe:** Dünnes Metallstück, das zwei Teile genau zusammenpassen lässt. Die Unterlegscheiben zwischen IS-Bremssattel und Rahmen sind Beilagscheiben, da sie den Bremssattel genau an seiner Position halten.

- **Bremsbeläge:** Bei der Scheibenbremse sitzen kleine harte Bremsklötze auf dem Bremssattel und werden von Kolben im Bremssattel durch Seilzug oder hydraulisch auf die Bremsscheibe gedrückt. Da sie aus sehr hartem Material bestehen, ist ihre Lebensdauer höher als man auf Grund ihrer Größe vermuten würde. Im Gegensatz zu den Bremsklötzen der V-Bremse bremsen sie die Geschwindigkeit nicht ab, wenn sie nur leicht an der Bremsscheibe schleifen. Bei Verunreinigung mit Bremsflüssigkeit werden sie sofort unbrauchbar.

- **Bremsbrücke:** Bei Federgabeln eine Strebe zwischen den beiden Gleitrohren, die über dem Reifen verläuft und die Festigkeit der Gabel verstärkt. Wird auch jetzt noch als Bremsbrücke bezeichnet, obwohl die Bremsen in Nabenhöhe sitzen.

- **Bremshalter:** Bolzen an Rahmen oder Gabel, an den die Cantilever- oder V-Bremse geschraubt wird und um welche die Bremsen sich drehen, so dass die Bremsklötze die Felge berühren.

- **Bremsklötze:** Teil der V-Bremse oder Cantilever-Bremse. Durch Ziehen am Bremskabel werden sie auf die Felge gedrückt und verlangsamen die Fahrt.

- **Bremssattel:** Mechanischer oder hydraulischer Teil der Scheibenbremse, der über der Bremsscheibe sitzt und in der die Bremsbeläge untergebracht sind.

- **Bremsscheibe:** Die an der Nabe befestigte Bremsfläche einer Scheibenbremse.

- **B-Schraube:** Sie sitzt hinter dem Umwerferhalter und justiert dessen Winkel. Ist der Winkel zu eng, klappert die Kette auf den Ritzeln. Ist er zu weit, ist die Schaltung zu schwerfällig.

Glossar

◆ **Calliper-Bremse:** Einfache und leichte Bremse für Rennräder. Eine Bremseinheit in Hufeisenform drückt auf jeder Seite einen Bremsklotz gegen die Felge.

◆ **Cantilever-Bremse:** (1) Älterer Felgenbremsentyp, mit dem Bremszug durch einen zweiten, V-förmigen Kabelzug verbunden; (2) Form der Aufhängung, bei der das Hinterrad mit einem Schwingarm verbunden ist, der um einen einzigen Punkt dreht. Einfache und elegante Bauweise.

◆ **Chainsuck (Kettenklemmer):** Eine hässliche Sache! Die Kette fällt nicht genau vom Ende des Kettenblatts und verklemmt sich zwischen Kettenblatt und Kettenstrebe. Wird normalerweise durch abgenützte Teile verursacht, kommt gelegentlich aber auch aus unerklärlichen Gründen vor.

◆ **Citylenker:** Nach oben und dann nach hinten zum Fahrer gebogener Lenker. Er ist bequem, denn man kann relativ gerade auf dem Fahrrad sitzen. Sieht man häufig bei Hollandrädern.

◆ **Dämpfung:** Sie kontrolliert, wie schnell die Federung auf eine Krafteinwirkung reagiert.

◆ **DOT-Fluid:** Wird in hydraulischen DOT-Bremsen verwendet. Sorten mit höherer Ziffernbezeichnung wie z.B. 5.1 statt 4.0 haben eine höhere Siedetemperatur.

◆ **Drehgriffschalter:** Schalthebel, die durch Drehen des Lenkergriffs wirken. Drehen in einer Richtung bewirkt eine Verkürzung des Kabels, Drehen in der anderen Richtung die Lockerung des Kabels.

◆ **Drehzapfen:** (1) Lager am Federrahmen, der einem Teil des Rahmens eine Bewegung zu einem anderen Teil erlaubt. (2) Stab oder Lager, um das sich ein Bauteil drehen kann.

◆ **Einfahrzeit:** Neue Scheibenbremsen haben eine gewisse Einfahrzeit, sie liefern nicht von Anfang an die volle Bremsleistung. Fahren Sie neue Bremsbeläge durch wiederholtes Bremsen ein, wobei Sie die Geschwindigkeit allmählich steigern, bis die Bremsen richtig greifen.

◆ **Ein-Gang-Fahrrad:** Ein Zustand inneren Friedens, erreicht dank der Selbstbefreiung aus den Zwängen des modernen Lebens durch Verzicht auf die Gangschaltung.

◆ **Einstellhülse:** Endanschlagschraube für den Kabelmantel. Durch Drehen an der Hülse wird der Kabelmantel im Gehäuse bewegt, so dass sich die Länge des Weges verändert, die das Innenkabel vom Nippel zur Kabelklemmschraube zurücklegt. Dadurch verändert sich auch die Kabelspannung.

◆ **Elastomere:** Einfaches Federungsmaterial. Man findet es inzwischen fast nur noch bei billigen Gabeln.

◆ **Endanschlagschrauben:** Sie begrenzen den Weg des Umwerfers und verhindern, dass die Kette seitlich von Kassette oder Kettenblattsatz herunterfällt.

◆ **Endkappe:** Wird auf das Kabelende geschoben, um zu verhindern, dass dieses beim Einstellen ausfranst oder in den Finger sticht.

◆ **Entlüften:** Das Öffnen des hydraulischen Bremssystems, so dass die Luft entweichen kann. Der entstandene Leerraum wird mit Öl gefüllt. Das Entlüften ist notwendig, weil Luft im Gegensatz zur Bremsflüssigkeit komprimierbar ist. Wäre Luft im Bremssystem, würde bei der Bremsbetätigung die Luft komprimiert und nicht der Bremsbelag auf die Bremsscheibe gedrückt.

◆ **Ersatzteilbox:** Nützliche Dinge wie allerlei Schrauben und Muttern, die Sie für etwaige Pannen aufheben

◆ **Flaschendynamo:** Kleiner Generator, der an der Seitenwand des Reifens läuft und den Strom für die Beleuchtung erzeugt.

◆ **Freilauf:** Ältere Version des Ritzelpakets am Hinterrad, das die Ritzel und den Ratschenmechanismus in einer Einheit zusammenfasst. Bei Mehrgangrädern wird der Freilauf nur noch selten verwendet – der Typ Kassette/Freilaufnabe ist viel stärker, da er die Lager näher am Achsenende trägt. Man findet den Freilauf aber häufig bei Eingangrädern.

◆ **Freilaufnabe:** Eine Art Ratschenmechanismus, der das Hinterrad frei laufen lässt, wenn man mit dem Treten aufhört. Wird an das Hinterrad geschraubt und hat Zähne, auf die sich die Kassette schiebt. Dadurch entsteht das typische „tick tick tick" beim Fahren.

◆ **Führungsröhrchen:** Kurzer Metallschlauch, der das Ende des Bremszugs in die Hängeklemme der V-Bremse führt.

Glossar

◆ **Führungsrollen:** Die kleinen, schwarz gezahnten Leitrollen, welche die Kette um das Schaltwerk steuern.

◆ **Funktionsunterwäsche:** Eng sitzendes Unterhemd, das bei Kälte getragen wird. Es saugt die Ausdünstungen der Haut auf und hält Sie wärmer, trockener und behaglicher.

◆ **Fußhaken:** Existiert heute nur noch als Phantom (gemeint ist der fehlende Haken bei Klickpedalen). Ein bedauernswerter Verlust ist der dazugehörige Fußhalteriemen, eine mitunter unbezahlbare Notvorrichtung (siehe Kabelbinder).

◆ **Gabelschaftrohr:** Das einzelne Rohr, das oben aus der Gabel in den Rahmen führt und an dem oben der Vorbau befestigt ist.

◆ **Gegenläufiges Gewinde:** Die Gewindespirale läuft anders herum als normal – gelöst wird im Uhrzeigersinn, festgezogen gegen den Uhrzeigersinn.

◆ **Gepäcktaschen:** Taschen, die seitlich am Gepäckträger befestigt werden.

◆ **Gleitrohre:** Unterer Teil der Federgabel, der an Bremse und Rad ansetzt.

◆ **Hintergabelstreben:** Als Teil des Rahmens verbinden diese die Mitte des Hinterrads mit der Verbindungsstelle, an der die Sattelstütze befestigt ist.

◆ **Hydraulische Bremsen:** Normalerweise Scheibenbremsen, die eine hydraulische Flüssigkeit verwenden, um die Kolben im Bremssattel gegen eine Bremsscheibe auf der Nabe zu drücken. Entscheidend dabei ist, dass sich die Bremsflüssigkeit unter Druck wenig komprimiert, so dass jede Bewegung vom Bremshebel sehr genau auf den Bremssattel übertragen wird.

◆ **Indexierung:** Einstellung der Spannung in den Schaltkabeln, so dass die Kette bei jedem Schalterklick präzise auf den nächsten Ritzel oder das nächste Kettenblatt geführt wird.

◆ **Innen- und Außenring:** Gebogene Mutter mit glatter Bahn, in der die Kugeln gleiten und sich frei um die Achse bewegen können, ohne jedoch seitliches Spiel zu haben. Der Raum, der den Kugeln zur Verfügung steht, wird durch Verschieben von Innen- und Außenring auf der Achse eingestellt, die anschließend mit der Kontermutter fixiert werden.

◆ **Internationaler Standard:** Bezieht sich auf den Einbau von Bremsscheibe und Bremssattel. Bremsscheibe und Nabe haben nach internationalem Standard sechs Schrauben. Ein Bremssattel wird nach internationalem Standard durch Schrauben am Fahrrad befestigt, die durch den Rahmen führen, nicht am Rahmen entlang.

◆ **ISIS:** Standard für Tretlager und Kettenblattsätze mit zehn gleichmäßig verteilten Zähnen.

◆ **Kabelanschlag:** Teil des Rahmens, an dem ein Kabelmantel endet, während der Kabelzug weiterläuft.

◆ **Kabelaufnahme:** Hängeklemme oder Sperre in einem Bremshebel oder Schalthebel, der den Nippel am Ende des Brems- oder Schaltzugs hält.

◆ **Kabelbinder:** Für alle Gelegenheiten, bei denen Sie zwei Dinge miteinander verbinden müssen.

◆ **Kabelzug:** Der Stahldraht, der die Brems- und Schalthebel mit der Gangschaltung und den Bremsen verbindet. Für reibungsloses Schalten und Bremsen muss er immer sauber und gut geschmiert sein.

◆ **Kassette:** Der komplette Satz Zahnkränze, der zum Hinterrad gehört.

◆ **Kettenblatt:** Eines der Zahnräder, mit denen die Pedale verbunden sind.

◆ **Kettenblattsatz:** Der Kettenblattsatz besteht aus drei Kettenblättern, von denen die Kette beim Pedaltreten herumgezogen wird.

◆ **Kettenreinigungsset:** Praktische Vorrichtung, mit der das Reinigen der Kette weniger Drecksarbeit ist und sich die Chancen erhöhen, dass man die Kette reinigt. (Dafür braucht man jetzt ein Reinigungsset für das Kettenreinigungsset...).

◆ **Klebeband:** Hat wie alles im Leben eine helle und eine dunkle Seite und hält das Universum zusammen.

Glossar

◆ **Klemmbolzen:** Eine Art Klemmschraube, bei der das Kabel durch eine Öffnung in der Schraubenmitte verläuft statt unter einer Unterlegscheibe neben der Schraube. Findet man gelegentlich bei Cantilever-Kabelteilern.

◆ **Klemmschraube:** Sie hält die Seilzüge an Ort und Stelle. Normalerweise hat sie eine Aussparung, die anzeigt, wo der Seilzug angeklemmt werden soll.

◆ **Klickpedal:** Pedal, das um eine Feder gebaut ist, die in den passenden Stollen Ihres Schuhs einrastet und sich sofort wieder löst, wenn Sie den Fuß drehen.

◆ **Kompressionsdämpfer:** Kontrolliert die Geschwindigkeit, mit der Gabeln und Stoßdämpfer komprimiert werden können.

◆ **Kurbel:** Die Pedale sind an die Kurbeln geschraubt. Links ist die Gewindebohrung gegenläufig.

◆ **Kurbelabzieher:** Werkzeug zum Abnehmen der Kurbel von der Achse. Es gibt zwei verschiedene Arten – einen für Vierkantkurbeln und einen Vielzahlkurbeln.

◆ **Leitrolle:** Die obere der beiden Führungsrollen des Schaltwerks. Sie sorgt für das eigentliche Umschalten, indem sie die Kette von einem Ritzel zum nächsten führt.

◆ **Luftfederung:** Sie ist sowohl bei Federgabeln als auch bei Stoßdämpfern üblich. In einer luftdichten Kammer wird mit einer Pumpe Überdruck erzeugt. Die Kammer wirkt wie eine Feder, sie hält der Kompression stand und springt zurück, sobald die Kompressionskraft nachlässt. Luft als Federungsmittel für Fahrräder hat einen natürlichen Vorteil – sie ist sehr leicht.

◆ **Mineralöl:** Hydraulische Bremsflüssigkeit, ähnlich der DOT-Flüssigkeit. Sie darf nur bei Bremssystemen verwendet werden, die für Mineralöl konzipiert sind. Es ist umweltfreundlicher als DOT und weniger korrodierend.

◆ **Modulation:** Verhältnis zwischen der Bewegung des Bremshebels und der Bewegung des Bremsbelags oder einfacher gesagt, wie sich die Bremse tatsächlich anfühlt.

◆ **Muffe:** Schutzkappe über dem Ende des Kabelmantels, wo dieser in die Einstellhülse oder den Kabelanschlag führt.

◆ **Nadellager:** Ähnlich wie ein Kugellager, aber in der Form dünner Stäbchen statt Kugeln. Zwischen dem Lager und der „Nadel"-Fläche ist eine größere Kontaktfläche als beim Kugellager, daher sollen diese Lager eine längere Haltbarkeit haben, sind aber oft kompliziert einzustellen. Findet man normalerweise beim Steuersatz, aber auch einige gute Tretlager verwenden Nadellager.

◆ **Negativfederweg (SAG):** Der Federweg bei normalem Sitzen auf dem Fahrrad. Durch das Einstellen des Negativfederwegs bei einer Federung gewinnt man eine Reserve des Federwegs über die Neutralposition hinaus.

◆ **Nippel:** (1) Das Metallkügelchen am Ende eines Kabels, das verhindert, dass es durch die Kabelaufnahme schlüpft. (2) Die Mutter am Ende der Speiche, die diese gegen die Felge sichert und mit der Sie die Speichenspannung einstellen können.

◆ **Nonius-Skala:** Werkzeug für sehr genaue Messungen.

◆ **Octalink:** Shimano-Tretlager/Kurbelgarnitur mit acht Zähnen.

◆ **One-key Release:** Achsbolzen und spezielle Unterlegscheibe, die ständig am Fahrrad bleiben und gleichzeitig als Kurbelabzieher dienen.

◆ **Pannensichere Reifen:** Sie enthalten unter der Lauffläche einen Streifen aus robustem, biegsamem Material, der verhindert, dass Glasscherben oder sonstige spitze Gegenstände bis zum Schlauch vordringen können.

◆ **Patronenlager:** Abgedichtete Lagereinheit. Es ist teurer als ein Kugellager, normalerweise aber hochwertiger – die Kugelführung ist Teil der Einheit und wird daher gleichzeitig mit dieser erneuert.

◆ **Postmount:** Hier wird der Bremssattel mit Schrauben montiert, die am Rahmen entlang führen und nicht durch den Rahmen hindurch. Weniger üblich als die internationale Standardbefestigung, aber einfacher einzustellen.

◆ **Powerlink:** Kettenglied, das von Hand geöffnet und wieder zusammengefügt werden kann, ohne Beschädigung der danebenen befindlichen Glieder.

Glossar

◆ **Presta-Ventile:** Auch als Hochdruckventile bekannt. Zuverlässiger als die Schrader-Ventile, die für Auto- und Motorradreifen mit weniger Luftdruck konzipiert sind. Ihr einziger Nachteil: Man kann sie nicht an der Tankstelle aufpumpen.

◆ **Querzug:** Er wird bei Cantilever-Bremsen verwendet und verbindet die beiden Bremsbacken mit dem Bremszug. Er ist ausfallsicher konzipiert: Sollte der Bremszug abreißen, fällt der Querzug einfach ab, ohne sich im Reifen zu verklemmen und das Rad zu blockieren. Allerdings stehen Sie ohne Bremse da...

◆ **Rad zentrieren (Speichen nachspannen):** Justieren der Spannung in jeder Speiche, damit die Felge beim Fahren nicht seitlich wackelt.

◆ **Radzentrierer:** Ein Rahmen, in dem das Rad während des Zentrierens gehalten wird, ausgestattet mit verstellbarer Anzeige, die nah an der Felge eingestellt werden kann, damit Sie beurteilen können, wie rund und gerade die Felge ist.

◆ **Rapid-Rise-Schaltwerk (Low-Normal):** Hinterer Umwerfer, bei dem das Kabel die Kette von den größeren auf die kleineren Ritzel zieht. Lässt die Kabelspannung nach, zieht eine Feder die Kette vom kleineren auf das größere Ritzel zurück.

◆ **Rennlenker:** Er ist nach vorne und unten gebogen und wird meist an Rennrädern verwendet. Brems- und Schalthebel sind zu einer Einheit zusammengefasst, um schnelles, intuitives Schalten zu ermöglichen.

◆ **Reservoir:** Reservemenge an hydraulischer Dämpfungsflüssigkeit in einer Kammer des Bremshebels. Eine Reservemenge kühler Flüssigkeit, die sich in einem gewissen Abstand zur heißen Bremsscheibe und zum Bremssattel befindet, minimiert die Flüssigkeitsausdehnung bei scharfem Bremsen.

◆ **Rillenkugellager:** Die Kugeln gleiten beidseits der Nabe in einer Schale und werden beidseits von einem Innen- bzw. Außenring gehalten. Der Abstand zwischen Innen- und Außenring sollte durch Drehen der Ringe so eingestellt werden, dass diese sich im Achsengewinde bewegen und das Rad sich frei ohne seitliches Spiel drehen kann.

◆ **Ringschraube:** Man findet sie bei Cantilever-Bremsen. Der Bolzen des Bremsblocks führt durch die Schraubenöffnung. Durch Anziehen der Mutter auf der Rückseite der Schraube wird der Bolzen gegen eine geschwungene Unterlegscheibe geklemmt und hält die Bremse fest an ihrem Platz.

◆ **Ritzel (Zahnkranz):** Gezahnter Ring, der sich mit der Kette verzahnt, um das Hinterrad zu drehen. Die Kassette besteht aus einer Reihe Zahnkränze in unterschiedlichen Größen.

◆ **Rückfederungsdämpfung:** Kontrolliert die Geschwindigkeit, in der die Gabel oder der Stoßdämpfer sich nach einer Kompression wieder ausdehnen.

◆ **Sattelstützklemme:** Die Platten und Bolzen, die die Sattelstütze fest mit dem Sattel verbinden.

◆ **Schalteinheit:** Hierbei handelt es sich um eine komplizierte Metallvorrichtung über dem Zahnkranz der Shimano-Nabenschaltung. Durch Drehen der Schalteinheit mit dem Schaltzug wird eines der inneren Übersetzungsverhältnisse gewählt.

◆ **Schaltwerk (hinterer Umwerfer):** Rechts am Hinterrad angebrachter Mechanismus, der die Kette von einem Ritzel zum nächsten bewegt, wobei sich die Übersetzung ändert, wenn der Hebel am Lenker betätigt wird. Gibt bei falscher Einstellung seltsame Geräusche von sich.

◆ **Scheibenbremse:** Arbeitet mit einem Bremssattel, der neben der Vorder- oder Hinterradnabe montiert ist. Die an ihm angebrachten Bremsbeläge werden gegen eine Bremsscheibe gepresst, die an der Nabe sitzt. Die hydraulischen Modelle sind sehr leistungsstark. Durch die Verwendung einer eigenen Bremsfläche wird die Felge nicht durch Bremsklötze abgenützt.

◆ **Schlauchlosreifen:** Gewichtsparender Reifentyp, bei dem der Reifenwulst fest in der Felge sitzt, wodurch ein luftdichter Raum entsteht und kein Schlauch benötigt wird.

◆ **Schnürung:** Die Kreuzung der Speichen, um Nabe und Felge miteinander zu verbinden. Dieser Teil des Radaufbaus sieht kompliziert aus, aber wenn man erst einmal weiß wie es geht, ist es einfach.

◆ **Schrader-Ventil:** Dickes Ventil vom Typ Autoreifenventil. Der Erfinder Franz Schrader ist an einem magischen Ort im Cirque de Gavarnie in den französischen Pyrenäen beerdigt.

◆ **Schraubenfedern:** Sie sind normalerweise aus Stahl, gelegentlich auch aus Titan und arbeiten als dauerhafte und zuverlässige konventionelle Federn in Gabeln und hinteren Stoßdämpfern.

Glossar

◆ **Schwingarm:** Hinterbau eines Federrahmens, an den das Hinterrad ansetzt.

◆ **Seilzughülle:** Der normalerweise schwarze flexible Schlauch, in dem die Seilzüge laufen. Bremszug und Schaltzug sind unterschiedlich – der Bremszug hat eine enge Spiralwicklung, um bei Kompression eine maximale Kraft zu entwickeln, der Schaltzug hat eine weite Spiralwicklung, um das Signal mit maximaler Genauigkeit zu übertragen.

◆ **Seitenschlag:** Teile der Felge, an denen die Speichen zu wenig Spannung haben und sich weiter von der Nabe vorwölben als die übrige Felge.

◆ **Shimano Verbindungsstift:** Eine geöffnete Shimano-Kette darf nur mit dem richtigen Verbindungsstift zusammengefügt werden. Der Versuch, die Kette wieder mit der ursprünglichen Niete zu verbinden, würde das Kettenblech beschädigen.

◆ **Snakebite (Schlangenbiss):** Reifenpanne, wenn der Reifen gegen eine Kante stößt, die so hart ist, dass der Schlauch zwischen Reifen und Felgenrand eingeklemmt wird und zwei genau gegenüberliegende Löcher bekommt, die aussehen wie ein Schlangenbiss.

◆ **Spannrolle:** Die untere der beiden Führungsrollen auf dem Schaltwerk ist gefedert, so dass sie ständig nach hinten drückt und die Lockerheit aus der Kette nimmt, die durch Ritzel- und Kettenblattkombinationen in verschiedenen Zahngrößen entsteht.

◆ **Sperrklinke:** Federhebel im Ratschenmechanismus der Hinterradnabe. Wird bei der Bewegung des Sperrzahnrads in einer Richtung ausgeschaltet und klinkt sich in der anderen Richtung in das Zahnrad ein – dies ermöglicht den Freilauf.

◆ **Standardschlauch:** Normaler Schlauch für normale Reifen für jeden, der keine Schlauchlosreifen braucht.

◆ **Standrohre:** Oberer Teil der Federgabel, der in die Gleitrohre geschoben wird. Diese enthalten alle Federungskomponenten – Federn, Dämpfungsschienen und Öl.

◆ **Starrer Antrieb (Fixed Wheel):** Ohne Ratschenmechanismus im Hinterrad müssen sich die Pedale immer mit dem Hinterrad drehen. Dieser Antrieb ist bei Kurierfahrern der ganzen Welt sehr beliebt, denn die Geschwindigkeit des Hinterrads kann genau kontrolliert werden und sieht einfach cool aus, wenn der Kurierfahrer vor dem Café auf seinen nächsten Auftrag wartet.

◆ **Stauchung:** Der Begriff bezieht sich auf die Federung und bedeutet, dass die Gabel oder der Stoßdämpfer vollständig komprimiert werden. Dies wird manchmal von einem lauten Geräusch begleitet. Das Stauchen ist nicht zwangsläufig ein Problem – wenn es nicht mindestens einmal pro Radtour passiert, nutzen Sie nicht den gesamten verfügbaren Federweg.

◆ **Steckschlüssel:** Schraubenschlüssel in Form einer Schale, der den Bolzen sicher an allen Greifflächen hält.

◆ **Sternmutter:** Wird von oben in das Gabelschaftrohr gepresst. In die Sternmutter wird die Schraube der Abschlusskappe geschraubt, sie drückt auf den Vorbau und hebt das Gabelschaftrohr.

◆ **STI-Hebel:** Kombinierter Brems- und Schalthebel.

◆ **Stollen (Cleat):** Haken in einer Metallplatte, der unten an den Schuh geschraubt wird, sicher im Pedal einrastet und sich sofort wieder löst, sobald Sie den Fuß drehen.

◆ **Abschlusskappe (Top-Cap):** Die Scheibe oben auf dem Vorbau, die in der Sternmutter des Gabelschaftrohrs befestigt ist. Bei gelockerten Vorbauschrauben wird durch Justieren der Abschlusskappe der Vorbau in das Gabelschaftrohr gedrückt und damit das Steuersatzlager festgezogen. Anschließend unbedingt den Vorbau wieder festziehen!

◆ **Trailerbike:** Es hat nur ein Rad und wird hinten an einem normalen Fahrrad befestigt. So wird ein Minitandem daraus. Das Trailerbike hat eigene Pedale, manche Modelle sind sogar mit einer Gangschaltung ausgestattet.

◆ **Tretlager:** Das Hauptlager, das die Kurbeln durch den Rahmen verbindet. Da man es nicht sieht, wird es häufig missachtet, dabei spart man sich wertvolle Energie, wenn es glatt läuft.

◆ **Tretlagerschalen:** Die Lagerschalen mit Gewinde auf beiden Seiten des Tretlagers, die in den Rahmen geschraubt sind. Die rechte Lagerschale hat ein gegenläufiges Gewinde und ist oft fest mit dem Körper der Tretlagereinheit verbunden.

◆ **Triggershifter:** Schalthebel mit zwei Hebeln, der eine verkürzt das Kabel, der andere lockert es.

Glossar

◆ **Überschuhe:** Halbstiefel aus Nylon oder Gore-Tex, die als Wetterschutz über Fahrradschuhe gezogen werden. Sie sind recht klobig, so dass man sich etwas lächerlich darin fühlt, was aber kalten Füßen in modischem Outfit vorzuziehen ist.

◆ **Übersetzungsverhältnis:** Die Anzahl Umdrehungen des Hinterrades bei einer Umdrehung des Pedals. Wird berechnet, indem die Kettenblattgröße durch die Ritzelgröße geteilt und mit der Radgröße in Zoll multipliziert wird.

◆ **Umwerferhalter:** Teil, an dem der Umwerfer befestigt ist. Er ist normalerweise das erste „Opfer" bei einem Sturz, denn er verbiegt sich, wenn der Umwerfer auf den Boden aufschlägt. Sobald er verbogen ist, wird die Schaltung schwerfällig. Zum Glück lassen sich die Umwerferhalter schnell und leicht ersetzen, es gibt aber keine Standardgröße. Nehmen Sie den alten Halter mit ins Geschäft und besorgen Sie sich am besten gleich einen zweiten als Ersatz.

◆ **Unbeweglicher Belag:** Bei Scheibenbremsen mit einem Kolben drückt der Kolben einen Bremsbelag gegen die Bremsscheibe, wodurch wiederum die Bremsscheibe an den unbeweglichen Belag gedrückt wird..

◆ **UST:** Universaler Standard für Schlauchlosreifen. Standardsystem für die exakte Form von Felgen und Reifenwulst, so dass Reifen und Felgen verschiedener Hersteller perfekt zusammenpassen und luftdicht abschließen.

◆ **V-Bremse:** Felgenbremse, bei der zwei vertikale (daher „V") Einheiten die Bremsklötze tragen und durch das Bremskabel verbunden werden.

◆ **Verbindungskabel:** Verbindet die beiden Teile einer Cantilever-Bremse durch einen Kabelteiler auf dem Bremskabel.

◆ **Verschlussring:** Bei Tretlagern und Einstellhülsen werden diese fest gegen den Rahmen oder den Bremshebel geklemmt, damit die fertigen Einstellungen sich nicht wieder lockern können.

◆ **Versiegelung:** Verhindert, dass Schmutz, Schlamm und Staub in die Nabe, die Federung, den Steuersatz, das Tretlager und sonstiges eindringen, deren bevorzugtes Schmiermittel Fett und nicht Schlamm ist.

◆ **Virtueller Drehpunkt:** Wenn der Schwingarm aus einer Reihe von Verbindungsteilen besteht, die sich im Zusammenwirken um eine Position drehen. Dies ist kein tatsächlich am Rahmen vorhandener Drehpunkt, sondern der Punkt, um den der Rahmen sich drehen würde, wenn er ein einfacher Schwingarm wäre.

◆ **Vorbau:** Er verbindet den Lenker mit dem oberen Teil der Gabel.

◆ **Vorderer Umwerfer:** Bewegt die Kette zwischen den Kettenblättern des Kettenblattsatzes.

◆ **Vorspannung:** Voreinstellung der Federung, um Federgabel oder Stoßdämpfer auf Ihr Gewicht zu justieren. Erfolgt normalerweise mit einem Vorspannungsgriff oder bei einer Luftfederung durch Regulierung der Luftmenge.

◆ **Vorspur:** Einstellung der Felgenbremsen, so dass der Bremsklotz die Felge vorne einen Moment früher berührt als hinten, wodurch das Quietschen verhindert wird.

◆ **Weg:** Gesamter Bewegungsumfang in der Gabel oder dem Stoßdämpfer. Je länger dieser Weg ist, desto schwerer und kräftiger müssen Gabel oder Stoßdämpfer sein.

◆ **Zähne:** Grate an einem Werkzeug oder Bauteil, die sich mit einem Gegenstück verzahnen, so dass sich beide Teile zusammen drehen.

Index

A

Aheadset 217
Anhänger 47
Anstandsregeln 43
Antrieb 122–123
Ausfluchten der Schaltwerkaufhängung 134
Ausgleichschraube 95
Autos und Radfahrer 43

B

Bekleidung
    Handschuhe 21
    Hosen 19
    Jacken 16–17, 23
    Kurze Radlerhosen 18–19, 20, 33
    Lange Radlerhosen 19
    Schichtweise kleiden 22–23
    Schuhe 20, 33
    Thermowäsche .22–23
    Überschuhe 21
Benutzerhandbücher 60
Bremsen
    Funktion 86
    Putzen 73, 86
    Quietschen 102
Bremsbeläge 116–117
Bremsentlüftungsset 64
Bremsflüssigkeit 64, 67
Bremshebel 71
Bremskabel 62, 115
    Justieren 92, 94, 95, 115
    Kabelhülle erneuern .107
    Montage 96–97, 105, 112–113
Bremskabelhülle 62
Bremsklötze 62, 71, 93, 116–117
    Cartridge-Bremsklötze 99
    Justieren 91, 93
    Montage 98–99, 105, 111
Bremssattel 58
Bügelschloss 41

C

Calliper-Bremsen 87, 98
    Bremsklötze 105
    Justieren 104
    Kabel 106
    Wartung 108–109
Cantilever-Bremsen 87, 110
    Bremsklötze 111
    Kabel 112–113

Citylenker 34
Cleats (Stollen) 20, 33
Computer 51

D

Dämpfung 184
Die Wahl des Fahrrads
    Hybridräder 12
    Klappräder 13
    Mountainbikes 15
    Rennräder 14
Drehgriffschalter 131, 142, 157
Drehmoment 69
Drehmomentschlüssel 69
Dynamos 52, 220

E

Ein-Gang-Fahrräder 164
Einstellhülse 94
Einstellschraube 132–133
Endanschlagschrauben 139
Endkappen 62
Entfetter 66
Entlüften hydraulischer Bremsen 118–119
Ersatzteile
    Bremskabel 62
    Bremskabelhülle 62
    Bremsklötze 62
    Endkappen 62
    Isolierband 62
    Kabelbinder 62, 63
    Kettennietstift 62
    Muffen 62
    Schaltkabel 62
    Schaltkabelhülle 62

F

Fahrradboxen 55
Fahrradkörbe 48
Fahrradunterbringung 55
Feder 184
Federung 59, 184
Federungsöl 67
Felgen 103, 177, 178–179
Felgenbremsen 87, 102, 103
Fett 66–67
Fixed-Wheel 165
Freilaufnabe 58
Freilaufwerkzeug 65
Fußgänger und Radfahrer 43

G

Gabeln
- Negativfederweg einstellen 185
- Putzen 187
- Schmieren 187
- Vorspannung einstellen .185
- Wartung 186

Gabelschaftrohr 207
Gefederte Sattelstütze 190–191
Gepäck
- Gepäcktaschen 44, 49, 51, 215
- Gepäckträger 45, 46, 49, 214
- Körbe 48
- Lenkertaschen 48
- Rucksäcke 46
- Satteltaschen 48
- Schultertaschen 46
- Trailer 47
- Werkzeugtaschen 48

Gesundheit und Radfahren 9, 27
Griffe 37

H

Hinteres Radnabenlager
- Justieren 171
- Wartung 172–173

Hinterrad
- Abmontieren 77, 160
- Montieren 80, 161

Hinterradfederung
- Negativfederweg 189
- Wartung 188
- Weg 189

Hybridräder 12
Hydraulische Bremsen 87
- Entlüften 118–119

I

Inbusschlüssel 31, 33, 61, 63, 65, 81
ISIS-Tretlager 195
Isolierband 62

J

Jacken 16–17, 23

K

Kabel 58
Kabelbinder 62, 63
Kabelbremsen 64

Kabelschneider 61, 64
Kassette 58, 123, 137
- Abmontieren 151
- Montieren 151
- Funktion 150

Kassettenabnehmer 65, 151
Kette 58
- Kontrolle 71, 137
- Länge 149
- Powerlinks 146
- Putzen 73
- Shimano 148
- Verschleiß 154
- Zerlegen 146
- Zusammenfügen 147

Kettenblatt
- Erneuern 155
- Verschleiß 154

Kettenblattsatz 58, 73, 123
- Entfernen 152
- Montieren 153, 197

Kettennietstifte 62
Kettenreinigungsbürsten 65
Kettenschloss 41
Kettenschmiermittel 66
Kettenverschleiß-Messwerkzeug 61
Kettenwerkzeug .61, 63, 81
Klappräder 13
Klebstoff 67
Klingel 43
Kugellager 169
Kurbel 153
- Entfernen 196
- Montieren 197

Kurbelabzieher 65

L

Lampen
- Dynamos 52, 220
- Rücklicht 51
- Vorderlicht 50

Lenker
- Barends (Lenkerhörnchen) 37
- Citylenker 34
- Gerade Lenker 34
- Griffe 37
- Montage 218–219
- Position 35
- Rennlenker 34
- Steuersatz 36
- Vorbauhöhe 36

Lenkerband 107

Index

Lenkerhörnchen 37
Lenkertaschen 48

M

Mechanische Bremsen 76
Messer 61
Moutainbikes 15, 53
Muffe 62

N

Naben 59, 169
Nabenritzel
    Auswechseln .163
    Montieren 162
    Nabenschaltung 158
    Entfernen 160
    Justieren 159
Negativfederweg (SAG) 184, 185

P

Pannenausrüstung 81
Pedale 59
    BMX-Stil 32
    Cleats (Stollen) 20, 33
    Klickpedale 20, 33, 59, 221
    Prüfen 71
    Putzen 73
    Wählen 32
    Werkzeug 65
Pendelfahrten zur Arbeit 9
Politur 67
Pumpen 63, 81
Putzen
    Flüssigkeiten 66

Q

Quietschende Fahrräder 102

R

Räder 58, 59
    Entfernen 77
    für Hybridfahrräder 12
    für Klappräder 13
    für Mountainbikes 15
    für Rennräder .14
    Kontrolle 168
    Putzen 73
    Werkzeug 65
    Zentrieren 178–179
Radkrümmung 179
Rapid-Fire-Schalthebel 140, 156
Reifen
    Entfernen .78–79

Montieren 79
Prüfen 71
Wahl 176
Reifenflickzeug 61, 63, 81, 83
Reifenheber 61, 63
Reifenpannen 76–83
Rennräder 14
Rennrad-Schalthebel 130
Rücklichter 51
Rucksäcke 46

S

Sättel
    Auswahl 30
    Höhe 31
    Längseinstellung 31
    Position 31
    Winkel 31
Satteleinstellung 31
Sattelstütze 216
Satteltaschen 48
Schalthebel 35, 62, 122, 123, 130–131, 137, 140–141
Schaltkabelhülle 62, 123
Schaltwerk 123, 124–125
    Endanschlagschrauben 132–133
    Kabel erneuern 128–129
    Kabelspannung justieren 126–127
    Montage 136
    Triggershifter .129
    Umwerferhalter ausrichten 134
    Wartung 135
Scheibenbremsen 64, 71, 87, 98, 102, 103, 114, 115–118
Schläuche 62, 63, 71, 91
Schnellspannhebel 71, 76
Schraubenschlüssel 61, 64, 65, 69, 81
Schraubenzieher 61, 63
Schuhe 20, 33
Schultertaschen 46
Schutzbleche 43
Seitenschlag 179
Shimano Octalink-Tretlager 195
Shimano-Deore-Bremsen 119
Shimano-Ketten 148
Sicherheit und Radfahren 13, 17, 26
    Sam Browne Belt (Reflexschärpe) 25
    Helme 24, 25
    Reflektierende Streifen 25
    Routinekontrollen 70–71
    Schlösser 40–42, 55
Sicherheitsausrüstung 25
Sicherheitsschnellspanner 41
Sitzposition
    bei Hybridfahrrädern 12
Sonnenbrille 25
Sonnencreme 25
Spannung 179
Speichen 71

Erneuern 181
Spannen 178–179, 180
Speichenschlüssel 65
Standrohre 187
Starrer Antrieb 165
Steuersatz 36, 58, 202
Lager justieren 204, 208, 209
Typen 211
Vorbauhöhe 205, 208
Wartung 203, 206–207, 210
Steuersatzschlüssel 64
STI-Schalthebel 141

T

Tretlager 58, 194
Abmontieren 198
Montieren 199
Typen 195
Wartung 201
Tretlagerwerkzeug 64
Triggershifter 129

U

Umwerfer 123
Ausrichten 143
Kabelspannung justieren 138
Montage 143
Wartung 144–145
Unterstellen von Fahrrädern
unter Dach und Fach 54
im Freien 55

V

Vaseline 67
V-Bremsen 87, 88–89, 100
Ausgleichschrauben 95
Bremsklötze 91, 93, 98
Justieren 91, 94
Kabel 92, 96–97
Quick-Release-Verschluss 90
Wartung 100–101
Verschlussringe 94
Vierkantinnenlager 195
Vorbau
Höhe 36, 205, 208
Prüfen 71
Vorderes Radnabenlager
Justieren 170
Wartung 172–173
Vorderlicht 50
Vorderrad 71
Entfernen 77
Montieren 80
Vorderradgepäckträger 49

W

Wandhaken 54
Werkstatt 68
Werkzeug 48, 60–61
Bremsentlüftungsset 64
Drehmomentschlüssel 69
Freilaufwerkzeug 65
Hammer 61
Inbusschlüssel 31, 33, 61, 63, 65, 81
Innenringschlüssel .65
Kabelschneider .61, 63
Kassettenabnehmer 64
Kettenpeitsche 65
Kettenreinigungsbürsten 65
Kettenverschleiß-Messwerkzeug 61
Kettenwerkzeug 61, 63, 81
Kurbelabzieher 65
Messer 61
Pannenwerkzeug 81
Reifenflickzeug 61, 63, 81
Reifenheber 61, 63
Schraubenschlüssel 61, 64, 65, 69
Schraubenzieher 61, 63
Speichenschlüssel .65
Standpumpe 61
Tretlagerwerkzeug .64
Zange 61
Wetter 16–17, 18–19, 21, 22–23, 55